सूचना स्रोत एवं पुस्तकालय सेवाएँ
(INFORMATION SOURCES AND LIBRARY SERVICES)

(बी.एल.आई.आई.-13)

AF095506

पुस्तकालय और सूचना विज्ञान में सर्टिफिकेट प्रोग्राम

For Certificate Programme in Library and Information Science [CLIS]

Useful For

IGNOU, Berhampur University (Odisha), University of Kashmir, Delhi University (DU), Sambalpur University (Odisha), University of Kalyani (West Bengal), Gurukula Kangri Vishwavidyalaya (Uttarakhand), Himachal Pradesh University, Cooch Behar Panchanan Barma University (West Bengal), Ranchi University, and other Indian Universities

Closer to Nature We use Recycled Paper

GPH BOOK ®

गुल्लीबाबा पब्लिशिंग हाउस प्रा. लि.

आई.एस.ओ. 9001 एवं आई.एस.ओ. 14001 प्रमाणित कं.

Published by:
GullyBaba Publishing House Pvt. Ltd.

Regd. Office:	Branch Office:
2525/193, 1st Floor, Onkar Nagar-A, Tri Nagar, Delhi-110035 (From Kanhaiya Nagar Metro Station Towards Old Bus Stand) Call: 9991112299, 9312235086 WhatsApp: 9350849407	1A/2A, 20, Hari Sadan, Ansari Road, Daryaganj, New Delhi-110002 Ph.011-45794768 Call & WhatsApp: 8130521616, 8130511234

E-mail: hello@gullybaba.com, **Website:** GullyBaba.com

New Edition

ISBN: 978-93-89601-02-2
Author: Gullybaba.com Panel
Copyright© with Publisher
All rights are reserved. No part of this publication may be reproduced or stored in a retrieval system or transmitted in any form or by any means; electronic, mechanical, photocopying, recording or otherwise, without the written permission of the copyright holder.
Disclaimer: Although the author and publisher have made every effort to ensure that the information in this book is correct, the author and publisher do not assume and hereby disclaim any liability to any party for any loss, damage, or disruption caused by errors or omissions, whether such errors or omissions result from negligence, accident, or any other cause.
If you find any kind of error, please let us know and get reward and or the new book free of cost.
The book is based on IGNOU syllabus. This is only a sample. The book/author/publisher does not impose any guarantee or claim for full marks or to be passed in exam. You are advised only to understand the contents with the help of this book and answer in your words.
All disputes with respect to this publication shall be subject to the jurisdiction of the Courts, Tribunals and Forums of New Delhi, India only.

HOME DELIVERY of GPH Books

You can get GPH books by VPP/COD/Speed Post/Courier.
You can order books by Email/SMS/WhatsApp/Call.
For more details, visit gullybaba.com/faq-books.html
Our packaging department usually dispatches the books within 2 days after receiving your order and it takes nearly 5-6 days in postal/courier services to reach your destination.

Note: Selling this book on any online platform like Amazon, Flipkart, Shopclues, Rediff, etc. without prior written permission of the publisher is prohibited and hence any sales by the SELLER will be termed as ILLEGAL SALE of GPH Books which will attract strict legal action against the offender.

प्रस्तावना

सभी प्रकार की मानवीय गतिविधियों से सूचना का उत्पादन होता है। व्यक्ति एवं संगठन दोनों ही किसी ना किसी प्रयोजन के लिए का उत्पादन करते हैं। उदाहरण के लिए, अनुसंधान एवं विकास संगठन शोध करवाते हैं व नवीनतम सूचना का उत्पादन करते रहते हैं। सरकारी संगठन भी अपनी विभिन्न गतिविधियों, जैसे कि, शासन प्रशासन, जनसंख्या व सर्वेक्षण, से सूचना का उत्पादन करते हैं। इस प्रकार सूचना का उत्पादन होता रहता है व विविध स्रोतों में इसे अभिलिखित किया जाता है तथा इसे सार्वजनिक उपयोग के लिए उपलब्ध कराया जाता है।

ग्रंथालय सदियों से विचारों, ज्ञान और अनुभवों को पीढ़ी दर पीढ़ी पहुँचाने के लिए सामग्री संग्रह करते हैं। ग्रंथालय, सेवारत संगठनों के उद्देश्यों एवं आवश्यकताओं के अनुरूप संग्रह का निर्माण करते हैं। यह संग्रह पाठकों के उपयोग के लिए, ग्रंथालय द्वारा सुनियाजित ढंग से व्यवस्थित किया जाता है। ग्रंथालय संग्रह शिक्षा, ज्ञान और लाखों व्यक्तियों के मनोरंजन में एक महत्त्वपूर्ण संसाधन के रूप के कार्य करता है।

प्रस्तुत पुस्तक 'सूचना स्रोत एवं पुस्तकालय सेवाएँ' (बी.एल.आई.आई.-013) की विषय-सामग्री के विस्तृत एवं जटिल उपबंधों को तर्कपूर्ण एवं संप्रभावी ढंग से संक्षेप में प्रस्तुत किया गया है। पुस्तक की भाषा उपयुक्त, सरल एवं प्रवाहपूर्ण रखने का प्रयत्न किया गया है। पुस्तक के प्रत्येक अध्याय के प्रारंभ में अध्याय की भूमिका दी गई है जिससे छात्रों को अध्याय को समझने में सरलता होगी। इस पुस्तक की सबसे बड़ी और महत्त्वपूर्ण विशेषता यह है कि इसके अंतर्गत आपको गत वर्षों के प्रश्न पत्र हल सहित दिए जाते हैं जो आपकी परीक्षा को न केवल सरल बनाते हैं अपितु आपको परीक्षा में अच्छे अंक प्राप्त करने में भी सहायक होते हैं। पुस्तक में प्रश्न पत्रों के प्रारूप को आपके सामने बिल्कुल उसी प्रकार प्रस्तुत किया गया है जैसा आपके सामने परीक्षा केंद्र में प्रस्तुत होता है, जो आपको अपने आप में एक अलग प्रकार का आत्मविश्वास बढ़ाने में सहायक होगा।

आगामी संस्करण में आपके सुझावों को यथास्थान साभार सम्मिलित किया जाएगा। अत: अपने सुझाव नि:संकोच हमें हमारी **Email : feedback@gullybaba.com** पर या सीधे प्रकाशन के पते पर लिखें और हमें अपने सुझावों से अनुग्रहित करें।

प्रकाशक (GPH) अपने कार्यरत सहायकों व लेखकों का सहृदय आभार प्रकट करता है, जिनके सहयोग और प्रयासों के कारण ही इस पुस्तक का प्रकाशन संभव हो पाया है।

हम आपकी सफलता की कामना करते हैं।

Topics Covered

खंड–1	**सूचना स्रोत एवं उनके उपयोग** **(Information Sources and Their Use)**
इकाई–1	सूचना स्रोतों की श्रेणियाँ (Categories Information Source)
इकाई–2	सूचना स्रोतों के प्रकार (Types of Information Sources)
खंड–2	**पुस्तकालय सेवाएँ** **(Library Services)**
इकाई–3	परिसंचरण सेवाएँ (Circulation Services)
इकाई–4	संदर्भ सेवाएँ (Reference Service)
इकाई–5	जागरूकता संबंधी सेवाएँ (Awarences Services)
इकाई–6	उपयोक्ता अभिमुखीकरण (User Orientation)

विषय-सूची

1. सूचना स्रोतों की श्रेणियाँ 1
   (Categories Information Source)
2. सूचना स्रोतों के प्रकार 31
   (Types of Information Sources)
3. परिसंचरण सेवाएँ 103
   (Circulation Services)
4. संदर्भ सेवाएँ 135
   (Reference Service)
5. जागरूकता संबंधी सेवाएँ 167
   (Awarences Services)
6. उपयोक्ता अभिमुखीकरण 185
   (User Orientation)

प्रश्न पत्र

(1) दिसम्बर, 2017 (हल सहित) 257
(2) जून, 2018 (हल सहित) 260
(3) दिसम्बर, 2018 (हल सहित) 263
(4) जून, 2019 267
(5) दिसम्बर, 2019 268
(6) जून, 2020 270
(7) दिसम्बर, 2020 277
(8) जून, 2021 284

अध्याय 1

सूचना स्रोतों की श्रेणियाँ (CATEGORIES OF INFORMATION SOURCES)

भूमिका

हमें जिन स्रोतों से सूचना प्राप्त होती है, पुस्तकालय विज्ञान के संदर्भ में उन्हें 'सूचना स्रोतों' की संज्ञा दी जाती है। इनके अंतर्गत प्रलेख, मानव, संस्थाएँ तथा समाचार-पत्र, रेडियो, टेलीविजन सहित जनसंचार के विविध रूप सम्मिलित हैं।

सूचना स्रोत दो प्रकार के हो सकते हैं-

प्रलेखीय (डोकूमेंट्री) तथा गैर प्रलेखीय (नॉन-डोकूमेंट्री)। प्रलेखीय स्रोतों के अंतर्गत अंतर्वस्तु (कंटेंट) का समावेश होता है। जो प्राथमिक, माध्यमिक अथवा तृतीयक प्रकार की हो सकती है। भौतिक रूप की दृष्टि से प्रलेखीय स्रोत दो वर्गों में विभाजित किए जा सकते हैं-

कागज आधारित प्रलेखीय स्रोत तथा अन्य माध्यम आधाारित प्रलेखीय स्रोत (इनमें आडियो टेप, दृश्य अकृतियाँ, सी.डी. रोम, डी.वी.डी., माइक्रो फिल्म आदि को शामिल मिया जा सकता है)।

गैर-प्रलेखीय स्रोतों के अंतर्गत मानव, संस्थाएँ, जनसंचार के साधन (प्रिंट मीडिया को छोड़कर) तथा साइबर मीडिया (इंटरनेट) को लिया जा सकता है। सूचना स्रोतों को जानने के क्रम में उनके इतिहास को जानने की भी महती आवश्यकता होती है।

प्रश्न 1. सूचना स्रोतों से आपका क्या तात्पर्य है? सूचना स्रोतों के प्रकारों का भी संक्षेप में वर्णन कीजिए।

उत्तर— सामान्य तौर पर सूचना स्रोतों को संदर्भ ग्रंथों के नाम से जाना जाता है। संदर्भ ग्रंथ साधारणतः किसी विषय या तथ्य का स्पष्टीकरण करने में सहायक बिंदु होता है। अनेक विद्वानों ने संदर्भ ग्रंथ की परिभाषा अपनी-अपनी शैली में प्रस्तुत की है। **लुईस शोर्स** के अनुसार संदर्भ ग्रंथ उसे कहते हैं "जिसे विशेष सूचना प्राप्त करने हेतु उपयोग किया जाता है।" दूसरे शब्दों में, संदर्भ ग्रंथों का उपयोग सीमित होता है।

अमेरिकन लाइब्रेरी एसोसिएशन ग्लॉसरी ऑफ लाइब्रेरी टर्म्स (ALA Glossary of Library Terms) में संदर्भ ग्रंथ को इस प्रकार परिभाषित किया गया है, निश्चित विषयों की जानकारी हेतु इसकी रचना विशिष्ट संयोजन पद्धति के द्वारा की जाती है। इसका अध्ययन कभी-कभी ही किया जाता है और इसका उपयोग पुस्तकालय के अंदर ही सीमित रहता है।

अब तक यह माना जाता था कि वे सभी ग्रंथ जिन पर संदर्भ का चिह्न अंकित किया गया है, जिन्हें एक अलग विशिष्ट संग्रह में शामिल किया गया है वे ही संदर्भ ग्रंथ होते हैं। परंतु यह एक कड़ा दृष्टिकोण है। आजकल पुस्तकालय में जो पाठ्य सामग्री सामयिक पत्र से लेकर पांडुलिपि तथा फोटोग्राफ तक उपलब्ध होती है वे सभी वास्तविक संदर्भ संग्रह हैं। अतः यह कहना भी अनुचित नहीं होगा कि कोई भी स्रोत जो प्रश्नों के उत्तर प्रदान करता है, संदर्भ स्रोत हैं, चाहे वह किसी भी रूप में हो।

हम सूचना स्रोतों को मुख्यतः दो श्रेणियों में विभक्त कर सकते हैं—

(1) प्रलेखीय स्रोत (Documentary Sources)—प्रलेखीय स्रोत के अंतर्गत सूचना के सभी लिपिबद्ध स्रोत आते हैं। चाहे उनकी कोई भी विषयवस्तु या प्रारूप हो। ये मुद्रित या इलेक्ट्रॉनिक रूपों में प्रकाशित या अप्रकाशित हो सकते हैं। इनमें पुस्तकें, पत्रिकाएँ, मैगजीन या संदर्भ पुस्तकें आदि को शामिल किया जा सकता है।

प्रलेखीय स्रोतों को उनकी सूचना की विषयवस्तु या भौतिक रूप के आधार पर पुनः उप-श्रेणियों में विभक्त किया जा सकता है—

(क) सूचना के प्रलेखीय स्रोत (विषयवस्तु के अनुसार) [Documentary Source of Information

(According to the Subject Matter)]—सूचना के सभी लिपिबद्ध स्रोत जैसे कि पुस्तकें, लेख, शब्दकोश, समाचार-पत्र, शोध प्रबंध, मार्गदर्शिका पुस्तकें, निर्देशिकाएँ आदि को उनकी सूचना की विषयवस्तु और संगठनात्मक स्तर के आधार पर निम्नलिखित बुनियादी वर्गों में बाँटा जा सकता है–
- (i) प्राथमिक,
- (ii) द्वितीयक, तथा
- (iii) तृतीयक स्रोत।

(ख) सूचना के प्रलेखीय स्रोत (प्रारूप के अनुसार) [Documentary Source of Information (According to the Format)]—लिपिबद्ध स्रोतों को उनके भौतिक स्वरूप के आधार पर निम्न समूहों में बाँटा जा सकता है–
- (i) कागज आधारित प्रलेखीय स्रोत:, तथा
- (ii) अन्य माध्यम पर आधारित प्रलेखीय स्रोत।

(2) अप्रलेखीय स्रोत (Non-Documentary Sources)—सूचना के अप्रलेखीय स्रोत वे स्रोत हैं जो किसी भी रूप में लिपिबद्ध नहीं होते। इस वर्ग के अंतर्गत निम्न स्रोत आते हैं–
- (क) मानव (Human)
- (ख) संगठन (Organisation)
- (ग) जनसंचार माध्यम (Mass Media)
- (घ) इंटरनेट (Internet)

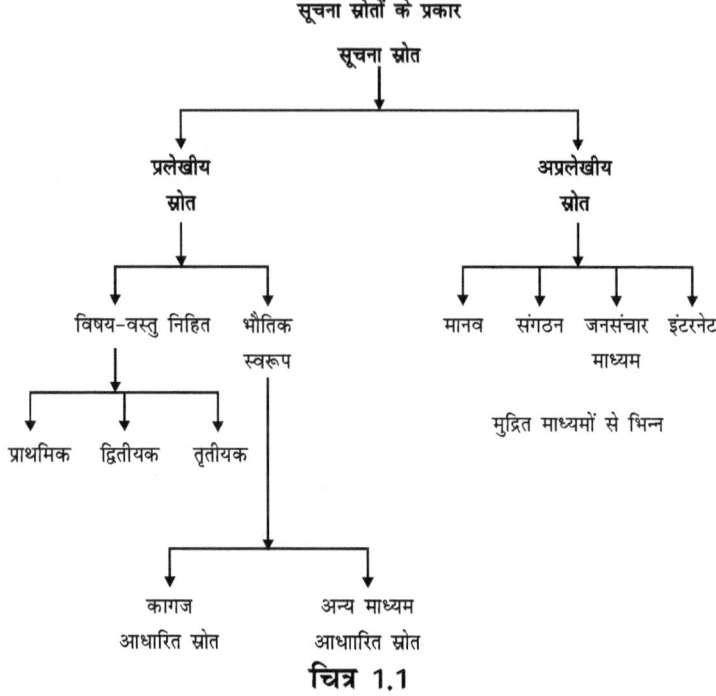

सूचना स्रोतों के प्रकार

चित्र 1.1

प्रश्न 2. सूचना स्रोतों से आपका क्या तात्पर्य है? सूचना स्रोतों के प्रकारों का भी संक्षेप में वर्णन कीजिए।

अथवा

सूचना के प्राथमिक स्रोतों का उपयुक्त उदाहरणों के साथ वर्णन कीजिए। [दिसम्बर-2017, प्र.सं.-1.1]

उत्तर– सूचना के प्रलेखीय स्रोतों को हम विषयवस्तु तथा प्रारूप के अनुसार बाँट सकते हैं।

विषय वस्तु के अनुसार–

(1) प्राथमिक स्रोत (Primary Sources)–कोई भी सूचना/ज्ञान जो प्रथम बार प्रकाशित होती है, प्राथमिक स्रोत होते हैं। अर्थात् जिन प्रलेखों में मौलिक शोध के निष्कर्ष तथा उन निष्कर्षों की उद्योग एवं तकनीकी क्षेत्र में उपयोग संबंधी सूचना प्रथम बार प्रकाशित होती है, वे प्रलेख प्राथमिक स्रोत कहलाते हैं।

इस प्रकार मूलशोध, नई विधि का विकास या पुराने विचारों की नई व्याख्या आदि, प्रथम बार प्रकाशित प्रलेख को प्राथमिक स्रोत की श्रेणी में सम्मिलित करते हैं। इन स्रोतों में नवीनतम सूचनाएँ संग्रहीत होती हैं। स्रोत की सहायता से एक शोधकर्त्ता को नवीनतम सूचना प्राप्त होती है। ये स्रोत व्यापक रूप से बिखरे हुए, असतत् तथा असंगठित होते हैं। इनमें निहित सूचना वैज्ञानिक एवं तकनीकी ज्ञान की मुख्य धारा से समायोजित नहीं होती है। यद्यपि इस प्रकार के स्रोत अत्यधिक महत्त्वपूर्ण होते हैं किंतु इनको ढूँढ़ना और इनका उपयोग करना काफी कठिन होता है। द्वितीयक स्रोत इनका उपयोग करने में सहायता करता है। प्राथमिक स्रोत, सूचना स्रोतों के लिए अत्यधिक महत्त्वपूर्ण है। वर्तमान में विज्ञान, तकनीकी एवं सामाजिक विज्ञान शोध के मूल प्रतिवेदन प्राथमिक स्रोत के मुख्य भाग होते हैं। इनमें से कुछ तो प्रेक्षणों के अभिलेख के रूप होते हैं तथा कुछ वर्णात्मक होते हैं। इस प्रकार इन स्रोतों की सहायता से शोधकर्त्ता अद्यतन (Up-to-date) सूचना प्राप्त कर लाभान्वित होता है। इसकी सहायता से शोधकर्त्ता द्विआवृत्ति (Duplication) को बचाता है।

प्राथमिक स्रोत के प्रकार (Kinds of Primary Sources)–

(क) पत्रिकाएँ (Periodicals)–यह एक सामयिक प्रकाशन है। प्राथमिक स्रोतों में इसका सर्वाधिक उपयोग होता है। सामान्यतया साप्ताहिक, पाक्षिक, मासिक, त्रैमासिक, अर्द्धवार्षिक अथवा वार्षिकी के रूप में प्रकाशित होता है।

पत्रिका का प्रत्येक संपुट (खंड) और अंक विषय विवेचन की दृष्टि से स्वतंत्र होता है। परंतु विषय पत्रिका के उद्देश्य के अनुसार उसके मुख्य विषय या ज्ञान के एक क्षेत्र से संबंधित रहते हैं। इसके लेखक सामान्यतया एक से अधिक होते हैं। इसका प्रकाशन खंडों में होता है। सूचनाओं की पुनरुक्ति न करते हुए यह समय-समय पर प्रकाशित समूहों के द्वारा संबद्ध ज्ञान की व्याख्या कर विषयों को पूर्ण रूप से प्रस्तुत करती है।

जिस प्रकार समाचार-पत्र विश्व दर्पण हैं, उसी प्रकार पत्रिकाएँ ज्ञान-विज्ञान के सूक्ष्म भौतिक रूप हैं, इसलिए इन्हें सूक्ष्म साहित्य कहते हैं। ततद् विषयों का उद्भव और

विकास इन्हीं के माध्यम से होता है। नवीन विषय, शोध और खोज से प्राप्त नए तथ्य और उन पर विविध दृष्टियों से प्रस्तुत विभिन्न विद्वानों के लिए विचार सर्वप्रथम इन्हीं में प्रकाशित होते हैं। इस प्रकार ज्ञान के क्षेत्र की सूचना पत्रिका में प्रकाशित लेखों से शोधकर्त्ताओं के पास पहुँचती हैं। पुस्तक के रूप में इनका प्रकाशन काफी देरी से होता है। इस दृष्टि से यह पुस्तकों के पूरक साहित्य हैं। कई बार पत्रिकाओं में प्रकाशित विचारों को पुस्तक का रूप नहीं मिल पाता, इसलिए इन विचारों को शोधकर्त्ताओं तक पहुँचाने के लिए पत्रिका ही महत्त्वपूर्ण स्रोत है।

इस प्रकार वर्तमान में विज्ञान, तकनीकी एवं समाज विज्ञान क्षेत्र में हो रहे नवीनतम शोध कार्यों के निष्कर्षों को शीघ्रातिशीघ्र मुद्रित रूप में अन्य शोधकर्त्ताओं तक पहुँचाने के लिए पत्रिका महत्त्वपूर्ण साधन है। यही कारण है कि केवल विज्ञान एवं तकनीकी क्षेत्र में 50,000 से अधिक पत्रिकाएँ प्रतिवर्ष प्रकाशित हो रही हैं।

पत्रिकाओं का महत्त्व निम्न कारणों से और अधिक बढ़ गया है–

(i) **मुद्रण एवं वितरण में गति**–मुद्रण एवं वितरण की तीव्र गति के कारण जल्दबाजी आदि की अनावश्यकता के कारण यह पाठकों तक सुगमता एवं शीघ्रतापूर्वक पहुँचाई जा सकती है।

(ii) **नियमित प्रकाशन**–पत्रिकाओं का नियमित प्रकाशन होने के कारण नवीनतम ज्ञान को समय-समय पर पाठकों तक पहुँचाने में सहायक है।

(iii) **पत्रिका अद्यतन होती है**–एक ग्रंथ शीघ्र ही सूचना की दृष्टि से पुराना (Out of date) हो जाता है, किंतु पत्रिकाओं का शोधों के साथ-साथ प्रकाशन होता रहता है। इस प्रकार शोधार्थी को उद्यतन (Up-to-date) सूचनाएँ प्राप्त होती रहती हैं।

(iv) पत्रिका में प्रकाशित लेखों संबंधी पत्र व्यवहार, ग्रंथ समीक्षा, संपादकीय, सार, नवीनतम समाचार, व्यावसायिक घोषणाएँ, विज्ञापन आदि सूचनाएँ भी सम्मिलित होती हैं।

(ख) **शोध प्रतिवेदन (Research Reports)** – वर्तमान में शोध प्रतिवेदन पत्रिकाओं की अपेक्षा अधिक उपयोग में ली जा रही है। एक अध्ययन के अनुसार पहले दशक में इस प्रकार के प्रतिवेदन लिए गए समस्त प्रलेखों का 10 प्रतिशत से अधिक भाग था। इस प्रकार शोध प्रतिवेदन वैज्ञानिक संचार का सशक्त माध्यम हो गए हैं। द्वितीय विश्व युद्ध के बाद शोध प्रतिवेदन का प्रादुर्भाव हुआ। इस प्रकार के प्रलेखों के उद्भव के मुख्य कारण कागज की कमी, सीमित वितरण तथा पत्रिका प्रकाशन में लगने वाला अधिक समय आदि रहे हैं। इसलिए ऐसे माध्यम का विकास करने का विचार किया गया जो कम कागज पर सीमित प्रतियों में तथा तीव्र गति से वितरित किया जा सके और ये प्रलेख काफी उपयोगी रहे।

(ग) **एकस्व (Patents)** – वैज्ञानिक एवं तकनीकी साहित्य के रूप में 1852 ई. में एकस्व का प्रतिपादन हुआ। इस समय एकस्व कानून संशोधन अधिनियम पारित हुआ था। इसके अनुसार समस्त स्वीकृत एकस्व मुद्रित होने चाहिए। वास्तव में, यह राज्य एवं शोधकर्त्ताओं के मध्य एक समझौता है जिसके अधीन राज्य, शोधकर्त्ता को निश्चित अवधि तक उसका उपयोग करने की गारंटी देता है तथा उसके बदले सरकार से रॉयल्टी प्राप्त करता है।

अर्थात् एकस्व सरकार द्वारा प्रदान की जाने वाली सुविधा है जिसके अंतर्गत नए अन्वेषण को एक निश्चित अवधि के लिए एकाधिकार प्रदान किया जाता है। सरकार एवं अन्वेषक के बीच हुए समझौते का यह एक व्यक्तिगत प्रमाण पत्र है। इसे निर्माता द्वारा निर्मित कोई नई या उपयोगी मशीन रचना, उत्पादन आदि को बनाने, बेचने

और उसका उपयोग करने के लिए निश्चित अवधि के लिए अन्वेषक को एकाधिकार प्राप्त होता है। विद्वान और कार्यकर्त्ताओं को नई खोज, नया कार्य या उत्पादन करने तथा प्रोत्साहन देने के लिए निमित्त सरकार इस प्रकार का प्रमाण पत्र प्रदान करती है। एकस्व में वस्तु के निर्माण संबंधी समस्त विवरण दिया रहता है और उसके अनुसार ही स्वत्वाधिकार प्राप्त व्यक्ति को संबद्ध वस्तु का निर्माण करना होता है।

इस प्रकार एकस्व प्राथमिक स्रोतों का एक महत्त्वपूर्ण भाग है, चूँकि अन्वेषण नया होता है और इस अन्वेषण के विचार, रचना आदि अप्रकाशित होते हैं। एकस्व विशेष रूप से रसायन शास्त्र, रसायन तकनीकी, औषधि निर्माण विधि के लिए काफी उपयोगी है। प्रत्येक देश में इस प्रकार के प्रकाशन के लिए एक एजेंसी होती है। भारत में Indian Patent Office एकाधिकार पत्र देने के लिए उत्तरदायी एजेंसी है। वर्तमान में प्रतिवर्ष 3000 एकाधिकार पत्र दिए जाते हैं। अनुक्रमणीकरण एवं सारकरण सेवा में भी एकस्व को नियमित सम्मिलित किया जाता है।

एक में निम्न सूचनाएँ संग्रहित होती हैं–

(i) शीर्षक, जिसमें एकाधिकार प्राप्त व्यक्ति का नाम, पता उसका उत्तराधिकारी, एकस्व संख्या, आवेदन की तिथि, आविष्कार का शीर्षक।
(ii) आविष्कार की समस्या प्रकृति अथवा उद्देश्य।
(iii) रेखा चित्रों का उल्लेख।
(iv) आविष्कार की विशेषताओं का एक या अधिक विधियों द्वारा विस्तृत व्याख्या एवं स्पष्टीकरण।
(v) वर्णित आविष्कार के संबंध में एक या अधिक दावेदार का संक्षिप्त और व्यापक स्पष्टीकरण।

इस प्रकार एकस्व अध्ययन और अन्वेषण कार्य में सूचना स्रोत में विशेष महत्त्व रखता है।

सूचना स्रोतों की श्रेणियाँ 9

(घ) सम्मेलन कार्यवाही (Conference Proceedings)– राष्ट्रीय-अंतर्राष्ट्रीय स्तर पर आयोजित सम्मेलन, संगोष्ठी, अध्ययन गोष्ठी आदि में पढ़े गए लेख सूचना के प्राथमिक स्रोत होते हैं। इन आयोजनों में स्वयं उपस्थित होकर सूचना प्राप्त करना सभी के लिए असंभव होता है। अतः इन सम्मेलनों की कार्यवाही प्रकाशित की जाती है, जिसे शोधकर्त्ता अपने शोधकार्य में उपयोग करता है।

इन सम्मेलनों में पढ़े गए लेख नई-नई खोजों, आविष्कारों आदि को सर्वप्रथम प्रकाश में लाया जाता है। इसके अतिरिक्त लेख संबंधी प्रश्नों तथा उत्तरों को भी कार्यवाही में सम्मिलित किया जाता है। इसके अंतर्गत केंद्रीय स्तर पर लोक सभा तथा राज्य सभा और प्रांतीय स्तर पर विधान सभा एवं राज्य परिषद् की कार्यवाही और इसी प्रकार सभा समिति और संस्थाओं की कार्यवाही सूचक साहित्य का समावेश होता है।

सर्वप्रथम 17वीं शताब्दी में इस प्रकार के सूचना स्रोतों को प्रकाशित करने की आवश्यकता महसूस हुई। ये कार्यवाही वैज्ञानिक तथा तकनीकी सूचना संचार में बहुत ही महत्त्वपूर्ण है। इन कार्यवाहियों में मौलिक शोध कार्यों के निष्कर्ष, पत्रिकाओं में प्रकाशित होने से कई महीने पहले ही प्रकाशित हो जाते हैं।

इन सम्मेलनों में लेख मौखिक प्रस्तुतीकरण के रूप में होते हैं जिसमें भाग लेने वालों द्वारा पूछे गए प्रश्न, उनकी आलोचना तथा उनका उत्तर भी सम्मिलित होता है। सम्मेलन साहित्य को निम्नानुसार विभाजित किया जा सकता है–

(i) पूर्व सम्मेलन साहित्य

(ii) सम्मेलन के दौरान प्रकाशित साहित्य

(iii) पश्च सम्मेलन साहित्य।

सम्मेलन के अवसर पर पढ़े जाने वाले लेख पूर्व-मुद्रण श्रेणी में आते हैं। इनमें लेख का संपूर्ण पाठ, उसका सार

अथवा संक्षिप्त रूप होता है। सम्मेलन के आयोजन के समय दिए गए भाषण द्वितीय श्रेणी में आते हैं। अंतिम श्रेणी में मुख्य साहित्य आता है, प्राय: इन्हें ही सम्मेलन कार्यवाही कहा जाता है। इनमें पढ़े गए लेख, विचार-विमर्श तथा पारित किए गए प्रस्ताव आदि सम्मिलित होते हैं। इनको पुस्तक, पत्रिका अथवा प्रतिवेदन के रूप में प्रकाशित किया जाता है।

(ङ) **मानक (Standard)**—मानकीकरण एकरूपता बनाए रखने का सरल साधन है। यह एकरूपता प्रत्येक क्षेत्र और कार्यों के प्रत्येक पक्ष में होनी चाहिए। इससे क्रियाकलाप और वस्तु के रूप में एकरूपता तथा समानता बनी रहती है, उत्पादन में निश्चित और निरंतर वृद्धि होती रहती है और कार्यकुशलता का प्रत्यक्ष दर्शन होता है। इसलिए समष्टि निकाय, शासन अथवा अधिकृत संस्था प्रत्येक कार्य या वस्तु का मानक स्थिर करती है और उसके अनुसार निर्मित वस्तु मानक वस्तु कहलाती है। इस प्रकार की मानक वस्तुओं से उपभोक्ताओं में विश्वास हो जाता है। इसका परिणाम यह होता है कि जो वस्तुएँ मानक को नहीं अपनातीं वह बाजार से विलोपित हो जाती हैं।

मानक ऐसे अधिकारिक मापदंड हैं, जिन्हें एक उद्योगपति, व्यवसायी अथवा विशेषज्ञ द्वारा किसी वस्तु विशेष के आकार-प्रकार, महत्त्व आदि को परखने के लिए तैयार किया जाता है। इनका विकास वृहत् शोध कार्यक्रम के पश्चात् होता है। साधारणत: मानक कुछ पृष्ठों की पुस्तिका होती है जिसमें परिभाषा, पद्धति, गुण, मापन आदि शामिल किए जाते हैं। सारणी व चित्रों से भी चित्रित किए जाते हैं। इन्हें निम्न प्रकार से वर्गीकृत किया जा सकता है—

(i) विमीय मानक (Dimensional Standard)
(ii) गुणात्मक मानक (Quality Standard)
(iii) मानक परीक्षण विधियाँ (Standard test methods)

(iv) मानक शब्दावली (Standard Terminology)
(v) अभ्यास संहिता (Code of Practice)
(vi) भौतिक एवं वैज्ञानिक मानक (Physical and Scientific Standard)

शोधकार्य के लिए ये अभिलेख काफी महत्त्वपूर्ण हैं। विभिन्न देशों में राष्ट्रीय स्तर की संस्थाओं का स्थापन केवल मानकीकरण के लिए किया गया है जैसे–ब्रिटिश स्टैंडर्डस इंस्टीट्यूशन (BSI), इंडियन स्टैंडर्डस इंस्टीट्यूशन (ISO), यह संस्था प्रतिवर्ष 300 मानक प्रदान करती हैं, इंटरनेशनल स्टैंडर्डस ऑरगेनाइजेशन (ISO)।

(च) **औद्योगिक एवं व्यावसायिक साहित्य (Industrial and Trade Literature)**–किसी विशिष्ट उत्पादन के बारे में सूचना प्राप्त करने में व्यापारिक साहित्य महत्त्वपूर्ण स्रोत है। जब कहीं कोई सामग्री नहीं मिलती है, तब विशिष्ट व्यापारिक साहित्य प्राथमिक स्रोत के रूप में उपयोगी सिद्ध होते हैं।

व्यापारिक साहित्य का मुख्य उद्देश्य अपने उत्पादन (उपकरणों, वस्तुओं, प्रणाली) की विस्तृत रूप से सूचना प्रदान करना होता है। इसका मुख्य कारण यह है कि अपने उत्पादन की बिक्री को बढ़ाने के लिए उत्पादन से पूर्व ही बाजार में साख जमाना होता है। यह सूचनाएँ उत्पादकों या डीलर्स द्वारा दी जाती हैं। ये साहित्य तकनीकी बुलेटिन, मूल्य सूची, डाटाशीट, ग्रंथसूचियाँ, हस्त पुस्तिकाएँ, मार्ग दर्शिकाएँ, संस्था पत्रिकाएँ आदि के रूप में उपलब्ध होते हैं।

(छ) **शोध प्रबंध (Research Management)**–सामान्यतया विश्वविद्यालय डॉक्टर की उपाधि के लिए शोध प्रबंध लिखवाती है, जो किसी विद्वान के निर्देशन में तैयार की जाती है। यह माना जाता है कि इसमें किसी विशिष्ट में किए गए मौलिक कार्य की सूचनाएँ होती हैं। इनका मुख्य

उद्देश्य उस विषय एवं शोध पद्धति में शोधकर्त्ता की निपुणता परखना है।

इन शोध प्रबंधों में निष्कर्षों से कोई नई तकनीक, विधि सिद्धांत आविष्कृत होते हैं। इनका सार्वजनिक प्रकाशन न होने से इनके बारे में सूचना प्राप्त करना कठिन होता है। इस कठिनाई को दूर करने के लिए विभिन्न उपाय किए जा रहे हैं। National Social Science Documentation Centre (NASSDOC) इस प्रकार की शोध प्रबंध का बहुत बड़ा संग्रह कर रही है। लगभग 2000 शोध प्रबंध का संग्रह NASSDOC द्वारा किया जा चुका है। ICSSR New Delhi ने इस प्रकार के साहित्य की वर्गीकृत सूची तैयार की है। इसी प्रकार अमेरिका की माइक्रोफिल्म यूनिवर्सिटी द्वारा 'Dissertation Abstract International' प्रकाशित की जा रही है। इस प्रकार की सेवाओं में शोध प्रबंधों का महत्त्व काफी बढ़ गया है।

(ज) **हस्तलिखित ग्रंथ एवं अप्रकाशित सामग्री (Manuscripts)**– प्राचीन विषयों के संबंध में शोध के लिए संग्रहालय सामग्री, सिक्का, प्राचीन अवशेष, शिलालेख, मूर्ति, वंशावली आदि सामग्री का महत्त्वपूर्ण स्थान है। इनके अतिरिक्त ऐतिहासिक सामग्री के अंतर्गत हस्तलिखित ग्रंथ, पांडुलिपि, अमुद्रित ग्रंथ, अभिलेख स्मारक आदि शोध कार्य में उपयोगी हैं।

भारत में राष्ट्रीय पुस्तकालय–कोलकाता, आर्चिव लाइब्रेरी–दिल्ली, ओरियंटल रिसर्च लाइब्रेरी–पुने, खुदाबक्श ओरियंटल पब्लिक लाइब्रेरी–पटना, गवर्मेंट ओरियंटल मेन्युस्क्रिप्ट लाइब्रेरी–मद्रास आदि संस्थाएँ कार्य कर रही हैं।

(2) **द्वितीयक स्रोत (Secondary Sources)**–प्राथमिक स्रोतों से संग्रहित किए जाने या प्राथमिक स्रोतों को संदर्भित करने के लिए संग्रहीत की जाने वाली सामग्री द्वितीयक स्रोत कहलाती है। यह सामग्री

एक निश्चित योजना के अंतर्गत व्यवस्थित होती है। इन स्रोतों में मूल सूचना को एक निश्चित समूह या उपयोगकर्त्ता के लिए चयनित किया जाता है।

द्वितीयक स्रोत, प्राथमिक स्रोत की अपेक्षा आसानी से प्राप्त हो जाते हैं। यह केवल सार संग्रह ही उपलब्ध नहीं करता अपितु प्राथमिक स्रोत के लिए ग्रंथपरक चाबी (Bibliographical key) का कार्य भी करता है जिससे प्राथमिक स्रोत को प्राप्त करने में सुविधा रहती है।

प्राथमिक स्रोत प्रथम बार सम्मिलित सामग्री है, जिसे द्वितीयक सामग्री इसको प्राप्त करती है। प्राथमिक स्रोत में सीधी सूचना प्राप्त करना बड़ा कठिन है। इसलिए सर्वप्रथम शोधकर्त्ता को द्वितीयक स्रोत उपयोग में लाना होगा और इसी की सहायता से विशिष्ट प्राथमिक स्रोत की खोज की जा सकती है।

द्वितीयक स्रोतों को निम्न प्रकार से विभाजित किया जा सकता है—

(क) **सारकरण एवं अनुक्रमणीकरण पत्रिकाएँ (Abstracting and Indexing Periodical)**—ये स्रोत ऐसे विषयों में, जिनमें प्राथमिक साहित्य विभिन्न रूपों में बिखरे होते हैं, की मार्गदर्शिका के रूप में काम में आते हैं। इन स्रोतों के बिना, प्राथमिक स्रोतों का काफी बड़ा भाग पाठकों की जानकारी में नहीं आ पाता। इस प्रकार सारकरण एवं अनुक्रमणीकरण पत्रिका सूचना के अभीष्ट स्रोत का परिचय देती है।

ये पत्रिकाएँ किसी भी समय, किसी भी विषय से संबंधित विशिष्ट सूचना के साहित्यिक खोज में सहायक होती हैं। इस उद्देश्य से पत्रिकाओं का विभिन्न स्तरों पर संचयन किया जाता है, इन तक पहुँचाने के लिए अनुक्रमणिकाएँ कुंजी का कार्य करती हैं। अधिकांश द्वितीयक पत्रिकाएँ विभिन्न पत्रिकाओं में छपे लेखों को ही अनुक्रमणित करती हैं, किंतु कुछ पत्रिकाएँ अन्य प्राथमिक स्रोतों में छपे लेखों को भी अनुक्रमणित करती हैं। उदाहरणार्थ—'केमिकल एबस्ट्रैक्ट' पत्रिकाओं के लेखों के साथ-साथ एकस्व,

विनिबंध, प्रतिवेदन, सम्मेलन कार्यवाही आदि साहित्य को भी सारकृत करता है।

वर्तमान में सामयिक अभिज्ञता सेवा (CAS) का प्रचलन शुरू हो गया है, जिससे समय की काफी बचत हुई है और इससे शोधकर्त्ताओं को अतिशीघ्र सूचनाएँ मिलने लगी हैं। इस प्रकार CAS से सूचना की सामयिक अभिगम की पूर्ति होती है।

(ख) **प्रगति समीक्षा (Reviews of Progress)**—प्रगति समीक्षा, पुस्तक समीक्षा (Book Review) से भिन्न, आलोचनात्मक सार होता है, जो किसी विशिष्ट विषय के विद्वान द्वारा उस विषय में हुई प्रगति एवं विकास का लेखा-जोखा होता है। इस प्रकार के साहित्य का महत्त्व काफी बढ़ता जा रहा है और कई क्षेत्रों में साहित्यिक खोज के लिए अनुक्रमणिका एवं सार की अपेक्षा समीक्षाओं का अधिक उपयोग होने लगा है।

रंगनाथन ने इन समीक्षाओं को वर्णनात्मक ग्रंथसूची कहा है। इनमें सूचना का विश्लेषण एवं मूल्यांकन कर उसे उचित संदर्भ में व्यवस्थित किया जाता है। इसमें एक बहुत बड़े प्राथमिक साहित्य के भाग में केवल महत्त्वपूर्ण सूचना को ग्रंथपरक विवरण सहित पाठकों तक पहुँचाया जाता है। इस साहित्य का प्रकाशन कई शीर्षकों में होता है; जैसे—Annual Review, Year Progress or work, Advances, Progress in Development of and Survey of.

(ग) **संदर्भ पुस्तक (Reference Books)**—सूचना के ये स्रोत, प्राथमिक स्रोतों में प्रकाशित सूचना को अत्यधिक व्यवस्थित क्रम में प्रस्तुत करते हैं। इन्हें भी द्वितीयक स्रोतों की श्रेणी में रखा गया है।

परिभाषा—संदर्भ पुस्तक एक ऐसी पुस्तक होती है जिसका उपयोग शोधकर्त्ता केवल आवश्यकता पड़ने पर ही करता है। साधारण शब्दों में कह सकते हैं कि किसी विषय या तथ्य का स्पष्टीकरण अथवा पुष्टीकरण करने में जो

पुस्तक तत्काल सहायक होती है, उसे संदर्भ पुस्तक कहते हैं।

डॉ. रंगनाथन के अनुसार, "संदर्भ पुस्तक ज्ञान सूचनाओं का संकलन एवं संगठन इस प्रकार करती है कि अभीष्ट सूचना तत्काल एवं विषद रूप में सामने आती है।"

संदर्भ पुस्तकों को निम्न श्रेणी में बाँटा जा सकता है–

(i) **कोश (Dictionary)**–संदर्भ पुस्तकों में कोश का एक प्रमुख स्थान है। किसी भी साधारण अथवा विशिष्ट विषय के किसी शब्द का अर्थ एवं उपयोग जानने के लिए सामान्य अथवा विशिष्ट कोशों की आवश्यकता होती है। कोश, भाषा कोश एवं विशिष्ट विषय कोश होते हैं इनके अतिरिक्त नाम कोश, तिथि कोश, संकेताक्षर कोश आदि भी होते हैं। कभी-कभी शब्दावली एवं कोश को पर्याय रूप में भी उपयोग किया जाता है।

(ii) **विश्वकोश (Encyclopaedia)**–विश्वकोश में समस्त ज्ञान के संश्लेषण को सुसंगठित व क्रमबद्ध रूप में प्रस्तुत किया जाता है। इस कृति में विषयों, उपविषयों पर सूचनात्मक लंबे लेख होते हैं और लेखों का व्यवस्थापन वर्णक्रमानुसार होता है।

ऑक्सफोर्ड इंगलिश डिक्शनरी के अनुसार, "ज्ञान की समस्त शाखाओं से संबंधित विस्तृत सूचना सामग्री युक्त एवं वर्णानुक्रम भेद-विन्यासित साहित्यिक कृति को विश्वकोश कहते हैं।"

विश्वकोश 'सामान्य' एवं 'विशिष्ट' होते हैं। 'सामान्य विश्वकोश' का विषय क्षेत्र एक विषय या विषय समूह तक सीमित नहीं होता वरन् इसमें सभी मानवीय ज्ञान को एकत्रित करने का प्रयास किया जाता है। जैसे– Encyclopaedia Britannica एवं Encyclopaedia Americana 'विशिष्ट विश्वकोश' में एक विषय या विषय समूह संबंधित सूचना को एकत्रित करके एक

स्थान पर व्यवस्थित करने का प्रयास किया जाता है। इसमें लेख, विषय के नाम से वर्णाक्रमानुसार व्यवस्थित होते हैं। जैसे–International Encyclopaedia of Social Sciences एवं Encyclopaedia of Library and Information Science.

(iii) **हस्तपुस्तिका (Handbook)**–यह एक लघु पुस्तक है, जो ज्ञान के सूक्ष्म से सूक्ष्म विषयों की गहराई को संक्षेप में प्रकट करता है। वैज्ञानिक एवं तकनीशियनों द्वारा सर्वाधिक उपयोग किया जाता है। हस्तपुस्तिकाओं में तथ्यात्मक सूचना, आँकड़े, तालिकाएँ तथा सूत्र सम्मिलित होते हैं। हस्तपुस्तिकाएँ दो प्रकार की होती हैं–(a) सामान्य हस्तपुस्तिका और (b) तद् विषयक हस्तपुस्तिका।

(घ) **विषय पुस्तक (Subject Book)**–कुछ पुस्तकें ऐसी होती हैं, जो किसी विषय को विस्तृत तथा व्यवस्थित रूप से वर्णित करती हैं, इन्हें विषय पुस्तक कहते हैं। ये पुस्तकें विषय का मौलिक ज्ञान प्रदान करने में समर्थ होती हैं। ये पुस्तकें निम्न तीन प्रकार की होती हैं–

(i) **प्रबंध (Treatise)**–प्रबंध, विश्वकोश की भाँति, संबंधित विषय को पूर्णतया सम्मिलित करता है। लेकिन जहाँ विश्वकोश प्रत्येक प्रकरण को संक्षिप्त सर्वेक्षण के रूप में साधारण पाठकों के पढ़ने योग्य भाषा में तथा वर्णानुक्रम में प्रस्तुत करता है, वहाँ प्रबंध विषय का विस्तृत विवेचन प्रस्तुत करता है। इनका व्यवस्थापन अधिकांशत: विषयात्मक होता है जैसे–A Comprehensive treatise an inorganic and theoretical Chemistry by J.W. Miller.

(ii) **विनिबंध (Monograph)**–विनिबंध और प्रबंध में विषय विवेचन की भिन्नता है। प्रबंध का क्षेत्र काफी विस्तृत है, जबकि विनिबंध एक निश्चित प्रकरण अथवा प्रसंग तक ही सीमित होता है। इसमें विषय की नवीनतम सूचना पर ही अधिक जोर दिया जाता है।

सूचना स्रोतों की श्रेणियाँ

(iii) **पाठ्य पुस्तक**—पाठ्य पुस्तक अध्ययन के लिए एक मुख्य साधन है। इसका उद्देश्य विषय का सरलीकरण कर उसे अच्छी तरह समझाना है। इनमें विषय का सैद्धांतिक पक्ष होता है।

(3) **तृतीयक स्रोत**—सूचना के स्रोत, जो कि पाठक को प्राथमिक एवं द्वितीयक स्रोत उपयोग करने हेतु सहायता करते हैं, तृतीयक स्रोत कहलाते हैं। इस प्रकार के स्रोत अधिकांश विषय ज्ञान प्रदान नहीं करते अपितु इसके अतिरिक्त सूचना प्रदान करते हैं। इन स्रोतों का मुख्य कार्य शोधकर्त्ता और विशेषज्ञों को प्राथमिक एवं द्वितीयक स्रोतों के प्रयोगार्थ वांछित सूचना की प्राप्ति एवं खोज में सहायता करना है। ये स्रोत निम्न होते हैं—

(क) **निर्देशिकाएँ (Directories)**—निर्देशिकाएँ व्यक्तियों, संगठनों एवं व्यावसायिक संस्थानों के विषय में आवश्यक सूचना देती हैं। इस पुस्तक में सूचना का व्यवस्थापन सामान्यतया वर्णक्रमानुसार या वर्गीकृत होता है। यह संगठनों के कार्यों, पदाधिकारियों के पते एवं अन्य आवश्यक संक्षिप्त सूचना देती हैं।

अंग्रेजी कोश के अनुसार "यह एक वर्णानुक्रम अथवा वर्गीकृत सूची है। इसमें किसी स्थान के निवासियों अथवा वहाँ की संस्थाओं या किसी व्यवसाय अथवा उद्योग से संबंध व्यक्तियों या संस्थाओं का नाम, स्थान और अन्य परिचायक विवरण अथवा किसी सेवा से संबद्ध सदस्यों का नाम और अन्य विवरण दिया रहता है।"

इस प्रकार निर्देशिकाएँ नाम व पते के अतिरिक्त अन्य सूचनाएँ भी प्रदान करती हैं जैसे—किसी कंपनी के विभिन्न उत्पादन, राष्ट्रीय और अंतर्राष्ट्रीय संगठनों के कर्मचारियों की गतिविधियों तथा किसी वैज्ञानिक की शैक्षणिक योग्यता आदि।

निर्देशिकाएँ निम्न प्रकार की होती हैं—

(i) औद्योगिक अथवा व्यावसायिक निर्देशिकाएँ

(ii) वैज्ञानिक एवं तकनीशियनों की निर्देशिकाएँ
(iii) वैज्ञानिक एवं तकनीकी संगठनों की निर्देशिकाएँ।

(ख) **वार्षिकी शब्दकोश (Year-Book)**—वार्षिकी शब्दकोश ऐसे प्रकाशनों की ओर इंगित करता है, जो कि निश्चित अवधि (वर्ष में एक बार) में प्रकाशित होता है। **विलियम काट्ज** के अनुसार वार्षिकी किसी वर्ष विशेष से संबंधित तथ्यों तथा सांख्यिकी विवरणों की एक संक्षिप्त कृति होती है। **ए. एल. ए. शब्दावली** के अनुसार "वर्णात्मक अथवा सांख्यिकीय रूप में सामयिक सूचना के किसी वार्षिकी अंक, जो कभी-कभी किसी विशिष्ट क्षेत्र तक ही सीमित होता है, उसे वार्षिकी कहते हैं।"

कई वार्षिकी मात्र निर्देशिकाएँ ही होती हैं, जो कि प्रतिवर्ष प्रकाशित होने के कारण वार्षिकी के नाम से जानी जाती हैं। इनमें मुख्यतः वर्ष विशेष के अंतर्गत घटित महत्त्वपूर्ण घटनाओं, तथ्यों, आँकड़ों, विकास कार्यों आदि का ही लेखा-जोखा होता है।

कई वार्षिकी विश्वकोश के पूरक (Supplement) के रूप में भी प्रकाशित होते हैं। उनमें उस विशिष्ट विषय की सूचना को अद्यतन (Up-to-date) रखने के लिए प्रकाशित किया जाता है। इन पूरक अंकों में घटनाओं से संबंधित तथ्यात्मक सूचना, शोधों, विकास कार्यों तथा वर्ष की नवीन सूचनाओं का विवरण मिलता है। जैसे—McGraw Hill Year-Book of Science and Technology.

(ग) **साहित्यिक मार्गदर्शिकाएँ (Guide to Literature)**—इस मार्गदर्शिका का मुख्य उद्देश्य एक विषय के ग्रंथपरक संरचना को प्रस्तुत करना होता है। सामान्यतः ये किसी विषय के विकास में सहायक ग्रंथपरक उपकरणों, संस्थाओं तथा मौलिक साहित्य का विस्तृत विवरण एवं विषय का विस्तृत ग्रंथपरक चित्र भी प्रस्तुत करती हैं जैसे—A Guide to the literature of Chemistry by EJ Crime and others, Sources of Information in Social Sciences by Carl White.

(घ) **शोध प्रगति सूचनाएँ (List of Research in Progress)**—शोधार्थियों को शोध कार्य की प्रगति की सूचना मालूम होते रहना आवश्यक है, जिससे शोध कार्य में अतिव्यापन (Overlapping) एवं द्विरावृति को कम किया जा सके। इस उद्देश्य की पूर्ति के लिए ऐसे स्रोतों का प्रकाशन किया जाता है। कई संस्थाएँ जो शोध कार्य के लिए अनुदान देती हैं, वे प्रायः नियमित रूप से ऐसी सूचियाँ प्रकाशित करती हैं जैसे–US Public Health Service Annual Research Grant Index भारत में इन्सडॉक (INSDOC) द्वारा, Current Research Project in CSIR Laboratories 1972 and 1978, Directory of Scientific Research in Indian Universities, 1974, दो सूचियों का प्रकाशन किया गया।

(ङ) **ग्रंथसूचियों की सूची (Bibliography of Bibliographies)**—ग्रंथसूची जब द्वितीयक स्रोतों को अनुक्रमित करती है, तो उस समय यह तृतीयक स्रोत के रूप में उपयोग में आती है, इसे ग्रंथ सूचियों की सूची कहते हैं; जैसे–A World Bibliography of Bibliographies by Bester man, T.

शोध विश्वविद्यालयों को स्नातकोत्तर उपाधि के लिए प्रस्तुत किए जाने वाले एवं पी.एच.डी. उपाधि के लिए प्रस्तुत किए जाने वाले प्रलेख महत्त्वपूर्ण प्राथमिक स्रोत होते हैं, जो विशिष्ट क्षेत्रों में हो रहे मौलिक शोध कार्यों के संबंध में सूचना प्रदान करते हैं। ये प्रलेख जहाँ एक ओर किसी विशिष्ट विषय, स्थान और व्यक्ति के संबंध में अमूल्य अप्रकाशित सूचना प्रदान करते हैं, वहीं दूसरी ओर इन प्रलेखों में सामान्यतः शोधार्थियों के लिए अत्यधिक उपयोगी विस्तृत ग्रंथसूचियाँ तथा पाद टिप्पणियाँ भी सम्मिलित होती हैं। ये प्रलेख प्रायः अप्रकाशित रहते हैं। चूँकि इनका

प्रकाशन किसी व्यापारिक अथवा राष्ट्रीय ग्रंथसूची में नहीं होता, अत: इनकी उपलब्धता के संबंध में उपयोक्ता अनभिज्ञ रहते हैं। इस कारण इनके चयन तथा अधिग्रहण में कठिनाई आती है।

शोध प्रबंध मुख्य रूप से अपने मौलिक अंशदान के लिए उपयोगी समझे जाते हैं। यह आवश्यक नहीं कि इनमें वर्णित विषयों का वाणिज्यिक अनुप्रयोग हो। यूनिवर्सल माइक्रोफिल्म इंका द्वारा प्रकाशित डिजर्टेशन ऐब्सट्रैक्ट्स इंटरनेशनल (Dissertation Abstracts International), सामान्यत: अनेक विषयों में पी.एच.डी. शोध प्रबंधों को सम्मिलित करता है।

किसी भी शोध संस्थान में संसाधनों का चयन एक अति महत्त्वपूर्ण और जटिलता भरा कार्य है। एक वैज्ञानिक शोध संस्थान में डॉ. रंगनाथन के सिद्धांतों को संसाधनों के चुनाव के लिए प्रयोग में लाया जा सकता है।

प्रारूप के अनुसार—लिपिबद्ध स्रोतों को उनके भौतिक स्वरूप के आधार पर निम्न समूहों में बाँट सकते हैं

(1) **कागज आधारित प्रलेखीय स्रोत**—कागज आधारित प्रलेखीय स्रोतों में प्रकाशित एवं अप्रकाशित दोनों प्रकार के स्रोत शामिल हैं। प्रकाशित स्रोत वे स्रोत हैं जो प्रकाशकों द्वारा अधिक संख्या में मुद्रित किये जाते हैं। ये स्रोत सामान्यत: मूल्य पर उपलब्ध होते हैं तथा सार्वजनिक उपयोग के लिए बने हैं।

अप्रकाशित स्रोत मुद्रित नहीं होते। इनकी केवल कुछ ही प्रतिलिपियां बनाई जाती हैं और यह प्रतिबंधित परिचालन के लिए है। सूचना के अप्रकाशित स्रोतों के उदाहरण में शोध प्रबंध,, तकनीकी प्रतिवेदन, पाण्डुलिपियां, आदि शामिल हैं।

(2) **अन्य माध्यम पर आधारित प्रलेखीय स्रोत**—जैसा कि हम जानते हैं लिपिबद्ध स्रोत कई अन्य प्रारूपों में भी उपलब्ध होते हैं, यथा, श्रव्य, श्रव्य-दृश्य, इलेक्ट्रॉनिक माध्यम ऑप्टिकल माध्यम या सूक्ष्म रूप (माइक्रोफॉर्म्स में) हो सकते हैं। इन्हें निम्न श्रेणियों में वर्गीकृत कर सकते हैं-

(क) ध्वनि या श्रव्य अंकन (ऑडियो रिकॉर्डिंग): श्रव्य कैसेट, श्रव्य टेप आदि।

(ख) दृश्य प्रारूप-स्थिर स्टेब चित्र–स्लाइड, फिल्मी टेप्स, ट्रांस्पेरैंसीज चित्र।

(ग) दृश्य प्रारूप-चलचित्र–वीडियो टेप, फिल्में, वीडियो डिस्क, आदि।

(घ) कलाकृतियाँ एवं वास्तविक–ग्लोब, उभारदार (रिलीफ) मॉडल्स आदि।

(च) इलेक्ट्रनिक माध्यम–मैगनैटिक टेप, डिस्क, ड्रम आदि।

(छ) ऑप्टिकल माध्यम–सीडी-रोम, डीवीडी, ब्लू-रे डिस्क आदि।

(ज) सूक्ष्मप्रारूप–माइक्रोफिल्म, माइक्रोफ़िश आदि।

विभिन्न रूपों में सूचना स्रोत भिन्न-भिन्न प्रयोजन की पूर्ति करते हैं। उनमें से कुछ अध्ययन व सीखने की प्रक्रिया के लिए सहायक उपकरणों के रूप में, कुछ पुरातत्व प्रयोजन के लिए, एवं कुछ का संग्रहण युक्तियों के रूप में प्रयोग किये जाते हैं।

विभिन्न श्रव्य-दृश्य उपकरण, जिन्हें सुना और देखा जा सकता है, अध्ययन प्रक्रिया में

संवर्धन करते हैं। यह देखा गया है कि मात्र पढ़ने से 10%, सुनने से 30% व सुनने के साथ देखने से 50% और अभ्यास करने से 90% विषय को स्मृति में संजोया जा सकता है।

दृश्य उपकरण जैसे कि स्लाइड, ट्रांस्पेरैंसीज, फोटोग्राफ आदि, जो लोग पढ़ नहीं सकते है, विशेषतौर पर उनको सूचना व संदेश पहुँचाने में सक्षम होते हैं। चल दृश्य प्रतिरूप जैसे कि फिल्में, वीडियो टेप्स, वीडियो डिस्क आदि सूचना के स्थानंतरण के लिए अधिक प्रभावी हैं, बजाय स्थिर प्रतिरूपों जैसे फोटोग्राल्स, पारदर्शी, स्लाइड आदि। सीडी–रोम (कॉम्पपेक्ट डिस्क, रीड ऑनली मैमोरी) व डीवीडी (डिजिटल वर्सेटाइल डिस्क) भंडारण और सीखने के अच्छे उपकरण हैं। एक सीडी रोम में (12 सेमी. व्यास में) 325,000 पृष्ठों के बराबर सूचना संग्रहित कर सकते हैं। आगे परवर्ती अनुभागों में आप इन सूक्ष्मीकृत छवि स्रोतों के बारे में अधिक सीखेंगे।

सूक्ष्मरूप में पुस्तकों, मानचित्रों, चार्ट या फोटोग्राफ के सूक्ष्म रूप रखे जाते हैं। वर्तमान समय में सूक्ष्मरूप को, पुराने व दुर्लभ प्रलेखों में उपलब्ध सूचना को संरक्षण हेतु उपयोग किया जाता है। सूक्ष्म रूप में

संग्रहित को पढ़ने के लिए माइक्रोफिल्म रीडर प्रिंटर की आवश्यकता होती है, जो सूक्ष्म प्रतिरूप को बड़ा करके उसे आँखों द्वारा पढ़ सकते हैं और इच्छानुसार मुद्रित भी कर सकते हैं।

ध्वनि अथवा श्रव्य अंकन

हम सभी श्रव्य कैसेट एवं श्रव्य टेप से परिचित हैं। संगीत सुनने के लिए हम इनका उपयोग करते हैं। सीखने की प्रक्रिया को बढ़ाने के लिए अब कई प्रकाशक अपनी मुद्रित पुस्तकों के साथ-साथ अन्य माध्यमों में भी उपलब्ध करा रहे हैं जैसे कि श्रव्य कैसेट, सीडी, एमपी 3 सीडी एवं कैसेट। कुछ वेबसाइट श्रव्य पुस्तकों को बिना शुल्क के प्रदान कर रहे हैं जिसे आइपॉड, एमपी 3 प्लेयर व स्मार्ट फोन पर डाउनलोड कर सकते हैं।

कलाकृति मानव कौशल या कार्यों द्वारा हस्तशिल्प से बनी वस्तुएँ हैं जिनमें ऐतिहासिक एवं पुरातत्वी विज्ञान की रुचि के विषयों का समावेश है, उदाहरण के लिए कोई औजार, गुफा चित्रकारी आदि। 'रियेंलिया' शब्द का प्रयोग ग्रंथालय विज्ञान एवं शिक्षा में वास्तविक जीवन की कुछ वस्तुओं' को संकेतित करने के लिए प्रयुक्त किया जाता है। उदाहरण के लिए, विभिन्न प्रकार की लकड़ियों या, फैबरिक्स या सिक्का या कोई अन्य वस्तु जो विषय को अच्छी तरह समझने में सहायता करती है, इन्हें रियैलिया कहते हैं।

इलेक्ट्रॉनिक माध्यम (मीडिया)–इलेक्ट्रॉनिक मीडिया ऐसे माध्यम हैं जिनमें उपयोक्ता द्वारा विषय वस्तु को अभिगमित करने के लिए इलेक्ट्रॉनिक या विद्युत अभियांत्रिक ऊर्जा की आवश्यकता पड़ती है। प्राथमिक इलेक्ट्रॉनिक माध्यम स्रोतों में वीडियो अंकन, श्रव्य अंकन, बहुमाध्यमी प्रस्तुतिकरण, सीडी रोम एवं ऑन लाइन प्रस्तुतिकरण शामिल हैं। यद्यपि यह पद सामान्यतया संग्रहित माध्यम पर विषय वस्तु अंकित करने से संबंधित है, तथापि कुछ इलेक्ट्रॉनिक माध्यम को अंकित करने आवश्यकता नहीं होती, जैसे सजीव प्रसारण एवं ऑन लाइन नेटवर्किंग। इलेक्ट्रॉनिक माध्यम की संचार प्रक्रिया में प्रयुक्त उपकरण (जैसे कि टेलीविजन, रेडियो, टेलीफोन, डेस्कटॉप कंप्यूटर, वीडियो गेम्स, कॉनसोल व हस्तचलित उपकरण इलेक्ट्रॉनिक माध्यम के अधीन आते हैं।

चुंबकीय भंडार माध्यम–चुंबकीय भंडार व उपकरण चुंबकीय पदार्थ की परत वाली सतह पर डाटा संग्रहित करते हैं। इसमें ऐनालॉग और डिजिटल मैगनेटिक स्टोरेज मीडियम दोनों शामिल हैं। चुंबकीय माध्यम में श्रव्य एवं दृश्य वीडियो रिकार्डिंग्स शामिल हैं जिसमें रील से रील तक, टेप्स, श्रव्य कैसेट टेप व दृश्य टेप का समावेश है, जिसमें चुंबकीय, ध्वनि एवं चित्र संग्रहित करते हैं। चुंबकीय भंडार उपकरण सामान्य रूप से तीन प्रकार के हैं-टेप, डिस्क व हार्ड ड्राइव्स। टेप चुंबकीय भंडार माध्यम का प्रथम रूप था। यह रील से रील तक या कार्टरीज प्रारूप में है। ट्रिप चुंबकीय भंडारण का सस्ता प्रकार है, परंतु ये बहुत धीमे हैं। अपनी आवश्कता के अनुरूप अपेक्षित डाटा तक अभिगम के लिए टेप को जरूर आपने आगे या पीछे किया होगा। अब टेप की भूमिका सीमित हो गयी है क्योंकि चुंबकीय डिस्क श्रेष्ठ भंडार उपकरण सिद्ध हुई है। डिस्क में, डाटा को सीधे तौर पर अभिगम किया जा सकता है, टेप में यह सुविधा नहीं है, क्योंकि इसमें, आप इसको केवल क्रमबद्ध रूप में ही अभिगम कर सकते हैं। फ्लॉपी डिस्क जैसी डिस्क में बहुत कम डाटा को कंप्यूटरों के बीच या बैकअप डिस्क पर स्थानांतरित किया जा सकता है। लगभग सभी कंप्यूटरों में फ्लॉपी ड्राइव का प्रारूप उपयोग में लाया जाता था, परंतु अब इन्हें सीडी, या डीवीडी या ब्लू-रे डिस्क के द्वारा प्रतिस्थापित कर दिया गया है। हार्ड ड्राइव, डाटा की विशाल मात्रा को संग्रहित कर सकते हैं और उन्हें रैन्डम एक्सेस डिवाइस कहते है, जिसका अभिप्राय है कि डाटा को पुनः प्राप्त करने के लिए हार्ड ड्राइव में खोजने की आवश्यकता नहीं होती।

प्रकाशीय भंडार माध्यम–प्रकाशीय भंडार माध्यम वे माध्यम हैं जिनमें विषय वस्तु को डिजिटल प्रारूप में रखा जाता है एवं विषय वस्तु को लेज़र द्वारा लिख तथा पढ़ सकते हैं। इन माध्यमों में सीडी रोम, डीवीडी ब्लू रे डिस्क एवं प्रथम दोनों प्रारूपों के सभी विविध रूप जैसे सीडी-आर (केवल पढ़ने के लिए), सीडी-आर डब्लू (पुनः लिखने योग्य), डीवीडी-आर, डीवीडी-आर डब्लू आदि। एक डीवीडी में डाटा को एक सीडी से ज्यादा संग्रहित करने की क्षमता होती है तथा इसमें ध्वनि व चित्र की गुणवत्ता भी अच्छी होती है। एक सीडी में लगभग 700 एमबी डाटा को संग्रहित करने की क्षमता होती है जबकि एक डीवीडी में लगभग 4.5 जीबी डाटा भंडार कर सकते हैं। सीडी-आर एवं डीवीडी-आर में

केवल एक बार ही डाटा अंकित होता है तथा बाद में डिस्क पर यह डाटा स्थायी बन जाता है। कुछ डिस्क जैसे सीडी-आर डब्लू व डीवीडी-आर डब्लू को पुनः अंकित (री-रिकॉर्ड) कर सकते हैं। इन डिस्क पर डाटा को बिना डिस्क को क्षति पहुँचाए कई बार मिटाया व पुनः अंकित किया जा सकता है। ब्लू-रे डिस्क एक उच्च घनत्व वाला प्रकाशीय विषयक भंडारण उपकरण है तथा एक डिस्क पर 25 जी.बी. (एकल परत) से 50 जी.बी. (दोहरी परत) तक डाटा संग्रहित कर सकते हैं। ब्लू-रे डिस्क का उपयोग दृश्य सामग्री (वीडियो मैटीरियल) के भंडारण के लिए एक रिकार्डिंग माध्यम के रूप में किया जाता है, जैसे कि फीचर फिल्में।

सूक्ष्मरूप—माइक्रोफॉर्म्र्स में संग्रहण एवं परिरक्षण के प्रयोजन से पुस्तकों, समाचार पत्रों, मानचित्रों, फोटोग्राफ आदि के संक्षिप्त किए गए रूप शामिल हैं। सूक्ष्मरूपों में, प्रलेखों के मूल पाठ या प्रतिरूप का आकार फोटोग्राफी के द्वारा अत्यन्त लघु रूप में परिवर्तित कर दिया जाता है। बेलन के आकार (रोल) में लपेटी हुई फिल्म के स्वरूप को (साधारण कैमरा में फिल्म के समान) माइक्रोफिल्म कहते हैं। जब यह चपटे कार्ड के आकार की शीट के रूप में (4x6 इंच) में होता है तो उसे माइक्रोफ़िश कहते हैं। क्योंकि इसमें प्रारूप को छोटे आकार में परिवर्तित कर देते हैं, सूक्ष्मरूप, कम स्थान में अत्यधिक सूचनाएँ संग्रहित कर सकते हैं। माइक्रोफिल्म पर अंकित सामग्री को माइक्रोफिल्म रीडर के द्वारा पढ़ा जा सकता है। यह उपकरण फिल्म के प्रारूप को बड़ा करके परदे पर प्रदर्शित करता है। ग्रंथालयों में, बहुत पुराने, मूल्यवान एवं नाजुक प्रलेखों की माइक्रोफिल्म बनायी जाती है ताकि इन प्रलेखों को मूल बिना कोई क्षति पहुँचाए सार्वजानिक अभिगम प्रदान किया जा सके।

माइक्रोफिल्म का एक रोल

माइक्रोफिश

चित्र 1.2

प्रश्न 3. सूचना के अप्रलेखीय स्रोतों का वर्णन कीजिए।

अथवा

सूचना के ग्रंथेतर स्रोतों की उपयुक्त उदाहरणों के साथ विस्तार से चर्चा कीजिए। [दिसम्बर-2017, प्र.सं.-1.2]

उत्तर– सूचना के अप्रलेखीय स्रोत वे स्रोत है जो किसी भी रूप में लिपिबद्ध नहीं होते। इस वर्ग के अंतर्गत निम्न स्रोत आते हैं–

- **मानव**–अबतक सूचना स्रोतों के रूप में मानव, ऐसी सूचनाओं के उपयोगी स्रोत हैं, जिसे किसी भी स्वरूप में लिपिबद्ध नहीं किया जाता। विशेषज्ञों से आम व्यक्ति तक मानव, वांछित सूचना की प्रकृति के आधार पर सूचना के महत्त्वपूर्ण स्रोत का कार्य निभाते हैं। उदाहरण के लिए, दुर्घटना की स्थिति में, जो लोग दुर्घटना स्थल पर उपस्थित होते हैं, वे गवाह के लिए उपयोगी हो सकते हैं। इसी प्रकार एक विशेषज्ञ की राय अत्यंत बहुमूल्य होती है, विशेषतया तब जब कोई शोधकर्ता अनुसंधान कार्य करते हुए किसी ऐसी समस्या का सामना करता है, जिसके लिए तुरंत समाधान की आवश्यकता होती है।

- **संगठन**–संगठन सूचना के महत्त्वपूर्ण स्रोत है। शैक्षणिक संस्थाओं की तरह संगठन शोध एवं विकसित संस्थाएँ, संग्रहालय, पुरातत्व, प्रकाशन गृह, शासकीय संस्थान आदि अपने विशिष्ट क्षेत्रों की गतिविधियों में प्रामाणिक, विश्वसनीय एवं समयोचित सूचना प्रदान करते हैं। ऐसी सूचनाएँ प्राय: अन्यत्र कहीं भी उपलब्ध नहीं होतीं।

- **जनसंचार माध्यम**–जिस माध्यम के द्वारा जनसाधारण को समाचार एवं सूचना आदि संप्रेषित किए जाते हैं उसे जनसंचार माध्यम कहते हैं। जनसंचार माध्यम में प्रेस (समाचार पत्र, मैगजीन आदि), रेडियो व टेलीविजन शामिल हैं। इनमें रेडियो एवं टेलीविजन अधिक प्रभावशाली माने जाते हैं। टेलीविजन का मुख्य लाभ है कि यह उनके घर में ही उपयोक्ताओं को, देखने, सुनने की सुविधा प्रदान करता है। देश के विभिन्न क्षेत्रों में रेडियो स्टेशन स्थापित हैं, जो समाचार (स्थानीय, क्षेत्रीय, राष्ट्रीय व अंतर्राष्ट्रीय), मनोरंजन, संगीत, खेल व विभिन्न प्रकार के शैक्षणिक कार्यक्रमों को प्रसारित करते हैं। रेडियो

स्टेशन में सभी समूहों के लोगों के लिए (आदमी, औरत, बच्चे, किसान, व्यावसायिक व अन्य) उपयुक्त कार्यक्रम प्रसारित किए जाते हैं। उसी प्रकार, टेलीविजन सर्वाधिक, लोकप्रिय जनसंचार माध्यम है जोकि सैकड़ों चैनलों द्वारा विविध कार्यक्रम उपलब्ध करवाते हैं। आपने जरूर ध्यान दिया होगा कि यहाँ केवल कुछ विशिष्ट टेलीविजन चैनल हैं जो समाचार, चलचित्र, संगीत, खेल, धार्मिक संभाषण पर्यटन व यात्राएँ, फैशन एवं जीवनशैली, वन्य जीवन, इतिहास, विज्ञान व प्रौद्योगिकीय सूचना का प्रसारण करते हैं।

- **इंटरनेट**–इंटरनेट सूचना का एक अन्य महत्त्वपूर्ण स्रोत है। इंटरनेट परस्पर क्रिया-प्रतिक्रिया सहित एक डिजिटल माध्यम है, जो परंपरागत माध्यमों जैसे मुद्रित व टेलीविजन से भिन्न है। वर्ल्ड वाइड वेब (www) इंटरनेट पर वेबसाइट का समूह है। डब्लूडब्लूडब्लू आप की इच्छानुसार किसी भी प्रकरण पर सूचना प्रदान करता है। प्रत्येक प्रकरण पर कोई न कोई वेबसाइट नियमित रूप से वेब पर उपलब्ध रहती है। वेब आपको दुनिया के किसी भी भाग में, किसी भी आयोजित कार्यक्रम के संबंध में नवीनतम समाचार देते हैं। प्रायः ये, अन्य माध्यमों पर प्रसारित होने से पूर्व ही वेब पर उपलब्ध हो जाते हैं। वेब संस्थाओं, व्यापारिक घरानों, शैक्षिक संस्थानों, शासकीय विभाग एवं व्यक्ति के लिए सूचना स्रोत हैं। देश और विदेश के अनेक शिक्षण संस्थान अपनी गतिविधियां, पाठ्यक्रम, शुल्क एवं अन्य विवरण, इस माध्यम पर उपलब्ध कराते हैं। इस माध्यम पर व्यक्ति विचार विनियम, सूचना सांझा करना, सामाजिक सहायता प्रदान करना व व्यापार से संबंधित कार्यक्रम संप्रेषित कर सकते हैं। आप वेब का अनुप्रयोग करके खरीदारी, बैंक में खाता खोलने, व्यापार चलाने, हवाई जहाज व रेल टिकट की खरीद, चलचित्र टिकट, खेल खेलना, पिक्चर देखना, संगीत सुनना व कई अन्य कार्य कर सकते हैं।

प्रश्न 4. ऐतिहासिक दृष्टि से सूचना स्रोत के विकास-क्रम पर चर्चा कीजिए।

अथवा

जनसंचार माध्यम पर संक्षिप्त टिप्पणी लिखिए।

[जून-2018, प्र.सं.-5 (b)]

उत्तर– सूचना स्रोत के विकास-क्रम का इतिहास निम्न प्रकार है–

- **प्रारंभिक पुस्तकें**–कागज के आविष्कार से पूर्व, 105 ई. में चीनियों के पास सूचना को लिपिबद्ध करने के लिए विभिन्न माध्यम व तरीके थे। लोग कागज के आविष्कार से पूर्व गुफा की दीवारों या पत्थर, मिट्टी की टिक्कियों, धातु (सीसा, तांबा, पीतल और कांस्य), लिनन, लकड़ी के बोर्ड, मोम चढ़ी लकड़ी की पट्टियों, भोजपत्र, पार्चमैन्ट तथा चर्मपत्र का इस्तेमाल करते थे। भारत में लोग ताड़ के पत्तों का इस्तेमाल करते थे। प्राचीन हिंदु ध ार्मिक रचनाओं और वेद ग्रंथों को ताड़ के पत्तों पर लिखा गया था। 105 ई. में चीनियों द्वारा कागज का आविष्कार लेखन माध्यम के इतिहास में मील का पत्थर है। कागज बनाने की चीनी कला दुनिया के अन्य भागों में भी फैल गयी। लोगों ने लिखने के लिए कागज का उपयोग शुरू कर दिया। प्रारंभिक पुस्तके पेशेवर लिपिकों द्वारा हाथ से लिखी गयी थीं उस अवधि (400-1400 ई.) के दौरान अधिकांश पुस्तकें हाथ से लिखी गयीं, प्रत्येक पृष्ठ को सुंदर, रंगीन, डिजाइन व चित्रों से सजाया गया। इन पुस्तकों को बनाने में उच्च लागत आती थी, और अधिक समय लगता था। अतः पुस्तकें सार्वजनिक उपयोग के लिए उपलब्ध नहीं थीं। केवल कुछ विशिष्ट व्यक्ति धार्मिक नेता या शाही परिवारों से संबंधित लोगों की ही इन पुस्तकों तक पहुंच थी।
- **मुद्रित पुस्तकों तथा अन्य स्रोतों का विकास**–ब्लॉक प्रिंटिंग विधि का उपयोग करते हुए, चीन ने 868 ई. में प्रथम 'डायमन्ड सूत्र' नामक मुद्रित पुस्तक बनाई। जिस पुस्तक के बारे में आज हम जानते हैं यह उस मुद्रण आविष्कार का परिणाम है जिसे जोहान्स गुटेनबर्ग (Johannes Gutenberg) एवं उसके सहचर ने 1450 ई. यूरोप में चल प्रकार की मुद्रण

प्रेस के रूप में विकसित की थी। मुद्रण प्रेस के आविष्कार से, पुस्तकों को शीघ्र व बहुसंख्या में मुद्रित करना संभव हुआ। पुस्तकें सामान्य जन के लिए उपलब्ध हुई। त्वरित मुद्रण सबसे महत्त्वपूर्ण संचार माध्यम बना। मुद्रित पुस्तकों ने ग्रंथालयों में कई बदलाव किए। पुस्तकों ने धीरे-धीरे हस्तलिखित पाण्डुलिपियों का स्थान ले लिया, पुस्तकों को खुले पटलों (शैल्व्स) में रखा जाने लगा, न कि पूर्वकाल की तरह सन्दूकों में, पाण्डुलिपियों को रखा जाता था। 1600 ई. आते-आते ग्रंथालय आजकल के ग्रंथालयों की तरह दिखने लगे। 1600 ई. में मुद्रण कला का प्रयोग व्यापार में भी होने लगा। मुद्रित समाचार पत्र नीदरलैंड अथवा दूसरे व्यापारिक देशों में नजर आने लगे, जिन्होंने "कौन सा जहाज पहुँचा है" एवं 'वे क्या समान लाए हैं' जैसी व्यावसायिक सूचना देनी व्यापारिक सूचनाएँ देनी शुरु की। इन सूचना पत्रों में विज्ञापन भी छपते थे। इन सूचना पत्रों ने शीघ्र ही गैर-व्यवसायिक समाचारों को भी जोड़ लिया एवं इस प्रकार सही अर्थों में समाचार पत्र का जन्म हुआ।

- **सामयिकी का अविर्भाव**–प्रारंभिक 17वीं शताब्दी के दौरान, शोधकर्त्ताओं एवं वैज्ञानिकों ने अपने शोध परिणामों को पुस्तकों के रूप में प्रकाशित किया। उन्होंने यह पाया कि यह माध्यम उनके शोध परिणामों को शीघ्रता से सब जगह पहुंचाने में सक्षम नहीं थे। प्रत्येक नये शोधकर्त्ता को अपनी खोजों को एकत्रित करने में कई वर्ष लग जाते थे, ताकि इन्हें पुस्तक के रूप में प्रकाशित किया जा सके। वे अपनी खोज तथा शोधकार्यों को, साथी वैज्ञानिकों तक पहुँचाने के लिए उन्हें पत्र लिखते थे या सम्मेलनों में उनसे मिलते थे। यह अनौपचारिक संप्रेषण का माध्यम था। अपने शोध प्रयासों को चोरी से बचाने एवं अपने आविष्कार की प्राथमिकता को स्थापित करने के लिए उन्हें एक औपचारिक एवं द्रुतगामी माध्यम की आवश्यकता थी, जो उनके आविष्कारों को बहुत लोगों तक पहुँचा सके। इसने ही सामयिकियों के प्रकाशन का मार्ग पेश किया। पहली सामयिकी

"ली जर्नल डेस स्कैवांस" (जर्नल ऑफ लर्नैड मैन), जनवरी 1665 में प्रकाशित हुई। यह *फ्रांसिसी* भाषा में थी। उसी वर्ष, रायल सोसाइटी ऑफ लंदन ने 'फिलॉसॉफिक्ल ट्रैन्जेकशंस (Philosophical Transactions)' नामक एक मासिक वैज्ञानिक सामयिकी का प्रकाशन किया। इसका पहला अंक मार्च 1665 में छपा। इन दोनों पत्रिकाओं ने परवर्ती नामी समितियों एवं शैक्षणिक संस्थाओं द्वारा प्रकाशित वैज्ञानिक सामयिकियों के लिए एक आदर्श रूप प्रस्तुत किया।

- **इलेक्ट्रॉनिक स्रोतों का प्रादुर्भाव**–1800 ईस्वी के उतरार्द्ध में कई आविष्कारों जैसे कि टंकणयंत्र, टेलिग्राफ एवं दूरभाष ने शीघ्र सूचना प्रसारण में सहायता की। दूरभाष एवं टेलीग्राफ का उपयोग करते हुए कोई भी व्यक्ति लम्बी दूरी के संदेश विद्युत तारों द्वारा त्वरित रूप से भेज सकता था। 1895 में खोजकर्ताओं ने विज्ञान एवं अभियांत्रिकी की एक शाखा, जिसे कि इलेक्ट्रॉनिक्स कहा जाता है, का उपयोग अंतरिक्ष से संकेत भेजने में किया। इलेक्ट्रॉनिक्स में, विद्युत चुंबकीय तरंगों का उपयोग संकेतों को ले जाने के लिए होता है। ये आंतरिक्ष में प्रकाश की गति से प्रवाह करती हैं।

  इलेक्ट्रॉनिक्स के व्यवहारिक अनुपयोग ने (1906 में) रेडियो, (1936 में) दूरदर्शन, (1950 में) कंप्यूटर एवं अन्य आधुनिक संचार के आश्चर्यजनक उपकरणों की खोजों में अग्रणी भूमिका निभाई।
- **जनसंचार माध्यम का आविर्भाव**–जनसंचार माध्यम सूचना के किसी भी रूप का संचार जैसे कि पत्रकारिता, दूरदर्शन, रेडियो, चलचित्र, जो जनता की बृहत्तर संख्या तक पहुँच बनाते हैं। सन् 1811 में फ्रेडरिक कोइनिंग (Freidrich Koenig) नाम के जर्मन ने मुद्रण प्रेस को शक्ति देने के लिए भाप इंजन का प्रयोग किया। इस आविष्कार ने समाचार पत्रों की बहुत बड़ी संख्या में कम लागत पर, प्रतिलिपियाँ बनाना संभव कर दिया और इस प्रकार समाचार पत्रों का बड़ी संख्या में

परिचालन संभव हुआ। सूचना स्रोत सर्वप्रथम लंदन के '*द टाइम्स*' समाचार पत्र ने 1814 में कोइनिंग की छपाई मशीन का उपयोग किया। वर्तमान में, रेडियो, दूरदर्शन, चलचित्र, भारत में अति महत्त्वपूर्ण जन संचार माध्यम कहे जाते हैं।

- **इंटरनेट एवं वर्ल्ड वाइडवेब का आविर्भाव**–20वीं शताब्दी में कंप्यूटर एवं संचार तकनीक की उन्नति ने इलेक्ट्रॉनिक सूचना स्रोत, डिजिटल अथवा इलेक्ट्रॉनिक ग्रंथालय, इंटरनेट और (वेब) का प्रादुर्भाव हुआ। इंटरनेट कंप्यूटर नेटवर्क के अंदर परस्पर जुड़ाव की वैश्विक व्यवस्था है जोकि पूरे संसार के करोड़ों उपयोगकर्त्ताओं को सेवा प्रदान करती है। इंटरनेट का उद्गम 1960 से माना जाता है, जब अमेरीका के रक्षा विभाग ने विपरीत परिस्थितियों में भी निर्वाह कर सकने वाली कंप्यूटर नेटवर्क वाली परियोजना अरपानेट (एडवांस रिसर्च प्रोजेक्ट एजेंसी नेटवर्क) को आरंभ किया। 1970 के प्रारंभ तक कंप्यूटर की शक्ति, गति एवं स्मरण शक्ति को बढ़ाया तथा दूरस्थ कंप्यूटरों की संचार योग्यता को उपलब्ध दूरभाष लाइन पर इंटरनेट को भी बढ़ाया। उस समय इंटरनेट पर ऑनलाइन डायल(अप) पर ऑनलाइन खोज बहुत मंहगी थी। वर्ल्ड वाइडवेब या 1990 के वेब के आगमन तक इंटरनेट का उपयोग बहुत सीमित था। वेब के उद्गम के साथ ही भारी संख्या में अनेक इंटरनेट सेवा प्रदाता लोगों को इंटरनेट सेवाएँ प्रदान करने लगे, संसार में इंटरनेट उपयोग का विस्तार हुआ। इंटरनेट, पूरे विश्व में लाखों लोगों को आपस में संपर्क करने व सूचना सांझा करने की अनुमति देता है।

❑❑❑

अध्याय 2

सूचना स्रोतों के प्रकार (TYPES OF INFORMATION SOURCES)

भूमिका

आवधिक प्रकाशन सूचना स्रोतों का एक महत्त्वपूर्ण भाग हैं। इनके अंतर्गत प्रकाशित सामग्री सामयिक प्रकार की होती है। इसके अंतर्गत विद्वत्तपूर्ण आवधिक पत्रिकाओं, व्यापार एवं व्यवसाय संबंधी पत्रिकाओं, लोकप्रिय पत्रिकाओं, सामान्य पत्रिकाओं, समाचार पत्रों तथा ई-जनरल को सम्मिलित किया जा सकता है। प्राथमिक स्रोतों के अंतर्गत प्रकाशित सामग्री काफी बिखरी हुई होती है तथा उन्हें अलग-अलग स्रोतों में से खोजना होता है। साथ ही विभिन्न शोधों के परिणाम भी अलग-अलग भाषाओं में प्रकाशित किए जाते हैं। इस समस्या के समाधान के लिए एक अन्य प्रकार के प्रकाशनों की व्यवस्था की जाती है जिन्हे माध्यमिक पत्रिकाओं के रूप में जाना जाता है। ये पत्रिकाएँ प्राथमिक स्रोतों से प्रकाशित सामग्री की छानबीन कर उन्हें व्यवस्थित कर शोधकर्त्ताओं के सम्मुख प्रस्तुत करती हैं।

माध्यमिक प्रकाशनों को मुख्य रूप से दो भागों में बाँटा जा सकता है–

- सूचीकरण (इंडेक्सिंग) प्रकाशन
- सार संक्षेप (एक्सट्रेट) प्रकाशन

सूचना सामग्री के प्रबंधन का तीसरा पक्ष ग्रंथ सूची (Bibliography) है जिसे लेखक, विषय, प्रकाशक, प्रकाशन स्थान तथा दिनांक की दृष्टि से तैयार किया जा सकता है। सूचना सामग्री के अन्य पक्षों के अंतर्गत संदर्भ स्रोत, शब्दकोश तथा विश्वकोश पर विचार किया जाता है।

प्रश्न 1. सामयिकी (Periodical) को परिभाषित कीजिए तथा इसके प्रकारों का भी वर्णन कीजिए।

अथवा

'सामयिक पत्रिका' से क्या समझते हैं? इसके विभिन्न प्रकारों की उपयुक्त उदाहरणों के साथ चर्चा कीजिए।

[दिसम्बर-2018, प्र.सं.-1.2]

उत्तर— सामयिकी को इस प्रकार परिभाषित कर सकते हैं कि वह प्रकाशन जो एक ही शीर्षक के अंतर्गत निश्चित अवधि उदाहरणतया, साप्ताहिक, पाक्षिक, मासिक या त्रैमासिक आदि के अंतराल से प्रकाशित होते हैं एवं अनिश्चित अवधि तक प्रकाशित होते रहते हैं। प्रत्येक अंक में तिथि एवं क्रमिक संख्या होती है। खंड में सभी अंकों के पृष्ठों की संख्या क्रमिक होती है। सामयिकी में विभिन्न लेखकों द्वारा किए गए आलेखों का संग्रह होता है। सामयिकियों को जर्नल्स (पत्रिकाएँ) भी कहते हैं।

क्रमिक प्रकाशन (Serials) की परिभाषा के अनुसार वह प्रकाशन जो क्रमिक खंडों में प्रकाशित होता है, और इसका प्रकाशन-काल पूर्व निर्धारित नहीं होता। क्रमिक प्रकाशनों के साधारण प्रकारों में शोध पत्रिकाएँ, व्यापार एवं व्यवसायिक पत्रिकाएँ, समाचारिका, समाचार पत्र, लोकप्रिय मैगज़ीन, पंचांग व शब्दकोश (ईयरबुक), वार्षिक समीक्षाएँ, अनुक्रमणी एवं सारांश पत्रिकाएँ शामिल हैं। बहुखंडीय पुस्तकें और विश्वकोश क्रमिक प्रकाशन नहीं हैं। क्योंकि श्रृंखला के अंतिम खंड के प्रकाशित होने के पश्चात् उनका प्रकाशन बंद हो जाता है।

सामयिकियों में पुस्तकों की तुलना में सूचना समसामयिक, वर्तमान एवं अद्यतन होती है। सामयिकियाँ कई प्रकार की होती हैं जैसे कि विद्वत सामयिकियाँ, व्यापार एवं व्यवसायिक पत्रिकाएँ, लोकप्रिय पत्रिकाएँ व मैगज़ीन। वैज्ञानिक पत्रिकाएँ सर्वप्रथम प्रकाशित हुई थी।

सामयिकियों के प्रकार निम्नलिखित है-

(1) विद्वत्त सामयिकियाँ— विद्वत्त सामयिकियाँ विद्वत्तापूर्ण समितियों, अनुसंधान एवं विकास संगठनों, विश्वविद्यालयों एवं कुछ ख्यातिप्राप्त वाणिज्यिक प्रकाशकों द्वारा प्रकाशित की जाती है। ये प्रायः जर्नल्स के नाम से जानी जाती हैं और अधिकांशतः शोध निष्कर्षों को प्रकाशित

करती हैं एवं प्रतिष्ठित विद्वानों द्वारा समीक्षित होती है। कठोर मूल्यांकन प्रक्रिया के परिणामस्वरूप इन सामयिकियों को निर्देशित या समकक्ष मूल्यांकित पत्रिकाओं के रूप में भी उद्घृत किया जाता है। ऐसी सामयिकियों में प्रत्येक आलेख उस विषय का स्थायी अभिलेख बन जाता है। ऐसी सामयिकियों की कुछ मूल विशेषताएँ निम्नलिखित हैं–

(क) विद्वत्त सामयिकी का उद्देश्य है। विशेष विषय में मूल और महत्त्वपूर्ण शोध का विवरण देना। ये सामयिकियाँ सूचना के प्राथमिक स्रोत हैं तथा इन्हें प्राथमिक सामयिकियाँ भी कहा जाता है।

(ख) ये सामयिकियाँ नवीन व वर्तमान विषयों की उत्कृष्ट सूचना स्रोत हैं।

(ग) आलेख शोधकर्ताओं, व्यवसायिकों अथवा क्षेत्र में विशेषज्ञों द्वारा लिखे जाते है। ये आलेख अधिकतर तकनीकी प्रकृति के होते हैं और उन सामान्य पाठकों द्वारा समझे नहीं जा सकते जिनको विषय की पृष्ठभूमि का ज्ञान नहीं है।

(घ) ये जर्नल्स विद्वान श्रोताओं के लिए एक स्रोत हैं और विद्वत्त जर्नल्स कहे जाते हैं।

(ङ) सामान्यत: इन जर्नल्स में विज्ञापन नहीं दिये जाते।

(च) इनका प्रत्येक अंक क्रमिक रूप से अंकित होता है तथा खंड में सभी अंकों के पृष्ठों को सतत क्रमांक दिया जाता है।

(छ) विद्वत्त जर्नल्स में आलेख के मुख्य मूलपाठ (Text) से पूर्व प्राय: सारांश (आलेख का वर्णनात्मक सार-संक्षेप) दिया जाता है।

(ज) प्रत्येक आलेख में लेखक/लेखकों का पता दिया जाता है।

(झ) आलेखों में वॉङ्गमय या पाद-टिप्पणियों के रूप में उन स्रोतों को सदैव उद्घृत किया जाता है। इस संदर्भ सूची में अन्य संबंधित संदर्भों का समावेश किया जाता है।

'इंडियन जर्नल ऑफ एक्सपेरिमेन्टल बायोलोजी' (चित्र 2.1) विद्वत्त सामयिकी का एक उदाहरण है। 1963 में प्रारंभ हुई यह मासिक पत्रिका सीएसआईआर-निस्केअर (CSIR–NISCAIR) द्वारा प्रकाशित की जाती है। शोध आलेखों के अतिरिक्त, यह प्रयोगात्मक जीव विज्ञान के क्षेत्र में टिप्पणियों और समीक्षाओं को प्रकाशित करती है। अद्यतन

अंक जनवरी 2013 में प्रकाशित खंड 51 है, जिसके अंक 1 में 1-86 पृष्ठ हैं।

चित्र 2.1: इंडियन जर्नल ऑफ एक्स्पेरिमेंटल बायोलोजी
(शीर्षक पृष्ठ का नमूना)

(2) **व्यापारिक एवं व्यवसायिक सामयिकियाँ**—व्यापारिक एवं व्यवसायिक सामयिकियाँ व्यापारिक संगठनों और वाणिज्यिक प्रकाशकों द्वारा प्रकाशित की जाती हैं।

(क) इन सामयिकियों में विशिष्ट व्यवसायिक एवं औद्योगिक विषयों के आलेख, समाचार, प्रवृत्तियाँ (Trends) और चर्चा के मुद्दे प्रकाशित होते हैं।

(ख) लेखक अपने क्षेत्र के विशेषज्ञ व प्रकाशक के लिए कार्यरत पत्रकार हो सकते हैं।

(ग) आलेखों में औद्योगिक-प्रवृत्तियाँ, नये उत्पादन अथवा तकनीकें शामिल होती हैं। इन जर्नल्स में संस्थाओं, संस्थानों से संबंधित समाचार भी सम्मिलित होते हैं।

(घ) इनमें विशेष उद्योग व व्यापार से संबंधित विज्ञापन भी पाए जाते हैं। विज्ञापनदाताओं की अनुक्रमणी (Index) भी सम्मिलित होती है।

(ङ) जर्नल्स अधिकतर चिकने व चमकदार (Glossy) कागज पर प्रकाशित किए जाते हैं और इनमें रंगीन आरेखन होते है।

(ङ) यद्यपि आलेखों की भाषा उद्योग एवं व्यापार के विशिष्ट शब्दों से संबंधित होती है तथापि सामान्य शिक्षित श्रोताओं के लिए भी आलेख लिखे जाते हैं। व्यापारिक एवं व्यावसायिक सामयिकियों के उदाहरण–

इंडियन टेक्सटाइल जर्नल

चित्र 2.2

केमिकल वीक

चित्र 2.3

(3) लोकप्रिय सामयिकियाँ–लोकप्रिय सामयिकियाँ विशिष्ट विषय क्षेत्र को समर्पित होती हैं तथा इनमें इस विषय पर सरल भाषा में लिखे आलेख होते हैं।

(क) लोकप्रिय सामयिकियाँ जनसाधारण के लिए होती हैं, जिनको विशेष विषय के बारे में कोई विशिष्ट ज्ञान नहीं होता है।

(ख) ये जनसाधारण को सूचित, शिक्षित और उनका मनोरंजन करने के लिए प्रकाशित होती हैं।

(ग) विज्ञान व प्रौद्योगिकी क्षेत्र में लोकप्रिय सामयिकियों का उद्देष्ठय विज्ञान को लोकप्रिय बनाना है।

(घ) इनका प्रकाशन अनुसंधान एवं विकास संगठनों, सरकारी विभागों एवं व्यवसायिक प्रकाशकों द्वारा किया जाता है।

(ङ) आलेख अधिकतर लघु आकार के होते हैं और कभी-कभी

इनमें संदर्भ नहीं पाए जाते। लोकप्रिय सामयिकियों के उदाहरण निम्नलिखित हैं–

साइंस रिपोर्टर (अंग्रेजी, मासिक) (चित्र 2.4)

विज्ञान प्रगति (हिंदी, मासिक) (चित्र 2.5)

साइंस की दुनिया (उर्दू, मासिक) (चित्र 2.6)

उपर्युक्त तीनों सामयिकियाँ लोकप्रिय सामयिकियाँ है (जिन्हें लोकप्रिय मैगज़ीन भी कहा जाता है, जोकि सीएसआईआर-निस्केअर (CSIR-NISCAIR) द्वारा प्रकाशित की जाती हैं। ये सामयिकियाँ समकालीन विज्ञान प्रकरणों पर लोकप्रिय वैज्ञानिक आलेखों को प्रकाशित करती हैं।

चित्र 2.4: साइंस रिपोर्ट   चित्र 2.5: विज्ञान प्रगति   चित्र 2.6: साइंस की दुनिया

(4) मैगज़ीन्स–मैगज़ीन समाचार पत्रों तथा वाणिज्यिक प्रकाशकों द्वारा प्रकाशित की जाती हैं। इन मैगज़ीनों का उद्देश्य मनोरंजन, उत्पादों की बिक्री एवं व्यवहारिक सूचना प्रदान करना तथा/अथवा किसी विशेष दृष्टिकोण को प्रोत्साहित करना है।

(क) मैगज़ीन की विषय वस्तु में लोकप्रिय व्यक्तित्वों पर सूचना, समाचार व सामान्य अभिरुचि के आलेख शामिल होते हैं।

(ख) लेखक, पत्रकार एवं स्वतंत्र लेखक होते हैं।

(ग) इनका मुद्रण चिकने व चमकदार कागज पर होता हैं और इनमें बहुधा रंगीन आरेखन व चित्र होते हैं जोकि इन मैगज़ीनों को अन्यों से भिन्न बनाते हैं।

(घ) विज्ञापन प्रचुर मात्रा में होते हैं।

(ङ) भाषा सरल एवं सामान्य शिक्षा स्तर की होती है।

(च) प्रत्येक अंक पृष्ठ संख्या एक के साथ प्रारंभ होता है।

मैगज़ीन्स के उदाहरण–

चित्र 2.7 इंडिया टुडे चित्र 2.8 फिल्मफेयर चित्र 2.9 बिजनेस ट

(5) ई-पत्रिकाएँ/सामयिकियाँ–ई–पत्रिका को इस प्रकार परिभाषित कर सकते हैं–ये श्रृंखला के रूप में इलेक्ट्रॉनिक नेटवर्कों के द्वारा राष्ट्रीय अथवा अंतर्राष्ट्रीय स्तर पर निर्मित, प्रकाशित एवं वितरित की जाती हैं। ई–पत्रिकाओं को कागज़–रहित पत्रिकाएँ एवं ऑनलाइन पत्रिकाओं के रूप में भी जाना जाता है। सीडी–रोम पर ई–पत्रिका ग्रंथालय में मुद्रित पत्रिका की तरह है। फिर भी उसे पढ़ने के लिए कंप्यूटर व विशेष सॉफ्टवेयर की आवश्यकता होती है। मुद्रित पत्रिकाओं की तुलना में इसके बहुत लाभ हैं। एक सीडी–रोम में लगभग 2,50,000 पष्ठठों की भंडारण क्षमता है जिसमें विभिन्न विषयों के व्यक्तिगत अथवा संग्रहित पत्रिकाओं के पूर्ण मूल पाठों को उपलब्ध करा सकते हैं। ऑनलाइन पत्रिकाएँ या ई–पत्रिकाओं तक इंटरनेट पर दूरस्थ रूप में किसी भी समय व कहीं से भी पहुँच हो सकती है।

ई–सामयिकी के उदाहरण–

प्राकृतिक विज्ञान में उन्नति (एडवांसिज इन नेचुरल साइंस)

इंटरनेशनल जर्नल ऑफ ह्यूमन साइंसिज

प्रश्न 2. समाचार पत्र क्या होते हैं? इनकी मौलिक विशेषताओं का वर्णन कीजिए।

उत्तर– समाचार पत्र राष्ट्रीय या क्षेत्र विशेष से संबंधित राजनीतिक, सामाजिक व आर्थिक विषय पर वर्तमान घटनाओं के समाचारों को प्रकाशित करते हैं। समाचार पत्र विभिन्न प्रकार के होते हैं। इनमें से कुछ स्थानीय अथवा क्षेत्रीय सूचनाओं एवं घटना विवरण को प्रस्तुत करते हैं, दूसरे राष्ट्रीय व अंतर्राष्ट्रीय स्तर की सूचनाएँ प्रदान करते हैं। कुछ समाचार पत्र आर्थिक व वित्तीय विषयों की विशेषज्ञता रखते हैं और व्यापार, बैंक, वाणिज्य आदि का गहन विश्लेषण प्रदान करते हैं। सामान्य समाचार पत्रों की मौलिक विशेषताएँ निम्नलिखित हैं–

- दैनिक, सप्ताहिक अथवा पाक्षिक अवधि में प्रकाशित होते हैं।
- इनमें समाचार, वर्तमान घटनाएँ, विज्ञापन एवं जन अभिरुचि के प्रकरण शामिल होते हैं।
- मुख्य उद्देश्य पाठकों को सूचित करना, व्याख्या करना, प्रभावित करना व मनोरंजन करना होता है।
- रचनाकार, स्वतंत्र लेखक या पत्रकार होते हैं और विद्वान भी हो सकते हैं।
- आलेख साधारणतया लघु होते हैं। भाषा सरल एवं सामान्य शिक्षा स्तर की होती है।
- आलेख को सामान्यतः रंगीन चित्रों द्वारा व्याख्यायित किया गया है।
- विज्ञापनों की संख्या कम या अधिक भी हो सकती है।

समाचार-पत्रों के उदाहरण–

- टाइम्स ऑफ इंडिया–दैनिक प्रकाशन व ऑनलाइन संस्करण भी हैं। (http://www.timesofindia.indiatimes.com)
- हिन्दुस्तान टाइम्स–दैनिक रूप से प्रकाशित व ऑनलाइन संस्करण हैं। (http://www.hindustantimes.com)

प्रश्न 3. द्वितीयक सामयिकियों से आप क्या समझते हैं? इनके प्रकारों का उदाहरण सहित वर्णन कीजिए।

अथवा

सार पत्रिकाएँ पर संक्षिप्त टिप्पणी लिखिए।

[दिसम्बर-2017, प्र.सं.-5 (क)]

उत्तर– द्वितीयक सामयिकियाँ प्राथमिक स्रातों में प्रकाशित स्रोतों का लगातार निरीक्षण करती हैं, उपयुक्त विषय से संबंधित मदों का चयन

करती हैं, सहायक अनुक्रम में व्यवस्थित करती है एवं उनके बारे में साप्ताहिक, पाक्षिक अथवा मासिक अंतराल पर शोधकर्त्ताओं को सूचित करती हैं। इन प्रकाशनों में प्रत्येक मद के साथ सारांश सहित अथवा सारांश रहित वांङ्गमयात्मक संदर्भ शामिल होते हैं। सार सहित द्वितीयक सामयिकी सारांश सामायिकी कहलाती है और सारांश रहित सामयिकी अनुक्रमणिका सामयिकी कहलाती है। ये प्रकाशन प्राथमिक स्रोतों में व्यापक संख्या में बिखरे विशिष्ट विषय अथवा अनुशासन के नवीनतम प्रकाशित साहित्य को प्रकाश में लाते हैं।

(1) अनुक्रमणीकरण सामयिकियाँ–अनुक्रमणीकरण सामयिकियों में महत्त्वपूर्ण ग्रंथपरक विवरण सहित संबंधित मदों को प्राथमिक स्रोतों से चुना जाता है इन्हें विस्तृत विषय शीर्षकों के अंतर्गत अथवा वर्ग संख्या के अंतर्गत व्यवस्थित करते है। फिर समान विषय पर सभी मदों को एकत्रित करके व्यवस्थित किया जाता हैं। वांङ्गमयात्मक उल्लेख पाठक को मूल प्रलेख को पहचानने और खोजने में सहायता करते हैं। उदाहरण के लिए यदि प्रलेख एक सामयिकी लेख हैं, तो वांङ्गमयी लेख के लेखक/लेखकों के नाम, सामयिकी का शीर्षक तथा इनकी खंड संख्या, अंक संख्या, प्रकाशन का वर्ष, लेख की पृष्ठ संख्याओं का उल्लेख किया जाता है। अनुक्रमणिकरण सामयिकियाँ लेखक व विषय अनुक्रमणिकाओं की मदों को भी उपलब्ध-करवाती हैं।

अनुक्रमणीकरण सामयिकी का उदाहरण–

दि रीडर्स गाइड टू पीरियॉडिकल लिटरेचर

एक अनुक्रमणीकरण सामयिकी है। प्रत्येक मास में एच.डब्लू. विलसन कंपनी द्वारा प्रकाशित होती है। यह वर्तमान में 400 विद्वत सामयिकियों व लोकप्रिय मैगज़ीनों में विषयों के बृहत संख्या में प्रकाशित लेखों की जानकारी प्रदान करती है।

(2) सारांशकरण सामयिकियाँ–सारांश सामयिकियों में चुनी हुई मदों की विषय वस्तुओं के संक्षिप्त अथवा लघु कृत (सारांश कहते है) प्रलेख होते हैं जो प्रलेखों के वांङ्गमयात्मक विवरण सहित होते हैं। ये पाठक को मौलिक प्रलेख को पहचानने एवं खोजने में सहायता करते हैं। लेख के सारांश उपभोक्ता को यह निर्णय करने में सहायक होते हैं कि

प्रलेख को पूरा पढ़ा जाये या नहीं। कई बार अच्छी तरह से तैयार सारांश मूल लेख के प्रतिस्थापन की पूर्ति करते हैं। सारांशकृत सामयिकियाँ लेखक और विषय अनुक्रमणिकाएं भी प्रदान करती हैं।

सारांशकरण सामयिकियों के उदाहरण–इंडियन साइंस ऐब्स्टेंक्ट्स (आईएसए) (चित्र 2.10) एक पाक्षिक सामयिकी है, जोकि भारत में किये गए एवं भारतीय पत्रिकाओं में प्रकाशित वैज्ञानिकों के शोध कार्यों को प्रस्तुत करते हैं। यह सीएसआईआर-निस्केअर (CSIR-NISCAIR) द्वारा प्रकाशित होती है। यह सामयिकी भारतीय वैज्ञानिक व तकनीकी सामयिकियों, भारतीय सम्मेलन की कार्यवाहियों, भारतीय मानकों एवं शोध लेखों की समीक्षाओं व अनुसंधान की जानकारी प्रदान करती हैं।

चित्र 2.10 इंडियन साइंस ऐब्स्ट्रैक्ट्स

(क) इंडियन साइंस ऐब्स्ट्रैक्ट्स ऑन सीडी-रोम-यह 2,00,000 के लगभग सारांशों का बृहतर डाटाबेस है जिसमें जनवरी 1990 से दिसम्बर 1999 तक का ब्यौरा है। डाटाबेस को सूचक शब्दों, लेखक, समिष्ट लेखक, आइएसए अंक संख्या एवं प्रकाशन वर्ष के द्वारा खोजा जा सकता है।

(ख) इंडियन साइंस ऐब्स्ट्रैक्ट्स ऑनलाइन 2000 निस्केअर की वेबसाइट पर ऑनलाइन उपलब्ध है।

(http://www.isa.niscair.res.in)

अनुक्रमणीकरण व सारांशकरण सामयिकियाँ प्रत्येक विषय क्षेत्र में उपलब्ध हैं। वर्तमान में अधिकतर राष्ट्रीय के साथ-साथ ही अन्तर्राष्ट्रीय अनुक्रमणीकरण एवं सारांशकरण

सामयिकियाँ तीन वर्गों में उपलब्ध है यथा मुद्रित रूप में, सीडी-रोम एवं वेब पर ऑनलाइन।

प्रश्न 4. वांङ्गमय सूची (Bibliography) से आप क्या समझते हैं? इसके प्रकारों पर भी प्रकाश डालिए।

उत्तर– वांङ्गमय सूची (संदर्भ सूची) उन प्रलेखों की एक सुव्यवस्थित सूची है, जिसमें समान कारकों को जैसे कि विषय, भाषा, समय, लेखक अथवा कुछ अन्य मापदंड आदि के आधार पर व्यवस्थित किया जाता है। यह सूची व्यापक अथवा चुनिंदा हो सकती है। सूची किसी क्रम में व्यवस्थित होती है। ऐसी वांङ्गमय सूची, परिगणनात्मक अथवा क्रमबद्ध वांङ्गमय सूची कहलाती है, प्रत्येक प्रविष्टि एक प्रलेख के वांङ्गमयात्मक विवरणों की जानकारी प्रदान कराती है। पुस्तक के लिए एक प्रविष्टि में निम्नलिखित सूचना उपलब्ध होती है–

लेखक/लेखकों का नाम
पुस्तक का शीर्षक
प्रकाशक
प्रकाशन की तिथि

सामयिकी के लिए प्रविष्टि में निम्नलिखित सूचना उपलब्ध होती है–

लेखक/लेखकों का नाम
लेख का शीर्षक
जर्नल का शीर्षक
खंड संख्या, अंक संख्या, प्रकाशन का वर्ष
पृष्ठ संख्या

(1) राष्ट्रीय वांङ्गमय सूची–राष्ट्रीय वांङ्गमय सूची राष्ट्र में प्रकाशित सभी प्रकाशनों की सूची होती है।

राष्ट्रीय वांङ्गमय सूची का उदाहरण–

इंडियन नेशनल बिब्लियोग्राफी, केंद्रीय संदर्भ ग्रंथालय, कोलकाता द्वारा संकलित।

(2) व्यापारिक वांङ्गमय सूची–व्यापारिक वांङ्गमय सूचियाँ प्रकाशकों, पुस्तक विक्रेताओं, पुस्तक वितरकों या मुद्रकों द्वारा प्रकाशित

की जाती हैं। इस वांङ्गमय सूची में विक्रय योग्य पुस्तकों का विवरण होता है। व्यापारिक वांङ्गमय सूचियाँ ग्रंथालय में पुस्तकें चुनने के लिए उपयोगी होती हैं।

व्यापारिक वांङ्गमय सूची का उदाहरण–

इंडियन बुक्स इन प्रिंट : इंडियन ब्यूरो ऑफ बिब्लियोग्राफीज द्वारा भारत में प्रकाशित

अंग्रेजी पुस्तकों की चयनित वांङ्गमय सूची है।

(3) विषय वांङ्गमय सूची–विषय वांङ्गमय सूची किसी एक विषय पर प्रकाशित प्रलेखों की सूची है। साहित्य की खोज और विषय वांङ्गमय सूची संपादन करना ग्रंथालय की प्रमुख सेवाओं में से एक है। कभी-कभी ये वांङ्गमय सूचियाँ उपयोक्ताओं की आवश्यकताओं की अपेक्षा को ध्यान में रखकर नियमित रूप से संकलित की जाती हैं। ये वांङ्गमय सूचियाँ विशेष अवसरों पर जैसे कि गोष्ठियों व कार्यशालाओं में भाग लेने वालों के लिए विषय पर नवीनतम साहित्य का संपादन होती हैं। विश्व-विद्यालय एवं विशेष ग्रंथालयों में यह सेवा सार्वजनिक ग्रंथालय की अपेक्षा अधिक महत्त्वपूर्ण है।

विषय वांङ्गमय सूची का उदाहरण–

ऐन्सर एजीएसः ए सब्जेक्ट बिब्लियोग्राफी ऑफ द फर्स्ट वर्ल्ड वार बुक्स

इन इंगलिश, 1914-1987 ब्रुकफील्ड, एनटी गॉवर, 1990

प्रश्न 5. संदर्भ स्रोत से आपका क्या तात्पर्य है?

उत्तर– संदर्भ स्रोत संक्षिप्त तथ्यों, सांख्यिकीय सूचना, पृष्ठभूमि सूचना संबंधी प्रश्नों के उत्तर प्रदान कराते हैं अथवा अतिरिक्त सूचना स्रोत के निर्देश की ओर संकेत करते हैं। संदर्भ स्रोत मानक कृतियाँ हैं जो सूचना के विशिष्ट प्रकार को खोजने के लिए उपयोगी हैं। यद्यपि 'संदर्भ पुस्तक' शब्द का अधिकतर उपयोग करते हैं, तथापि संदर्भ स्रोत पुस्तकें, क्रमिक प्रकाशन, ऑनलाइन डाटाबेस या इंटरनेट भी हो सकते हैं। संदर्भ पुस्तकें केवल निर्देश देने या परामर्श करने के लिए उपयोग की जाती हैं तथा निरंतर अध्ययन के लिए नहीं है। उदाहरण के लिए, आप सामान्य

शब्दकोष्ठा का उपयोग किसी शब्द के अर्थ को ढूंढने के लिए करते हैं, आप उसे पृष्ठ से पृष्ठ तक नहीं पढ़ सकते जैसे आप पाठ्यपुस्तक या कहानी की पुस्तक को पढ़ते हैं। संदर्भ स्रोतों में शब्दकोश, विश्वकोश, हस्तपुस्तिका, शब्दकोश (ईयर बुक), पंचांग, निर्देशिका, जीवनचरित तथा भौगोलिक स्रोत शामिल हैं। शब्दकोश तथा विश्वकोश के साथ आप अवश्य परिचित होंगे क्योंकि कक्षा नियत कार्यों के लिए या घर पर उनमें से किसी एक या दोनों का उपयोग आपने किया होगा।

आमतौर पर ग्रंथालयाध्यक्ष अपने संग्रह में उपलब्ध संदर्भ पुस्तकों के आधर पर ही संदर्भ सेवाएँ प्रदान कराते हैं। उनका उपयोग मुख्य तौर पर ग्रंथालय उपयोक्ताओं को त्वरित संदर्भ सेवा प्रदान करने के लिए किया जाता है। अधिकतर ग्रंथालयों में, इन पुस्तकों का निर्गमन नहीं किया जाता है तथा इन्हें अलग संदर्भ संग्रह में रखते है। यह नियम संदर्भ स्रोतों को आसानी से उपलब्ध एवं सरलता से अभिगम योग्य बनाता है। अधिकतर संदर्भ पुस्तकें विशिष्ट रूप में इस प्रकार निर्मित होती हैं जो आवश्यक सूचना को शीघ्रता से तथा अधिक सुविधाजनक रूप में प्रदान कराती हैं। विभिन्न संदर्भ स्रोत निम्नलिखित है–

- शब्दकोश
- विश्वकोश
- हस्तपुस्तिका
- अब्दकोश/वार्षिकी
- पंचांग
- जीवनचरित स्रोत, तथा
- भौगोलिक स्रोत

प्रश्न 6. शब्दकोश क्या है? शब्दकोश के प्रकारों का भी वर्णन कीजिए।

अथवा

शब्दकोशों के विभिन्न प्रकारों की सूची बनाइए और प्रत्येक प्रकार के शब्दकोश के उपयोग का वर्णन कीजिए।

[दिसम्बर-2017, प्र.सं.-2.2]

उत्तर– अंग्रेजी भाषा का शब्द 'डिक्शनरी' मध्यकालीन लेटिन भाषा के डिक्शनेरियम शब्द (जिसका अर्थ शब्दों या वाक्यांशों का संग्रह है) से आया है, लेटिन शब्द डिक्शियो, जिस का अर्थ 'शब्द' होता है। सबसे पहले शब्दकोश की रचना प्राचीन ग्रीक तथा रोमन में हुई थी। परंतु अधिकतर ग्रीक तथा लेटिन शब्दकोश दुर्लभ एवं मुश्किल शब्दों की सूची या विशिष्ट शब्दों की सूची थी।

आधुनिक शब्दकोश एक ऐसी पुस्तक है जिसमें भाषागत शब्दों को उनके अर्थ के साथ वर्णानुक्रमानुसार संयोजित किया जाता है। अधिकतर शब्दकोश हमें शब्दों के अर्थ से कुछ अधिक बताते है। उच्चारणों, व्याकरणीय स्तरों, चित्रलेखीय, उद्धरण, पर्यायवाची, विलोम, प्रयोग टिप्पणी एवं अन्य सूचनाओं की कई सूचियाँ हैं। कुछ शब्दकोशों में प्रायः शब्दों की व्युत्पति व इतिहास, मूल या विकास की जानकारी प्रदान करते है।

शब्दकोश का उदाहरण– द चैम्बर डिक्शनरी।

अन्य संदर्भ पुस्तक जिसमें शब्दों के संबंध में विवेचन होता है उसे पर्यायकोश कहते है। इस संदर्भ पुस्तक में, शब्द के समान या समानार्थ (पर्यायवाची एवं कभी-कभी विलोम शब्दों) के एकत्रित समूह होते हैं। जो शब्दकोश की तुलना में, शब्दों के अर्थ एवं उच्चारणों को ढूंढने में सहायता करते हैं। पर्यायकोश विचारों को व्यक्त करने के लिए अधिक उचित शब्द एवं अन्य संबंधित शब्दों को भी ढूंढने में सहायता करते हैं।

पर्यायकोश का उदाहरण– द मेरिएम वेबस्टर्स थिसारस

शब्दकोशों के प्रकार– शब्दकोश कई प्रकार से शब्दों के अर्थ की जानकारी देते हैं। शब्दकोशों में दैनिक जीवन के सामान्य शब्दों, तकनीकी शब्दों, अध्ययनशील लेखन में शब्दों का प्रयोग, मुहावरे, अन्य भाषाओं के शब्दों व वाक्यांशों, वैज्ञानिक व तकनीकी खोजों से नये शब्दों का अविर्भाव, महत्वपूर्ण उपयुक्त नाम एवं भौगोलिक नाम आदि शामिल होते हैं। वास्तव में शब्दकोश भाषा के सभी शब्दों को व्यक्त नहीं कर सकता क्योंकि भाषा स्थिर नहीं है, प्रतिदिन बोलने, लिखने के साथ ही विभिन्न विशेष शिक्षा शाखाओं में हो रहे अनुसंधानों के कारण नये शब्द बन रहे हैं।

शब्दों की संख्या, विषय सीमा व सूचना की अन्य मदों की

जानकारी की गुणवत्ता के आधार पर शब्दकोशों को निम्नलिखित समूहों में वर्गीकृत किया जा सकता है–

(1) सामान्य भाषागत शब्दकोश–सामान्य भाषागत शब्दकोश भाषा के सभी शब्दों के अर्थ, परिभाषा व समान भाषा में शब्दों की व्याख्या देते हैं। भाषा अंग्रेजी, फ्रेंच, हिंदी, जर्मन या रूसी हो सकती है। उदाहरण के लिए, अंग्रेजी भाषागत शब्दकोश में अंग्रेजी शब्दों का समावेश है एवं उनके अर्थ अंग्रेजी भाषा में दिए गए हैं। इन शब्दकोशों को एकलभाषीय शब्दकोश भी कहते है।

सामान्य भाषागत शब्दकोशों को आकार व लक्षित पाठक के अनुसार पुनः समूहों में विभाजित सूचना स्रोत किया जा सकता है। आकार के अनुसार, सामान्य भाषागत शब्दकोश हो सकते हैं–

(क) **विस्तृत/वृहद् शब्दकोश**–इसमें भाषा के सभी शब्द रहते हैं साथ ही वर्तमान में प्रचलित शब्द शामिल होते हैं। उदाहरण के लिए, **मेरिएम वेबस्ट्र्स थर्ड न्यू इंटरनेशनल डिक्शनरी ऑफ इंगलिश लैङ्वेज** 3 खंडों में है तथा इसमें 450,000 से अधिक प्रविष्टियाँ है। इस शब्दकोश का **ऑनलाइन संस्करण मेरिएम वेबस्टर अनअब्रिजड-ऑनलाइन** डिक्शनरी है।

(ख) **संक्षिप्त/महाविद्यालय/डेस्क शब्दकोश**–इसमें अधिकतर सामान्य एवं वर्तमान समय में इस्तेमाल शब्द शामिल है तथा इसमें वृहद् शब्दकोश की अपेक्षा कम संख्या में शब्द रहते हैं। उदाहरण के लिए, **मेरिएम-वेबस्ट्र्स कॉलिजियेट डिक्शनरी**, 11वॉं संस्करण, 2003 में प्रकाशित, 165,000 प्रविष्टियाँ हैं।

(ग) **पॉकेट शब्दकोश**–यह शब्दकोश काफी लघु होता है जिसे त्वरित संदर्भ के लिए जेब में लेकर जा सकते है। शब्दकोश में 40,000 से 60,000 शब्दों की प्रविष्टियाँ शामिल होती हैं जो वर्तमान समय में प्रयुक्त होती हैं। उदाहरण के लिए, **मेरिएम वेबस्टर्स पॉकेट डिक्शनरी** में 40,000 प्रविष्टियाँ हैं।

चित्र 2.11

चित्र 2.12

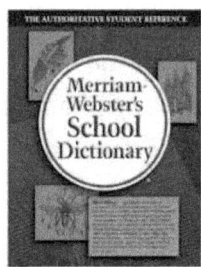

चित्र 2.13

चित्र 2.14

शब्दकोशों के विभिन्न प्रकार के आवरण चित्र

पाठकों की आयु व भाषा दक्षता के आधार पर सामान्य भाषागत शब्दकोश निम्न के लिए हो सकते हैं–

(क) विद्यालयी छात्र (किंडरगार्टन से लेकर हाई स्कूल तक)।

(ख) महाविद्यालय छात्र, तथा

(ग) वयस्क

बाल शब्दकोश में पाठ्यव्म से संबंधित शब्दों का समावेश होता है। अर्थ व परिभाषाएँ आसान भाषा में लिखी हुई होती है जिसे बच्चे समझ सकते हैं। बाल शब्दकोशों में अधिक व्याख्याओं को शामिल किया जाता है जो बच्चों को शब्द की अवधारणा समझने लायक बनाते हैं।

मेरिएम वेबस्टर्स स्कूल डिक्शनरी में 100,000 शब्दों से अधिक, लगभग 1,000 चित्रलेख तथा 1500 प्रयोगिक उदाहरण शामिल हैं।

बृहद् मानक सामान्य भाषागत शब्दकोशों के अधिकतर प्रतिष्ठित प्रकाशक उन शब्दकोशों के संक्षिप्त, डेस्क, महाविद्यालयी तथा बाल

संस्करण प्रकाशित कर रहे हैं। इन शब्दकोशों के प्रकाशक निरंतर संशोधन करने की कोशिश में लगे हुए हैं। प्रत्येक नये मुद्रण के साथ वे शब्दों की संख्या में वृद्धि या कमी कर देते हैं। डेस्क शब्दकोश के लिए यह विशेषतौर पर सही है, जिनका प्रयोग युवाओं द्वारा किया जाता है और इनमें आकाशवाणी, दूरदर्शन, संगठित, और औद्योगिकी इत्यादि के माध्यम से व्युत्पन्न नये शब्दों को अवश्य ही प्रतिबिंबित किया जाना चाहिये।

(2) **विषयगत शब्दकोश**—विषयगत शब्दकोश विषय विशेष में पदों की परिभाषा पर केन्द्रित हैं। विषयगत शब्दकोश विभिन्न विषय क्षेत्रों में कला, मानविकी, सामाजिक विज्ञान से लेकर विज्ञान एवं प्रौद्योगिकी तक अध्ययन एवं अनुसंधान के गतिशील होने के कारण शीघ्रता से बन रहे हैं। उदाहरण के लिए, **मैकग्रॉहिल डिक्शनरी ऑफ सांइटिफिक एंड टेक्निकल टर्म्स,** 6वां संस्करण, वैज्ञानिक व प्रौद्योगिकी शब्दों का व्यापक शब्दकोश है जिसमें विज्ञान एवं प्रौद्योगिकी के 104 क्षेत्रों के 115,000 से अधिक पद एवं 125,000 परिभाषाएँ सम्मिलित हैं।

चित्र 2.15

(3) **विशिष्ट शब्दकोश**—विशिष्ट शब्दकोश शब्दों के विशेष प्रकार या विशेष पक्षों के साथ संबंध रखते हैं। शब्दों के विशेष प्रकार या वर्ग में अप्रचलित शब्द, अद्याक्षर शब्द, संकेताक्षर आदि शामिल हैं। शब्द के विशेष पक्ष में शब्दों के भाषा-वैज्ञानिक पक्ष (जैसे उच्चारण, पर्यायवाची एवं विलोम आदि); या शब्दों के साहित्यिक पक्ष (जैसे उद्धरण मुहावरे एवं लोकोक्तियाँ आदि। यद्यपि शब्दों के ज्यादातर यह

पक्ष सामान्य भाषागत शब्दकोशों में भी शामिल हैं, परन्तु विषय शब्दकोश में इन पहलुओं को अत्यधिक विस्तारपूर्वक शामिल किया जाता है। विशिष्ट शब्दकोश सामान्य भाषागत शब्दकोशों के पूरक हैं। विशिष्ट शब्दकोशों के उदाहरण निम्न हैं :

चित्र 2.16

चित्र 2.17

चित्र 2.18

कैम्ब्रिज इंगलिश प्रोनाउसिंग डिक्शनरी—इन शब्दकोशों में प्रत्येक शब्द के लिए बोलचाल

ब्रिटिश व अमेरिकन उच्चारण होता है। कैमृब्रिज शब्दकोश, मोबाइल फोनों के लिए भी उपलब्ध है। (चित्र 2.16)

कैमब्रिज इडिअमृस डिक्शनरी—इस शब्दकोश में ब्रिटिश, अमेरिकन एवं ऑस्टेंलियन अंग्रेजी में 7000 से अधिक मुहावरों का अर्थ एवं इनके उपयोग का वर्णन है। (चित्र 2.17)

द ऑक्सफोर्ड डिक्शनरी ऑफ कोटेश्नस—शब्दकोश लघु उद्धरणों की सूची है जोकि अंग्रेजी भाषा एवं संस्कृति में सामान्यत: प्रयोग में लाए जाते हैं। (चित्र 2.18)

(4) द्विभाषीय एवं बहुभाषीय शब्दकोश—द्विभाषीय शब्दकोश एक भाषा के शब्दों का शब्दार्थ, अन्य दूसरी भाषा में प्रस्तुत करते हैं। उदाहरण के लिए, इंगलिश-हिंदी डिक्शनरी, अंग्रेजी में शब्दों की सूची होगी एवं हिंदी में समकक्ष शब्द दिए गए है। इस तरह के शब्दकोश को द्विभाषीय शब्दकोश कहते हैं बहुभाषीय शब्दकोशों में दो भाषाओं से अधिक भाषाओं में शब्द के अर्थ दिये गए है। इन शब्दकोशों को अनुवादीय शब्दकोश भी कहा जाता है। इन शब्दकोशों में शब्द को सामान्य तौर पर परिभाज़ित नहीं किया गया है, परंतु एक भाषा से अन्य

दूसरी भाषा के शब्दों का अनुवाद है। इनमें से अधिकांश विषय-क्षेत्रों, जैसे ज्योतिष, जीव विज्ञान, इलेक्ट्रॉनिक आदि की विषय सीमा तक सीमित हैं।

ऑक्सफोर्ड यूनीर्वसिटी प्रेस ने कई द्विभाषीय एवं बहुभाषीय शब्दकोशों को प्रकाशित किया है।

चित्र 2.19

चित्र 2.20

द्विभाषीय एवं बहुभाषीय शब्दकोशों के उदाहरण–

कन्साइज ऑक्सफोर्ड स्पेनिश डिक्शनरी, चौथा संस्करण, 2009 में प्रकाशित, बृहद् अंग्रेज़ी-स्पेनिश तथा स्पेनिश-अंग्रेजी डिक्शनरी इसमें 175,000 शब्द एवं वाक्यांश तथा 200,000 से अधिक अनुवाद है। शब्दकोश ऑनलाइन संस्करण में भी उपलब्ध है।

(http://www.onp.com)

मल्टीलिंगुअल बायोमेडिकल टेक्निकल डिक्शनरी–(अंग्रेजी, स्पेनिश, पुर्तगाली, फ्रेंच, जर्मन, स्वीडन व डच में)। इस शब्दकोश में 40,000 से अधिक प्रविष्टियाँ के साथ 40,000 पर्यायवाची शब्दों के बारे में तथा सात भाषाओं में इनका विस्तृत वर्णन है।

शब्दकोश-इंगलिश हिंदी डिक्शेनरी–

(http://www.shabdkosh.com) यह साइट अंग्रेजी से हिंदी के साथ ही हिंदी से अंग्रेजी अनुवाद भी प्रदान कराता है। (चित्र 7.10) कई साइट्स वेब पर निशुल्क अनुवाद की सुविधा देती हैं। इनमें से कुछ साइट्स के नाम निम्नलिखित हैं–

(http://www.freetranslation.com)

(http://www.babylon.com)

प्रश्न 7. विश्वकोश को उसके प्रकारों व उदाहरण सहित समझाइए।

अथवा

विश्वकोशों के विभिन्न प्रकारों और उनके उपयोगों की चर्चा कीजिए। [जून-2018, प्र.सं.-1.2]

उत्तर— यह एक पुस्तक या पुस्तकों का समुच्चय है जिसमें ज्ञान की समस्त शाखाओं पर या कुछेक व्यापक क्षेत्रों के साथ सूचनात्मक लेखों को वर्णानुक्रमिक रूप में व्यवस्थित किया जाता है। विश्वकोश में लोगों, स्थानों, घटनाओं तथा वस्तुओं के बारे में सूचना रहती है। यह ज्ञान के सभी क्षेत्रों के साथ संबंधित हो सकते हैं या यह किसी एक विषय क्षेत्र तक सीमित हो सकता है। सामान्य विश्वकोश में ज्ञान के प्रत्येक क्षेत्र में विषयों पर सूचना शामिल होती है। विशिष्ट विश्वकोश ज्ञान के किसी विशिष्ट क्षेत्र पर ज्यादा विस्तारपूर्वक एवं तकनीकी सूचना प्रदान करते हैं। उदाहरण के लिए, कला, विज्ञान एवं प्रौद्योगिकी या सामाजिक विज्ञान। विशिष्ट विश्वकोश को विषय विश्वकोश के नाम से भी जाना जाता है।

एक भलीभांति व्यवस्थित सामान्य विश्वकोश मानव जाति, मानवीय आस्थाओं, विचारों एवं उपलब्धियों के बारे में विश्व में रहने वाले लोगों के बारे में तथा ब्रह्मांड के बारे में तथ्यों को प्रस्तुत करता है। इन तथ्यों को प्रस्तुत करने के लिए ऐसी भाषा का प्रयोग किया जाता है जो समझने में आसान हो।

एक विश्वकोश, वस्तुओं के कौन, क्या, कहाँ, कब, कैसे तथा कारक संबंधों को समझाता है। सामान्य विश्वकोश सामान्य ज्ञान में संवृद्धि, ज्ञात प्रकरणों पर सूचना प्रदान कराने एवं लेखों के अंत में ग्रंथसूची प्रदान कराते हैं जिससे प्रकरण पर ज्यादा सूचना ढूंढ़ने में सहायता मिलती है। उदाहरण के लिए, 'कंप्यूटर' पर लेख यह बताता है कि कंप्यूटर क्या है साथ ही इसे किसने, कब एवं कहाँ विकसित किया है। कंप्यूटर कैसे कार्य करता है तथा लोगों के लिए यह क्यों महत्त्वपूर्ण है।

विश्वकोश में विभिन्न आलेखों का आकार एक अनुच्छेद से लेकर, सौ से अधिक पृष्ठों तक का हो सकता है, जोकि प्रकरणों की प्रकृति;

श्रोतागण के लक्ष्यों एवं विश्वकोश के प्रकार (एकखंडीय या बहुखंडीय विश्वकोश) पर आधारित होते है। मानक विश्वकोश में आलेख विषय विशेषज्ञों द्वारा लिखे होते हैं तथा बाद में विश्वकोश संपादकों द्वारा विषयों के पदों, शैली एवं विराम चिन्हों में विश्वकोश की नीतियों के अनुरूप इनका सम्पादन किया जाता है। संपादकीय विभाग विश्वकोश में प्रत्येक आलेख लिखने की समान शैली, शीर्षकों एवं उपशीर्षकों को सुनिश्चित करता है। चित्र व आरेख आवश्यकतानुसार अवधाराणों को स्पष्ट करने तथा सीखने की प्रक्रिया को बढ़ावा देने के लिए शामिल किये जाते हैं। अधिकतर विश्वकोश वर्णक्रमानुसार (A से Z) व्यवस्थित होते हैं। कुछ विश्वकोशों को विषयानुसार व्यवस्थापित किया जाता है जैसे एकखंड को 'जानवर', दूसरे को पौधे, पृथ्वी तथा ब्रह्मांड या कुछ अन्य विषयों के लिए समर्पित किया जा सकता है।

विश्वकोशों के प्रकार–विश्वकोशों को मुख्यतया दो प्रकारों में विभक्त कर सकते हैं–

(1) सामान्य विश्वकोश–ज्ञान के सभी क्षेत्रों से संबंधित है। उदाहरण के लिए इनूसाइक्लोपीडिया ब्रिटेनिका।

सामान्य विश्वकोश को पुनः दो श्रेणियों में विभक्त कर सकते हैं–

(क) आकार (एकखंडीय-सेट या बहुखंडीय-सेट), तथा

(ख) लक्षित पाठक (वयस्क, छात्र या बच्चों के लिए)

सामान्य विश्वकोशों के अधिकतर प्रकाशक वयस्कों, छात्रों तथा विभिन्न आयु वर्ग के बच्चों के लिए विश्वकोश के विभिन्न समुच्चय (सेट) ला रहे है। बाल विश्वकोश में लेख सरल भाषा में लिखे जाते हैं तथा प्रकरणों को स्पष्ट एवं समझने लायक बनाने के लिए रेखा चित्र भी शामिल किये जाते हैं।

विश्वकोश के उदाहरण–इनूसाइक्लोपीडिया ब्रिटेनिका अंग्रेजी भाषा का एक सामान्य विश्वकोश है, इनूसाक्लोपीडिया ब्रिटेनिका इंक द्वारा प्रकाशित है। इसमें 73,645 लेख शामिल हैं। लेखों का मुख्य उद्देश्य वयस्कों को शिक्षित करना है तथा 100 से अधिक पूर्णकालिक संपादकों तथा 4000 से अधिक विशेषज्ञों ने इसमें योगदान दिया है। यह

अधिक प्रमाणिक एवं सुविज्ञ विश्वकोश समझा जाता है। विश्वकोश का 2010 संस्करण निम्न 32 खंडों में मुद्रित है–

(क) 12 खंड माइक्रोपीडिया त्वरित संदर्भ के लिए, लघु लेखों सहित (सामान्य तौर पर 750 शब्दों से कम)

(ख) 17 खंड माइक्रोपीडिया प्रकरणों के गहन अध्ययन के लिए बड़े लेख (दो से 300 पृष्ठ तक)

(ग) पहला खंड एक खंडीय प्रोपीडिया में ज्ञान की रूपरेखा प्रस्तुत की गई है, तथा

(घ) दूसरा खंड अनुक्रमणिका है।

चित्र 2.21

चित्र 2.22

चित्र 2.23

इन्साइक्लोपीडिया ब्रिटेनिका के चित्र

इन्साइक्लोपीडिया ब्रिटेनिका 32 खंडों का समुच्चय। (चित्र 2.21)

सिङ्गल वॉल्यूम ब्रिटेनिका कन्साइज इन्साइक्लोपीडिया में 28000 लघु लेख हैं जोकि 32 खंडों वाले ब्रिटेनिका का संक्षिप्त रूप है। (चित्र 2.22)

ब्रिटेनिका स्टूडेंट इन्साइक्लोपीडिया–ब्रिटेनिका स्टूडेंट इन्साइक्लोपीडिया 16 खंडों में प्रकाशित है जिसमें 2300 से अधिक लेखों के साथ 3300 चित्र, रेखाचित्र, चार्ट्स एवं सारणियाँ हैं जो इसे छात्रों के लिए रुचिकर एवं उपयोगी बनाती हैं। विश्वकोश में विश्व के विभिन्न देशों के 1000 मानचित्र एवं झण्डे हैं। (चित्र 2.23)

वर्तमान उन्नत सूचना प्रौद्योगिकी में प्रगति एवं इलेक्ट्रॉनिक विश्वकोश जैसे माइक्रोसॉफ्ट एनकार्टा तथा विकीपीडिया ने मुद्रित विश्वकोश की मांग को कम कर दिया है। इन्साइक्लोपीडिया ब्रिटेनिका के प्रकाशक ने सीडी रोम, डीवीडी तथा वर्ल्ड वाइड वेब पर विश्वकोश के इलेक्ट्रॉनिक संस्करण विकसित कर लिए है।

इन्साइक्लोपीडिया ब्रिटेनिका ऑनलाइन–32 खंडीय ब्रिटेनिका विश्वकोश01 में पाठ्य के अतिरिक्त कई लेख एवं चित्र शामिल होते हैं जो मुद्रित संस्करण में उपलब्ध नहीं हैं। इसमें 1,20,000 से अधिक लेख हैं। यह साइट प्राकृतिक भाषा में खोजने तथा ए से ज़ेड तक अवलोकन की सुविधा प्रदान करती है। सामयिक सूचना प्रदान करने के लिए इसको अधिकतर निरंतर अद्यतन बनाए रखते हैं। इसमें दि न्यूयार्क टाइम्स तथा बीबीसी से समाचार प्रतिवेदनों, दैनिक फीचर, के लिए लिंक्स हैं। शुल्क वार्षिक, मासिक या साप्ताहिक आधर पर देय है। विद्यालयों, महाविद्यालयों तथा ग्रंथालयों को विशेष शुल्क योजनाएँ प्रस्तुत की जाती हैं। (http://www.britannica.com)

(2) विषयगत विश्वकोश–एक विषय या विषयों के समूह से संबंधित जानकारी देते हैं जैसे **इन्साइक्लोपीडिया ऑफ फ़िज़िक्स इन्साइक्लोपीडिया ऑफ साइंस एंड** टेक्नोलौजी।

विषयगत विश्वकोश ज्ञान के विशिष्ट क्षेत्र में विस्तारपूर्ण सूचना प्रदान करते है जैसे कलाएँ एवं मानविकी, विज्ञान व प्रौद्योगिकी, सामाजिक विज्ञान इत्यादि। विषयगत विश्वकोश हजारों हैं जो विस्तृत विषय क्षेत्र से लेकर संकीर्ण विषय क्षेत्र तक सीमित हैं। बहुखंडीय और एकखंडीय विषयगत विश्वकोश उपलब्ध हैं। कुछ विषयगत विश्वकोश विषय विशेषज्ञों के लिए बने है तथा कुछ उस विषय में इच्छुक छात्रों और सामान्य पाठकों के लिए हैं।

विषयगत विश्वकोश के उदाहरण–

मैकग्रॉ-हिल्स इन्साइक्लोपीडिया ऑफ साइंस एंड टेक्नोलॉजी, 10वां संस्करण, अंग्रेजी भाषा में प्रकाशित है, 20 खंडीय, विशेषतौर पर वैज्ञानिक एवं तकनीकी विषयों पर केंद्रित विश्वकोश है। विश्वकोश में जीव विज्ञान, शारीरिक विज्ञान के साथ ही इंजीनियरिंग व प्रौद्योगिकी पर प्रकरण सम्मिलित हैं।

मैकग्रॉ-हिल्स वेबसाइट 'ऐक्सस साइंस'–यह विश्वकोश ऑनलाइन अभिगम प्रदान कराता है।

मैकग्रा हिल कन्साइज इन्साइक्लोपीडिया ऑफ साइंस एंड टेक्नोलॉजी यह वृहद् खंड समूह पर आधारित एकखंडीय प्रकाशन है। 6ठा संस्करण 2009 में प्रकाशित नवनीतम संस्करण है। (http://www.mhprofesstional.com)

इनूसाइक्लोपीडिया ऑफ लाइब्रेरी एंड इनफॉरमेशन साइंस–यह विश्वकोश ऐलेन केण्ट द्वारा संपादित है तथा मारसेल डेक्कर द्वारा प्रकाशित है, 35 खंडों का समुच्चय है (33 खंड मुख्य विश्वकोश तथा 2 खंड अनुक्रमणिका) ग्रंथालयाध्यक्षों, सूचना/कंप्यूटर वैज्ञानिकों व ग्रंथालय एवं सूचना विज्ञान के छात्रों, पुस्कालय व सूचना विज्ञान के सामानों तथा विधियों, दोनों को सुविधापूर्वक अभिगम प्रदान कराते हैं। इसमें 1300 से अधिक विषय विशेषज्ञों द्वारा लिखित लेख हैं। प्रकाशक नियमित रूप से पूरक अंकों को ला रहे हैं (प्रत्येक पूरक में ए–ज़ेड तक प्रविष्टियाँ सम्मिलित हैं)। पूरक नयी प्रवृत्तियों के मुख्यांश, नवीनतम उपलब्धियों का वर्णन तथा उन लोगों के बारे में सूचना प्रदान कराते हैं, जिन्होंने तीव्रता से बढ़ते इस क्षेत्र में महत्त्वपूर्ण योगदान दिया है। अब तक 36 पूरक खंड प्रकाशित हो चुके हैं

प्रश्न 8. तैयार संदर्भ स्रोतों पर प्रकाश डालिए।

अथवा

निर्देशिका से आप क्या समझते हैं? इसके प्रकारों का वर्णन कीजिए। **[जून–2018, प्र.सं.–2.1]**

उत्तर– (1) वार्षिकी–वार्षिकी, जैसाकि नाम संकेत करता है, सूचना की एक पुस्तक है जो गत वर्ज़ की अद्यतन सूचनाओं को प्रत्येक वर्ष प्रकाशित करती है। वार्षिकी का मूल उद्देश्य है देश या विश्व में पिछले वर्ष में घटित घटनाओं व विकासों को प्रलेखबद्ध करना। विषय सीमा एवं सूचना के प्रकार के आधार पर वार्षिकी को इस प्रकार वर्गीकृत कर सकते है–

(क) अंतर्राष्ट्रीय वार्षिकी–विश्व के प्रत्येक देश के बारे में विश्वसनीय एवं सुविधाजनक सांख्यिकीय सूचना उपलब्ध कराते है। उदाहरण के लिए, **द स्टेट्समैन्स इयरबुक 2012, मैकमिलन द्वारा प्रकाशित है,** जो विश्व के प्रत्येक देश (193 देशों) की राजनीतिक, अर्थव्यवस्था तथा सामाजिक लेखा–जोखा के तथ्यों सहित इनका विश्लेषण प्रदान कराता है। वार्षिकी दो भागों में उपलब्ध है। प्रथम भाग में अंतर्राष्ट्रीय संगठनों तथा द्वितीय भाग में विश्व के देशों का विवरण वर्णक्रमानुसार व्यवस्थित है। (चित्र 2.24) (http://www.us.mcmillan.com)

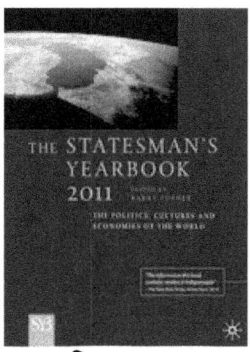

चित्र 2.24

(ख) **राष्ट्रीय वार्षिकी**–किसी एक देश की अद्यतन राजनीतिक, अर्थव्यवस्था व सामाजिक लेखा-जोखा संबंधी विवरण प्रदान कराती है। राष्ट्रीय वार्षिकी ज़्यादातर उस देश की अपनी सरकार द्वारा संकलित होती हैं तथा विश्वसनीय एवं प्रमाणिक मानी जाती है। उदाहरण के लिए, इंडिया–**ए रिफ्रेन्स ऐनुअल**, 56th संस्करण, प्रकाशन विभाग, सूचना एवं प्रसारण मंत्रालय, भारत सरकार द्वारा प्रकाशित एक राष्ट्रीय वार्षिकी है। वार्षिकी भारत से संबंधित विभिन्न विषयों पर सूचना उपलब्ध करवाती है, जैसे-अर्थव्यवस्था, ग्रामीण व शहरी विकास, उद्योग व आधारभूत (इन्फ्रास्ट्रक्चर) संरचना, कला व संस्कृति, विज्ञान एवं प्रौद्योगिकी, स्वास्थ्य, रक्षा, जनसंचार आदि। (http://www.publicationsdivistion.nic.in)

चित्र 2.25

(ग) **विषयगत वार्षिकी**–जो वार्षिकी किसी विशिष्ट विषय या विषयों के समूह को समर्पित है, उन्हें विषयगत वार्षिकी कहते है। मैक ग्रा हिल इयरबुक ऑफ साइंस एंड टेक्नोलॉजी-2013 एक विषयगत वार्षिकी है। (चित्र 2.26)

चित्र 2.26

(2) **पंचांग**–पंचांग संदर्भ पुस्तकें हैं आमतौर पर वर्ष में एक बार प्रकाशित होती है तथा इनमें कई प्रकार की सूचनाएँ शामिल होती हैं। पंचांग मूल रूप से महीनों के कैलेंडर हैं। ये ग्रहणों, ग्रहों की गति तथा सूरज, चांद एवं तारों के उदय एवं अस्त होने से परिचित करवाती हैं।

वर्तमान समय में पंचांग में संपूर्ण विश्व के सांख्यिकीय व वर्णनात्मक आंकड़ों को विस्तारपूर्ण संग्रह के रूप में प्रदर्शित करना शामिल है। मुख्यतया शामिल विषयों में भूगोल, सरकार, जनसंख्या के आंकड़े, कृषि, अर्थव्यवस्था व व्यापार, स्वास्थ्य व चिकित्सा, विज्ञान एवं प्रौद्योगिकी, यातायात, खेल, पुरस्कार एवं ईनाम की सूचना उपलब्ध होती है। आजकल पंचांग अधिकतर वार्षिकी की तरह ही हैं। दोनों सांख्यिकीय आंकड़ों के लिए शासकीय स्रोतों पर ही आधारित है। अंतर केवल यह है कि पंचांग खगोलीय आंकड़ों को प्रदर्शित करते हैं, जोकि वार्षिकी में नहीं होते।

पंचांग के उदाहरण–

वर्ल्ड अलमॅनक एंड बुक ऑफ फैक्ट्स 2012, बार्न्स एंड नोबल द्वारा यू.एस.ए. में वार्षिक रूप से प्रकाशित होती है। (चित्र 2.27)

ह्विटेकर्स अलमॅनक 2012, ए एंड सी ब्लैक पब्लिशर्स द्वारा यू. के. में वार्षिक रूप से प्रकाशित होती है।

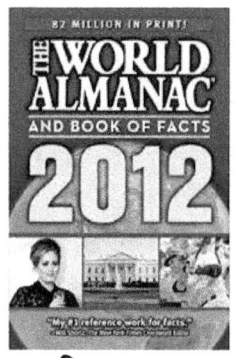

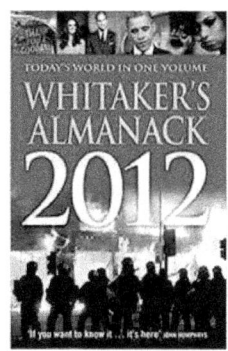

चित्र 2.27

चित्र 2.28

पंचांग के आवरण चित्र

(3) हस्तपुस्तिका–'हैंडबुक' शब्द की उत्पत्ति जर्मन भाषा के शब्द 'हैण्डबक' से हुई है जिसका अर्थ है ऐसी लघु पुस्तक जिसमें उपयोगी तथ्य होते हैं। हस्तपुस्तिका शब्द का मूल अर्थ एक पुस्तक है जो प्रयोग में सुविधाजनक है क्योंकि इसमें उपयोगी तथ्य होते हैं तथा इसे सुविधानुसार ले जाया जा सकता है। परिभाषा में कह सकते हैं कि हस्तपुस्तिका एक संक्षिप्त संदर्भ ग्रंथ है जो विशिष्ट सूचना या प्रकरणों या विषय के बारे में निर्देश प्रदान करती है। **विषयगत हस्तपुस्तिका** मूल रूप से विषय पर संक्षिप्त तथ्यों की सूचना प्रदान करती है। उनका निर्माण आसानी से जानकारी मांगने व शीघ्र उनर प्रदान करने के लिए किया जाता है। उद्योग या प्रयोगशाला में कार्यरत विशेषज्ञों द्वारा हस्तपुस्तिका का भरपूर उपयोग होता है।

सीआरसी प्रेस उपयोक्ताओं के लिए बड़ी संख्या में हस्तपुस्तिकाएँ ला रही है। कुछ के उदाहरण हैं–

हैण्डबुक ऑफ कैमिस्टी एण्ड फिजिक्स: हैंडबुक ऑफ लीपिड बाइलेयर्स।

(http://www.crcpress.com)

(4) निर्देशपुस्तिका–मैनुअल शब्द की उत्पत्ति लेटिन भाषा के शब्द 'मैनुअल्स' से हुई है जिसका अर्थ है मार्गदर्शिका पुस्तक।

नियमपुस्तिका मूलरूप से एक-एक करके निर्देश प्रदान करती है कि किसी कार्य को कैसे किया जाए या किसी मशीन को कैसे चलाया जाए। जब आप किसी घरेलू उपकरण को खरीदते है जैसे टेलिविजन, एअरकंडीशनर (वातानुकूलन का यंत्र), ओवन या मोबाइल फोन, आपको उसके साथ ही निर्देशपुस्तिका उपलब्ध होती है, जो आपको उचित निर्देश देती है कि उस उपकरण का उपयोग कैसे करे। उदाहरण के लिए कुकबुक एक निर्देशपुस्तिका है।

(5) **निर्देशिका**–एक निर्देशिका लोगों व संगठनों के नामों व पतों की सूची है। निर्देशिकाएँ भी ग्रंथालय में सूचना का बहुत महत्त्वपूर्ण स्रोत हैं जिनसे उपभोक्ताओं द्वारा पूछे गए विभिन्न प्रकार के प्रश्नों का उत्तर प्रदान किया जाता है। निर्देशिकाओं को प्रायः दो वर्गों में विभाजित किया जा सकता है–

(क) **सामान्य निर्देशिकाएँ**–टेलीफोन निर्देशिका सामान्य निर्देशिकाओं के वर्ग के अंतर्गत आती है। टेलीफोन निर्देशिका के साथ आप जरूर परिचित होंगे। किसी देश में प्रत्येक शहर की टेलीफोन निर्देशिका होती है जो उपभोक्ताओं के टेलीफोन नंबरों व ग्राहकों के पते के बारे में सूचना प्रदान करती है। ये निर्देशिकाएँ सामान्य तौर पर डाक व तार विभाग द्वारा संकलित की जाती हैं।

(ख) **विशिष्ट निर्देशिकाएँ**–संगठनों की निर्देशिकाओं को विशिष्ट निर्देशिकाएँ कहा जाता है तथा उनको मुख्य तौर पर निम्नलिखित तीन प्रकार के समूहों में बाँटा जा सकता है–

(i) **शैक्षणिक एवं अनुसंधान संस्थाओं की निर्देशिकाएँ**– उच्च शिक्षा एवं ज्ञान सिखाने वाली संस्थाओं की सूची है जैसे विश्वविद्यालय एवं महाविद्यालय। प्रत्येक शैक्षणिक संस्था के अंतर्गत पाठ्यक्रमों के प्रकार एवं उपलब्ध सुविधाओं, योग्यता के मानदंडों, वरिष्ठ कर्मचारियों के नाम आदि की सूचना प्रदान की जाती है। ये निर्देशिकाएँ अंतर्राष्ट्रीय या राष्ट्रीय स्तर की जानकारी देने वाली हो सकती हैं। उदाहरण के लिए, **द यूरोप वर्ल्ड ऑफ**

लर्निंग 2012, 63वां संस्करण, अंतर्राष्ट्रीय निर्देशिका है। यह निर्देशिका मुद्रित व ऑनलाइन स्वरूपों में उपलब्ध है। (http://www.routledge.com)

यूनिर्वर्सिटीज हैण्डबुक, 32वां संस्करण, 2012, दो खंडों में, एसोसिएशन ऑफ इंडियन सूचना स्रोत यूनिर्वसिटीज़ (एआईयू) द्वारा प्रकाशित, एक राष्ट्रीय निर्देशिका है जिसमें भारत के विश्वविद्यालय स्तर की 341 संस्थाओं की सूची है। (http://www.aiuweb.org)

चित्र 2.29

चित्र 2.30

चित्र 2.31

यह निर्देशिका विश्वविद्यालय में उपलब्ध पाठ्यक्रम, उनकी अवधि, पात्रता मानदंड, प्रवेश की अन्तिम तिथि, ग्रंथालय एवं अनुसंधान की सुविधाएँ, छात्रवृति और फेलोशिप, प्रोफेसरों एवं वरिष्ठ स्टाफ के नामों के बारे में जानकारी प्रदान करती है। यह हर दूसरे वर्ष प्रकाशित की जाती हैं।

(ii) **व्यवसायिक निर्देशिकाएँ**—विश्व में ज्ञान के प्रत्येक महत्त्वपूर्ण क्षेत्र में हजारों विद्वत
सोसाइटियों व संघ हैं। इन संघों के सदस्य अपने क्षेत्र में विशिष्ट विद्वान होते है। ये संघ भी निर्देशिकाओं को संकलित करते हैं जिसमें उनके सदस्यों के विवरण की सूची होती है। उदाहरण—द यूनिर्वसिटी ऑफ ऐडिलेड प्रोफेशनल डायरेक्टरी।

(iii) **व्यापारिक व औद्योगिक निर्देशिकाएँ :** व्यापार व उद्योगों के बारे में सूचना प्रदान करती हैं। उदाहरण के लिए, **कोठारी इण्डस्ट्रीयल डायरेक्टरी ऑफ इंडिया,** 40वां संस्करण, 1996, कोठारी इन्टरप्राईज़ द्वारा प्रकाशित।

प्रश्न 9. भौगोलिक सूचना स्रोतों के बारे में विस्तार से समझाइए।

अथवा

भौगोलिक सूचना स्रोतों के विभिन्न प्रकारों की सोदाहरण चर्चा कीजिए। [दिसम्बर-2018, प्र.सं.-2.2]

उत्तर– भौगोलिक सूचना स्रोतों में मानचित्र, भूचित्रावली, ग्लोब, गज़ेटियर्स एवं मार्गदर्शिकाएँ शामिल हैं। ये स्रोत स्थानों, लोगों, नदियों, पर्वतों, जंगलों, झीलों आदि के बारे में सूचना प्रदान करते हैं। उपयोक्ताओं की सूचना आवश्यकताओं को निपटाने के लिए ग्रंथालयों में भौगोलिक सूचना स्रोतों का संदर्भ संग्रह है। यद्यपि अन्य संदर्भ स्रोतों जैसे शब्दकोश, विश्वकोश, वार्षिक पंचांग और सभी स्थानों, लोगों इत्यादि के बारे में भी यह सूचना प्रदान कराते हैं, परंतु वे केवल चयनित एवं महत्त्वपूर्ण स्थानों की जानकारी देते हैं। यह भौगोलिक सूचना स्रोतों के विशेष संग्रह उन्हीं प्रकरणों की ज्यादा विस्तार से जानकारी देते हैं तथा सूचना को शीघ्रता से ढूंढने के लिए विशेषतौर से निर्मित किये जाते है। इस संग्रह को निम्नलिखित तीन प्रकार के स्रोतों में बाँटा जाता है–

(1) मानचित्र, भूचित्रावली एवं ग्लोब–मानचित्र पृथ्वी की सतह या उसके किसी भाग का एक चित्रमय प्रस्तुतीकरण हैं। इनमें देश, नगर, नदी, झील, पर्वत आदि दर्शाये जाते हैं। मानचित्र तारों व ग्रहों की आकाशीय स्थिति को दर्शाने के चित्रण भी हो सकते हैं।

मानचित्रों के प्रकार–मानचित्र कई प्रकार के होते हैं। अधिकतर प्रचलित प्रकार हैं–

(क) **सामान्य संदर्भ मानचित्र–**सामान्य संदर्भ मानचित्र भौगोलिक लक्षणों की विविधता की पहचान और उस स्थान की पहचान बताते हैं, ऐसे मानचित्रों में धरातल के लक्षण, जल सीमाएँ, राजनीतिक सीमाओं, नगर एवं शहर तथा अनेक अन्य तत्त्व शामिल हो सकते हैं।

(i) **राजनीतिक मानचित्र**–जो मानचित्र देशों, राज्यों, महाद्वीपों तथा अन्य राजनीतिक इकाईयों की सीमाओं को चित्रित करते हैं वे राजनीतिक मानचित्र कहलाते हैं।

(ii) **भौतिक मानचित्र**–ऐसे मानचित्र जो धरती के धरातल के भौतिक लक्षणों जैसे पर्वतों, नदियों तथा झीलों इत्यादि को दर्शाते हैं या उनकी अवस्थित दर्शाते हैं उन्हें भौतिक मानचित्र अथवा क्षेत्र का मानचित्र कहते हैं।

(iii) **सड़कों के मानचित्र, गलियों के मानचित्र एवं चार्ट**–कुछ मानचित्र लोगों को एक स्थान से दूसरे स्थान का रास्ता ढूंढने में सहायता करने के लिए निर्मित किए जाते हैं। यह मानचित्र धरती पर, पानी पर या हवा में यात्रा के लिए हैं। विभिन्न श्रेणियों की सड़कों को प्रदर्शित करते हैं, जैसे मोटरमार्ग, चार-लेन या छह लेन वाले मानचित्र सड़क मानचित्र कहलाते हैं। ये मानचित्र नगरों को जोड़ने वाली, चार सड़क या छः लेन वाली सड़कों को भी दर्शाते हैं। वे नगरों, शहरों, पार्कों तथा अन्य स्थानों, जो सड़कों द्वारा जुड़े होते हैं, उन्हें दिखाते हैं। गलियों के मानचित्र सड़क मानचित्र के समान ही होते हैं, परंतु सड़क मानचित्र छोटे क्षेत्र को ज्यादा सूचना स्रोत विस्तार से दिखाते हैं। जो मानचित्र समुद्री जहाजों के नौवहन या वायुयानों के मार्ग ढूंढने के लिए उपयोग में लाये जाते हैं, उन्हें चार्ट कहा जाता है।

सामान्य संदर्भ मानचित्रों का उपयोग लोग विशिष्ट स्थान ढूंढने व अन्य स्थलों की तुलना में उनका स्थान ढूंढने के लिए करते हैं।

(ख) **विषयोन्मुखी मानचित्र**–विषयोन्मुखी मानचित्र विशेष लक्षण के विभाजन को दिर्शाते हैं जैसे जनसंख्या, वर्षा, या प्राकृतिक संसाधन जैसे धरती पर कोयला, पेट्रोल, धातु एवं खनिज। कई विषयोन्मुखी मानचित्र चिन्हों या रंगों के द्वारा परिमाण को व्यक्त करते हैं।

(i) **भूचित्रावली (एटलस)**–जो पुस्तक मानचित्रों के समूह

का संकलन होती है उसे भूचित्रावली एटलस कहते हैं। वृहदाकार भूचित्रावली में प्रत्येक देश के मानचित्र होते हैं।

(ii) **ग्लोब**–ग्लोब एक मानचित्र है जो गोलाकार स्वरूप पर चिपका हुआ या मुद्रित हो सकता है। केवल ग्लोब ही संपूर्ण पृथ्वी का सही चित्रण प्रदर्शित कर सकता है क्योंकि ग्लोब का धरातल पृथ्वी के धरातल की तरह गोलाकार है। ग्लोब पृथ्वी के सभी भागों के धरातल को सही रूप में प्रदर्शित करता है। पृथ्वी की भूविशेषताएँ एवं समुद्र का अनुपात एवं स्थिति एक दूसरे के अनुपात में ग्लोब पर सही रूप में, जैसे वे पृथ्वी पर वास्तव में हैं उसी रूप में हैं, देखी जा सकती हैं।

(iii) **राष्ट्रीय मानचित्र एवं भूचित्रावली**–मानचित्र एवं भूचित्रावलियों की विश्वसनीयता संपादकीय कर्मचारियों व मानचित्रकारों के सुविज्ञ कौशल पर निर्भर करती है। ज्यादातर देशों के पास मानचित्र निर्माण से संबंधित अपनी पर्यवेक्षण एजेंसियाँ (सर्वे एजेंसीज) होती हैं। भारत में, हमारे पास सर्वे ऑफ इंडिया, देहरादून है। यह प्रमुख राष्ट्रीय मानचित्रांकन एजेन्सी नेशनल प्रिंसिपल मैप्पिंग एजेंसी है। यह संगठन भूभौतिकीय मानचित्र एवं वैमानिकीय (एरोनॉटिकल) और चार्टों के उत्पादन के लिए उत्तरदायी है।

नेशनल एटलस एंड थिमैटिक ऑर्गेनाइजेशन ऑफ इंडिया (एन ए टी एम ओ) कोलकाता: भारत के राष्ट्रीय एटलस, विषयोन्मुखी मानचित्रों एवं अंकीय (डिजिटल) मानचित्रों के निर्माण में संलग्न है।

नेशनल एटलस ऑफ इंडिया : इसे हिंदी भाषा में लोकप्रिय **'भारत राष्ट्रीय एटलस'** के नाम से जाना जाता है। **एनएटीएमओ** द्वारा 1952 में सर्वप्रथम प्रकाशित हुआ जिसमें देश के भौतिक एवं सामाजिक संस्कृति के ढांचे का 26 बहुरंगीय मानचित्रों में चित्रण किया गया है।

"भारत राष्ट्रीय एटलस" के संशोधित संस्करण का लक्ष्य 300 बहुरंगीय मानचित्र प्रकाशित करना है तथा यह 8 खंडों में प्रकाशित होगा। इसमें देश की जमीन, लोगों एवं अर्थव्यवस्था के सभी पक्षों को शामिल किया जायेगा। (http://www.natmo.gov.in)

(iv) अंतर्राष्ट्रीय मानचित्र एवं भूचित्रावली–
दि टाइम्स काम्प्रिहैंसिव एटलस ऑफ द वर्ल्ड : 13वां संस्करण, 2011 में प्रकाशित, विश्व की सर्वाधिक सर्वसंपूर्ण व्यापक एटलस है जिसके साथ 200,000 से अधिक स्थानों के नामों की अनुक्रमणिका दी गयी है। यह एटलस भौगोलिक क्षेत्र के कई विशेषज्ञों के योगदान से शुरू हुआ है जिसमें विश्व के मुख्य भौगोलिक केन्द्रिक विषयों पर विस्तारपूर्वक सूचना प्रदान की गयी है जैसे जलवायु परिवर्तन, पर्यावरण संबंधी खतरे, विश्वव्यापी संचार, जैव-विविधता तथा ऊर्जा संसाधनों सहित, इन्हें सहायक मानचित्रों, अद्यतन भौतिक संचार व्यवस्था एवं यहाँ के अन्योन्य व्यक्तियों पर पड़ने वाले प्रभाव को फोटोग्राफ व ग्राफिक के साथ चित्रित किया गया है।

चित्र 2.32 विश्व की व्यापक भूचित्रावली का आवरण चित्र

प्रकाशक ने भूचित्रावली को व्यापक श्रृंखलाओं में प्रकाशित किया है कुछ शीर्षक हैं–

दि टाइम्स कंसाइज़ एटलस ऑफ द वर्ल्ड

दि टाइम्स एटलस ऑफ द वर्ल्ड डेस्कटॉप एडीशन;
दि टाइम्स एटलस ऑफ द वर्ल्ड मिनी एडीशन
(http://www.timesatlas.com)

(2) गज़ेटियर्स–गजेटियर भौगोलिक नामों का शब्दकोश होता है। इसमें स्थानों, समुद्रों, पर्वतों तथा अन्य भौगोलिक स्थितियों के विशिष्ट क्षेत्र सहित, उनका इतिहास, आर्थिक विकास भूगोल तथा लोगों के नामों की सूची है। संदर्भ ग्रंथ के रूप में, गज़ेटियर्स में किसी देश राज्य या ज़िले के इतिहास, सामाजिक, सांस्कृतिक, राजनीतिक, औद्योगिक, जनसांख्यिक तथा प्रशासनिक विवरण उपलब्ध होते है।

समाविष्ट विषय-वस्तु के आधार पर गज़ेटियर को निम्न वर्गों में विभक्त किया जा सकता है–

(क) अंतर्राष्ट्रीय गजेटियर–

मरियम वेबूस्टर्स जियोग्राफिकल डिक्शनरी, 3 संस्करण, एक अंर्तराष्ट्रीय गजेटियर है। जिसमें 54,000 प्रविष्टियों सहित 250 विस्तृत मानचित्र हैं। (चित्र 2.33)

चित्र 2.33 भौगोलिक शब्दकोश

(ख) राष्ट्रीय गज़ेटियर–गज़ेटियर ऑफ इंडिया द इंडियन यूनियन, नई दिल्ली : प्रकाशन प्रभाग, 1965-78, 4 खंडों में प्रकाशित है।

खंड 1 : देश एवं लोग

खंड 2 : इतिहास एवं संस्कृति
खंड 3 : आर्थिक संरचना एवं गतिविधियाँ
खंड 4 : प्रशासन एवं सार्वजनिक घटनाक्रम

(ग) **ज़िला गज़ेटियर**—सिंह, रघुबीर तथा जीत राम, संपादक। **हरियाणा डिस्ट्रिक्ट गज़ेटियर, चंडीगढ़** : हरियाणा गजेटियर आर्गनाइजेशन, 1986

(3) **मार्गदर्शिका पुस्तकें**—मार्गदर्शिका पुस्तकें मुख्य तौर पर यात्रा मार्गदर्शिकाएँ या पर्यटक मार्गदर्शिकाएँ हैं जिनका उद्देश्य उन लोगों को सहायता पहुँचाना है अथवा अपने ही देश में विभिन्न स्थानों या दुनिया के किसी अन्य भाग की यात्रा करना चाहते हैं। मार्गदर्शिका का मुख्य उद्देश्य है पर्यटकों को जब वे किसी विशेष स्थान पर घूमने जाएँगे कैसे पहुँचे, कहाँ ठहरें, क्या देखें तथा क्या खरीदें के बारे में परामर्श देना। यात्रा मार्गदर्शिकाएँ उस शहर या देशों में ऐतिहासिक साइटों, संग्रहालयों, पार्कों तथा अन्य स्थानों के संबंध में सूचना प्रदान कराती हैं। अन्य पक्षों जैसे मार्गों एवं यात्रा सुविधाएँ, घूमने के लिए अच्छा समय, होटल के प्रकार, आरामघर एवं खरीदारी की जगह आदि की जानकारी शामिल रहती है। मानचित्र, व्याख्यात्मक चित्र एवं दूरी की सूचना भी उपलब्ध होती है, जोकि मार्गदर्शिका की उपयोगिता को बढ़ाती है। इसके अतिरिक्त वीसा, धन विनिमय, मौसम आदि की सूचना रहती है जोकि विदेशी पर्यटकों के लिए लाभदायक होती है। आमतौर पर एक मार्गदर्शिका क्षेत्र, देश, नगर की जानकारी देती है।

अधिकतर देशों में सरकार के पर्यटन विभाग हैं जो देश में पर्यटन को बढ़ावा देने के लिए मार्गदर्शिकाएँ छपवाते हैं।

भारत में अधिकतर राज्यों 29 व 7 संघीय क्षेत्रों में प्रदेश पर्यटन विभाग हैं, जो सूचना प्रदान करा रहे हैं तथा पर्यटक मार्गदर्शिकाएँ निकाल रहे हैं। पर्यटन मंत्रालय, भारत एवं अधिकतर राज्य पर्यटन विभागों ने पर्यटकों की सुविधा के लिए अपनी वेबसाइट भी विकसित की हैं। ये साइट पाठकों को अद्यतन सूचना उपलब्ध करवाती हैं। इन साइटों के कुछ निम्नलिखित उदाहरण हैं–

(http://www.incredibleindia.org/
http://www.delhitourismnic.in

अनेक मुद्रित मार्गदर्शिकाएँ भी उपलब्ध हैं। फोडोर्स गाइड बुक्स उनमें से एक लोकप्रिय प्रकाशन है। जिसमें विश्व के अधिकतम देशों तथा कुछ विख्यात शहरों के लिए मार्गदर्शिकाएँ प्रसिद्ध है।

http://www.fodors.com

प्रश्न 10. जीवनचरित्र सूचना स्रोतों पर प्रकाश डालिए।

अथवा

जीवनचरित सूचना स्रोतों विभिन्न प्रकार की सोदाहरण चर्चा कीजिए। [दिसम्बर-2017, प्र.सं.-2.1]

उत्तर– परिभाषा की दृष्टि से एक जीवनी किसी व्यक्ति के जीवन का वृत्तान्त है, जिसे सामान्यत: किसी दूसरे व्यक्ति द्वारा, प्रकाशित करने के उद्देश्य से लिखा जाता है। जीवनचरित स्रोत ऐसे प्रकाशन हैं जिनमें प्रख्यात लोगों के जीवनचरित के विवरण की सूची है। ये ऐसे स्रोत हैं जिनमें विश्व नेताओं, अन्तर्राष्ट्रीय संगठनों में उच्च पद पर आसीन लोगों, खेल, संगीत, नृत्य, अभिनय, कला व अन्य व्यवसायिक क्षेत्रों की तरह विज्ञान व प्रौद्योगिकी, चिकित्सा आदि में उत्कृष्ट प्रदर्शन करने वाले लोगों की जीवनियाँ प्रस्तुत है। जीवनचरित स्रोत एक व्यक्ति की जीवनी या इसमें लोगों के समूहों की जीवनियाँ (सामूहिक जीवनियाँ कहा जाता है।), शामिल हो सकती हैं। किसी पुस्तक में सामूहिक जीवनियाँ होती हैं तो इसे **'जीवनचरित कोश'** भी कहा जाता है। उदाहरण के लिए, **द डिक्शनरी ऑफ इंटरनेशनल बायोग्राफी।**

ऐसे स्रोतों में सूचना के प्रकार की विविधता प्रत्येक प्रविष्टि के लिए तथ्यों पर आधारित संक्षिप्त तथ्यात्मक विवरण के प्रकार से लेकर जीवनी के निबंधात्मक लेख के प्रकार, तक शामिल हैं। कुछ जीवनचरित स्रोत प्रख्यात लोगों के समाज में व्यवसाय या उसकी स्थिति प्रस्तुत करते हैं। ऐसे स्रोतों को **''सामान्य जीवनचरित स्रोत''** कहते हैं। कुछ अन्यों में लोगों की जानकारी एकल विषय क्षेत्र या कुछ अन्य विशेष मानदंडों तक सीमित होती है। ऐसे

जीवनचरित स्रोतों को **विषयगत विशिष्ट जीवनचरित स्रोत** कहा जाता है। पुन: दोहराते हैं सूचना स्रोत कि जीवनचरित्र स्रोत, लोगों की जानकारी पर आधारित स्रोत अंतर्राष्ट्रीय अथवा राष्ट्रीय हो सकता है। कुछ जीवनचरित स्रोत केवल जीवित लोगों की जानकारी प्रदान करते हैं

उदाहरण के लिए, **'हूज हू'**, कुछ केवल जो लोग जीवित नहीं है उनकी जानकारी देते हैं। उदाहरण के लिए, **'हू वॉज हू'** तथा कुछ स्रोत जीवित व मृतक दोनों के विवरण देते हैं। उदाहरण के लिए, **वेब्स्टर्स बायोग्राफिक्ल डिक्शनरी।**

जीवनचरित स्रोतों के कुछ उदाहरण हैं-

जीवनचरितों संबंधी सामान्य स्रोत-अन्तर्राष्ट्रीय-हूज हू इन द वर्ल्ड 2013, 30वाँ संस्करण, को **मैक्विज़ हूज हू** के नाम से जाना जाता है यह एक अमेरिकन प्रकाशन है जो विश्व के प्रमुख प्रभावशाली लोगों की जीवनियाँ प्रस्तुत करता है। प्रत्येक प्रविष्टि में व्यक्तिगत आँकड़े व कैरियर इतिहास, शिक्षा, उपलब्धियों व किसी सोसाइटी की सदस्यता की जानकारी मिलती है। प्रकाशन ऑनलाइन भी उपलब्ध है। (http://www.margnishhos@ho.com)

चित्र 2.34

चित्र 2.35

हूज हू के आवरण चित्र

सामान्य जीवनचरित्र स्रोत-राष्ट्रीय-

इंडिया हूज हू, 31वाँ संस्करण 2010-2011, इनफा (INFA) प्रकाशन द्वारा प्रकाशित है, इसमें समाज के सभी वर्गो से आने वाले 5000 प्रमुख भारतियों की जीवनियाँ हैं जो राजनीतिक प्रशासनिक सेवा, शिक्षा, कला, मनोरंजन व खेल से संबंधित हो सकते हैं। प्रविष्टियाँ व्यवसायो के क्रमानुसार व्यवस्थित हैं।

प्रश्न 11. सांख्यिकीय सूचना स्रोतों की चर्चा उदाहरणों के साथ कीजिए।

उत्तर— पुस्तकालयों में पूछे जाने वाले तथ्यात्मक प्रश्नों के द्वारा प्रश्नकर्त्ता नवीनतम संख्यात्मक सूचना प्राप्त करना चाहता है। सांख्यिकी का संबंध संख्यात्मक तथ्यों अथवा डेटा के संकलन, विश्लेषण तथा व्याख्या से है। यह आवश्यक नहीं है कि सांख्यिकीय प्रकृति के सभी प्रश्न ज्ञानवर्धन एवं व्यापक ज्ञानार्जन के लिए होते हों। प्रश्न किसी प्रकार के निष्कर्ष को प्राप्त करने के लिए हो सकता है अथवा किसी दृष्टिकोण को सिद्ध करने के लिए हो सकता है। अब्दकोशों और निर्देशिकाओं से कुछ सीमा तक किसी-न-किसी प्रकार की सांख्यिकीय सूचना प्राप्त हो सकती है। सामान्य पंचांगों से भी सामान्य प्रश्नों का उत्तर प्रदान किया जा सकता है जो सामयिक और पूर्वव्यापी हो सकते हैं। अतः पंचांग भी बहुत उपयोगी सिद्ध होते हैं और सांख्यिकीय सूचना के प्रमुख साधन होते हैं। लेकिन इन स्रोतों की मुख्य समस्या यह है कि ये द्वितीयक सूचना स्रोत होते हैं और इनमें निहित डेटा एवं संख्यात्मक विवरण दो अथवा तीन वर्ष पुराने होते हैं। इनसे केवल यह लाभ है कि प्राथमिक और मौलिक सूचना स्रोतों की तुलना में इनका उपयोग करना सरल होता है।

एक उत्तम शासन व्यवस्था प्रदान करने के उद्देश्य से प्रत्येक देश की सरकार अनेक प्रकार की विस्तृत सांख्यिकी का संकलन करती है। शासन द्वारा अधिकांशतः जिस सांख्यिकीय सूचना का संग्रह किया जाता है उसे सार्वजनिक सूचना का स्रोत बना दिया जाता है, जैसे—जनगणना प्रतिवेदन, वित्तीय प्रतिवेदन, आयात-निर्यात इत्यादि। अन्य महत्त्वपूर्ण सूचना स्रोतों का उत्पादन अंतर-शासकीय संगठनों द्वारा किया जाता है, जैसे—संयुक्त राष्ट्र, विश्व बैंक, यूनेस्को इत्यादि। इन एजेंसियों द्वारा अनेक शृंखलाओं में अंतर्राष्ट्रीय सांख्यिकीय अब्दकोशों का प्रकाशन किया जाता है जो विश्व की संपूर्ण सांख्यिकीय सूचना प्रदान करते हैं। छोटे-छोटे देशों की सांख्यिकीय सूचना मात्र ऐसे ही प्रकाशनों से प्राप्त हो सकती है।

डेटा या सूचना के संग्रह के लिए अत्यंत विकसित एवं विशिष्ट प्रविधियों के उपयोग के फलस्वरूप आज पर्याप्त उपयोगी एवं अत्यंत विश्वसनीय सांख्यिकीय सूचना उपलब्ध है। सांख्यिकीय सूचना को दो

स्वरूपों में उत्पन्न किया जाता है—गणना तथा सर्वेक्षण। यहाँ यह उल्लेखनीय है कि सांख्यिकी का महत्त्व उसकी सटीकता पर नहीं बल्कि उसकी विश्वसनीयता पर आधारित होता है और यह लगभग या निकटतया सटीक होता है। गणना उस अध्ययन को निर्दिष्ट करती है जहाँ प्रत्येक वस्तु अथवा सभी वस्तुएँ गिनी जाती हैं और मात्र गणना पर ही आधारित होती हैं। जनगणना का अध्ययन किसी देश के सभी पक्षों की सूचना के संग्रह के लिए किया जाता है। प्रत्येक दस वर्षों के बाद इसका संग्रह करने की परिपाटी प्रचलित है। सर्वेक्षण उस अध्ययन को कहते हैं जिसमें मात्र नमूनों का चयन कर अध्ययन किया जाता है। नमूना एक निर्धारित मानदंड के आधार पर सुनिश्चित किया जाता है।

सांख्यिकीय सूचना स्रोतों का उपयोग—सांख्यिकीय सूचना स्रोतों द्वारा निम्नलिखित बातों को सुनिश्चित किया जाता है—

(1) सभी क्षेत्रों की अथवा किसी विशिष्ट क्षेत्र से संबंधित पूर्व निर्मित एवं संकलित सांख्यिकीय तथा संख्यात्मक सूचना की तत्काल प्राप्ति;

(2) सभी प्रकार के विषयों से संबंधित प्रमाणिक डेटा—जिसे सांख्यिकीय विशेषज्ञों द्वारा अधिकृत रूप में संकलित, विश्लेषित, परीक्षित और सत्यापित किया गया होता है—की तत्काल प्राप्ति;

(3) जन्म, मरण, आयु, समूह, लिंग, शिक्षा इत्यादि के अनुसार जनसंख्या की सांख्यिकीय सूचना की अविलम्ब प्राप्ति;

(4) विगत शताब्दी, दशकों तथा वर्षों के अनेक पक्षों एवं प्रकरणों के इतिहास की सांख्यिकीय सूचना की शीघ्र प्राप्ति;

(5) विभिन्न देशों के विभिन्न पक्षों की कुछ वर्षों की समयावधि के लिए तुलनात्मक सांख्यिकी।

सांख्यिकीय सूचना किसी भी विषय के ऊपर हो सकती है, जैसे—कृषि, मवेशी, वन, उद्योग, व्यापार, व्यवसाय, पैदावार, आयात-निर्यात, उत्पादन, शिक्षा, वित्तीय स्थिति, परिवहन, प्रति व्यक्ति औसत आय, औसत आयु, ऊर्जा, आवागमन, परिवहन, सिंचाई, भूमि, जनसंख्या, पर्यटन, संविधान, शासन इत्यादि।

सांख्यिकीय सूचना स्रोतों से संबंधित समस्याएँ—किसी भी पुस्तकालय के लिए सांख्यिकीय प्रकाशन उपयोगी होते हैं, लेकिन

सूचना स्रोत के रूप में इनके उपयोग से संबंधित कुछ समस्याएँ भी हैं। ऐसी समस्याएँ निम्नांकित हैं—

(1) ये स्रोत कभी भी अद्यतन नहीं हो पाते—सांख्यिकीय स्रोतों का संकलन समय-साध्य कार्य है क्योंकि आँकड़ों के संकलन, प्रक्रियाकरण तथा उन्हें सार्थक एवं उपयोगी रूप में प्रस्तुत करने में बहुत अधिक समय लगता है। अतः इनके प्रकाशन में दो-तीन वर्ष का समय लग जाता है।

लेकिन इलेक्ट्रॉनिक साधनों का उपयोग कर समय की समस्या को कुछ सीमा तक कम कर दिया गया है। इससे प्रकाशन कार्य में तेजी आती है। फिर भी, नवीन संख्यात्मक विवरण सदा सुलभ नहीं हो पाते।

(2) दी गई सांख्यिकी उपयोक्ता की आवश्यकताओं के अनुरूप नहीं भी हो सकती है—सांख्यिकी को जिस प्रकार से प्रस्तुत किया गया है वह उस स्वरूप में नहीं हो सकती है जिस स्वरूप में उपयोक्ता को उसकी आवश्यकता होती है। अतः इसके परिणामस्वरूप उपयोक्ता को अन्य स्रोतों का अवलोकन करना पड़ता है अथवा अपने उद्देश्य की पूर्ति के लिए सांख्यिकी की पुनर्गणना करने की आवश्यकता होती है।

(3) बोधगम्यता की कठिनाई—यदि उपयोक्ता को Base number, ratio, median, arithmetic mean इत्यादि आधारभूत पदों का ज्ञान नहीं हो तो दिए गए आँकड़े उसके लिए बोधगम्य नहीं हो सकते। परिणामतः संदर्भ पुस्तकालयाध्यक्षों को इनकी व्याख्या करनी पड़ती है और उत्तर देने के लिए सारणियों और सांख्यिकी का अवलोकन करना पड़ता है।

(4) सांख्यिकी की अनुपलब्धता—जिस क्षेत्र विशेष पर उपयोक्ता को सांख्यिकीय सूचना की आवश्यकता होती है वह कभी-कभी सुलभ नहीं भी हो सकती है। कारण यह है कि सभी प्रकरणों और क्षेत्रों से संबंधित डेटा का संग्रह संभव नहीं होता। अतः हर समय हर विषय पर तैयार आँकड़े उपलब्ध नहीं होते।

(5) अन्य कारण—इसके अतिरिक्त कभी-कभी संकलित आँकड़े भी अनेक कारणों से समयानुसार उपलब्ध नहीं हो सकते। ये कारण

हैं—व्यक्तिगत गोपनीयता, वाणिज्यिक गोपनीयता, राज्य सुरक्षा इत्यादि। सांख्यिकीय प्रकाशनों की कीमत अधिक होने के कारण भी बहुत से पुस्तकालयों में उनका क्रय करना संभव नहीं हो पाता है।

सांख्यिकीय सूचना स्रोतों के संकलन की समस्याएँ हो सकती हैं। लेकिन पुस्तकालयाध्यक्षों का यह दायित्व होता है कि उपयोक्ताओं की आवश्यकताओं की पूर्ति की जाए।

सांख्यिकी सूचना स्रोतों के प्रकार—सांख्यिकी वस्तुतः गणित का एक विशिष्ट विषय है जिसमें संख्यात्मक डेटा का संकलन एवं विश्लेषण किया जाता है। आमतौर पर सभी प्रकार के त्वरित संदर्भ स्रोतों में भी सामान्यतया सांख्यिकीय सूचना अवश्य होती है। जैसे—सामान्य अब्दकोशों, पंचांगों, निर्देशिकाओं, विश्वकोशों, गजेटियरों और मानचित्रावलियों में। लेकिन सटीकता एवं विश्वसनीयता इत्यादि की दृष्टि से सांख्यिकीय स्रोतों की तुलना उनसे नहीं की जा सकती है। सांख्यिकीय सूचना स्रोतों को निम्नांकित समूहों में श्रेणीबद्ध करने का प्रयास किया गया है—

(1) कोश एवं विश्वकोश;
(2) अब्दकोश, निर्देशिकाएँ तथा मानचित्रावलियाँ;
(3) शासकीय प्रतिवेदन; तथा
(4) विशिष्ट सांख्यिकीय स्रोत।

सांख्यिकीय स्रोतों की गणना "प्राथमिक स्रोतों" की श्रेणी में की जाती है। कोई व्यक्ति भी विशेष रूप से व्यक्तिगत प्रयासों द्वारा डेटा अथवा संख्यात्मक सूचना का संग्रह अपनी आवश्यकता की पूर्ति के लिए कर सकता है। परंतु स्थानीय स्तर से लेकर राष्ट्रीय स्तर तक की सरकारें सांख्यिकीय डेटा उपलब्ध कराने वाली प्राथमिक स्रोत होती हैं। अतः सांख्यिकीय स्रोतों को विभिन्न दृष्टिकोणों से श्रेणीबद्ध किया जा सकता है—(1) डेटा के प्रस्तुतीकरण का स्वरूप—(क) सारणीबद्ध डेटा शृंखला, (ख) बार चार्ट अथवा (ग) मानचित्र। (2) क्षेत्र विशेष से संबंधित डेटा का प्रस्तुतीकरण—(क) स्थानीय, (ख) राष्ट्रीय, (ग) अंतर्राष्ट्रीय।

प्रकाशन की योजना के अनुसार भी सांख्यिकीय सूचना की दो कोटियाँ हो सकती हैं—(1) तदर्थ अथवा (2) समयावधि आधारित, जैसे—साप्ताहिक, मासिक, वार्षिक अथवा पंचवर्षीय।

सुविधा की दृष्टि से सांख्यिकी सूचना स्रोतों की निम्नलिखित श्रेणियाँ बताई गई हैं–

(1) राष्ट्रीय सूचना स्रोत–

(क) धारावाहिक प्रकाशन– *Statistical Abstract of India.* New Delhi: Central Statistical Organisation. New Series: 1950 (Annual)

सन् 1863 से जिस सांख्यिकीय धारावाहिक प्रकाशन को *Statistical Abstracts of British India* की आख्या से मूलतः प्रकाशित किया जा रहा था, उसे समाप्त कर अब वर्तमान आख्या से प्रकाशित किया जा रहा है। इसमें विभिन्न प्रकरणों पर सांख्यिकी दी जाती है, जैसे–क्षेत्रफल, जनसंख्या, जलवायु, सामाजिक स्थिति, श्रम एवं रोजगार, कृषि, उत्पादन, सिंचाई, पशुपालन, वानिकी, उद्योग, व्यापार एवं वाणिज्य, राष्ट्रीय आय तथा व्यय, बैंकिंग, बीमा, आयात-निर्यात, शिक्षा, कीमतें इत्यादि। इसमें 250 सारणियाँ दी गई हैं। अखिल भारतीय समय श्रृंखला में सामान्यतः दस वर्ष की अवधि की सूचना सम्मिलित की जाती है।

Annual Abstract of Statistics. London: Central Statistical Office, HMSO, 1946 (Annual)

यह सन् 1840 से 1853 तक प्रकाशित *Statistical Abstracts* का परवर्ती संस्करण है। इसमें ब्रिटेन की सांख्यिकी की सूचना दी जाती है। इसमें निहित सांख्यिकीय डेटा 18 अध्यायों में विभक्त एवं व्यवस्थित है जिसमें प्रायः उन सभी विषयों की सूचना सम्मिलित की जाती है जिनका उल्लेख उपरिलिखित *'स्टेटिस्टिकल एब्सट्रैक्ट ऑफ इंडिया'* के अंतर्गत किया गया है।

Statistical Abstracts of the United States. Washington: US Government Printing Office, 1878 (Annual)

इसके 1993 के खंड में 1500 सारणियों और चार्टों में डेटा को प्रस्तुत किया गया है जिन्हें 31 वर्गों में विभक्त

किया गया है। इसके अतिरिक्त सात परिशिष्टों, सांख्यिकीय स्रोतों की निर्देशिका, सांख्यिकीय विधियों एवं विश्वसनीयता के परिशिष्ट दिए गए हैं। इसका विषय क्षेत्र भी प्राय: *स्टेटिस्टिकल एब्सट्रैक्ट ऑफ इंडिया* की भाँति है।

भारत में प्रकाशित अन्य विशिष्ट सांख्यिकीय संकलनों में निम्नलिखित प्रमुख हैं–

Indian Labour Statistics, Shimla: The Labour Bureau, 1959 (Annual); *Education in India.* New Delhi: Ministry of Human Resource Development 1947-48 (Annual); *Family Welfare Programme in India-Yearbook.* New Delhi: Dept. of Family Welfare, 1972-73 (Annual); *Health Statistics of India.* Directorate General of Health Services: New Delhi, 1951 (Annual); *Research and Development Statistics,* Dept. of Science and Technology, 1973-74 (Annual)

सेंट्रल स्टेटिस्टिकल ऑर्गेनाइजेशन (Central Statistical Organisation) के अतिरिक्त भारत में Office of the Registrar General and Census Commissioner जनसंख्या से संबंधित सूचना का संग्रह, संकलन और प्रकाशन करते हैं। जनसंख्या के डेटा को प्रत्येक दस वर्ष पर संकलित किया जाता है जिसे 1881 में प्रारंभ किया गया था। भारत की जनगणना (Census of India) का प्रतिवेदन प्रत्येक दस वर्षों में तैयार किया जाता है और उसे संपूर्ण भारत के लिए राष्ट्रीय स्तर पर और सभी राज्यों के स्तर पर भी प्रकाशित किया जाता है। प्रत्येक जनपद के लिए जनगणना हैंडबुकों का भी प्रकाशन किया जाता है। प्रत्येक राज्य की जनगणना की मानचित्रावली का भी प्रकाशन किया जाता है। *The Census Atlas, India, 1981* (New Delhi 1988) में 93 प्लेट, सांख्यिकीय सारणियाँ और डायग्राम हैं।

(ख) **तदर्थ प्रकाशन**—तदर्थ सांख्यिकीय सूचना स्रोतों का प्रकाशन विशिष्ट विषयों पर किया जाता है। ये नियमित धारावाहिक प्रकाशन हैं और इनका संकलन समेकित विवरण को प्रदान करने के लिए किया जाता है।

Women in India: A Statistical Profile. New Delhi: Dept. of Social Welfare, 1978.

इसमें 12 व्यापक विषय शीर्षकों पर सांख्यिकी प्रदान की गई है, जैसे—जनांकिकी, जन्म-मरण सांख्यिकी, स्वास्थ्य एवं परिवार कल्याण, शिक्षा, रोजगार, राजनीतिक सहभागिता, योजना, महिला कल्याण, विकलांग कल्याण, सामाजिक प्रतिरक्षा, सामाजिक कार्य, शिक्षण एवं प्रशिक्षण।

(2) **अंतर्राष्ट्रीय सूचना स्रोत—**

(क) **धारावाहिक प्रकाशन**—*UNESCO Statistical Yearbook.* Paris: UNESCO Statistical Office, 1949 (Annual)

इस अब्दकोश का प्रकाशन 1949 से किया जा रहा है। इसमें शिक्षा, विज्ञान, प्रौद्योगिकी, पुस्तकालय, पुस्तक उत्पादन, समाचार-पत्र, पत्रिकाएँ, सांस्कृतिक आलेख, फिल्म, सिनेमा, प्रसारण, मुद्रित सामग्री का अंतर्राष्ट्रीय व्यापार, सांस्कृतिक धरोहर इत्यादि पर आँकड़े उपलब्ध हैं। सन् 1993 के संस्करण में सात परिशिष्ट दिए गए हैं। एक परिशिष्ट में यूनेस्को द्वारा प्रकाशित सभी सांख्यिकीय प्रकाशनों की तालिका दी गई है। प्रत्येक भाग के आरंभ में, भाग में दी गई सूचना का उल्लेख है।

U.N. Statistical Yearbook. New York: United Nations, 1949 (Annual)

विश्व, राष्ट्रीय और क्षेत्रीय स्तरों के सामाजिक-आर्थिक विकास के विश्लेषण के लिए अंतर्राष्ट्रीय स्तर पर तुलनात्मक डेटा का यह एक अति बृहत् सांख्यिकीय स्रोत है। कई स्थान पर दस वर्षीय डेटा भी दिया गया है। सारणियों को तीन भागों में समूहबद्ध किया गया है—(i) विश्व सारांश,

(ii) सामान्य सामाजिक-आर्थिक सांख्यिकी, तथा (iii) मूल आर्थिक क्रियाकलापों की सांख्यिकी। प्रत्येक वर्ष कुछ सारणियों को समाप्त कर दिया जाता है और नवीन सारणियों को सम्मिलित किया जाता है। इसके प्राक्कथन में इन परिवर्तनों की सूचना का संकेत दिया जाता है। सन् 1996 से संयुक्त राष्ट्र संघ द्वारा सांख्यिकी की पॉकेट बुक (*Statistical Pocket Books*) का भी प्रकाशन किया जा रहा है। इसमें सभी सदस्य राष्ट्रों का मूल डेटा दिया जाता है।

U.N. Demographic Yearbook. New York: UN Department of International Economic and Social Affairs, 1948 (Annual)

अंतर्राष्ट्रीय जनांकिकीय सांख्यिकी का यह एक बृहत् संकलन है जिसमें 150 प्रारंभिक पृष्ठों में आँकड़ों से संबंधित तकनीकी टिप्पणियाँ दी गई हैं। इसके पश्चात् जनसंख्या की विस्तृत सारणियाँ, वृद्धि की दर, आयु तथा लिंग वर्ग का वितरण, जन्म-मरण की सांख्यिकी इत्यादि को प्रदान किया गया है। प्रत्येक खंड में एक विशिष्ट सारणी दी गई है। सन् 1990 के खंड में राष्ट्रीयता, मृत्यु का तथ्यात्मक विवरण, तलाक, संपत्ति के अनुसार जनसंख्या तथा पारिवारिक संरचना की सारणियाँ प्रदान की गई हैं। संयुक्त राष्ट्र संघ की अन्य एजेंसियाँ–FAO, ILO, IMF इत्यादि अनेक धारावाहिक सांख्यिकीय प्रकाशनों का प्रकाशन करती हैं जो विशिष्ट विषयों से संबंधित होती हैं। जैसे–अंतर्राष्ट्रीय व्यापार सांख्यिकी, अब्दकोश, श्रम सांख्यिकीय अब्दकोश, उत्पादन अब्दकोश इत्यादि। कुछ वार्षिकी प्रकाशन 1945 से चले आ रहे हैं जिन्हें 1945 तक लीग ऑफ नेशंस (League of Nations) प्रकाशित करता था।

(ख) **तदर्थ सूचना स्रोत**–*An International Survey of Book Production during the Last Decades.* Paris: UNESCO, 1982.

Statistics of Education Attainment and Illiteracy, 1970-1980. Paris: UNESCO, 1983.

World Tables, 1991/The World Bank. 6th ed. Baltimore: Johns Hopkins University for World Bank, 1991.

इसका प्रथम संस्करण 1971 में प्रकाशित किया गया था। यह आर्थिक एवं सामाजिक कालक्रमिक डेटा का संग्रह है। इसमें 1950 से सभी देशों के लिए आँकड़े दिए गए हैं। देश से संबंधित पृष्ठों में राष्ट्रीय लेखा के आँकड़े, विदेशी व्यापार, बाह्य ऋण, मैनुफैक्चरिंग (Manufacturing), मुद्रा तथा आर्थिक सामाजिक सूचकांक इत्यादि की सांख्यिकी प्रदान की गई है।

Social Indicators of Development/The World Bank. Baltimore: Johns Hopkins Press for the World Bank, 1988.

इसमें विश्व बैंक देशों अथवा शिक्षा, स्वास्थ्य, पोषण इत्यादि से विशेष रूप से संबंधित एजेंसियों द्वारा संकलित सांख्यिकीय तथा जनांकिकीय आँकड़े प्रस्तुत किए गए हैं।

(3) **मानचित्रों के रूप में सांख्यिकीय सूचना स्रोत**—सांख्यिकीय सूचना स्रोतों का प्रकाशन मानचित्रों के रूप में भी किया जाता है जो पृथक्-पृथक् पृष्ठों अथवा मानचित्रावलियों के रूप में हो सकते हैं। ऐसे स्रोतों के कुछ उदाहरण निम्नलिखित हैं–

Atlas of the Child in India/Moonis Raza and Sudesh Nangia. New Delhi: Concept, 1986.

मुख्यत: बाल जनसंख्या की सांख्यिकी प्रदान करने के लिए इसको तैयार किया गया है जिसमें 116 विषय मानचित्र (152 पृष्ठ) हैं जिनसे बाल जनसंख्या के चार पक्षों की सूचना प्राप्त होती है–जनांकिकीय विशेषताएँ; कार्यबल, साक्षरता एवं शिक्षा तथा स्वास्थ्य; पौष्टिक आहार तथा परिवार नियोजन। इसके आँकड़े 1971 की जनगणना पर आधारित हैं।

Census Atlas: National Volume, 1981. New Delhi: Registrar General and Census Commissioner, 1988.

यह इस शृंखला, जिसे 1961 की जनगणना से प्रारंभ किया गया था, का तीसरा अंक है जो 1981 की जनगणना पर आधारित है। इसमें 93 प्लेट और संक्षिप्त शोध टिप्पणियाँ हैं जो सांख्यिकीय डेटा और डायग्रामों सहित चार भागों में हैं–सामान्य जनांकिकीय स्वरूप एवं प्रवृत्तियाँ; आर्थिक पक्ष; सामाजिक-सांस्कृतिक पक्ष; मूल्यांकन।

An Atlas of Tribal India/by Moonis Raza and Aijazuddin Ahmad, New Delhi: Concept, 1989.

मानचित्रावली के रूप में सांख्यिकीय डेटा प्रदान करने वाला यह एक अन्य उदाहरण है।

सांख्यिकीय सूचना स्रोतों के ग्रंथसूचीपरक स्रोत–किसी भी पुस्तकालय में संदर्भ सेवा के लिए सांख्यिकीय सूचना स्रोतों के संकलन के निर्माण हेतु इसकी ग्रंथसूची से संबंधित स्रोतों की भी जानकारी उपादेय होती है। इनके कुछ उदाहरण निम्नलिखित हैं–

(1) *Source Book of Global Statistics*/George Thomas Kurian, New York: Facts on File, 1985.

इसमें शासकीय अथवा निजी एजेंसियों द्वारा जारी किए गए 200 से अधिक सांख्यिकीय स्रोतों की सूचना दी गई है। इसे अद्यतन करने की आवश्यकता है।

(2) *Statistical Sources.* Detroit: Gale, 1962. इसका 10वाँ संस्करण 1986 में प्रकाशित किया गया था। यह एक वार्षिक प्रकाशन है। इसमें अमेरिकन स्रोतों को अधिक सम्मिलित किया गया है। साथ ही अन्य देशों के संख्यात्मक आँकड़ों के स्रोतों को भी सम्मिलित किया गया है।

(3) *Index to International Statistics: A Guide to Statistical Publications of International Intergovernment Organisations.* Washington: Congressional Information Service. Vol. 1. No. 1 Jan. 1983. Monthly with quarterly and annual cumulation.

प्रश्न 12. सामयिक घटनाओं से संबंधित संदर्भ स्रोतों में प्रकारों का विस्तारपूर्वक वर्णन कीजिए।

अथवा

सामयिक सूचना स्रोत पर संक्षिप्त टिप्पणी लिखिए।
[दिसम्बर-2017, प्र.सं.-5 (ख)]

उत्तर– सामयिक घटनाओं की गतिविधियों से खुद को रू-ब-रू रखना वर्तमान की आवश्यकता बन गई है। आज व्यक्ति अपने आस-पास होने वाली विशेष अथवा आम गतिविधियों की जानकारी प्राप्त करना चाहता है। पुस्तकालयों में इनकी माँग रोज ही होती है। साधारणत: सामयिक घटनाओं से संबंधित प्रश्न बहुत ही सामान्य लगते हैं किंतु इनका उत्तर प्रदान करना बहुत कठिन कार्य है। सामयिक घटनाओं के लिए निम्न प्रकार के सूचना स्रोतों को उपयोगी माना जाता है–

(1) समाचार-पत्रों की अनुक्रमणिकाएँ–समाचार-पत्रों की अनुक्रमणिकाएँ दैनिक समाचार-पत्रों में प्रकाशित समाचार की सूचना प्रस्तुत करती हैं। विशेषकर सामयिक घटनाओं की जानकारी और मूल सूचना की जानकारी प्राप्त करने में इन अनुक्रमणिकाओं के उपयोग से समय की बचत होती है। पाश्चात्य देशों में सूचना सेवा को अत्यंत महत्त्वपूर्ण माना जाता है। वहाँ कुछ समाचार-पत्रों ने ऐसी सेवाएँ प्रारंभ की हैं। भारत में भी समाचार-पत्रों के इस पक्ष का अनुभव किया गया है और पुस्तकालय संघों एवं प्रमुख प्रकाशन गृहों द्वारा ऐसी सेवाओं का प्रकाशन प्रारंभ किया गया है।

सामयिक घटनाओं जैसे नीति की घोषणाएँ, अभिमत संग्रह, सामाजिक-आर्थिक विकास, परिवर्तन, मुद्रास्फीति, सामयिक घटनाओं एवं परिवर्तनों के प्रति जन अभिमत इत्यादि से संबंधित समाचार अखबारों में प्रकाशित होते हैं। कुछ दिनों, सप्ताहों या महीनों पहले प्रकाशित किसी समाचार को समाचार-पत्रों में से ढूँढ़ना एक समय-साध्य कार्य है, क्योंकि न तो प्रश्नकर्त्ता को न ही पुस्तकालयाध्यक्ष को संबंधित समाचार-पत्र का नाम या समाचार के प्रकाशन की तिथि याद होती है। फलस्वरूप, समाचार-पत्रों को एक-एक कर अवलोकन करने की आवश्यकता पड़ती है जो कठिन कार्य तो होता ही है, साथ ही इससे समय भी नष्ट होता है। अत: समाचार-पत्रों की अनुक्रमणिकाएँ इस दिशा में वरदान सिद्ध होती हैं। इनसे संदर्भ पुस्तकालयाध्यक्ष को बड़ी सहायता प्राप्त होती है और संबंधित समाचार को बड़ी सरलता से खोज कर वह वांछित सूचना प्रदान कर सकता है। इस प्रकार सामयिक घटनाओं के लिए समाचार-पत्रों की अनुक्रमणिकाएँ अत्यंत उपयोगी सूचना स्रोत का कार्य करती हैं।

इस प्रकार की अनुक्रमणिकाएँ दो प्रकार की होती हैं—
(क) एक ही समाचार-पत्र की अनुक्रमणीकरण सेवा—
(i) *The New York Times Index.* New York: New York Times, 1851 Semi-monthly with quarterly annual cumulations.

यह 1913-1929 की अवधि में त्रैमासिक खंड के रूप में प्रकाशित की जाती थी। सन् 1930 से मासिक अनुक्रमणीकरण सेवा के रूप में एकमात्र वार्षिक संचयी खंड सहित इसका प्रकाशन किया जाता था। सन् 1931-47 की अवधि में मासिक प्रकाशन एवं वार्षिक संचयी खंड के साथ इसका प्रकाशन होता था। सन् 1978 के बाद प्रथम तीन त्रैमासिक अवधि के अंकों को त्रैमासिक प्रकाशन के रूप में तथा चौथे त्रैमासिक अंक को वार्षिक संचयी अंक के साथ सम्मिलित कर प्रकाशित किया जाता है। समाचार-पत्रों की अनुक्रमणिकाओं में विश्व में यह अनुक्रमणिका सर्वोत्तम मानी जाती है और सर्वाधिक लोकप्रिय है। इसका समावेश विस्तृत एवं पूर्ण होता है। राष्ट्रीय एवं अंतर्राष्ट्रीय स्तर की जितनी भी महत्त्वपूर्ण घटनाएँ होती हैं और जो *न्यूयॉर्क टाइम्स* में प्रकाशित की जाती हैं उनका पूर्ण अभिगम यह अनुक्रमणिका प्रदान करती है। इसकी प्रत्येक प्रविष्टि में समाचार के संक्षिप्त सार को सम्मिलित किया जाता है। जो कोई भी उपयोक्ता किसी तथ्य की जानकारी प्राप्त करना चाहता है, जैसे—किसी अधिकारी का नाम, घटना की तिथि अथवा किसी नाटक की आख्या इत्यादि वह इस अनुक्रमणिका से वांछित सूचना तत्काल प्राप्त कर सकता है। इसका व्यवस्थापन वर्णानुक्रम में शब्दकोश की भाँति किया जाता है और साथ ही नामों तथा संबद्ध प्रकरणों के लिए पर्याप्त संख्या में प्रतिनिर्देशी संलेख दिए जाते हैं। घटनाओं का व्यवस्थापन दिनांक के अनुसार प्रत्येक मुख्य शीर्षक के अंतर्गत किया जाता है।

संचयी अनुक्रमणिकाओं, जिन्हें प्रत्येक त्रैमासिक और वार्षिक अवधि में प्रकाशित किया जाता है, के द्वारा किसी भी घटना की सूचना को खोजने में समय नष्ट नहीं होता है। इस प्रकार आसानी से वांछित सूचना प्राप्त हो जाती है। लेकिन अर्धमासिक अंकों के प्रकाशन में दो-तीन महीने की अवधि का विलम्ब हो जाता है।

ऑनलाइन खोज के लिए भी यह अनुक्रमणिका उपलब्ध है जिसे *न्यूयॉर्क टाइम्स इंफॉर्मेशन बैंक* (New York Times Information Bank) कहते हैं। इस ऑनलाइन सेवा सामग्री को प्रत्येक सप्ताह अद्यतन किया जाता है और सामयिक शीर्ष पंक्तियों को प्रत्येक 24 घंटे में अद्यतन किया जाता है।

यह माइक्रोफिल्म के रूप में भी उपलब्ध है जिसे प्रत्येक महीने अद्यतन किया जाता है। इन सेवाओं पर अत्यधिक धनराशि का व्यय होता है।

(ii) *The Time Index. Reading,* Eng.: Newspaper Archive Developments, 1906.

इस अनुक्रमणिका का प्रारंभ टाइम्स, लंदन द्वारा 1906 में किया गया था। इसकी आख्या और समयावधि बदलती रहती है। जैसे–1906-13 के दौरान *The Annual Index* की आख्या से, 1914-1957 के दौरान *The Official Index* की आख्या से तथा 1958-77 के दौरान तक *The Index to The Times* की आख्या से इसका प्रकाशन होता था। एक मासिका सेवा के रूप में *The Time Index* की आख्या से इसका प्रकाशन 1977 से प्रारंभ किया गया। इसका वार्षिक संचयी खंड भी प्रकाशित किया जाता है। टाइम्स द्वारा अधिकृत अनुक्रमणीकरण सेवा को 1906 में प्रारंभ किया गया। इसके पूर्व इसका प्रकाशन स्वतंत्र रूप से *Palmer's Index to The Times* आख्या के अंतर्गत किया जाता था। तब यह अनुक्रमणिका अत्यंत चयनात्मक थी। यह अनुक्रमणीकरण सेवा 1790 से 1941 तक

चलती रही, यद्यपि टाइम्स ने अपनी अधिकृत अनुक्रमणीकरण सेवा सन् 1906 में ही आरंभ कर दी थी।

टाइम्स, लंदन द्वारा 1906 से प्रकाशित अनुक्रमणिका तुलनात्मक दृष्टि से अधिक उत्तम है। इस सेवा के अंतर्गत संक्षिप्त सार प्रस्तुत किए जाते हैं जिसमें दिनांक, तथ्य एवं अन्य विवरण प्रदान किए जाते हैं जो त्वरित संदर्भ सेवा के लिए पर्याप्त है। उपयोक्ताओं को समाचार-पत्र के संबंधित अंक का अवलोकन करने की आवश्यकता नहीं होती है। सन् 1974 से *टाइम्स इंडेक्स* (*Times Index*) में उसी अनुक्रम में *Sunday Times, The Times Literary Supplement, The Times Educational Supplement* तथा *The Times Higher Education Supplement* के समाचारों को अनुक्रमणीबद्ध किया जाता है। सन् 1977 से इस अनुक्रमणिका को मासिक प्रकाशन के रूप में प्रकाशित किया जा रहा है। साथ ही इसका वार्षिक संचयी खंड भी प्रकाशित किया जाता है जो माइक्रोफिल्म के रूप में भी उपलब्ध है।

Palmer's Index के 65 खंडों में सन् 1905 की अवधि में प्रकाशित *टाइम्स* (*Times*) की अनुक्रमणिका दी गई है। Kraus Reprint Services ने 1906-1967 के वर्षों के लिए 118 खंडों का प्रकाशन किया है। इसके बाद के खंडों को भी प्रकाशित किया गया है।

दो प्रमुख समाचार-पत्रों *Le Monde* (Paris) तथा *The Guardian* (London) की भी अपनी अनुक्रमणिकाएँ हैं। लेकिन इनका प्रकाशन अन्य एजेंसियाँ करती हैं। समाचार-पत्रों की अनुक्रमणिकाओं के प्रकाशन का प्रयास भारत में भी किया गया है, जैसे–

Index to the Times of India (Bombay) इसका प्रकाशन बंद हो गया है। लेकिन *The Hindu* (Madras) की अनुक्रमणिका प्रकाशित की जाती है।

(ख) **एक से अधिक समाचार-पत्रों को समाहित करने वाली अनुक्रमणीकरण सेवाएँ–**

(i) *Canadian News Index*, V.1 - 1977. Toronto: Micro Media, 1977.

यह एक मासिक अनुक्रमणीकरण सेवा है जिसका वार्षिक संचयी खंड भी प्रकाशित किया जाता है। इसका प्रकाशन 1977 में (V.1. 1977) टोरंटो से माइक्रोमीडिया द्वारा *Canadian Newspaper Index* की आख्या से मासिक प्रकाशन के रूप में प्रारंभ हुआ। सन् 1979 में इसकी आख्या को परिवर्तित कर दिया गया जो अब प्रचलित है। पहले इसमें पाँच समाचार-पत्रों को सम्मिलित किया गया था। लेकिन अब 30 समाचार-पत्रों और कनाडा से प्रकाशित पत्र-पत्रिकाओं को इसमें अनुक्रमणीबद्ध किया जाता है। यह ऑनलाइन खोज के लिए भी सुलभ है।

(ii) *National Newspaper Index*, 1979. Los Altos, Calif: Information Access Corporation, 1979. Microfilm, Monthly.

प्रारंभ में यह मात्र तीन अमेरिकी समाचार-पत्रों– *The New York Times, The Christian Science Monitor* rFkk *The Wall Street Journal* की अनुक्रमणिका थी–लेकिन 1982 से इसमें *Los Angeles Times* rFkk *Washington Post* को भी अनुक्रमणीबद्ध किया जा रहा है। इसे प्रतिमाह अद्यतन किया जाता है। प्रत्येक अंक को पूर्णत: संचयी किया जाता है। इसका वार्षिक शुल्क संबंधित पुस्तकालय के पुस्तक बजट के अनुपात में घटाया बढ़ाया जाता है। *News Search Service* के माध्यम से यह ऑनलाइन खोज सेवा के लिए भी उपलब्ध है।

(iii) *Newspaper Abstracts on Disc* (Computer file). Louisville, KY.: UMI/Data Courier, 1985.

सीडी-रोम स्वरूप में तथा DIALOG के माध्यम से

ऑनलाइन, दोनों प्रकार से यह सेवा सुलभ है। इस अनुक्रमणिका में *Atlanto Constitution, Boston Globe, Chicago Tribune, Christian Science Monitor, Los Angeles Times, The Wall Street Journal, The New York Times* तथा *Washington Post* की अनुक्रमणिका दी जाती है। लेकिन खोजने का क्षेत्र समाचार-पत्र की आख्या, शीर्ष पंक्तियाँ, सारांश, उप-शीर्ष पंक्तियाँ, विषय शीर्षकों के अनुसार ही सुलभ है।

(iv) *Indian Press Index* (Delhi) and *Indian News Index* में भी समाचार-पत्रों को अनुक्रमणीबद्ध करने का प्रशंसनीय प्रयास किया गया था। भारतीय समाचार-पत्रों की सूचना सेवा की दृष्टि से इनकी उपयोगिता थी। लेकिन आवश्यक समर्थन के अभाव में इनका प्रकाशन बंद हो गया।

(2) **समाचार सारांश एवं समाचार डाइजेस्ट**—सामयिक घटनाओं से संबंधित प्रश्नों का उत्तर प्रदान करने के लिए संदर्भ पुस्तकालयाध्यक्ष को प्रायः इन संदर्भ स्रोतों को निर्दिष्ट करना पड़ता है। समाचार सारांश/समाचार डाइजेस्ट भी वस्तुतः समाचार अनुक्रमणिकाएँ ही हैं। लेकिन दोनों में अंतर यह है कि सारांश/डाइजेस्ट में ग्रंथपरक तथा अवस्थितिपरक विवरण के अतिरिक्त समाचारों के संक्षिप्त सारांश भी दिए गए होते हैं। इस दृष्टि से समाचार-पत्रों की अनुक्रमणिका से समाचार डाइजेस्ट एवं समाचार सारांश भिन्न होते हैं। समाचार सारांश/समाचार डाइजेस्ट में, बिना समाचार-पत्र को देखे भी, उपयोक्ता को संबंधित प्रकरण पर संक्षिप्त सूचना प्राप्त हो जाती है। लेकिन संबंधित घटना/प्रकरण का तथ्यात्मक और संक्षिप्त सारांश मात्र ही इससे ज्ञात हो सकता है। जिस समाचार-पत्र/समाचार-पत्रों में संबंधित घटना/प्रकरण प्रकाशित होता है उसका उल्लेख भी इसमें किया गया होता है।

इन समाचार डाइजेस्टों का विषय विस्तार अंतर्राष्ट्रीय, राष्ट्रीय, महाद्वीपीय तथा विशिष्ट विषय से भी संबंधित हो सकता है।

(क) **अंतर्राष्ट्रीय समाचार डाइजेस्ट के उदाहरण**—*Keesing's Record of World Events*. London: Keesing's World Wide, LLC, 1931 (Monthly)

पहले (1931-1983 की अवधि में) इसका प्रकाशन *Keesing's Contemporary Archives* की आख्या के अंतर्गत किया जाता था। यह पहले एक साप्ताहिक प्रकाशन था जो अब मासिक प्रकाशन हो गया है। अर्वाचीन इतिहास का यह एक अद्वितीय समकालीन अभिलेख है। सामयिक घटनाओं का यह एक तथ्यात्मक एवं वस्तुनिष्ठ संदर्भ स्रोत है जिसे विश्व के सभी समाचार-पत्रों और सूचना स्रोतों का विधिवत् निरीक्षण कर तैयार किया जाता है। विश्व के विगत महीने के सभी समाचारों को इसके मासिक अंक में व्यापक रूप से सम्मिलित किया जाता है। प्रत्येक अंक के अंतिम पृष्ठ पर अनुक्रमणिका की एक रूपरेखा मुद्रित होती है। समाचारों को निम्नलिखित भागों में व्यवस्थित किया जाता है—अफ्रीका (मगरेब राज्यों के अतिरिक्त), अमेरिका, एशिया, ऑस्ट्रेलिया पैसिफिक, यूरोप, मध्यपूर्व-अरब जगत्, अंतर्राष्ट्रीय। समय-समय पर विषय एवं नामों की पूर्ण संचयी अनुक्रमणिकाएँ प्रकाशित की जाती हैं। तत्पश्चात् पूर्ण वर्ष के विषय और नामों की अंतिम अनुक्रमणिका प्रकाशित की जाती है।

यह एक अजिल्दबद्ध पृष्ठ सेवा है। *Keesing's Record of World Events* की 1960-1996 की अवधि की सामग्री, सीडी-रोम रूप में भी सुलभ है। 1997 से इन्हें त्रैमासिक अवधि में अद्यतन रखा जाता है। संपूर्ण सूचना सामग्री अब ऑनलाइन सेवा पर भी सुलभ है।

Facts on File: World News Digest with Index. Vol. 1-1940. New York.

फैक्ट्स ऑन फाइल, किसिंग्स रिकॉर्ड की भाँति अजिल्दबद्ध पृष्ठों की सेवा है। प्रमुख समाचार-पत्रों में प्रकाशित समाचार, संपादकीय सामग्री इत्यादि का सारांश इसमें प्रस्तुत किया जाता है। जो सारांश प्रदान किए जाते हैं वे तथ्यात्मक, संक्षिप्त और वस्तुनिष्ठ होते हैं। यद्यपि इसमें समाचारों का

समावेश अंतर्राष्ट्रीय है तथापि इसमें संयुक्त राज्य अमेरिका की घटनाओं को अधिक महत्त्व दिया जाता है। प्रविष्टियों को व्यापक विषय शीर्षकों के अंतर्गत व्यवस्थित किया जाता है, जैसे–विश्व की घटनाएँ एवं समाचार, वित्त, अर्थशास्त्र, राष्ट्रीय घटनाएँ, खेल-कूद इत्यादि। इसकी पाक्षिक, मासिक, त्रैमासिक तथा वार्षिक अनुक्रमणिका भी प्रकाशित की जाती है। यह अत्यंत विस्तृत होती है तथा प्रत्येक में पिछले अंक की प्रविष्टियों को भी सम्मिलित या संचयित किया जाता है। सन् 1950 से पंचवर्षीय अनुक्रमणिका का भी प्रकाशन किया जा रहा है। इसके माध्यम से प्रकाशित समाचारों के सारांश की जानकारी सुविधापूर्वक प्राप्त हो जाती है। इस साप्ताहिक समाचार सारांश का प्रकाशन बिना किसी विलम्ब के नियमित रीति से होता है। लेकिन सामग्री के स्रोत का उल्लेख नहीं किया जाता है जबकि *एशियन रिकॉर्डर* (Asian Recorder) में स्रोत का उल्लेख किया जाता है। इसका वार्षिक संचयी खंड *Facts on File Year Book* की आख्या से प्रकाशित किया जाता है। सन् 1980 से *Facts on File News Digest CD-ROM* को मशीन पठनीय स्वरूप में सुलभ किया जा रहा है।

(ख) **क्षेत्रीय अथवा महाद्वीपीय डाइजेस्ट के उदाहरण–**

(i) *Asian Recorder.* New Delhi: Asian Recorder and Publications, 1955 (Weekly)

एशियन रिकॉर्डर एक साप्ताहिक डाइजेस्ट है जिसे सन् 1955 से नियमित रूप से प्रकाशित किया जा रहा है। इसके समाचार पृष्ठों की पृष्ठ संख्या इसके जनवरी 1955 के प्रथम अंक से लगातार एक क्रम में दी जा रही है। इसमें एशिया के 45 देशों के समाचारों, प्रमुख घटनाओं, परिवर्तनों एवं राजनीतिक-आर्थिक मामलों इत्यादि के समाचार सारांशों को प्रकाशित किया जाता है। प्रत्येक वर्ष के अंत में पिछले आवरण पृष्ठ पर सभी देशों के संक्षिप्ताक्षरों का भी उल्लेख किया जाता है। इसके

समाचार पृष्ठों की त्रैमासिक एवं वार्षिक अनुक्रमणिकाएँ प्रकाशित की जाती हैं। इसमें डेटा को प्रत्येक देश के अनुसार व्यवस्थित किया जाता है। अंतर्राष्ट्रीय संगठनों के लिए पृथक् भाग में सूचना प्रदान की जाती है जिसमें कृषि, खेल-कूद और नियुक्तियाँ प्रमुख होती हैं। समाचार सारांश के स्रोत का उल्लेख सारांश के अंत में किया जाता है। यह अविलम्ब एवं नियमित सेवा है।

(ii) *Collected South Asian Editorials: Monthly Documentation Journal.* Delhi: South Asia Information and Research Aid Group, 1995 (Monthly)

यह मासिक प्रलेखन सेवा है जिसमें भारतीय एवं दक्षिणी एशिया के कुछ समाचार-पत्रों के संपादकीय अग्रलेखों को सम्मिलित किया जाता है। सामयिक प्रकरणों एवं अभिरुचि के संपादकीय आलेखों का ही इसमें संग्रह किया जाता है। हिंदी भाषा के समाचार-पत्रों से भी सामग्री ली जाती है।

(iii) *Africa Diary.* New Delhi: African Publications, 1961 (Weekly)

यह अफ्रीका की साप्ताहिक घटनाओं का अभिलेख है जिसको साप्ताहिकी के रूप में प्रकाशित किया जाता है। समाचारों के सारांश देशों के शीर्षक के अंतर्गत प्रकाशित किए जाते हैं जिन्हें वर्णानुक्रम में व्यवस्थित किया जाता है। इसकी साप्ताहिक अनुक्रमणिका भी प्रकाशित होती है। इस अनुक्रमणिका को त्रैमासिक एवं वार्षिक संचयी खंडों में भी प्रकाशित किया जाता है।

(iv) *Africa Record: A Fortnightly Record of African Events with Index.* New Delhi, 1962 (Fortnightly with Semi-Annual and Annual Indexes)

इसमें अफ्रीका के देशों के पाक्षिक समाचार सारांश प्रकाशित किए जाते हैं। इन सारांशों को देशानुसार

वर्णानुक्रम में व्यवस्थित किया जाता है। प्रत्येक देश के अंतर्गत घटनाओं का सारांश प्रदान किया जाता है। इसमें एक अतिरिक्त अनुभाग भी है जो 'अफ्रीका के बाहर अफ्रीका' (Africa outside Africa) से संबंधित है।

(ग) देशानुसार डाइजेस्टों के उदाहरण–*Canadian News Facts.* Toronto: Marpep, 1967 (Biweekly)

कनाडा की सामाजिक घटनाओं का यह अनुक्रमणीकृत डाइजेस्ट है। यह भी *Facts on File* की भाँति अजिल्दबद्ध पृष्ठों की सेवा है जिसके त्रैमासिक एवं वार्षिक संचयी खंड भी प्रकाशित किए जाते हैं।

Keesing's UK Record. Harlow: Longman, 1988. यह वर्ष में छः बार प्रकाशित होता है। प्रत्येक अंक प्रमुख घटनाओं की तिथि से प्रारंभ होता है जिसमें प्रमुख घटनाओं पर मूल पाठ सहित टिप्पणी भी दी जाती है। लेकिन अधि कांशतः यू.के. (UK) की घटनाओं को इसमें शामिल किया जाता है। देश के विदेशी संबंधों के प्रकरण इसमें सम्मिलित किए जाते हैं। समाचार-पत्रों, अधिकृत स्रोतों तथा अन्य महत्त्वपूर्ण सूचना स्रोतों से सामग्री का संग्रह कर इसमें सारबद्ध किया जाता है।

इसके नामों एवं विषयों की संचयी अनुक्रमणिका अध वार्षिक एवं वार्षिक रूप में प्रकाशित की जाती है।

Data India: A Weekly Digest of Indian News. New Delhi: Press Trust of India, 1992 (Weekly)

इसे सर्वप्रथम 1976 में प्रेस इंस्टीट्यूट ऑफ इंडिया (Press Institute of India; PTI) (नई दिल्ली) से प्रारंभ किया गया था। सन् 1992 में इसे प्रेस ट्रस्ट ऑफ इंडिया (Press Trust of India) ने अपने अधिकार में ले लिया। इस साप्ताहिक डाइजेस्ट में प्रमुखतः देश के आर्थिक विकास से संबंधित घटनाओं को सम्मिलित किया जाता है और आर्थिक विकास की सूचना को अनेक

स्रोतों–शासकीय प्रतिवेदनों, संसदीय प्रकाशनों, शोध संस्थाओं के प्रतिवेदनों–से संग्रह कर इसमें सम्मिलित किया जाता है। देश के आर्थिक विकास से संबंधित सामाजिक घटनाओं का इसे सर्वोत्तम सूचनाप्रद स्रोत माना जाता है। इसमें सूचना को चार भागों में प्रस्तुत किया जाता है–भाग-I: राष्ट्रीय–इसमें सूचना को 31 विषय शीर्षकों के अंतर्गत प्रस्तुत किया जाता है; भाग-II: विदेशी मामले एवं घटनाएँ; भाग-III: अर्थव्यवस्था, वित्त, उद्योग, व्यापार; तथा भाग-IV: फोकस (Focus), जो सप्ताह के विशेष अभिरुचि के प्रकरणों का संक्षिप्त सारांश है। इसकी त्रैमासिक और वार्षिक अनुक्रमणिकाएँ भी प्रकाशित की जाती हैं।

(घ) **राज्य-स्तरीय डाइजेस्ट–**

   (i) *Data Andhra Pradesh.* Hyderabad: Data News Features, 1977 (Fortnightly)

   इस पाक्षिक डाइजेस्ट में अग्रणी समाचार-पत्रों, पत्रिकाओं, प्रतिवेदनों, अधिकृत प्रलेखों, राजकीय बुलेटिनों, राज्य विधायिका के कार्य विवरणों इत्यादि में सम्मिलित प्रमुख घटनाओं का सारांश प्रकाशित किया जाता है। इसमें विकास के क्रियाकलापों, आर्थिक प्रवृत्तियों, औद्योगिक विकास, ऊर्जा का उत्पादन, प्राकृतिक संपदा, कृषि उत्पादन इत्यादि की संक्षिप्त सूचना प्रकाशित की जाती है। इसके दैनिक डायरी अनुभाग में संबंधित पखवारे की (पाक्षिक) महत्त्वपूर्ण घटनाओं के सारांश प्रस्तुत किए जाते हैं। प्रत्येक वर्ष के लिए पृष्ठ संख्या एक क्रम में दी जाती है। संदर्भ की सुविधा के लिए त्रैमासिक एवं अर्धवार्षिक अनुक्रमणियाँ भी प्रकाशित की जाती हैं।

   (ii) *News Data Karnataka.* Hubli: Raj & Raj Publications, 1984 (Monthly)

   इस समाचार डाइजेस्ट में कर्नाटक राज्य से संबंधित आर्थिक स्थिति, कृषि, शिक्षा, पर्यावरण, स्वास्थ्य, आवास, शासन, विज्ञान इत्यादि से संबंधित समाचारों के सारांश

होते हैं। इसमें दैनिक समाचार-पत्रों की सूचना सम्मिलित की जाती है और उनके संदर्भों को भी दिया जाता है जिससे जिस समाचार-पत्र के जिस दिन के अंक में उन्हें प्रकाशित किया गया है उसका अवलोकन किया जा सके।

(ङ) **विशिष्ट/विषय डाइजेस्ट के उदाहरण–**

   (i) *Indian Economic Diary.* New Delhi: Hari Sharan Chhabra, 1970 (Weekly)

यह भारतीय अर्थशास्त्रीय समाचार-पत्रों का एक साप्ताहिक डाइजेस्ट है। समाचारों का चयन अग्रणी समाचार-पत्रों एवं पत्रिकाओं से किया जाता है और साप्ताहिक डाइजेस्ट के रूप में प्रकाशित किया जाता है। प्रविष्टियों को जिन शीर्षकों के अंतर्गत व्यवस्थित किया जाता है वे हैं–राष्ट्रीय घटनाएँ, राज्यों के आस-पास, विदेशी व्यापार तथा भारत एवं विश्व। इसकी एक त्रैमासिक अनुक्रमणिका भी दी जाती है। अंतिम त्रैमासिक अनुक्रमणिका को संचयी अनुक्रमणिका के रूप में प्रकाशित किया जाता है। प्रथम तीन त्रैमासिक अनुक्रमणिकाओं को, चौथे (वार्षिक संचयी खंड) के प्रकाशन के बाद हटा देने की आवश्यकता होती है। जिन स्रोतों से सामग्री का चयन किया जाता है उनका भी उल्लेख प्रत्येक सारांश के नीचे किया जाता है। आर्थिक क्रियाकलापों में अभिरुचि रखने वाले संगठनों एवं संस्थानों तथा व्यक्तियों के लिए यह समाचार सारांश अत्यंत उपयोगी संदर्भ उपकरण या स्रोत है।

   (ii) *VANS-COM.* Mumbai: Vans Information and Invester Services.

यह एक कंप्यूटरीकृत व्यापारिक डेटाबेस है जिसका निर्माण 35 प्रकाशनों का प्रत्येक दिन सर्वेक्षण करने के पश्चात् किया जाता है जिनमें प्रमुख व्यापारिक एवं वित्तीय समाचार-पत्रों, व्यापार एवं वित्तीय पत्रिकाओं,

रिजर्व बैंक एवं स्टेट बैंक के प्रकाशनों, कंपनियों की नियमावलियाँ इत्यादि भी सम्मिलित हैं। इसकी सहायता से उपयोक्ताओं को अपनी अभिरुचि के दैनिक तथा मासिक समाचार प्रतिवेदनों, व्यापारिक निकायों की गतिविधियों, शेयर बाजार के उतार-चढ़ाव, कंपनियों का विलय और विघटन तथा लगभग 2500 उद्योगों की गहन जानकारी देने वाली छमाही तथा वार्षिक कार्य निष्पादन इत्यादि की सूचना मिलती है। अतः आर्थिक मामलों की सूचना के लिए यह एक प्रकार का अद्वितीय सूचना स्रोत है। इस प्रतिष्ठान द्वारा हॉट लाइन (Hot line) की भी व्यवस्था की गई है जिससे इसके सब्सक्राइबरों (Subscribers) को संबंधित सूचना से तत्काल संपर्क करा दिया जाता है। एस.डी.आई. (SDI) सेवा के अंतर्गत प्रत्येक उपयोक्ता को प्रतिदिन का सूचना पैकेज भी प्राप्त हो जाता है। इस प्रकार यह डाइजेस्ट सेवा संदर्भ कार्य के लिए अत्यंत उपयोगी साधन है।

इंटरनेट आधारित समाचार-पत्र एवं समाचार डाइजेस्ट—आजकल अधिकांश समाचार-पत्र इंटरनेट (Internet) आधारित सूचना सेवाओं की व्यवस्था कर रहे हैं। अनेक भाषाओं के राष्ट्रीय स्तर के समाचार-पत्र – जैसे *टाइम्स ऑफ इंडिया* (Times of India), *हिंदू* (Hindu), *इंडियन एक्सप्रेस* (Indian Express), *डेक्कन हेराल्ड* (Deccan Herald) इत्यादि अनेक समाचार-पत्रों के अतिरिक्त क्षेत्रीय स्तर के समाचार-पत्र भी डाउनलोडिंग फॉन्ट (Downloading font) की सुविधा उपलब्ध कराते हैं। इसके लिए समाचार सामग्री को HTML आरूप में उपलब्ध किया जाता है जिससे बड़ी तीव्रता से वांछित सूचना इच्छित भाषा में प्राप्त हो जाती है। इंडिया वर्ल्ड समाचार (India World Samachar) भारतीय समाचार डाइजेस्ट सेवा का इंटरनेट पर एक उदाहरण है। इससे इंटरनेट के माध्यम से समाचारों की शीर्षक पंक्तियों, व्यापारिक सूचना, खेल-कूद, मनोरंजन इत्यादि की जानकारी प्राप्त हो जाती है। यह इंटरनेट पर अधिकांश भारतीय समाचार-पत्रों के लिए 'लिंक' भी उपलब्ध कराता है।

(3) टेलीविजन एवं रेडियो प्रसारणों के सारांश–सभी आधुनिक पुस्तकालयों से परंपरागत मीडिया के अतिरिक्त अपरंपरागत सामग्री को संकलित करने की अपेक्षा की जाती है। श्रव्य-दृश्य सामग्री, जैसे–फिल्में, टेलीविजन, रेडियो इत्यादि अत्यंत महत्त्वपूर्ण अपरंपरागत सूचना स्रोतों के अंग एवं साधन हैं। रेडियो और टेलीविजन सामयिक सूचना एवं घटनाओं के प्रभावी स्रोत हैं और सूचना प्रसारण में अपनी महत्त्वपूर्ण भूमिका निभाते हैं। टेलीविजन एवं रेडियो से सामयिक गतिविधियों एवं घटनाओं की सूचना प्राप्त करने वालों की संख्या में उत्तरोत्तर वृद्धि हो रही है। लेकिन टेलीविजन अथवा रेडियो से प्राप्त वाचिक सूचना को याद रखना और उनकी पुनर्प्राप्ति करना कठिन है। अतः, पुनर्प्राप्ति से संबंधित इस समस्या के समाधान के लिए ग्रंथसूचीपरक सेवाओं को आवश्यक माना गया है। इन सेवाओं को भी सामयिक घटनाओं के स्रोत की श्रेणियों में रखा गया है। इनमें से कुछ प्रमुख सामयिक सूचना स्रोत निम्नांकित हैं–

(क) *Summary of World Broadcasts.* Caversham: British Broadcasting Corporation, 1947.

ब्रिटिश ब्रॉडकास्टिंग कॉरपोरेशन (BBC) मॉनिटरिंग सेवा द्वारा 100 देशों के 50 से अधिक भाषाओं से प्रतिवेदनों और समाचारों को सुनने के पश्चात् अंग्रेजी भाषा में उनकी लिखित प्रतिलिपि को डाइजेस्ट रूप में प्रकाशित किया जाता है। इसको रविवार के सिवा प्रतिदिन चार भागों में–सोवियत संघ, पूर्वी यूरोप, सुदूर पूर्व एवं मध्य पूर्व तथा अफ्रीका के लिए–प्रकाशित किया जाता है। प्रत्येक भाग के पूरक भी हैं जिन्हें *साप्ताहिक आर्थिक प्रतिवेदन* (*Weekly Economic Report*) कहा जाता है। लेकिन इसमें अनुक्रमणिका का प्रावधान नहीं है। अतः इसका उपयोग संदर्भ पुस्तकालयाध्यक्ष के लिए सुविधाजनक सिद्ध नहीं होता है।

(ख) *Foreign Broadcast Information Service. Washington:* D.C.U.S. Department of Commerce.

यह, समरी ऑफ वर्ल्ड ब्रॉडकास्ट्स (Summary of World Broadcasts) की तर्ज पर संयुक्त राज्य की प्रसारण सेवा है। समरी ऑफ वर्ल्ड ब्रॉडकास्ट्स तथा संयुक्त राज्य अमेरिका की यह सेवा मुद्रित एवं माइक्रोफिश दोनों आरूपों में उपलब्ध है।

(ग) *BBC Six P.M. Cambridge.* Chadwyck-Healey, 1978. चडविक-हेले ने *बी.बी.सी. होम सर्विस नाइन ओ क्लॉक' न्यूज* (BBC Home Service Nine O' Clock News) का प्रकाशन 1939-45 की अवधि के लिए माइक्रोफिश पर किया था। इसके द्वारा इसी प्रकार के अन्य डाइजेस्ट प्रकाशित किए जा रहे हैं जिनमें *न्यूजरीडर्स, स्क्रिप्ट ऑफ रेडियो, सिक्स पी.एम. न्यूज बुलेटिन्स* (Newsreaders, Scripts of Radio, 6 p.m. News Bulletins) इत्यादि के पुनरुत्पादन प्रमुख हैं जिन्हें 1978 से नियमित रूप से प्रकाशित किया जा रहा है। इन्हें त्रैमासिक रूप में संकलित किया जाता है तथा एक मुद्रित अनुक्रमणी भी दी जाती है।

(घ) *CBS Television News Bulletin Scripts.* New York: Microfilming Corporation of America, 1975. Quarterly with Annual cumulation.

इस अनुक्रमणिका से मुख्यतया विषय उपागम की पूर्ति होती है लेकिन इसमें व्यक्तिगत नामों और स्थानों की भी प्रविष्टियाँ होती हैं। नित्यप्रति के टेलीविजन प्रसारण को माइक्रोफिश अथवा माइक्रोफिल्म रूप में अक्षरशः पुनरुत्पादित किया जाता है।

(ङ) *Television News Index and Abstracts: A Guide to the Vanderbilt Television News Archive.* Vanderbilt University.

यह तीन प्रमुख यू.एस. टेलीविजन नेटवर्कों (US Television Networks) द्वारा प्रसारित सायंकालीन समाचारों का वीडियो कैसेट पर संकलन है।

पूर्वव्यापी संदर्भ के लिए टेलीविजन समाचारों के नवीन सूचना स्रोतों के प्रावधान की सुविधा ब्रिटेन में अभी उपलब्ध नहीं की जा सकी है।

प्रश्न 13. सूचना के द्वितीयक स्रोत के सर्वेक्षण रूप का वर्णन कीजिए।

उत्तर– ये प्रकाशन प्राथमिक एवं द्वितीयक साहित्य का सर्वेक्षण करके निम्न सहायता प्रदान करते हैं–

- विषय का विंहगावलोकन
- विषय के महत्त्वपूर्ण साहित्य को प्रकाश में लाना (ट्रीटाइज)
- अध्ययन के विशिष्ट क्षेत्र की प्रगति को दर्शाते हैं (वार्षिक समीक्षाएँ, अग्रतम् प्रगति आदि) अथवा
- उपयोक्ता के विशेष समूह को ध्यान में रखते हुए किसी विषय के प्राथमिक साहित्य को सरल व समझने योग्य रूप में प्रस्तुत करते हैं (पाठ्य पुस्तकें)

पुस्तकें–पुस्तक को इस प्रकार परिभाषित कर सकते हैं-ऐसे लिखित या प्रकाशित प्रलेख जिसमें कम से कम 49 मूल पाठ के पृष्ठों में विचार, सोच या सूचनाएँ उपलब्ध हों। पुस्तकों के पृष्ठों को एक तरफ से आपस में चिपकाया या सिलाई की जाती है, जिसे पुट्ठा या पीठ पृष्ठ कहा जाता हैं, ताकि यह किसी भी पृष्ठ में खुल सके। पुस्तक के दोनों आवरण कब्जों की तरह जुड़े होते हैं। पुस्तकें कठोर अथवा कोमल जिल्द से बंधी होने के कारण आवरण पर आधारित होती है। अधिकतर कठोर जोड़ वाली पुस्तकों के आवरण कार्डबोंड के ऊपर वस्त्र, प्लास्टिक या चमड़े से मढ़े होते हैं। कठोर जिल्द वाली पुस्तकों (चित्र 2.37) के आवरण पर सुरक्षा के लिए पृष्ठ आवरण जैकेट भी लगाई जाती है। अधिकतर कोमल जोड़ वाली पुस्तकों, जिन्हें पेपर बैक कहते है, पर मोटे कागज के आवरण होते हैं (चित्र 2.38)।

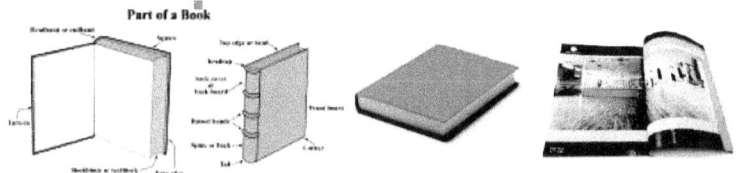

चित्र 2.36
पुस्तक के अंश

चित्र 2.37
कठोर जिल्द पुस्तक

चित्र 2.38
कोमल जिल्द पुस्तक

पुस्तक को विवरण पुस्तिका एवं पांडुलिपि से निम्नलिखित आधार पर अलग से पहचाना जा सकता है–

विवरण पुस्तिका (पैम्फ्लेट)–विवरण पुस्तिका एक जिल्द रहित मुद्रित प्रकाशन है, जिसका कोई आवरण नहीं होता या मात्र पृष्ठ आवरण होता है। आवरण पृष्ठों के अतिरिक्त विवरण पुस्तिका में कम से कम 5 व अधिक से अधिक 48 पृष्ठ होते हैं।

पाण्डुलिपि–पाण्डुलिपि शब्द किसी ऐसे प्रलेख के लिए प्रयुक्त होता है जो हस्तलिखित या मशीन द्वारा टंकित होता है जैसे कि (टाइपराइटर या कंप्यूटर) । पाण्डुलिपि शब्द का प्रयोग लेखक की मूल रचना को (पुस्तक, आलेख या अन्य किसी रूप में) मुद्रित प्रति से भिन्न होने के अर्थ में किया जाता है।

इसके अतिरिक्त, पांडुलिपि का संदर्भ आदिकाल के ऐसे हस्तलिखित प्रलेखों के रूप में भी होता है जो 14वीं शताब्दी मुद्रण कला के पूर्व के हों। ऐसी पाण्डुलिपियाँ 'ऐतिहासिक पाण्डुलिपियाँ' कहलाती हैं। अधिकतर ऐतिहासिक पाण्डुलिपियाँ किसी समय अथवा सामग्री विशेष द्वारा चिन्हित की जाती हैं। इस पाठ्यक्रम के पाठ 5 में आपने लेखन के लिए प्रयुक्त विभिन्न प्रकार की सामग्री के बारे में अध्ययन किया है।

(1) पुस्तक के प्रकार–पुस्तकें महत्त्वपूर्ण सूचना स्रोत हैं एवं ग्रंथालय इन्हें पाठकों की आवश्कतानुसार खरीदते हैं। विषय-वस्तु के आधार पर एक पुस्तक सामान्य पुस्तक या संयुक्त पुस्तक; एकल खंडीय पुस्तक या बहुखंडीय पुस्तक: काल्पनिक पुस्तक (फिक्शन) या अकाल्पनिक पुस्तक, (नॉन फिक्शन) पाठ्यपुस्तक या प्रबंध ग्रंथ हो सकती है। भौतिक रूप में एक पुस्तक मुद्रित अथवा अमुद्रित होती है। पुस्तकों के अमुद्रित माध्यम में श्रव्य पुस्तकें, दृश्य (वीडियो) पुस्तकें, बहुमाध्यमी (मल्टीमीडिया) पुस्तकें एवं ई-पुस्तकें होती हैं।

एकल बनाम संयुक्त पुस्तक–यदि विषय का सृजन (ट्रीटमेंट) अनवरत या किसी एक अथवा एकाधिक लेखकों द्वारा किया गया है तो यह एकल पुस्तक मानी जाती है। जब पुस्तक का प्रत्येक अध्याय विभिन्न लेखकों द्वारा लिखा गया हो और इसके विषय क्षेत्र में एक अनवरतता हो या न हो तो यह संयुक्त पुस्तक कहलाएगी।

एकल पुस्तक का उदाहरण : एम. वेलअर द्वारा लिखित द डिजिटल स्कॉलर, संयुक्त पुस्तक का उदाहरण : इपैक्ट ऑफ ओपन कोर्सवेयर फॉर हायर एजुकेशन इन डवलपिंग कन्ट्रीज-ए कलैक्शन ऑफ 10 आर्टिकल्स, एस. इवांस एवं एम.एल. स्मिथ द्वारा संपादित।

एकलखंडीय बनाम बहुखंडीय पुस्तक—एक खंड की पुस्तक एकलखंडीय पुस्तक कहलाती है। पुस्तक यदि एक से अधिक खंड में हो तो उसे बहुखंडीय पुस्तक कहते हैं। इसके अतिरिक्त विभिन्न खंडों के समुच्चय में पृष्ठ संख्याक्रम एक ही होता है।

एकलखंडीय पुस्तक का उदाहरण: स्कॉलर्ली कम्यूनिकेशन, एस. आई. गिल्लेसन द्वारा लिखित। बहुखंडीय पुस्तक का उदाहरण : द हैन्डबुक ऑफ आर्टिफिशियल इंटेलिजेंस, ए. बॉर एवं ई. ए. फेनबॉम द्वारा लिखित, खंड 1-4

संदर्भ पुस्तक—संदर्भ पुस्तक लघु तथ्यों, सांख्यिकीय सूचना, पृष्ठभूमि सूचना प्रदान कराती है अथवा आपको अतिरिक्त सूचना स्रोत की ओर निर्देशित करती है। यह पुस्तक कुछ विशेष सूचना के लिए विमर्श अथवा संदर्भ के लिए प्रयुक्त होती है व निरंतर पठन के लिए नहीं है। संदर्भ पुस्तकों में शब्दकोश, विश्वकोश, हस्तपुस्तिका, अब्दकोश (ईयरबुक), पंचांग, निर्देशिकाएँ, जीवन चरित्र एवं भौगोलिक स्रोत शामिल हैं।

उदाहरण—द ऑक्सफोर्ड डिक्शनरी ऑफ कोटेशन्स, वर्ल्ड बुक इनसाइक्लोपीडिया, द स्टेटसमैनस ईयर बुक, द वर्ल्ड बुक एटलस।

कथा साहित्य (फिक्शन) बनाम गैर-कथा (नॉन फिक्शन) पुस्तक—कथा साहित्य की पुस्तकें, उपन्यास, एवं अन्य गद्य लेखन होते हैं जो काल्पनिक व्यक्तियों एवं घटनाओं का वर्णन करते हैं। गैर-कथा साहित्य की पुस्तकें वास्तविक वस्तुओं, व्यक्तियों, घटनाओं एवं स्थानों के बारे में बताती हैं। विषय पुस्तकें, संदर्भ पुस्तकें आदि अकाल्पनिक पुस्तकें होती हैं। ग्रंथालय में काल्पनिक पुस्तकें लेखक के अंतिम नाम के वर्णक्रम के अनुसार व्यवस्थित की जाती हैं ताकि उसी नाम के लेखक की पुस्तकें इक्ट्ठी रखी जा सकें। अकाल्पनिक पुस्तकों को उनकी वर्ग संख्या के अनुसार व्यवस्थित किया जाता है। प्रत्येक विषय

को एक वर्ग संख्या दी जाती है, ताकि एक ही विषय की सभी पुस्तकें एकसाथ रखी जाएँ।

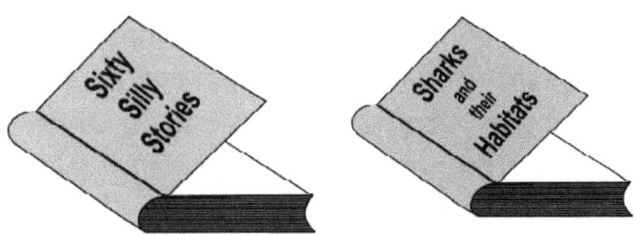

चित्र 2.39　　　चित्र 2.40
कथा साहित्यिक पुस्तक　गैर-कथा साहित्यिक पुस्तक

पाठ्य पुस्तक बनाम प्रबंधग्रंथ—पाठ्य पुस्तक विद्यार्थी द्वारा नियमित अध्ययन की पुस्तक है एवं विशेष विषय के अध्ययन में मानक पुस्तक के रूप में प्रयुक्त होती है। पाठ्य पुस्तकें एक विषय को सुव्यवस्थित शैली में समझाने के लिए तैयार की जाती हैं। एवं सामान्यत: विषय की अवधारणाओं को स्पष्ट करते हुए विषय विस्तार को आगे बढ़ाती हैं। अधिकतर पुस्तकें विभिन्न विषयों के लिए विद्यालय में प्रयुक्त होती हैं। (जैसे कि अंकगणित, भूगोल, इतिहास, विज्ञान आदि) एवं विभिन्न कक्षाओं के लिए पाठ्य पुस्तकें होती हैं। पाठ्य पुस्तकें वर्गीकृत होती हैं एवं निर्देशपूर्ण और अनुदेशात्मक प्रकृति की होती हैं प्रत्येक श्रेणी के विद्यार्थी की समझ के स्तर को ध्यान में रखकर बनाई जाती हैं। विद्यार्थी विभिन्न विषयों के बारे में ज्ञान अर्जित करने के लिए पाठ्य पुस्तकों का प्रयोग करते हैं और शिक्षक इन्हें पढ़ाने तथा कक्षा में नियत कार्यभार देने के लिए इनका इस्तेमाल करते है।

शोध प्रबंध ग्रंथ—शोध प्रबंध ग्रंथ किसी विषय का औपचारिक गहन अध्ययन होता है। शोध प्रबंध ग्रंथ शोध विद्वानों द्वारा किसी विषय पर उच्चतर अध्ययन के लिए होते हैं। शोध प्रबंध ग्रंथ का उदाहरण है : ''कैपिटलिज्म : अ ट्रीटाइज ऑन इकॉनोमिक्स''

चित्र 2.41: प्रबंध ग्रंथ (सौजन्य: अमेजॉन.कॉम)

(2) **पुस्तक के आंतरिक भाग**—किसी विशिष्ट पुस्तक के मुख्य आवरण पृष्ठ के पश्चात् कुछ पृष्ठों का संग्रह होता है जिसे प्रारंभिक सामग्री कहते हैं, जिसमें शीर्षक पृष्ठ, प्रतिलिपि (कॉपीराइट) अधिकार पृष्ठ, आभार पृष्ठ, समर्पण पृष्ठ, प्रस्तावना एवं विषयवस्तु की तालिका का समावेश होता है। इनके पश्चात् मूल पाठ होता है। मूल पाठ के अंत के पृष्ठों में शब्दावली, बाङ्मय सूची (बिब्लियोग्राफी) एवं अनुक्रमणी, आदि होते हैं।

शीर्षक पृष्ठ—पुस्तक के प्रारंभिक पृष्ठ साधारणतया पुस्तक का शीर्षक, लेखक/लेखकों के नाम एवं प्रकाशक के बारे में जानकारी देते हैं।

प्रतिलिपि अधिकार पृष्ठ (कॉपीराइट)—इसमें प्रकाशक का नाम एवं प्रकाशन की तिथि लिखी होती है।

आभार पृष्ठ—इसमें लेखक का उन लोगों के प्रति आभार प्रकट होता है जिन्होंने उस पुस्तक को लिखने में सहायता प्रदान की होती है।

समर्पण पृष्ठ—इसमें बताया जाता है कि लेखक ने पुस्तक किसे समर्पित की है।

प्रस्तावना—इसे भूमिका अथवा परिचय भी कहते हैं, जहाँ लेखक पुस्तक के लिखने के उद्देश्य को प्रकट करता है तथा इसके महत्त्वपूर्ण पहलुओं का वर्णन करता है।

विषय वस्तु की तालिका—यह पुस्तक के विषय वस्तु की सूची है जिसमें पृष्ठ संख्या के साथ अध्यायों का उल्लेख होता है।

मूल पाठ—यह पुस्तक का मुख्य भाग है जोकि इकाईयों या अध्यायों में बँटा होता है।

शब्दावली—पुस्तक में प्रयुक्त महत्त्वपूर्ण शब्दों की सूची जिसमें उनके अर्थ के साथ शब्दों को प्रदर्शित किया जाता है।

संदर्भ सूची—यह लेखक द्वारा सूचना स्रोत के रूप में प्रयुक्त पुस्तकों, आलेखों आदि की सूची है।

अनुक्रमणिका—पुस्तक में विवेचित विषयों की पृष्ठ संख्या (अंकों सहित), व्यक्तियों, स्थानों एवं विषयों की वर्णानुक्रम या क्रमानुसार सूची।

प्रश्न 14. सूचना के तृतीयक स्रोतों से आपका क्या अभिप्राय है?

उत्तर— तृतीयक स्रोत प्राथमिक एवं द्वितीयक सूचना स्रोतों पर आधारित हैं तथा प्राथमिक एवं द्वितीयक स्रोत की कुंजी के रूप में सहायता करते हैं। इन स्रोतों में ऐसी सूचना होती है जो प्राथमिक और द्वितीयक स्रोतों के सार तत्त्व का संग्रह होती है। तृतीयक स्रोत आगमन क्रम में तृतीय स्थान पर आते हैं। आगमन क्रम में प्रथम प्राथमिक स्रोत, तत्पश्चात् द्वितीयक स्रोत, तंदोपरांत तृतीयक स्रोत आते हैं। तृतीयक स्रोत प्राथमिक एवं द्वितीयक स्रोतों को खोजने में सहायक होते हैं। तृतीयक स्रोतों के अंतर्गत संदर्भ ग्रंथ सूचियों की बाङमय सूची (बिब्लियोग्राफीस) सूची, साहित्य की मार्गदर्शिकाएँ, निर्देशिकाएँ, प्राथमिक व द्वितीयक सामयिकियों की सूची आदि होती हैं।

तृतीयक स्रोतों के कुछ उदाहरण निम्नलिखित हैं-

बिब्लियोग्राफिक इंडेक्स—ए क्युम्यूलेटिव बिब्लियोग्राफी ऑफ बिब्लियोग्राफीज, एन.वाई. एच.डब्लू. विल्सन, न्यूयॉर्क, 1937 से अब तक।

वालफोर्डस गाईड टू रेफरैन्स् मैटेरियल्स, 8वाँ संस्करण, लाइब्रेरी एसोसिएशन, लंदन, 3 खंड।

प्रश्न 15. इलेक्ट्रॉनिक स्रोत क्या होते है? मुद्रित स्रोत की अपेक्षा इलेक्ट्रॉनिक स्रोतों की उपयोगिताएँ बताइये। इलेक्ट्रानिक स्रोतों की सीमाएँ भी लिखिए।

अथवा

सूचना के इलेक्ट्रॉनिक स्रोतों से क्या अभिप्राय है? उनके लाभ और सीमाओं की चर्चा कीजिए। [जून-2018, प्र.सं.-2.2]

उत्तर– इलेक्ट्रॉनिक प्रकाशन वे प्रकाशन होते हैं जिनसे सूचना तक पहुँच के लिए कंप्यूटर के उपयोग की आवश्यकता होती है। इलेक्ट्रॉनिक प्रकाशन ऑफलाइन या ऑनलाइन हो सकते हैं। ऑफलाइन इलेक्ट्रॉनिक प्रकाशन वे होते हैं जिन्हें इलेक्ट्रॉनिक भंडारण के माध्यम पर मशीन पर पठनीय रूप में भंडारित किया जाता है जैसे कि सीडी-रोम, डी.वी.डी. , डिस्केट अथवा मैग्नेटिक टेप आदि तथा वांछित सूचना तक कंप्यूटर व आवश्यक सॉल्टवेयर के उपयोग से पहुँच सकते हैं। ऑनलाइन इलेक्ट्रॉनिक प्रकाशन एक इलेक्ट्रॉनिक प्रलेख है जिस तक इंटरनेट पर ऑनलाइन से पहुँच बना सकते है। उदाहरण के लिए एक इलेक्ट्रॉनिक सामयिकी, वर्ल्ड वाइड वेब पृष्ठ, या ऑनलाइन डेटाबेस।

उपरोक्त चर्चित स्रोत अधिकतर मुद्रित एवं इलेक्ट्रॉनिक दोनों रूप में उपलब्ध हैं। इन स्रोतों में से कुछ जोकि पहले मुद्रित रूप में थे, अब केवल इलेक्ट्रॉनिक रूप में उपलब्ध होते हैं। उदाहरणतः **लाइब्रेरी एवं इन्फारमेंशन साइंस ऐबस्टैंक्ट्स** तथा **गाइड टू रेफरैन्स बुक्स** का प्रकाशन एवं वितरण केवल इलेक्ट्रॉनिक रूप में किया जाता है।

मुद्रित स्रोत की अपेक्षा इलैक्ट्रॉनिक स्रोतों की उपयोगिताएँ–

- इलेक्ट्रॉनिक स्रोत मुद्रित प्रतिभागी की अपेक्षा अतिशीघ्र अद्यतन बनाये जा सकते हैं।
- ये खोज के अधिकतर विकल्पों को उपलब्ध कराते हैं।
- सूचना की बृहत्तर सीमा तक पहुँच उपलब्ध कराना।
- सूचना को शीघ्र एवं आसानी से उपलब्ध कराना। विशेषकर अनुक्रमणिकाएँ व सारांशकरण सामयिकियाँ की स्थिति में, पूर्व खंडों को खोजने योग्य एकल डाटाबेस के रूप में प्रस्तुति ने, खोज को आसान व तीव्रगामी बना दिया है।
- ऑनलाइन संसाधन, उद्धरणों से लेकर इ-जर्नल में पूर्ण मूल पाठ तक सम्पर्क उपलब्ध कराते हैं।
- पूर्ण मूल पाठ डाटा दूरस्थ कंप्यूटर पर तत्काल प्रेषित किया जा सकता है।

- इलेक्ट्रॉनिक संसाधन बहुमाध्यम रूप में प्रेषित किए जा सकते हैं जिनमें मूल पाठ, दृश्य एवं ध्वनि को जोड़ा जा सकता है।
- मुद्रित स्रोत एक व्यक्ति द्वारा एक समय में ही प्रयुक्त हो सकता है, जबकि ऑनलाइन इलेक्ट्रॉनिक सूचना स्रोत में एक ही समय में कई उपयोक्ताओं द्वारा अभिगम हो सकता है।
- ऑनलाइन इलेक्ट्रॉनिक स्रोत किसी भी समय व किसी भी स्थल पर जहाँ नेटवर्क उपलब्ध है, अभिगमित हो सकता है।
- मुद्रित सामयिक पत्रिकाओं के पूर्व खंडों को जिल्दबंदी कराकर संग्रहित करना पड़ता है। इस कारण अत्यधिक व्यय होता है। एवं अधिक भंडारण के स्थान की आवश्यकता होती है। जबकि इलेक्ट्रॉनिक आवधिक पत्रिकाओं तक ऑनलाइन पहुँच सकते हैं। उनको जिल्द में बाँधने या संग्रहित करने की आवश्यकता नहीं होती। यहाँ तक कि इलेक्ट्रॉनिक संसाधन सीडी-रोम पर बहुत कम स्थान ग्रहण करते हैं।
- इलेक्ट्रॉनिक स्रोतों में मुद्रित स्रोतों की तरह अंकों के खोने, पृष्ठ खोने एवं गलत रख-रखाव के कारण क्षति की संभावना नहीं रहती।

इलेक्ट्रॉनिक स्रोतों की सीमाएं-

- इलेक्ट्रॉनिक स्रोतों के प्रयोग में महँगे बुनियादी ढांचे की आवश्यकता होती है जिसके लिए अनिवार्य है कि इस ढांचे को प्राप्त करके इसे व्यवस्थित और अद्यतन बनाया जाये। इसमें कंप्यूटर हार्डवेयर व सॉफ्टवेयर, इंटरनेट संपर्क व इलेक्ट्रॉनिक संसाधन का शुल्क सम्मिलित है।
- इलेक्ट्रॉनिक स्रोत उपयोक्ता के लिए मैत्रीपूर्ण होने के बावजूद भी इसके प्रयोग के अतिरिक्त लाभ लेने के लिए कुछ न कुछ कंप्यूटर ज्ञान की आवश्यकता होती है अर्थात् ग्रंथालयों द्वारा संसाधनों का लाभ उठाने के लिए अपने कर्मचारियों एवं उपयोक्ताओं को प्रशिक्षित करने में बहुत खर्च करना पड़ता है।
- इलेक्ट्रॉनिक प्रकाशनों के अधिकतर प्रकाशक अपने उत्पादों को लाइसेंस समझौते के तहत विक्रय करते हैं। लाइसेंस समझौते

के अधीन उपयोक्ता पर इलेक्ट्रॉनिक संसाधनों का उपयोग करने में कुछ प्रतिबंध भी लगाए जाते हैं।

- उपयोक्ताओं को कंप्यूटर स्क्रीन को पढ़ने में असहजता होती है। इसलिए अधिकतर उपयोक्ता पढ़ने के लिए आलेख के प्रिंटआउट को वरीयता देते हैं। अधिकतर मुद्रित प्रकाशनों से ही पठन करते है।

यद्यपि इलेक्ट्रॉनिक स्रोतों के लाभ उनकी परिसीमाओं से कहीं अधिक हैं, लेकिन निकट भविष्य में मुद्रित स्रोतों को उनके द्वारा प्रतिस्थापित किए जाने की कम ही संभावना है। लोग अभी भी समचार पत्रों, पुस्तकों एवं दूसरे स्रोतों को मुद्रित रूप में ही वरीयता देते हैं, अतएव यह उनके प्रतिस्थापक नहीं, केवल अनुपूरक हैं।

❑❑❑

विद्यार्थीगण **GPH** की पुस्तकें क्यों चुनते हैं?

- विश्वविद्यालयों/परीक्षा बोर्डों/संस्थानों द्वारा निर्धारित पाठ्यक्रमों का पूर्ण समावेश।
- आसानी से समझी जा सकने वाली भाषा तथा प्रारूप (फॉर्मेट) जिससे विद्यार्थियों को थोड़े समय में परीक्षा की तैयारी करने में सहायता मिलती है।
- हमारी पुस्तकें परीक्षा को ध्यान में रखकर प्रश्न-उत्तर शैली में तैयार की जाती हैं जिससे विद्यार्थीगण सही उत्तर को तुरंत समझ पाते हैं।
- पिछले वर्षों के प्रश्न-पत्रों को हल करके शामिल किया जाता है ताकि विद्यार्थीगण को परीक्षा के उस खास ढाँचे को समझने में सहायता मिल सके और वे परीक्षा की तैयारी बेहतर ढंग से कर सकें।
- दोनों छमाहियों (जून-दिसम्बर) के प्रश्न-पत्रों को हल करके पुस्तक में शामिल किया जाता है।
- आँकड़ों में जब भी कोई परिवर्तन होता है तो उसे अपडेट कर दिया जाता है।
- पुनरावृत्त (रिसाइकल किए गए) कागज का प्रयोग।
- सुविधाजनक आकार तथा उचित मूल्य।
- अपने सामाजिक दायित्वों के अनुरूप हम बेची गई प्रत्येक पुस्तक से समाज/संस्थाओं/एन.जी.ओ./वंचितों को सहयोग देते हैं।

परिसंचरण सेवाएँ
(CIRCULATION SERVICES)

भूमिका

पुस्तकालय अपने पाठकों के लिए प्रलेखों का अर्जन करता है तथा अपेक्षा की जाती है कि पाठक इनका अधिकतम प्रयोग करेंगे। पुस्तकालय विज्ञान के प्रथम दो नियम भी इसी पर बल देते हैं। कि पाठकों को अपनी सूचना संबंधी आवश्यकताओं की पूर्ति के लिए पुस्तकें प्राप्त होनी चाहिए तथा पुस्तकालय में उपलब्ध कराई गई प्रत्येक पुस्तक को प्रयोग किया जाए। इसी को सुनिश्चित करने के लिए पुस्तकों के परिचालन पक्ष पर ध्यान देना होता है। अधिकतर पुस्तकालय इस क्रम में रजिस्टर, रजिस्टर प्रणाली तथा कार्ड प्रणाली का प्रयोग करते हैं। परिचालन के प्रकार्यों के अंतर्गत सदस्यों का पंजीकरण किया जाता है तथा उसके उपरांत सदस्यों को पुस्तक प्रदान करने के लिए चार्ज करना एवं डिस्चार्ज करना संबंधी प्रक्रिया अपनाई जाती है। आज के इस विज्ञान एवं नव-संचार के युग में इसके लिए स्वचालित प्रणाली का भी उपयोग किया जा रहा है। एक पुस्तकालय की पुस्तकों को अन्य पुस्तकालयों के प्रयोग के लिए उपलब्ध कराने हेतु अंतर - पुस्तकालय ऋण की व्यवस्था भी प्रारंभ की जा चुकी है।

प्रश्न 1. परिसंचरण (Circulation) कार्य से आपका क्या तात्पर्य है? इसके लक्ष्य एवं विषय-क्षेत्र को संक्षिप्त में समझाइए।

उत्तर– आधुनिक सेवा पुस्तकालयों में परिसंचरण (परिचालन) कार्य एक प्राथमिक कार्य है। विचारपूर्ण और कष्टसाध्य विधि से निर्मित प्रलेख-संग्रह की सार्थकता उसके उपयोग में निहित है, अतः इसे निधानी (Shelf) पर व्यर्थ ही नहीं छोड़ना चाहिए। वस्तुतः प्रत्येक पाठक को उसकी वांछित पुस्तक मिलनी चाहिए और प्रत्येक पुस्तक को उसका पाठक मिलना चाहिए। अतः पुस्तकालयों ने एक ऐसी सेवा देनी आरंभ की जिसके द्वारा पाठक वर्ग अपने-अपने सुविधा-समय में पुस्तकालय से दूर, घर पर अथवा अन्य स्थान पर, या पुस्तकालय में ही शोधकक्ष अथवा अध्ययनकक्ष में अध्ययन कर सकें। ऐसी स्थिति विश्वविद्यालय पुस्तकालयों में अथवा अभिलेखागारों अथवा संग्रहालयों के पुस्तकालयों में प्रायः उत्पन्न हो जाती है। कुछ ऐसे भी अभिलेख होते हैं जिन्हें सुरक्षा इत्यादि कारणों से पुस्तकालय से बाहर नहीं ले जाने दिया जाता। परंतु किसी भी रूप में पुस्तकों को पाठकों के लिए परिसंचरित करना ही होता है। परिसंचरण की कार्याविधि से संबंधित सभी कार्य, तत्संबंधित अभिलेखों और फाइलों का निर्माण और रख-रखाव एवं अन्य कार्य, परिसंचरण कार्य कहलाते हैं।

परिसंचरण कार्य का लक्ष्य–परिसंचरण का लक्ष्य, पाठ्य-सामग्री का अधिकतम उपयोग संभव करने के लिए उसे पाठक वर्ग को अधिकतम उपलब्ध कराना होता है। किसी भी परिसंचरण सेवा का मूलभाव इस कार्य को कम लागत और सुचारू रूप से संपन्न करने में निहित है। इसका निहितार्थ है कि विविध प्रकार के प्रलेखों को विभिन्न प्रकार के पाठक वर्ग को उधार दे पाने में सक्षम कार्यविधि वाली किसी प्रभावी परिसंचरण प्रणाली को अपनाया जाए। इसमें पाठक वर्ग के लिए पाठ्य-सामग्री की अधिकतम उपलब्धता के साथ-साथ उसकी आवाजाही पर समुचित नियंत्रण भी अपेक्षित है। पुस्तकालय के परिसंचरण विभाग द्वारा इन लक्ष्यों को मूर्त कर पाना, एक प्रकार का प्रबंधकीय उद्देश्य है।

परिसंचरण कार्य का विषय-क्षेत्र–परिसंचरण कार्य में निम्नलिखित कार्यों को सम्मिलित किया जाता है–

- सदस्यता पंजीकरण,

- उधार देने के कार्य, यथा देय-आदेय,
- नवीकरण, यथा पाठकों द्वारा अतिरिक्त समय की माँग,
- वापस माँगना, यथा पाठक से पुस्तक लौटाने के लिए कहना,
- आरक्षण, यथा उधार दी गई पुस्तकों को अन्य सदस्य के लिए आरक्षित करना, तथा
- विज्ञप्ति, यथा उपर्युक्त कार्यों के लिए सदस्यों से संप्रेषण करना।

परिसंचरण प्रभाग के अन्य कार्यों में अतिरिक्त ऋण सेवाओं जैसे, अंतरपुस्तकालय ऋण सेवा तथा आरक्षित पुस्तक-संग्रह, को भी सम्मिलित किया गया है। परिसंचरण पटल के प्रायः प्रवेश स्थल के निकट अवस्थित होने के कारण परिसंचरण प्रभाग को प्रवेश पंजी और निजी वस्तु पटल के कार्य भी सौंप दिए जाते हैं।

विभिन्न पुस्तकालयों में परिसंचरण की निश्चित कार्य-सीमा भिन्न-भिन्न होती है।

प्रश्न 2. परिसंचरण कार्य के एक प्रकार के रूप में उपयोक्ता पंजीकरण पर संक्षिप्त टिप्पणी लिखिए।

उत्तर– किसी भी परिसंचरण प्रणाली में सर्वप्रथम उपयोक्ताओं का पंजीकरण किया जाता है। यह प्रक्रिया, समयसाध्य और व्ययकारी होने पर भी कई कारणों से अपरिहार्य है। इस प्रक्रिया के द्वारा संभावित उपयोक्ताओं को पुस्तकालय का नियमित सदस्य बना दिया जाता है। पंजीकरण के द्वारा सार्वजनिक पुस्तकालय के संदर्भ में समुदाय के सदस्य को और शैक्षिक पुस्तकालय के संदर्भ में किसी छात्र अथवा अध्यापक को, सदस्य-पाठक के रूप में मान्यता मिल जाती है। इस प्रकार की मान्यता विभिन्न नियंत्रण कार्यों यथा आरक्षण, वापसी, दंड व्यवस्था इत्यादि के लिए अनिवार्य है। इनके अतिरिक्त, इसके द्वारा पाठकों को पुस्तकालय के विधि विधानों के बारे में सूचित किया जा सकता है। उपयोक्ता समूह के साथ पुस्तकालय का प्रथम संपर्क पंजीकरण के समय ही हो पाता है। विशेष रूप से सार्वजनिक पुस्तकालयों में पाठक वर्ग से संबंधित ठोस तथ्य पंजीकरण प्रक्रिया के द्वारा ही उपलब्ध हो पाते हैं।

पंजीकरण प्रक्रिया—पंजीकरण प्रक्रिया को पर्याप्त रूप से मानकीकृत किया जा चुका है। भावी सदस्य को एक आवेदन पत्र पूरित करने के लिए दिया जाता है। आवेदन पत्र सामान्यत: पत्रक के रूप में होता है, ताकि इन पत्रकों को वर्णक्रमानुसार सदस्यों के अभिलेख के रूप में रखा जा सके। वांछित सूचनाएँ, सदस्य के नाम, पते, दूरभाष संख्या, पेशे और व्यवसायिक पते और दूरभाष संख्या से संबंधित होती हैं। सार्वजनिक पुस्तकालय में किसी परिचायक अथवा प्रतिभू (guarantor) का नाम, पेशा, पता और दूरभाष संख्या इत्यादि माँगे जाते हैं। आवेदक के साथ-साथ परिचायक अथवा प्रतिभू के हस्ताक्षर भी होने चाहिए।

महाविद्यालय तथा विश्वविद्यालय के पुस्तकालय अपने सभी अध्यापकों, कर्मचारियों और छात्रों को परिसंचरण सुविधा प्रदान करते हैं। छात्रों की पहचान करने के लिए विभिन्न संस्थाओं में भिन्न-भिन्न विधि अपनाई जाती हैं। छात्र से उसका परिचय-पत्र माँगा जा सकता है, अथवा उसकी प्रवेश-रसीद देखी जा सकती है, या फिर संबंधित विभागाध्यक्ष अथवा संस्था-प्रमुख से आवेदन-पत्र को संस्तुत कराया जा सकता है। अध्यापक अथवा कर्मचारी के मामले में उनका नियुक्ति पत्र देखा जा सकता है। इस प्रकार आवेदक की विश्वसनीयता को स्थापित करना महत्त्वपूर्ण है। पंजीकरण सदस्य को पुस्तकालय की सुविधाओं का उपयोग करने के लिए अधिकृत करता है। पंजीकरण का स्वरूप ही परिसंचरण प्रणाली के स्वरूप को निर्धारित करता है। सदस्य पंजिका में, सदस्य को दी जाने वाली सुविधा-सीमा भी अंकित की जाती है। सुविधा-सीमा के अंतर्गत, किस प्रकार के और कितने प्रलेख, कितने समय के लिए उधार लिए जा सकते हैं और इन्हें वापस मँगाने का अधिकार पुस्तकालय के पास सुरक्षित है, इत्यादि आते हैं।

प्रश्न 3. पुस्तकालय के देय-आदेय कार्य की व्याख्या कीजिए।

अथवा

देय-आदेय अनुभाग के विभिन्न कार्यों की विस्तार से व्याख्या कीजिए। [जून-2018, प्र.सं.-3.1]

अथवा

देय-आदेय अनुभाग के कार्यों का वर्णन कीजिए।

[दिसम्बर-2018, प्र.सं.-3.1]

उत्तर— देय-आदेय कार्य का अर्थ है पुस्तकों का आदान-प्रदान। एक

पुस्तकालय में कई सारे पाठक होते हैं जो पुस्तक पढ़ने के लिए ले जाते हैं व पढ़कर वापस करते हैं। इसका विवरण देय-आदेय कार्य कहलाता है।

परिसंचरण कार्य के अंतर्गत पुस्तकालय-सामग्री पाठकों को उधार दी जाती है और प्रत्येक लेन-देन का सुव्यवस्थित ढंग से आलेखन कर परिसंचरण, अभिलेख के रूप में रखा जाता है। सेवा पुस्तकालय का यह एक महत्त्वपूर्ण प्राथमिक कार्य है। इसी सेवा के द्वारा उपयोक्ता पुस्तकालय-संचालन की विभिन्न प्रणालियों के सीधे संपर्क में आता है। अतः पाठकों को उत्कृष्ट सेवा प्रदान करने के लिए पुस्तकालयाध्यक्षों ने एक सक्षम सस्ती परिसंचरण प्रणाली को विकसित करने में कोई कसर नहीं छोड़ी। पाठकों के लिए उत्कृष्ट सेवा प्रदान करने के अतिरिक्त यह जानने के लिए कि किसी समय कोई भी पुस्तक कहाँ या किसके पास है, लेन-देन का एक विश्वसनीय अभिलेख बनाना ही चाहिए। इसका प्रावधान वैसे तो किसी भी पुस्तकालय में होना चाहिए, परंतु शैक्षिक पुस्तकालयों में कुछ पुस्तकों के लिए सतत् माँग बनी रहने के कारण यह और भी अधिक आवश्यक हो जाता है।

देय-आदेय की किसी भी मान्य प्रणाली में निम्न प्रकार की कार्य-क्षमता होनी चाहिए–

- देय पुस्तक की पहचान: कोई पुस्तक किसी समय पुस्तकालय में है अथवा किसी पाठक के पास;
- पुस्तक लेने वाले पाठक की पहचान;
- पुस्तक की आदेय तिथि;
- पुस्तक के उपयोग की गणना: पुस्तक के बार-बार उपयोग का स्थायी अभिलेख;
- किसी पाठक द्वारा उपयोग की गई पुस्तकों का लेखा-जोखा: एक पाठक ने किन पुस्तकों का कितने समय तक उपयोग किया है, इत्यादि की सूचना; तथा
- प्रतिदिन विषयवार कितनी पुस्तकों का परिसंचरण हुआ।

परिसंचरण नियंत्रण तीन प्रकार के अभिलेखों पर आधारित है, यथा–

- उधार पर दिए गए प्रलेख;
- उधार ली गई पुस्तकों के पूर्ण विवरण सहित पाठकों की सूची; तथा
- कालावधि का अभिलेख, जिसमें उपर्युक्त दोनों अभिलेख भी सम्मिलित हों।

परिसंचरण प्रणाली की संक्रियात्मक क्षमता का आकलन जिन तत्त्वों पर आधारित है, वे हैं–

- **गति**—अर्थात् पुस्तकों का लेन-देन कुशलता के साथ तीव्र गति से हो सके;
- **मितव्ययता**—अर्थात् प्रणाली, कर्मचारी, समय, लागत, सामग्री, उपकरण, लेखन-सामग्री सभी अर्थों में मितव्ययी हो;
- **त्रुटिरहित**—पुस्तकें कहाँ, किस पाठक के पास हैं, की सही और शीघ्र जानकारी;
- **भीड़-भाड़ रहित**—परिसंचरण पटल पर पाठकों की भीड़ न लगे;
- **न्यूनतम लंबित कार्य**—दिनभर के लेन-देन का दैनिक अभिलेख; तथा
- **न्यूनतम तैयारी की आवश्यकता**—परिसंचरण कार्य आरंभ करने से पूर्व, तैयारी करने में कम समय लगे।

परिसंचरण की लघुतम प्रणाली में केवल उसी श्रेणी के अभिलेख, अर्थात् पाठक द्वारा ली गई सामग्री के अभिलेख रखने के लिए क्रियाविधियों में संगतता होनी चाहिए। परिसंचरण की संपूर्ण प्रणाली वह है, जिसमें तीनों प्रकार के अभिलेखों का प्रावधान हो। सबसे पहले प्रचलित 'दैनिक पंजी' परिसंचरण की लघुतम प्रणाली में लेन-देन की एक ही श्रेणी का अभिलेखन होता था। खाता-बही प्रणाली में दैनिक पंजी की अपेक्षा अधिक परिष्कृत नियंत्रण व्यवस्था उपलब्ध थी। किंतु, इसमें भी उधार पर दी गई पुस्तक का पता ज्ञात नहीं हो पाता था। 'डमी प्रणाली' में तालिका-नियंत्रण संभव हो सका। बाद में विकसित ब्राउने तथा न्यूआर्क जैसी प्रणालियों में अधिकांश अपेक्षाओं की प्रत्यक्ष रूप से तथा अन्य की परोक्ष रूप से पूर्ति होती है। लेकिन कम्प्यूटर आधारित स्वचालित प्रणाली के द्वारा ही सभी अपेक्षाओं की एक साथ पूर्ति संभव हुई है।

प्रश्न 4. ब्राउने देय-आदेय (निर्गम-आगम) प्रणाली का वर्णन कीजिए। इसके गुण तथा दोषों की चर्चा कीजिए।

उत्तर— सन् 1900 के आस-पास शताब्दी के परिवर्तन काल में नीना ई. ब्राउने ने एक नई परिसंचरण प्रणाली का प्रयोग किया। इसमें

पत्रक के स्थान पर प्रत्येक पाठक के लिए एक पाठक-पॉकेट (Pocket) का उपयोग किया गया। निर्गमन के समय पुस्तक से उसके पत्रक को निकाल कर उस पर पाठक का नाम, पता और सदस्यता संख्या लिखकर पाठक-पॉकेट में रख दिया जाता था। इन पाठक-पॉकेटों को उसमें रखे पुस्तक-पत्रक सहित, परिसंचरण पटल पर दिनांक के अनुसार, आह्वान संख्या अथवा लेखक अथवा पुस्तक की आख्या के क्रम से व्यवस्थित कर दिया जाता था। आगम के समय, पुस्तक पर अंकित देय तिथि देखकर परिसंचरण पटल पर से संबंधित पुस्तक का पत्रक एवं पाठक का पुस्तकालय-पत्रक (पॉकेट) निकाल लिया जाता था। पुस्तक को निधानी पर रख दिया जाता था और पुस्तकालय-पत्रक पाठक को वापस दे दिया जाता था। इस प्रणाली में पुस्तक के बारे में जानकारी एक प्रयास में ही उपलब्ध हो जाती थी। पर्ची प्रणाली से अधिक उपयोगी होने पर भी इसमें लेन-देन का स्थायी अभिलेख न होने की कमी थी।

ब्राउने प्रणाली में प्रयोग की जाने वाली सामग्री का नमूना–

CALL. NO. .... ACC. NO. ....
Name of the Library : ....
The following books were issued/are due on the date stamped below:
Date is issue/ Date of return   Date is issue/Date of return
....

Size: 12.7 cms × 7.6 cms
चित्र 3.1: दिनांक पर्ची (Date Slip)

```
┌─────────────────────────────────────┐
│ Book Pocket _____   │
│                                     │
│ Acc. No. _____    │
│                                     │
│ Name of the Library                 │
│                                     │
│                                     │
│                                     │
└─────────────────────────────────────┘
```

Size: 5" × 3"

चित्र 3.2: पुस्तक-पॉकेट (Book-Pocket)

```
┌─────────────────────────────────────┐
│ CALL NO. ..........................  │
│ ACC NO. ...........................  │
│ Author: ...........................  │
│ Title : ...........................  │
│                                     │
│                                     │
│                                     │
└─────────────────────────────────────┘
```

Size: 10.25 × 5 cm

चित्र 3.3: पुस्तक-पत्रक (Book Card)

```
┌──────────────────────────┐
│ ID.NO.                   │
│                          │
│ NAME                     │
│                          │
│ ADDRESS                  │
│                          │
│       SIGNATURE OF       │
│       THE BORROWER       │
└──────────────────────────┘
```

चित्र 3.4: अध्येयता टिकट (Borrower's ticket)

ब्राउने निर्गम प्रणाली के गुण (Merits of Browne Charging System) —

- निर्गम-आगम का कार्य सरल एवं सुगम है। कार्य सरलता एवं शीघ्रता से संपन्न होता है।
- इसके द्वारा पुस्तकालय विज्ञान के चतुर्थ सूत्र को संतुष्टि प्राप्ति होती है अर्थात् पद्धति द्वारा पाठक एवं कर्मचारी दोनों के समय की बचत होती है क्योंकि इस पद्धति में पाठक के अध्येयता-पत्र और पुस्तक-पत्रक पर किसी भी प्रकार की कोई सूचना अंकित नहीं करनी होती, मात्र देय दिनांक पर्ची पर ही तिथि अंकित की जाती है। अत: यह अनुमान लगाया जाता है कि एक घंटे में लगभग 300 पुस्तकें निर्गत की जा सकती हैं।
- कोई विशिष्ट पुस्तक किस पाठक के पास है और उसके वापस आने की संभावना कब तक है, के संबंध में पूर्ण सूचना रहती है।
- भीड़ के समय पुस्तक निर्गम-आगम का कार्य अनेक कर्मचारियों द्वारा सरलतापूर्वक संपादित किया जा सकता है।
- कालातीत पुस्तकों हेतु स्मरण-पत्र भेजना सरल है। पाठक के संबंध में पूर्ण जानकारी अध्येयता-पत्रक पर अंकित होती है, अत: सदस्यता-पत्र अथवा सदस्यता-पंजी का अवलोकन नहीं करना पड़ता।
- इस पद्धति में पाठक जितनी पुस्तकें प्राप्त करने का अधिकारी है, उतने ही अध्येयता-पत्रक पाठक को प्रदान किए जाते हैं जिससे पाठक द्वारा निर्धारित संख्या से अधिक पुस्तकें निर्गत कराने की संभावना नहीं रहती।
- निर्गम के कार्य में त्रुटि की संभावना नहीं होती क्योंकि इसमें पुस्तक-पत्रक पर पाठक की सदस्यता संख्या आदि अंकित करने जैसा कोई कार्य नहीं किया जाता।
- प्रतिदिन की पुस्तक निर्गम संख्या क्या है? किस विषय में कितनी पुस्तकें निर्गत हुई हैं, के संबंध में स्पष्ट जानकारी प्राप्त होती है।
- पुस्तक निर्गम की विभिन्न अवधियों यथा 7 दिन, 14 दिन, 1 माह आदि को नियंत्रित करना सरल है।

- पुस्तक आगम के समय पुस्तकालय कर्मचारी पुस्तक प्राप्त कर अध्येयता-पत्रक पाठक को वापस दे देता है। इससे पाठक संतुष्ट होते हैं तथा भविष्य में भी किसी विवाद की संभावना नहीं रहती। अध्येयता-पत्रक का पाठक के पास होना इस बात का द्योतक होता है कि उसके आधार पर उसके पास कोई पुस्तक बकाया नहीं है। इसके विपरीत अध्येयता-पत्रक पुस्तकालय के पास है तो यह इस बात का सूचक है कि पाठक के पास उसके आधार पर कोई पुस्तक बकाया है। अतः अध्येयता-पत्रक रसीद के रूप में कार्य करता है।
- आरक्षण एवं निर्गम के नवीनीकरण की प्रक्रिया सरल है।
- अध्येयता-पत्रक पाठक के परिचय-पत्र का कार्य करता है।

ब्राउने निर्गम प्रणाली के दोष (Demerits of Browne Charging System)—

- यह पद्धति व्ययशील, श्रम-साध्य एवं समय-साध्य है, क्योंकि प्रत्येक पाठक को उतने ही अध्येयता-पत्रक दिए जाते हैं, जितनी पुस्तकें प्राप्त करने का वह अधिकारी है। अतः अधिक पत्रकों की आवश्यकता होती है, इनका निर्माण श्रम एवं समय-साध्य है। संबंधित उपकरणों की भी अधिक मात्रा में आवश्यकता होती है, साथ ही स्थान भी अधिक होना चाहिए।
- अध्येयता-पत्रक के अभाव में पुस्तक निर्गत नहीं की जा सकती।
- अध्येयता-पत्रक के खो जाने एवं उसके दुरुपयोग की संभावना बनी रहती है।
- निर्गमन का स्थायी लेखा न होने के कारण, किस पाठक ने कितनी और कौन-कौन सी पुस्तकों का अध्ययन किया अथवा एक विशिष्ट पुस्तक का कितने एवं किस-किस पाठक ने अध्ययन किया है, की स्पष्ट जानकारी प्राप्त नहीं होती।
- इस पद्धति में न तो पुस्तक-पत्रक और न ही अध्येयता-पत्रक पर कहीं देय दिनांक अथवा अन्य प्रकार का ऐसा संकेत ही अंकित किया जाता है जिससे दोनों पत्रकों में संबंध स्थापित हो सके। अतः पुस्तक-पत्रक तथा अध्येयता-पत्रक एक-दूसरे से

- अलग हो जाएँ अथवा भूलवश यदि पुस्तक-पत्रक किसी गलत तिथि में व्यवस्थित हो जाए तो बड़ी कठिनाई का सामना करना पड़ता है।
- पाठक के पास पुस्तक के अतिरिक्त कोई ऐसा अभिलेख नहीं रहता जिससे उसे यह ज्ञात हो सके कि उसके पास पुस्तकालय की कितनी और कौन-कौन सी पुस्तकें हैं और उन्हें कब वापस लौटाना है।
- इस पद्धति में निर्गम ट्रेज को व्यवस्थित करने के लिए अधिक स्थान की आवश्यकता होती है।
- यदि अध्येयता-पत्रक पाठक को न देकर पुस्तकालय में ही रखा जाता है तो पाठक द्वारा पुस्तक माँगे जाने पर उसका पत्रक ढूँढ़कर निकालने तथा आगम के पश्चात् ट्रे में व्यवस्थित करके रखने में समय व्यर्थ होता है तथा पुस्तकालय कर्मचारियों द्वारा उनके दुरुपयोग की आशंका बनी रहती है। साथ ही बहुत-से ऐसे सदस्यों के पत्रक व्यर्थ रखे रहते हैं, जो पुस्तकालय में नियमित रूप से नहीं आते।

प्रश्न 5. न्यूआर्क देय-आदेय पद्धति की व्याख्या कीजिए। इसके गुण तथा दोषों का वर्णन कीजिए।

उत्तर– बीसवीं शताब्दी के अंतिम वर्षों में (सन् 1900 के आस-पास) पाठक-पत्रक और पुस्तक-पत्रक को सर्वाधिक उपयोगी ढंग से काम में लाने वाली एक प्रणाली का जन्म हुआ। इस नई प्रणाली को सर्वप्रथम न्यूआर्क (न्यू जर्सी) पब्लिक लाइब्रेरी (Newark Public Library) ने अपनाया, और फिर यह प्रचलित हो गई। इसकी सरलता और लचीलेपन के कारण इसे छोटे और बड़े अनेक सार्वजनिक पुस्तकालयों ने अपना लिया। इसके सकारात्मक गुणों में, सभी फाइलें, जिन्हें परिसंचरण पटल पर उपयोक्ता के नाम, देयतिथि अथवा आह्वान संख्या के माध्यम से उपयोग किया जा सकता है, सम्मिलित हैं। इसमें कई प्रकार के सांख्यिकीय प्रतिवेदन बनाए जा सकते हैं, और इसमें ऋण की अवधि का हिसाब रखा जा सकता है। इसका प्रमुख दोष

इसकी श्रम-साध्य प्रक्रियाओं में है। किंतु, यह उपयोक्ता का संबंध निर्गमित पुस्तक से स्थापित करने और लेन-देन के आँकड़ों के वांछित उपयोग को संभव बना देती है।

न्यूआर्क निर्गम प्रणाली में प्रयोग की जाने वाली सामग्री का नमूना–

CALL NO.:			ACC. NO.:
Name of the Library The Book was issued/due for return on date stamped or marked below			

Size: 5" × 3"

चित्र 3.5: दिनांक पर्ची (Date Slip)

```
OPEN FLAP
NAME OF THE LIBRARY
BRIEF LIBRARY RULES
1
2
3
4
5
```

Size: 5" × 3"

चित्र 3.6: पुस्तक-पॉकेट (Book Pocket)

परिसंचरण सेवाएँ 115

```
┌─────────────────────────────────────────┐
│ NAME OF THE LIBRARY                     │
│                                         │
│ CALL NO.                                │
│                                         │
│ ACC NO.                                 │
│                                         │
│ AUTHOR                                  │
│                                         │
│ TITLE                                   │
│                                         │
│ This Book was issued/ is due for return on │
│ date stamped or marked below:           │
└─────────────────────────────────────────┘
```

Size: 4" × 2"

चित्र 3.7: पुस्तक-पत्रक (Book Card)

NAME OF THE LIBRARY			
Borrower's Id _____			
Date of expiry _____			
NON-TRANSFERABLE			
The following books were issued to me.			Signature
Date of issue	Date of return	Date of issue	Date of return

चित्र 3.8: अध्येयता-पत्रक (Borrower's Card)

न्यूआर्क निर्गम प्रणाली के गुण (Merits of Newark Charging System)—

- यह पुस्तक निर्गम-आगम की सबसे सरल पद्धति है।
- कोई विशिष्ट पुस्तक किस पाठक के पास है और उनके वापस आने की संभावना कब तक है, के संबंध में पूर्ण सूचना रहती है।

- एक ही अध्येयता-पत्रक पर अनेक पुस्तकें निर्गत की जा सकती हैं।
- अध्येयता-पत्रक पाठक के पास ही रहता है, अतः पुस्तकों के अतिरिक्त पाठक के पास यह अभिलेख रहता है कि उसके पास पुस्तकालय की कितनी पुस्तकें हैं और उन्हें कब वापस करना है।
- पुस्तक-पत्रक पर इस बात का स्थायी लेखा रहता है कि किसी विशिष्ट पुस्तक का अध्ययन कितने और किन-किन पाठकों द्वारा किया गया? इस सूचना से पुस्तक की लोकप्रियता का ज्ञान तो होता ही है साथ ही पुस्तक को क्षतिग्रस्त करने वाले पाठकों का पता भी लगता है। पाठक की रुचि की जानकारी भी प्राप्त होती है, जो पुस्तक चयन में सहायक सिद्ध होती है।
- पुस्तक-पत्रक के स्थायी लेखों के कारण एक ही पाठक को कोई विशिष्ट पुस्तक अनेक बार निर्गम होने पर स्वतः ही रोक लग जाती है तथा पुस्तकों के निष्कासन (Withdrawal) में भी यह सूचना सहायक होती है।
- पुस्तक आगम के समय पुस्तकालय कर्मचारी पुस्तक प्राप्त कर अध्येयता पत्रक पर अपने हस्ताक्षर करता है। इससे पाठक तो संतुष्ट होते ही हैं, भविष्य में भी किसी विवाद की संभावना नहीं रह जाती।
- भीड़-भाड़ के समय पुस्तक निर्गम-आगम के कार्य को एक ही समय में अनेक कर्मचारियों द्वारा सरलतापूर्वक संपन्न किया जा सकता है।
- पुस्तक निर्गम की विभिन्न अवधियों यथा 7 दिन, 14 दिन, 1 माह आदि को नियंत्रित करना सरल होता है क्योंकि पुस्तक-पत्रक पर देय दिनांक अंकित रहती है।
- पुस्तक आरक्षण का कार्य सरलतापूर्वक संपन्न होता है।
- कालातीत पुस्तकों के स्मरण-पत्र भेजने का कार्य सरल है।
- प्रतिदिन की पुस्तक निर्गम संख्या क्या है? किस विषय की पुस्तकें अधिक निर्गत हुई हैं, की स्पष्ट जानकारी प्राप्त होती है।
- निर्गम के नवीनीकरण की प्रक्रिया सुगम एवं सरल है।

न्यूआर्क निर्गम प्रणाली के दोष (Demerits of Newark Charging System)—

- पुस्तक निर्गम-आगम के कार्य में अधिक समय लगता है। निर्गम करते समय पुस्तक-पत्रक पर पाठक की सदस्यता संख्या तथा देय दिनांक अंकित की जाती है, साथ ही अध्येयता-पत्रक एवं देय दिनांक पर्ची पर भी देय दिनांक अंकित की जाती है। आगम के समय अध्येयता-पत्रक और पुस्तक-पत्रक दोनों पर ही पुस्तक की प्राप्ति तिथि तथा कर्मचारी के हस्ताक्षर अंकित किए जाते हैं।
- ट्रे में से पुस्तक-पत्रक खोजकर निकालना कठिन एवं समय-साध्य है।
- भीड़ के समय पुस्तक-पत्रक पर अंकित की जाने वाली सदस्यता संख्या को अंकित करने में गलती की संभावना रहती है, क्योंकि पाठक एवं पुस्तकालय कर्मचारी दोनों ही कार्य को शीघ्र संपन्न करवाना तथा करना चाहते हैं। ऐसी स्थिति में यदि सदस्य द्वारा पुस्तक न लौटाई जाए तो पुस्तक के गुम होने के साथ-साथ पुस्तकालय और कर्मचारियों की प्रतिष्ठा को ठेस पहुँचने की संभावना बनी रहती है, क्योंकि पुस्तक की माँग उस सदस्य से की जाती है जिसने उसको निर्गमित नहीं करवाया।
- एक ही अध्येयता-पत्रक पर अनेक पुस्तकें निर्गमित की जाती हैं। अत: भीड़ के समय में पाठक द्वारा एक समय में निश्चित संख्या से अधिक पुस्तकें निर्गमित करवाई जा सकती हैं।
- इसके अतिरिक्त भीड़ के समय अथवा शीघ्रता में किसी अन्य पुस्तक के देय दिनांक के समक्ष प्राप्ति दिनांक अंकित कर देने संबंधी त्रुटि की भी संभावना रहती है।
- अध्येयता-पत्रक के खो जाने तथा उसके दुरुपयोग की संभावना रहती है।
- अध्येयता-पत्रक के अभाव में निर्गम-आगम संभव नहीं है।
- कालातीत पुस्तकों के स्मरण-पत्र भेजने के लिए सदस्यता-पत्रों को देखना पड़ता है जिससे कर्मचारियों का समय नष्ट होता है।

- आरक्षण के कार्य को भी सरलतापूर्वक एवं शीघ्रता से संपादित करना संभव नहीं है।

प्रश्न 6. पुस्तकालय में परिसंचरण तंत्र के लिए विभिन्न नियंत्रण विधियों पर चर्चा कीजिए।

अथवा

अंतर-पुस्तकालय ऋण (ILL) पर संक्षिप्त टिप्पणी लिखिए।
[दिसम्बर-2017, प्र.सं.-5 (ग)]

उत्तर– पुस्तकालय सामग्री के परिसंचरण को नियंत्रण प्रक्रिया नियमित करती है। इस प्रक्रिया में निम्नलिखित कार्य सम्मिलित हैं–

(1) **नवीकरण**–नवीकरण में उसी प्रलेख को, देय तिथि को आगे बढ़ाकर, पुनः उसी पाठक को दे दिया जाता है। कुछ पुस्तकों को पाठक कई कारणों से अधिक समय के लिए चाहते हैं। यदि पुस्तक को अन्य पाठक द्वारा आरक्षित नहीं कराया गया है, तो ऐसी पुस्तक को पुनर्देयित कर दिया जाता है। प्रलेख को पुस्तकालय में प्रस्तुत करके अथवा दूरभाष पर भी पुनर्देयित किया जा सकता है। पुनर्देयन इस शर्त पर किया जाता है कि वापस मँगाने पर उस पुस्तक को लौटा दिया जाएगा।

(2) **आरक्षण**–आरक्षण प्रक्रिया को 'रोकने की प्रक्रिया' भी कहा जाता है। ऋण पर दी गई किसी पुस्तक की किसी अन्य पाठक द्वारा माँगे जाने पर परिसंचरण अभिलेख में अन्य पाठक और उसके द्वारा वांछित पुस्तक के मध्य पहचान बनाई जाती है। अगला कार्य पुस्तक की वापसी के समय किया जाता है। जब पुस्तक वापस की जाती है, तब देय अभिलेख से पता चलता है कि पुस्तक आरक्षित है। ऐसी आरक्षित पुस्तक को अलग रख कर संबंधित पाठक, जिसने माँग की थी, को पुस्तक की उपलब्धता के बारे में सूचित कर दिया जाता है।

शैक्षिक पुस्तकालयों में पाठ्य-पुस्तकों अथवा उन जैसी अन्य सामग्री के लिए छात्रों की भारी माँग बनी रहती है। अनेक छात्रों द्वारा वांछित इन पुस्तकों की अधिक प्रतियाँ धनाभाव इत्यादि कारणों से क्रय नहीं की जाती हैं। सीमित साधनों के कारण, पुस्तक की उपलब्ध प्रतियों और घर ले जाने की सुविधा के बीच संतुलन स्थापित करना पड़ता है। पुस्तक आरक्षण की माँग के भार को, किसी पुस्तक विशेष की प्रतियों की संख्या के आधार पर संतुलित किया जा सकता है।

(3) वापस मँगाना–परिसंचरण की अन्य महत्त्वपूर्ण नियंत्रण प्रक्रिया पुस्तक को वापस मँगाना है। पुस्तकों का नवीकरण इस शर्त पर किया जाता है कि माँग होने पर पुस्तक विशेष को वापस करना होगा। किसी अन्य पाठक को उपलब्ध कराने के लिए पुस्तक को लौटाने के लिए कहना ही वापस माँगने की प्रक्रिया है। इस प्रकार आरक्षण की माँग पुस्तक वापस मँगाने की प्रक्रिया का आरंभ बन जाती है।

(4) स्मरण कराना–परिसंचरण कर्मचारियों का एक महत्त्वपूर्ण कार्य ऋण पर दी गई पुस्तकों की वापसी के लिए संबंधित पाठक को सतत् स्मरण कराना है। पाठकों द्वारा स्वहित में अथवा भूल जाने के कारण पुस्तकें लौटाई नहीं जातीं। पुस्तकालय द्वारा पुस्तक को खोजने और उपलब्ध कराने में दी गई ढील भी पाठक द्वारा पुस्तकों को अधिक समय तक रोके रखने का कारण बन सकती है। कुछ पाठकों द्वारा पुस्तक को एकाधिकार में रखने की प्रवृत्ति पर अंकुश लगाने और प्रत्येक पाठक को ऐसी पुस्तक का समुचित उपयोग करने की सुविधा प्रदाने करने के लिए लगातार अनुस्मारक या स्मरण-पत्र भेजे जाने चाहिए। इसके लिए स्मरण-पत्र मुद्रित कराए जा सकते हैं। महाविद्यालय और विश्वविद्यालय पुस्तकालयों में स्मरण दिलाने के कार्य को प्रभावी बनाने में अध्यापकों से भी सहायता ली जा सकती है।

(5) अधिदेय–देय तिथि के बाद देरी से पुस्तक लौटाने पर पुस्तकालयों में अधिदेय शुल्क उगाहने की प्रथा प्रचलित है। पुस्तकालय की अधिदेय नीति, पुस्तकों के समुचित उपयोग को नियंत्रित करने के लिए बनाई जाती है। माँग में रहने वाली पुस्तकों को दबाकर रखने की पाठकों की प्रवृत्ति को अधिदेय नीति रोकती है। यह अनुशासन बनाए रखने में भी सहायक है। अधिदेय क्रिया परिसंचरण की क्रियाओं से जुड़ी है। अधिदेय शुल्क की राशि और उसे तय करने की विधि प्रत्येक पुस्तकालय में उसकी नीति के अनुसार अलग-अलग होती है। अधिक प्रचलित दो विधियाँ हैं–(क) प्रतिदिन प्रति पुस्तक की समान दर पर विलम्ब शुल्क लेना, और (ख) प्रति पुस्तक प्रतिदिन घटती अथवा बढ़ती दर पर विलम्ब शुल्क (अधिदेय शुल्क) लेना। अधिदेय शुल्क प्रति पुस्तक एक निश्चित राशि पर जोड़ा जाता है और फिर अधिकतम

राशि पर पहुँचकर स्थिर हो जाता है। रसीद के द्वारा अथवा अंतश्चेतना-मंजूषा के द्वारा अधिदेय शुल्क की प्राप्ति की जाती है। संबंधित विधि का निर्धारण पुस्तकालय की नीति के अनुसार होता है। रसीद विधि की अधिक लागत और इसमें समय के नष्ट होने के कारण कुछ पुस्तकालय अंतश्चेतना-मंजूषा विधि को वरीयता देते हैं। इसमें पाठक अधिदेय शुल्क की राशि को बंद ताले वाले पात्र में ऊपर बने छिद्र से डाल देता है। कुछ दिनों पश्चात् इस पात्र की राशि को निकालकर रोकड़ बही में अंकित कर दिया जाता है।

अनेक प्रतियों, अनेक शाखा-पुस्तकालयों, अनेक पाठकों, देयावधि की भिन्नता, पाठक वर्ग की भिन्नता और सामग्री भेद से उत्पन्न अनेक भेदोपभेद के कारण अधिदेय शुल्क इत्यादि की क्रियाएँ और अधिक उलझनकारी हो सकती हैं। ये सभी क्रिया-उपक्रियाएँ पुस्तकालय की स्मरण-पत्र भेजने की क्षमता पर निर्भर करती हैं। सही ढंग से बनी सदस्यता पंजी, ऋणावधि संबंधी नीति-निर्णय और पाठकों द्वारा स्मरण-पत्र के उत्तर की प्रकृति पर विज्ञप्ति क्रिया का सही संचालन निर्भर करता है।

(6) **अंत:पुस्तकालय ऋण**—अंत:पुस्तकालय ऋण, पुस्तकालय के मध्य सहायता अथवा पुस्तकालय नेटवर्क का सबसे पुराना स्वरूप है। जब एक पुस्तकालय सदस्य को किसी पुस्तक की आवश्यकता होती है तथा वह पुस्तक पुस्तकालय में उपलब्ध नहीं होती है, तब वह पुस्तकालय अपने किसी सहयोगी पुस्तकालय, जहाँ वह पुस्तक उपलब्ध है, से इस पुस्तक को उधार लेने के लिए निवेदन करता है। इस प्रकार का लेन-देन अपनी सहमति के आधार पर कुछ नियम एवं शर्तों के अंतर्गत किया जाता है। प्राप्त की गई इन पुस्तकों का प्रयोग सामान्यत:, पुस्तकालय परिसर के अंदर ही किया जाता है। उस पुस्तकालय को पुस्तक की आवश्यकता होने पर तुरंत लौटा दिया जाता है। जी.पी.एच. की पुस्तकों का मुख्य उद्देश्य ज्ञान के साथ-साथ अच्छे नम्बर दिलाना है।

प्रश्न 7. पुस्तकालयों में क्रमिक प्रकाशनों की नियंत्रण संबंधी प्रक्रिया को विस्तारपूर्वक समझाइए।

अथवा

पत्रक प्रणाली के विभिन्न प्रकारों को संक्षेप में समझाइए।

अथवा

कार्डेक्स प्रणाली पर संक्षिप्त टिप्पणी लिखिए।

अथवा

वर्गीकृत अनुक्रमणिका पत्रक पर संक्षिप्त टिप्पणी लिखिए।

उत्तर— क्रमिक प्रकाशन प्रमुख रूप से प्रशासनिक व्यवस्था के बारे में निर्णयों और आदेशन कार्य के प्रबंधन, प्रकाशन की प्राप्ति और रिकॉर्डिंग एवं पुस्तकालय के उपयोक्ताओं द्वारा सरलतापूर्वक अभिगम के परिरक्षण से संबंधित है। परंपरागत रूप से क्रमिक प्रकाशनों के अधिग्रहण, सेवा तथा परिरक्षण आदि का संपूर्ण कार्य पुस्तकालय के एक पृथक् विभाग के कार्यों के रूप में संपन्न किया जाता है। इसका औचित्य क्रमिक प्रकाशनों में चिह्नित कुछ निश्चित विलक्षणताओं से संबंधित है, जो निम्न हैं—

(1) पुस्तकों के विपरीत, पुस्तकालयों में क्रमिक प्रकाशनों की मूल सूचियों का चयन और अधिग्रहण एक बार किया जाने वाला कार्य है। बाद में सदस्यता के नवीकरण के समय पर मूल सूची में वार्षिक कार्य के रूप में प्राय: मामूली अनुवृद्धि तथा विलोपन किया जाता है।

(2) एजेंटों के माध्यम से अधिग्रहण, आमतौर पर क्रमिक प्रकाशनों के अधिग्रहण हेतु एक वरीयता प्राप्त विधि है। एजेंटों ने क्रमिक प्रकाशनों को संचालित करने में विशेषज्ञता को विकसित किया है और वे स्वयं को नए शीर्षकों, शीर्षक प्रकाशन के समय में परिवर्तनों तथा सदस्यता दरों के बारे में नवीन जानकारियों से अद्यतन रखते हैं और विविध मूल्य संवर्धित सेवाएँ प्रस्तावित करते हैं।

(3) क्रमिक प्रकाशनों में उनके जीवनकाल के दौरान शीर्षकों, आवधिकता, प्रायोजक निकायों तथा अंतरालों के साथ प्रकाशन को पुन: प्रारंभ करने आदि में अनेक परिवर्तन आते हैं। प्राय: उनके शीर्षक समस्याएँ उत्पन्न करते हैं क्योंकि वे केवल न्यूजलैटर, ट्रांजेक्शन, कार्यवाहियाँ आदि होते हैं और उनको सार्थक बनाने के लिए प्रकाशन संस्थानों/संगठनों के नाम जोड़ने की आवश्यकता होती है।

(4) क्रमिक प्रकाशन भागों में प्रकाशित किए जाते हैं और इसके प्रत्येक प्रकाशन की प्राप्ति को लेकर अधिक सतर्कता की आवश्यकता

होती है। प्राप्ति न होने पर तत्काल दावा न कर पाने की स्थिति में पुस्तकालय को उस प्रकाशन की स्थायी हानि उठानी पड़ सकती है।

एक बार शीर्षकों का चयन अंतिम रूप से कर लिए जाने पर, क्रमिक प्रकाशनों का प्रबंधन-कार्य आदेशन से शुरू होकर प्राप्ति, रिकॉर्डिंग, तकनीकी प्रक्रिया तथा सेवाएँ प्रदान करने और परिरक्षण पर समाप्त हो जाता है। अत: कहा जा सकता है कि अधिग्रहण नियंत्रण में निम्न चार कार्य शामिल होते हैं—आदेशन, रिकॉर्डिंग या चेक-इन, प्राप्त न हुए प्रकाशनों का दावा करना और बीजक।

आदेशन कार्य के अंतर्गत निम्न आदेश शामिल हैं—

(1) **नई सदस्यता**—आपूर्तिकर्त्ता का चयन, आदेश देने का प्रथम चरण है। सामान्यतया सदस्यता के आदेश एजेंटों के माध्यम से दिए जाते हैं। भारत में और अधिकांश गैर-पश्चिमी देशों में पुस्तकालय, बड़ी संख्या में ऐसे क्रमिक प्रकाशनों की सदस्यता लेते हैं, जो विदेशों में प्रकाशित होते हैं। आदेश देने से पहले यह अनिवार्य होता है कि प्रत्येक शीर्षक के ग्रंथसूचीपरक विवरणों की शुद्धता और सूचनाओं की संपूर्णता की जाँच कर ली जाए। इस प्रयोजन से शीर्षकों को विश्वसनीय प्राधिकारियों, जैसे—*अलरिच की अंतर्राष्ट्रीय सामयिकी निर्देशिका, प्रेस इन इंडिया और भारतीय सामयिकियों की निर्देशिका* आदि द्वारा जाँच लेना चाहिए। हम यूनियन कैटलॉग ऑफ साइंटिफिक सीरियल्स (NISCAIR) और यूनियन कैटलॉग ऑफ सोशल साइंस पीरियॉडिकल्स (NASSDOC) से भी परामर्श कर सकते हैं।

(2) **आदेश फॉर्म**—आदेश फॉर्म में क्रमिक प्रकाशनों के बारे में पूर्ण जानकारी तथा प्रेषण व बीजक तैयार करने हेतु आवश्यक निर्देश होने चाहिए। इसमें यह भी निर्दिष्ट होना चाहिए कि निरसन का पत्र प्राप्त होने तक सदस्यता स्वत: नवीकृत होती रहेगी अथवा नहीं। क्रमिक प्रकाशन शीर्षक के बारे में पूर्ण जानकारी हेतु निम्न विवरणों पर विचार किया गया है—शीर्षक, ISSN, प्रकाशकों के नाम और पते, आरंभ तिथि और खंड। प्रत्येक मद की पृथक् आदेश संख्या होनी चाहिए। आदेश फॉर्म में प्रदाय संबंधी निर्देश भी होने चाहिए। फॉर्म में शीर्षकों को वर्णानुक्रम में सूचीबद्ध किया जाना चाहिए। आदेश फॉर्म तीन प्रतियों में

तैयार किया जाना चाहिए—पहला, आपूर्तिकर्त्ता के लिए, दूसरा, आदेश फाइल के लिए और तीसरा, भुगतान हेतु वित्तीय कार्यालय को स्थानांतरित किए जाने वाले बीजक को साथ लगाने के लिए। आदेश विवरण संबंधित रजिस्टर के पृष्ठ पर/रजिस्ट्रेशन कार्ड पर रिकॉर्ड किया जाना चाहिए जिसे क्रमिक प्रकाशन के प्रकाशनों की प्राप्ति को रिकॉर्ड करने के लिए तैयार किया गया हो।

(3) नवीकरण और निरसन—सदस्यता के नवीकरण के लिए आपूर्तिकर्त्ता, सदस्यता वाले शीर्षकों की जाँच-सूची या बीजक पिछले वर्ष की दरों पर काफी अग्रिम रूप से भेजता है। दरों में किसी प्रकार के परिशोधन के लिए वे पूरक बिल भी पेश करते हैं। यदि पुस्तकालय किसी शीर्षक की सदस्यता निरसित करना चाहता है तो उसे बीजक तैयार किए जाने से समुचित समय पूर्व आपूर्तिकर्त्ता को सूचित अवश्य करना चाहिए।

ऐसा न किए जाने पर पुस्तकालय को निरसित शीर्षकों हेतु क्रेडिट नोट (Credit Note) माँगना होगा। भुगतान हेतु देय धनराशि प्राप्त करने के लिए क्रेडिट नोट बीजक के साथ वित्तीय कार्यालय भेजा जाता है। निरसन का आदेश अगले खंड से होना चाहिए, न कि वर्तमान खंड के बीच से।

(4) पिछले प्रकाशन के आदेश—इसमें क्रमिक प्रकाशनों के पिछले प्रकाशनों के ऐसे आदेश दिए जाते हैं जो पहले से ही सदस्यता सूची में शामिल न हों या ऐसे प्रकाशन जो गुम/ क्षतिग्रस्त हो गए हों या सदस्यता के अंतर्गत आपूर्ति न किए जाने पर रिपोर्ट न किए गए हों। उन पूरकों के आदेशन की भी आवश्यकता उत्पन्न होती है जो सदस्यता के अंतर्गत शामिल न होते हों।

(5) भुगतान और प्रतिदाय (रिफंड)—निम्न कारणों से आपूर्तिकर्त्ताओं के बीजकों का शीघ्र निबटान अनुशंसित किया जाता है—

(क) यह क्रमिक प्रकाशनों की आपूर्ति की निरंतरता सुनिश्चित करता है,

(ख) शीघ्र भुगतान प्रणाली के तहत विशेष छूट के लाभ उपलब्ध हो सकते हैं, तथा

(ग) यह आपूर्तिकर्त्ता से अच्छे संबंध विकसित करने में मदद करता है।

विदेशी क्रमिक प्रकाशनों के लिए भारतीय एजेंटों को दूसरे देश में उनके समकक्ष (Counterpart) को अग्रिम भुगतान करने होते हैं, इसलिए वे पुस्तकालयों से उनके बीजकों के अग्रिम भुगतानों हेतु आग्रह करते हैं।

सुरक्षा उपाय के तौर पर कुछ पुस्तकालय क्रमिक प्रकाशनों की आपूर्ति न हो पाने की स्थिति में भुगतान तथा चुकता धनराशि के प्रतिदाय संबंधी दावे के लिए लिखित अनुबंध करते हैं। भुगतान हेतु बीजक को स्वीकृति दिए जाने के लिए निम्न कदम उठाए जाते हैं–

(क) आपूर्तिकर्त्ता के बीजकों को प्रत्येक शीर्षक की सत्यता, उनकी आपूर्ति की स्थिति, सदस्यता दरों और विदेशी मुद्रा के मामले में उनकी परिवर्तन दरों के विपरीत जाँचा जाता है।

(ख) किसी विवाद की स्थिति में भावी संदर्भ के लिए प्रत्येक शीर्षक की प्राप्ति रिकॉर्ड पर बीजक विवरणों को रिकॉर्ड किया जाता है।

(ग) अंत में बीजकों को एक बिल रजिस्टर में दर्ज किया जाता है।

(घ) बीजक की एक प्रति को विक्रेता के अनुसार तथा दूसरी प्रति को तिथि के अनुसार फाइल किया जाता है। इसकी तीसरी प्रति जो वास्तव में सेट की प्रथम प्रति होती है, भुगतान हेतु आदेश की प्रति सहित वित्तीय कार्यालय को भेजी जाती है।

(ङ) निरसित सदस्यता हेतु आपूर्तिकर्त्ता द्वारा प्रेषित क्रेडिट नोट भी बीजक के साथ संलग्न किए जाने चाहिए।

(6) प्राप्ति और पंजीकरण–

(क) पतों (Address) के लिए डाक की जाँच की जाती है और रोजाना खोली जाती है। किसी भी संलग्न-पत्र, जैसे–क्रेडिट नोट, परिशोधित सदस्यता दर हेतु पूरक बिल

आदि के लिए प्रकाशनों का सत्यापन किया जाता है। क्रमिक प्रकाशन की सही प्रति हेतु भी प्रकाशनों की जाँच की जाती है। दोषपूर्ण या क्षतिग्रस्त प्रकाशन पृथक् कर दिए जाते हैं और उनके बदले दूसरी प्रतियाँ भेजने के लिए आपूर्तिकर्त्ता को सूचित किया जाता है।

(ख) पंजीकरण के लिए सभी प्रकाशन शीर्षक द्वारा वर्णक्रमानुसार व्यवस्थित किए जाते हैं।

पंजीकरण प्रक्रिया –प्रत्येक प्रकाशन को पंजीकरण रिकॉर्ड में रखा जाता है। रजिस्टर से बहीखाते तथा बहीखाते से कार्ड फार्म तक पंजीकरण रिकॉर्ड की विभिन्न विधियाँ हैं। पुस्तकालय अपनी जरूरतों के अनुसार सबसे उपयुक्त विधि पर विचार करके उसे चुनते हैं। एक बार पंजीकरण पूरा हो जाने और चेक-इन कर लिए जाने के बाद, प्रत्येक प्रकाशन पर पुस्तकालय की मुहर लगाई जाती है। फिर प्रकाशनों को प्रदर्शित किया जाता है तथा संग्रहण करने हेतु बक्सों में रखने के लिए उन्हें पृथक् किया जाता है। प्रत्येक पुस्तकालय यह तय करता है कि किन शीर्षकों को प्रदर्शित किया जाना चाहिए। अव्यवस्थित प्रकाशनों को या तो बक्सों में या संग्रहित करने वाले उपकरण में रखा जाता है।

अप्राप्ति के दावे –नियत तिथि पर क्रमिक प्रकाशन के अप्राप्त रहने पर आपूर्तिकर्त्ता के समक्ष तत्काल दावा प्रस्तुत किया जाना चाहिए। इस प्रयोजन से, अपनाई गई पंजीकरण प्रणाली ऐसी होनी चाहिए कि वह अप्राप्तियों के बारे में स्वतः सूचित करे। डाक प्रणाली के काम-काज की वजह से संभावित देरी वाले कारण की अनदेखी नहीं करनी चाहिए। प्रतिस्थापन हेतु लिखने से पहले प्रकाशन की नियमितता, उसके मूल देश जहाँ उसे प्रकाशित किया गया आदि पर भी विचार किया जाना चाहिए। चेक-इन रिकॉर्ड को प्रतिस्थापन प्राप्त होने तक आगे की कार्यवाही हेतु दावा सूचनाएँ रिकॉर्ड करने के लिए सक्षम होना चाहिए। प्रकाशक के पास प्रकाशनों की अनुपलब्धता के कारण प्रतिस्थापन न किए जाने की स्थिति में पुस्तकालय को इस पर पिछले प्रकाशनों के अधिग्रहण के रूप में विचार करना चाहिए।

पंजीकरण विधियाँ –क्रमिक प्रकाशनों के पंजीकरण हेतु अनेक पंजीकरण प्रणालियाँ उपलब्ध हैं। क्रमिक प्रकाशनों की कम संख्या वाले

पुस्तकालय ऐसे रजिस्टर का उपयोग कर सकते हैं जिसमें एक शीर्षक के लिए एक पृष्ठ निर्दिष्ट हो। विषय-सूची पृष्ठ वाले रजिस्टर भी बाजार में उपलब्ध हैं। विषय-सूची पृष्ठ का उपयोग उस पृष्ठ की पहचान के लिए किया जाता है जिस पर कोई विशेष शीर्षक रिकॉर्ड किया जाना हो। पत्राचार में सहजता के लिए पृष्ठ के शीर्ष पर क्रमिक प्रकाशन के बारे में संपूर्ण जानकारी लिखी जाती है।

पत्रक प्रणाली (Card System)–पत्रक प्रणाली दो प्रकार की होती है–

(1) त्रिपत्रक प्रणाली (Three Card System)–डॉ. एस. आर. रंगनाथन ने पुस्तकालयों में सामयिक प्रकाशन के नियंत्रण एवं लेखा रखने के उद्देश्य से त्रिपत्रक प्रणाली की रचना सन् 1930 में की। अन्य प्रणालियों की अपेक्षा यह प्रणाली सामयिक प्रकाशन के नियंत्रण में अत्यधिक उपयोगी है। इस प्रणाली के अंतर्गत बड़ी संख्या में सामयिक प्रकाशनों का कार्य सरलतापूर्वक एवं सुचारू रूप से संपन्न किया जा सकता है। यह प्रणाली विश्वविद्यालय एवं विशिष्ट पुस्तकालयों के लिए अत्यधिक लाभदायक है क्योंकि इस प्रकार के पुस्तकालयों में उच्च स्तरीय शोध कार्यों हेतु बड़ी संख्या में सामयिक प्रकाशन क्रय किए जाते हैं। अतः सामयिक प्रकाशन के सभी प्रकाशनों को प्राप्त करने एवं उन पर नियंत्रण रखने में यह प्रणाली उपयोगी सिद्ध होती है। इस प्रणाली के माध्यम से पुस्तकालय को प्राप्त न होने वाले प्रकाशनों की सूचना सुविधाजनक रूप से प्राप्त की जाती है, जिससे इसके प्रकाशनों एवं वितरकों को स्मरण पत्र (Reminders) भेजे जा सकते हैं।

इस प्रकार से 5" × 3" के तीन पत्रक प्रत्येक सामयिकी प्रकाशन के लिए उपयोग में लाए जाते हैं। ये तीनों कार्ड क्रयादेश भेजते समय तैयार किए जाते हैं।

    (क) पंजीकरण पत्रक (Registration Card),
    (ख) जाँच पत्रक (Check Card),
    (ग) वर्गीकृत अनुक्रमणिका पत्रक (Classified Index Card)।

डॉ. रंगनाथन द्वारा निरूपित किए गए उक्त तीनों कार्डों (पत्रकों) का प्रारूप एवं कार्यप्रणाली इस प्रकार है–

(क) पंजीयन पत्रक (Registration Card)–प्रत्येक सामयिक प्रकाशन के पंजीकरण हेतु इस कार्ड का निर्माण

किया जाता है। इस कार्ड में सामयिकी का शीर्षक, प्रकाशक, वितरक, पत्रिका का मूल्य, भुगतान तिथि, बिल संख्या, प्राप्त एवं अप्राप्त अंकों की सूचना एवं तिथि का विवरण लिखा जाता है। एक मासिक पत्रिका के लिए यह कार्ड 25 वर्ष एवं साप्ताहिक सामयिक प्रकाशन हेतु यह 6 वर्षों के लिए पर्याप्त होता है। इस पत्रक का प्रारूप निम्नलिखित प्रकार होता है–

Name of Library

Title	Payment	
Vendor	Vol. or year	Voucher No. & Date
Publisher	Annual Subscription	

Class No.	Period in weeks/Grace weeks	Order No. and date

Vol. No.	Date of Pub.	Date of Receipt	Vol. No.	Date of Pub.	Date of Receipt

चित्र 3.9: पंजीयन पत्रक

इन सभी पत्रों को ट्रे में वर्णानुक्रम में व्यवस्थित कर दिया जाता है, इसके पश्चात् प्रत्येक सामयिक प्रकाशन प्राप्त करने पर उससे संबंधित सूचनाओं को ट्रे से पत्रक निकालकर अंकित कर दिया जाता है। पंजीयन पत्रक पर

सामयिकी प्रकाशन का अंक, खंड, संख्या, प्रकाशन की तिथि, प्राप्ति तिथि आदि सूचनाएँ अंकित की जाती हैं। यदि इस बीच में कोई अंक पुस्तकालय को प्राप्त नहीं होता है तो उसके लिए पत्रक में स्थान छोड़ दिया जाता है एवं अगली लाइन से पत्रक में प्रविष्टियाँ भर देते हैं। निकाले हुए पत्रक की प्रविष्टियाँ भर देते हैं एवं पत्रक की प्रविष्टियाँ भरने के बाद उसको निर्धारित स्थान पर लगा दिया जाता है।

(ख) **जाँच पत्रक (Check Card)** – पुस्तकालय में निश्चित समय पर सामयिकी प्राप्त न होने की सूचना प्रदान करना इस पत्रक का प्रमुख कार्य है। इसकी सहायता से न प्राप्त होने वाले सामयिकियों के स्मरण-पत्र बनाने में सहायता प्राप्त होती है। यदि स्मरण-पत्र समय से नहीं भेजे जाते हैं तो अंक अप्राप्य (out of print) होने की संभावना अधिक हो जाती है। इस प्रणाली में प्रत्येक सामयिक प्रकाशन के लिए एक जाँच पत्रक निर्मित किया जाता है। इस कार्य के लिए वर्ष को 60 सप्ताहों में बाँट दिया जाता है एवं प्रत्येक सप्ताह के लिए एक संदर्शिका (Guide) निर्मित की जाती है। इन संदर्शिकाओं पर माह एवं सप्ताह की संख्या अंकित कर दी जाती है।

उदाहरणार्थ–

1.1 जनवरी का प्रथम सप्ताह
1.2 जनवरी का द्वितीय सप्ताह
1.3 जनवरी का तृतीय सप्ताह
1.4 जनवरी का चतुर्थ सप्ताह
1.5 जनवरी का पंचम सप्ताह
3.3 मार्च का तृतीय सप्ताह
11.2 नवम्बर का द्वितीय सप्ताह।

Heading ———— Period ————

Grace weeks

Vol. of issue	Due week	Week of return	Libn's sign.	Vol. of issue	Due week	Week of return	Libn's sign.	Vol. of issue	Due week	Week of return	Libn's sign.

चित्र 3.10: जाँच पत्रक

इसके बाद जाँच पत्रकों को ट्रे में सामयिकी के शीर्षक के वर्णानुक्रम में व्यवस्थित कर दिया जाता है। प्रत्येक सप्ताह के आगामी अंगों के जाँच पत्रकों को उस सप्ताह के संदर्शिका कार्ड के पीछे लगा दिया जाता है। जैसे कि यदि साप्ताहिक है तो उसे 9.4 संदर्शिका के पीछे लगा देते हैं, त्रैमासिक पत्रिका के लिए 12.3 के पीछे लगा देते हैं। सप्ताह में एक बार निश्चित दिन पर निरीक्षण किया जाता है। जिन पत्रिकाओं के अंक प्राप्त हो जाते हैं उनके पत्रक बाहर निकाल लिए जाते हैं। इस प्रकार जो जाँच कार्ड संदर्शिका के पीछे रह जाते हैं उनके लिए स्मरण पत्र भेज दिया जाता है एवं उन पत्रकों के पीछे स्मरण पत्र भेजने की तिथि अंकित कर दी जाती है। अतः दोनों पत्रकों को मिलाकर यह ज्ञात किया जा सकता है कि किस प्रकाशन का कौन-सा अंक प्राप्त नहीं हुआ है।

(ग) **वर्गीकृत अनुक्रमणिका पत्रक (Classified Index Card)**–जब किसी सामयिकी प्रकाशन के सभी अंक व खंड प्राप्त हो जाते हैं, तो उन सभी को एकत्र करके जिल्दबंदी कर एक ग्रंथ का रूप प्रदान कर दिया जाता है। इसके मुखपृष्ठ, विषय सूची एवं अनुक्रमणिका आदि को उचित स्थान पर लगा दिया जाता है। इस ग्रंथ को परिग्रहण पंजिका में अंकित कर परिग्रहण संख्या प्रदान कर दी

जाती है। इस पत्रक में सामयिकी के उस खंड से संबंधित सभी सूचनाएँ अंकित कर दी जाती हैं एवं इस पत्रक को अनुवर्ग क्रम में व्यवस्थित कर दिया जाता है। इस पत्रक का प्रारूप निम्नलिखित होता है–

Class No.	Annual Subscription	Period in Weeks
Title		
Vendor		
Publisher		
Vol. Available		
Indexes etc.		
Supplements etc.		

चित्र 3.11: वर्गीकृत अनुक्रमणिका पत्रक

त्रिपत्रक प्रणाली के लाभ (Merits of Three Card System)–इस प्रणाली के प्रमुख लाभ इस प्रकार हैं–

(क) स्मरण-पत्र भेजने में सहायता प्राप्त होती है।

(ख) पत्र-पत्रिकाओं के अभिलेख रखने में समय की बचत होती है।

(ग) इस विधि से कर्मचारियों से अधिक कार्य संपन्न कराया जा सकता है।

(घ) सामयिक प्रकाशन के संबंध में संपूर्ण सूचना शीघ्र प्राप्त की जाती है।

(ङ) कर्मचारियों की स्मृति निर्भरता में कमी आती है।

(च) यह विधि यांत्रिक होने के कारण सरल एवं कम श्रम-साध्य है।

(2) कार्डेक्स प्रणाली (Kardex System)–पुस्तकालयों में सामयिक प्रकाशनों के नियंत्रण के लिए रैमिंगटन रेंड इंडिया इंडिया लि. ने एक उपकरण बनाया जिसे कंपनी ने कार्डेक्स का नाम दिया। यह स्टील का बनाया जाता है। इस उपकरण का आकार कैबिनेट की तरह बनाया जाता है इसमें 16 ट्रे होती हैं एवं प्रत्येक ट्रे में 64 सामयिक प्रकाशनों के अभिलेख रखे जाते हैं। प्रत्येक ट्रे एवं कैबिनेट में लगभग 1000 सामयिक प्रकाशनों का अभिलेखन सुविधाजनक रूप से रखा जा

परिसंचरण सेवाएँ   131

सकता है। इसकी सुरक्षा के लिए इसमें ताले की सुविधा भी उपलब्ध होती है। इस विधि हेतु दो पत्रक बनाए जाते हैं।

(क) तल पत्रक (Bottom Card),
(ख) शिखर पत्रक (Top Card)।

इन दोनों का मुद्रण कार्य भी कंपनी करती है एवं इन पत्रकों का आकार 15 × 10 सेमी होता है।

(क) **तल पत्रक (Bottom Card)**–पुस्तकालयों में सामयिकियों को क्रयादेश देते समय एक तल पत्रक का निर्माण किया जाता है। प्रत्येक सामयिक प्रकाशन के लिए एक पत्रक तैयार किया जाता है। इस पत्रक के निचले हिस्से पर निम्नलिखित कॉलम बने होते हैं जो टंकित एवं लिखित होते हैं।

(i) Library has
(ii) Library Lacks
(iii) In Bindery
(iv) Nature of Binding

उक्त सभी कॉलम सामयिकी प्रकाशन के बारे में संपूर्ण सूचनाएँ प्रदान करते हैं। इस पत्रक में Library has एवं Library Lacks कॉलम बहुत ही महत्त्वपूर्ण होते हैं जो शोधकर्त्ताओं के लिए मुख्य रूप से उपयोगी सिद्ध होते हैं। तल पत्रक का प्रारूप निम्नलिखित प्रकार का होता है–

Name of Library

Year	Vol.	Jan	Feb	Mar	Apr	May	Jun	Jul	Aug	Sep	Oct	Nov	Dec	Index

Frequency ——————————— Current Vol. ———————
Department ————————— Vol. Per year ———————
In Bindery ——————————— Nature of Binding —————
Title ——————————————————————————————
Library has ———————————— Library lacks ——————

चित्र 3.12: तल पत्रक

(ख) **शिखर पत्रक (Top Card)**–शिखर पत्रक को तल पत्रक की विपरीत दिशा में लगाया जाता है। इसका उपयोग सामयिकी प्रकाशन के भुगतान तथा स्मरण-पत्र का अभिलेख रखने के लिए किया जाता है। इस कार्ड के द्वारा प्राप्त एवं अप्राप्त सामयिकियों के बारे में सूचना प्राप्त की जा सकती है। यह कार्ड दोनों ओर मुद्रित किया जाता है एवं 20 वर्षों तक सामयिकी प्रकाशन की सूचना प्रदान करता है। इस पत्रक का प्रारूप निम्न प्रकार होता है–

Name of Library

Title ─────────── Call No. ───────────
Publisher ──────────

Agent	Period covered	Vol. No.	Amount of subscription	Bill No.	Date	Reminder Date for Non. Receipts Issues

चित्र 3.13: शिखर पत्रक

अतः उपर्युक्त सामयिकी नियंत्रण की सभी प्रणालियों में डॉ. रंगनाथन की त्रिपत्रक प्रणाली सर्वाधिक उपयोगी होती है, क्योंकि इस प्रणाली के अनुसार पत्र-पत्रिकाओं का लेखा कार्य सुविधाजनक ढंग से किया जा सकता है। सामयिकी प्रकाशन के अप्राप्त खंडों के लिए स्मरण पत्र भेजने में यह विधि महत्त्वपूर्ण योगदान प्रदान करती है।

❐❐❐

संदर्भ सेवा
(REFERENCE SERVICE)

भूमिका

संदर्भ सेवाओं से हमारा तात्पर्य उन सेवाओं से होता है जिनके द्वारा पाठकों की सहायता उनकी सूचना की प्राप्ति संबंधी कठिनाइयों एवं समस्याओं के समाधान के लिए की जाती है। इसके अंतर्गत सूचना स्रोतों को प्राप्त करना तथा उन्हें व्यवस्थित करना, संदर्भ संबंधी प्रश्नों के उत्तर देना, पाठक परामर्श सेवा प्रदान करना, सूचना पुस्तकालय की व्यवस्था करना एवं इलेक्ट्रॉनिक सूचना स्रोतों का चयन तथा मूल्यांकन, खोजने के उपकरणों तथा वेबसाइयों का सृजन करना, संदर्भ सेवाओं को बढ़ावा देना तथा संदर्भ सेवाओं आदि को सम्मिलित किया जा सकता है। ये संदर्भ सेवाएँ कई रूपों में प्रदान की जा सकती है यथा आमने-सामने (फेस टू फेस) संदर्भ देना और आभासी (वर्चुअल) संदर्भ सेवा (जिसमें ई-मेल, चैट सेवा तथा तुरंत संदेश (आई.एम.) तथा एस.एस. सेवा का समावेश होता है।) आज के डिजिटल युग में पुस्तकालय सेवाओं के अंतर्गत संदर्भ सेवाओं का विशेष महत्त्व है। पाठकों के संदर्भ प्रश्नों के अंतर्गत पुस्तक पहुँच स्थल संबंधी प्रश्न, प्रक्रिया संबंधी प्रश्न, शोध संबंधी प्रश्न एवं ग्रंथ सूची संबंधी प्रश्न आते हैं।

प्रश्न 1. संदर्भ सेवा की परिभाषा दीजिए। इसकी आवश्यकता तथा उद्देश्य का विवेचन कीजिए।

अथवा

संदर्भ सेवा की अवधारणा का वर्णन कीजिए। इसकी आवश्यकता और उद्देश्य की व्याख्या कीजिए। [जून-2018, प्र.सं.-3.2]

उत्तर– 'संदर्भ' शब्द संस्कृत धातु 'दृभ' (बाँधना या बुनना) में 'सम्' उपसर्ग लगाकर बना है। संस्कृत कोश के अनुसार इसका अर्थ है–एक साथ बाँधने वाला, संयोजित करने वाला, मिलाने वाला, बुनने वाला। इन सब अर्थों का मूल तत्त्व है दो या अधिक वस्तुओं का संयोग। दो वस्तुओं के बीच संपर्क स्थापित करने के लिए प्रयुक्त सेवा या कार्य को अभिव्यक्त करने के लिए 'संदर्भ सेवा' पद का प्रयोग किया जाता है।

सूचना सेवा वास्तव में संदर्भ सेवा का ही विकसित रूप है। जहाँ संदर्भ सेवा परंपरागत है वहीं सूचना सेवा अपरंपरागत है अर्थात् सूचना सेवा में सूचना प्राप्ति के लिए नवीनतम तकनीकें (मशीनीकृत, कंप्यूटरीकृत आदि यांत्रिकी विधियाँ) प्रयोग में ली जाती हैं।

सूचना सेवा में विशिष्ट पाठकों को अभीष्ट सूचनाएँ एकत्रित कर प्रदान की जाती हैं वहीं संदर्भ सेवा में पाठकों को अभीष्ट साहित्य प्रदान किया जाता है।

संदर्भ सेवा में माँग किए जाने पर सिद्ध या त्वरित संदर्भ सेवा के रूप में सूचना प्रस्तुत की जाती है, जबकि सूचना सेवा में विशिष्ट पाठकों को उनके विषयों से संबद्ध नवीन सूचना और साहित्य से निरंतर अवगत रखा जाता है।

संदर्भ सेवा में संदर्भ सहायक जिज्ञासु पाठकों की प्रतीक्षा करता रहता है और आशा करता है कि स्वयं उसके पास आएँगे और सूचना की माँग करेंगे। इसके विपरीत सूचना सेवा में वह स्वयं आगे बढ़कर उनकी समस्याओं से अवगत होता है और उनके समाधान प्रस्तुत कर हमेशा अद्यतन बनाए रखता है।

संदर्भ सेवा सब प्रकार के पुस्तकालयों का बौद्धिक कार्य है तो सूचना सेवा विशिष्ट पुस्तकालय का हृदय है।

पुस्तकालय को सुचारू रूप से चलाने के लिए कई प्रविधियों को लागू किया जाता है। ये प्रविधियाँ जटिल व तकनीकीपूर्ण होती हैं। इन प्रविधियों की जानकारी किए बिना पाठक पुस्तकालय का उपयोग करने

में सक्षम नहीं होता है। इस प्रकार कोई भी पुस्तकालय बिना संदर्भ सेवा के अपने उद्देश्यों की क्रियान्विति नहीं कर सकता है।

प्रारंभ में पुस्तकों का संग्रह एवं उनकी सुरक्षा ही महत्त्वपूर्ण थी। लेकिन 19वीं सदी में पुस्तकों की सुरक्षा के साथ-साथ उसकी उपयोगिता पर भी ध्यान दिया गया। पुस्तकालय का अधिक से अधिक उपयोग हो, इस हेतु पुस्तकालय विज्ञान के सिद्धांतों का प्रादुर्भाव किया गया एवं इन सिद्धांतों की पूर्ति हेतु कई विधियाँ पुस्तकालय में लागू की गईं। जैसे—मुक्त द्वार प्रणाली, पुस्तक इश्यु व जमा के लिए पत्रक विधि, वर्गीकरण, सूचीकरण आदि। इन सभी विधियों के अधिकाधिक उपयोग के लिए संदर्भ सेवा की आवश्यकता महसूस हुई।

विलियम कार्टज का दृष्टिकोण है कि "यह संदर्भ-पुस्तकालय के संग्रह के चयन अधिग्रहण एवं रख-रखाव या इसके अभिलेखन एवं प्रशासन से संबंधित पर्दे के पीछे से संचालित गतिविधियों का समाकलित रूप है।"

शेरा के अनुसार, "समाज के हित के लिए आलेखों का अधिकाधिक उपयोग ही संदर्भ सेवा का मुख्य ध्येय है।"

वर्तमान में पाठक पुस्तकालयों से मात्र पुस्तक या अन्य साहित्य ही नहीं चाहते अपितु यह भी जानना चाहते हैं कि उनकी समस्या का समाधान किस पुस्तक के अवलोकन करने से शीघ्र प्राप्त कर लेंगे। वे अपने विषय से संबंधित अज्ञात लेखक और उनकी कृतियों के बारे में जानना चाहते हैं। पाठक चाहते हैं कि पुस्तकालय में उपलब्ध समस्त साधन और प्रविधियाँ उनकी सेवा के लिए तत्पर रहें। यह संपूर्ण कार्य पुस्तकालय ने अपने ऊपर ले लिया है और यही संदर्भ सेवा है।

संदर्भ सेवा की आवश्यकता एवं उद्देश्य—बहुत लंबे समय से पुस्तकालय सामाजिक परिवेश का एक अभिन्न अंग रहा है। बहुत से मानवीय क्रियाकलापों के लिए शिक्षण, प्रशिक्षण, शोध एवं विकास, सामाजिक-आर्थिक प्रगति, औद्योगिक एवं व्यावसायिक, व्यापार एवं वाणिज्य, राजनीति एवं अंतर्राष्ट्रीय संबंधों, कला एवं संस्कृति, सरकारी प्रशासन के लिए पुस्तकालयों की सक्रिय सहायता आवश्यक है। वास्तव में, आधुनिक नवोत्पन्न सूचना सेवा को संदर्भ सेवा का एक विस्तार माना जा सकता है।

निम्नलिखित उद्देश्यों की पूर्ति हेतु संदर्भ सेवाओं की आवश्यकता होती है–

(1) उपयोक्ताओं की सूचना आवश्यकताएँ–20वीं शताब्दी के मध्य में प्राय: सभी देशों में सामाजिक, आर्थिक एवं औद्योगिक विकास पर प्रमुख बल रहा है। द्वितीय विश्व युद्ध के बाद जब एशिया और अफ्रीका के अधिकांश देश स्वतंत्र हो गए तब यह और अधिक स्पष्ट हो गया कि इस प्रक्रिया के परिणामस्वरूप प्राय: प्रत्येक क्षेत्र में कई नई संस्थाओं का निर्माण एवं गठन हुआ। इन संस्थाओं में विशिष्ट समूहों द्वारा विशिष्ट प्रकार के कार्यों एवं उत्तरदायित्वों का निर्वाह किया जा रहा है। परिणामस्वरूप सूचना एवं ज्ञान के विभिन्न पक्षों हेतु आवश्यक कार्य में प्रत्येक समूह सम्मिलित हुआ। विकास की इस कड़ी के चलते और सूचना की बढ़ती हुई माँग की पूर्ति हेतु, नवीन प्रकार की संदर्भ सेवा देने के लिए पुस्तकालय पर दबाव बढ़ा। सूचना सहायता के लिए प्रत्येक समूह का उद्देश्य विशिष्ट है। तालिका 4.1 में व्यक्तियों के विभिन्न समूहों, उनकी आवश्यकताओं तथा सूचना उद्देश्यों और उनकी पूर्ति हेतु पुस्तकालयों द्वारा प्रदान की जाने वाली सेवाओं का संक्षिप्त विवरण दिया गया है–

तालिका 4.1

समूह	सूचना आवश्यकता	प्रदत्त संदर्भ एवं सूचना सेवा
विद्यार्थीगण	अध्ययन, परीक्षा, पाठ्योत्तर क्रियाकलाप	अध्ययन सूची, जाँच सूची, सामान्य सूचना
अध्यापकगण	अध्यापन, छात्रों को निर्देश तथा लेखन-कार्य	ग्रंथसूची, सारकरण एवं अनुक्रमणीकरण सेवा तथा अंतर पुस्तकालय-ऋण
शोधार्थी	शोध-कार्य	सामयिक जागरूकता एवं सूचना का चयनित प्रसार प्रकीर्णन (एस.डी.आई.) जैसी ग्रंथात्मक सेवाएँ।
अभियन्तागण	निर्माण, उत्पादन एवं अन्य तकनीकी कार्यों हेतु	मानक, पेटेंट, सार तथा हैंडबुक।
चिकित्सकगण	जैव चिकित्सकीय कार्यों हेतु	जैव चिकित्सकीय पत्रिकाओं के सार तथा अनुक्रमणियाँ
वकील तथा न्यायमूर्तिगण	कानूनी कार्यकलापों के लिए	संहिताएँ, विधि मामलों के डायजेस्ट, उद्धरण
व्यवसायी एवं उद्योगपतिगण	संभावित बाजार, उत्पाद की माँग, उत्पाद में परिष्कार, अर्थव्यवस्था	प्रौद्योगिकीय - आर्थिक तथा बाजार सर्वेक्षण, विनिमय, व्यापारिक साहित्य

तालिका 4.1 जो दृष्टांत स्वरूप एवं सांकेतिक है, विभिन्न प्रकार के उपयोक्ताओं और उनकी सूचना आवश्यकताओं को इंगित करती है।

उपर्युक्त सभी अपेक्षाएँ उपयोक्ताओं के समूहों के लिए पुस्तकालयों द्वारा संदर्भ एवं सूचना सेवा की आवश्यकता एवं उद्देश्य के संबंध को स्पष्ट रूप से प्रमाणित करती हैं।

(2) पुस्तकालयों का विकास—सूचना की आवश्यकता के कारण विभिन्न प्रकार के पुस्तकालयों की स्थापना की आवश्यकता महसूस की गई। पुस्तकालयों की नई गतिविधियों के फलस्वरूप उनके प्रलेख संग्रहण में वृद्धि हुई, उनके समुचित व्यवस्थापन, प्रदर्शन तथा नियंत्रण पर बल दिया जाने लगा, प्रलेखों की प्राप्ति एवं पुनर्प्राप्ति के लिए विभिन्न प्रकार के उपकरण विकसित किए गए और विशिष्ट सेवाएँ प्रदान की जाने लगीं। सभी उपयोक्ता पुस्तकालयों द्वारा प्रयुक्त तरीकों, नियमों एवं प्रक्रियाओं से भिज्ञ नहीं होते। अतः पुस्तकालयों को ऐसे प्रयास करने होंगे जिनसे पुस्तकालय संग्रह विभिन्न अनुक्रम में उसका व्यवस्थापन एवं प्रदर्शन, प्रलेखों को ऋण पर लेने का विशेषाधिकार, प्रसूची तथा विभिन्न प्रकार के ग्रंथात्मक स्रोतों का उपयोग तथा पुस्तकालय सेवा के अन्य पक्षों को स्पष्ट किया जा सके।

पुस्तकालयों ने पाठकों की इन आवश्यकताओं की पूर्ति हेतु अनेक कदम उठाए हैं, जैसे–

(क) उपयोक्ताओं के लिए पुस्तकालयों के निर्देशित परिभ्रमण का आयोजन और उस दौरान पुस्तकालय संग्रह के विभिन्न पक्षों का प्रदर्शन, पुस्तकालय प्रसूची तथा अध्ययन कक्ष की सुविधाओं की जानकारी देना तथा व्यक्तिगत सहायता की उपलब्धता के बारे में बताना;

(ख) पुस्तकालय के कार्यकलाप के संबंध में वीडियो कैसेट तैयार कराना तथा दिखलाना;

(ग) पुस्तकालय का संक्षिप्त विवरण देने के लिए मुद्रित पुस्तिका/विवरणिका, निर्देशिका इत्यादि का प्रकाशन एवं उपयोक्ताओं के बीच उनकी आपूर्ति; तथा

(घ) सूचना तकनीक का उपयोग कर विभिन्न प्रकार के पुस्तकालय के कार्यों एवं सूचना सेवाओं को विकसित करना।

(3) पुस्तकालय उपकरण एवं तकनीकें—संदर्भ सेवा के उद्देश्यों को ध्यान में रखकर पुस्तकालयों द्वारा उपयोक्ता की सहायता के लिए

कई प्रकार के उपकरणों एवं विशिष्ट तकनीकों को विकसित किया गया है–

(क) फलक पर विषयानुक्रम से संग्रह को मानक वर्गीकरण पद्धति के आधार पर व्यवस्थित करना;

(ख) प्रलेखों के पूर्ण पाठ्य या इनके किसी भाग में निहित वांछित सूचना हेतु वैश्लेषिक संलेखों द्वारा प्रलेखों का प्रसूचीकरण करना;

(ग) उपयोक्ताओं की विशिष्ट आवश्यकताओं की तुष्टि के लिए विशिष्ट ग्रंथसूचियों तथा सूचना परियोजना संचिका निर्मित करना;

(घ) किसी विशिष्ट प्रकरण पर उपयोक्ताओं की सहायता के लिए विशिष्ट विषय ग्रंथसूचियों, अनुसूचीकरण तथा सारकरण सेवाओं, सामयिक जागरूकता बुलेटिन, समीक्षा, यथा-वस्तुस्थिति प्रतिवेदन इत्यादि का निर्माण कर उत्तम ग्रंथात्मक सेवाओं की व्यवस्था करना;

(ङ) प्रतिलिपिकरण सेवा प्रदान करना;

(च) कंप्यूटरीकृत सूचना सेवा की व्यवस्था करना।

पुस्तकालयों द्वारा उपलब्ध कराई जाने वाली इन सेवाओं की जानकारी उपयोक्ताओं को देनी होगी क्योंकि जो इनसे परिचित नहीं है उनको इनकी जटिलताएँ स्पष्ट नहीं होतीं। इन सेवाओं के पूर्ण उपयोग के लिए पुस्तकालयों द्वारा पाठकों के सहयोग हेतु विभिन्न श्रेणी के उपयोक्ताओं के लिए नियमित संक्षिप्त पाठ्यक्रम भी चलाया जाता है, जिसे उपयोक्ता शिक्षा योजना के नाम से जाना जाता है। इसका उद्देश्य उपयोक्ताओं को साहित्य खोज हेतु कौशल विकसित करने, विभिन्न उपकरणों का उपयोग करने तथा उन्हें अपने उपयोग के लिए व्यक्तिगत सूचना फाइल तैयार करने में सक्षम बनाना है।

(4) प्रलेखों का आकार-प्रकार–'सूचना-विस्फोट' वास्तव में 'प्रकाशन-विस्फोट' को इंगित करता है। विभिन्न विषय क्षेत्रों में सूक्ष्म एवं दीर्घ प्रलेखों की संख्या में केवल कोटिशः वृद्धि नहीं हुई है बल्कि द्वितीयक एवं तृतीयक प्रकाशनों की भी अत्यधिक वृद्धि होती जा रही है।

यह वृद्धि मात्र संख्यात्मक ही नहीं है बल्कि विविध प्रकार की है और विभिन्न भाषाओं में भी हो रही है। ये सभी प्रकार के प्रलेख पुस्तकालयों में आते हैं। विशिष्ट विषय से संबंधित साहित्य को उपलब्ध कराने हेतु विशिष्ट निर्देशिकाओं का भी प्रकाशन किया जाता है। अधिकांश उपयोक्ता अपने विषय के साहित्य की व्यवस्थित संरचना से बिल्कुल अनभिज्ञ रहते हैं अतः पाठकों में अभिरुचि उत्पन्न करने हेतु उन्हें अपनी रुचि के विषय के साहित्य में होने वाले विकास के विभिन्न पक्षों तथा संगठित संरचना की आवश्यकताओं की जानकारी देना अति आवश्यक है। अतः वर्तमान युग में उपर्युक्त प्रकार की व्यक्तिगत सेवा-जिसके माध्यम से विषय संबंधी साहित्यों की, जहाँ तक संभव हो, समुचित व्यवस्था करना संदर्भ सेवा का एक महत्त्वपूर्ण पक्ष बन गया है।

(5) **संदर्भ सेवा हेतु सूचना प्रौद्योगिकी**–बीसवीं शताब्दी के अंतिम चरण का सबसे महत्त्वपूर्ण पक्ष यह है कि कंप्यूटर एवं संचार तकनीक ने मानव एवं समाज के प्रत्येक कार्य को प्रभावित किया है। पुस्तकालय भी इससे अछूते नहीं हैं। पुस्तकालयों द्वारा अपने सारे कार्यों एवं सेवाओं में इस प्रौद्योगिकी का उपयोग किया जा सकता है, जैसे–पुस्तक अधिग्रहण, प्रसूचीकरण, पत्र-पत्रिका नियंत्रण, परिसंचरण, सूचना संग्रहण, पुनर्प्राप्ति तथा प्रसार इत्यादि से जुड़े कार्यों में। इन प्रौद्योगिकियों ने पुस्तकालय की प्रकृति एवं इसके कार्य को पूरी तरह से बदल दिया है। विभिन्न पुस्तकालयों के संग्रहों के डेटाबेसों को जोड़ने वाले पुस्तकालय नेटवर्कों का उपयोग आज की सच्चाई है जिनके द्वारा आज मुद्रित प्रतियों तक पहुँचने एवं उन्हें प्राप्त करने की सुविधा आसानी से उपलब्ध है। ऑनलाइन दूरसंचार नेटवर्क तथा उपग्रह संचार द्वारा विभिन्न राष्ट्रीय और अंतर्राष्ट्रीय डेटाबेसों का अभिगम एक साधारण बात हो गई है। इस प्रगति के परिप्रेक्ष्य में नवीन उपकरणों, तकनीकों का प्रयोग करने की आवश्यकता है। पुस्तकालय के प्रमुख स्थानों पर स्थापित नेटवर्क टर्मिनल का स्वयं उपयोग करने में उपयोक्ताओं की सहायता करने के अतिरिक्त पुस्तकालय के संदर्भ कर्मचारी उपयोक्ताओं के लिए सूचनाओं को उपलब्ध कराने हेतु मध्यस्थ के रूप में सहायक होंगे। देश के अंदर और बाहर के पुस्तकालयों से आजकल

नियमित रूप से संदर्भ पृच्छाओं के उत्तर ई-मेल तथा बुलेटिन बोर्ड की सहायता से दिए जाते हैं। जी.पी.एच. की पुस्तकों का मुख्य उद्देश्य ज्ञान के साथ-साथ अच्छे नम्बर दिलाना है।

प्रश्न 2. पुस्तकालयों में उपयोक्ताओं के प्रश्नों या पृच्छाओं के संबंध में उपलब्ध कराई जाने वाली विभिन्न प्रकार की संदर्भ सेवाओं की चर्चा कीजिए।

अथवा

दीर्घकालीन संदर्भ सेवा का क्या अर्थ है? इन सेवाओं को प्रदान करने हेतु अपनाए जाने योग्य चरणों की व्याख्या कीजिए।

अथवा

उपयोक्ताओं की परिपृच्छाओं के विशेष संदर्भ में पुस्तकालयों द्वारा प्रदान की जाने वाली विभिन्न प्रकार की संदर्भ सेवाओं की व्याख्या कीजिए।

अथवा

पूर्वानुमानित संदर्भ एवं सूचना सेवाओं से आप क्या समझते हैं? पूर्वानुमान के आधार पर उपलब्ध-कराई जा सकने वाली विभिन्न सेवाओं का वर्णन कीजिए।

अथवा

प्रत्याशित संदर्भ एवं सूचना सेवाओं से आप क्या समझते हैं? इनके विभिन्न प्रकारों का वर्णन कीजिए।

अथवा

प्रत्याशित सूचना सेवाओं से आप क्या समझते हैं? इनमें से किन्हीं दो सेवाओं का वर्णन कीजिए।

उत्तर– संदर्भ कार्य दो तरीकों से किए जाते हैं एक तो प्रत्युत्तरात्मक और दूसरा है प्रत्याशित।

(1) **प्रत्युत्तरात्मक सेवाएँ–**पुस्तकालय में प्रलेख या सूचना संबंधी माँग विभिन्न रीतियों से प्राप्त होती है। इनमें से कुछ रीतियाँ निम्नलिखित हैं–

(क) **स्वयं उपयोक्ता का पुस्तकालय में आगमन–**सूचना की प्राप्ति हेतु उपयोक्ता पुस्तकालय में स्वयं पहुँच सकता है। इन परिस्थितियों में संदर्भकर्मियों के लिए उपयोक्ताओं की

माँग को समझना आसान होता है जिसके आधार पर वे उनकी आवश्यकताओं के अनुरूप वांछित सूचनाओं को पुस्तकालय प्रसूची, ग्रंथसूचियों या संदर्भ पुस्तकों अथवा सूचना की प्रकृति के अनुसार किसी अन्य उपयुक्त उपकरणों से प्राप्त करते हैं।

(ख) **उपयोक्ता वेफ प्रतिनिधि का पुस्तकालय में आगमन**–सामान्यतः यह प्रतिनिधि किसी वास्तविक उपयोक्ता का व्यक्तिगत सचिव या शोध सहायक या कोई सहयोगी या मित्र हो सकता है। जो व्यक्ति पुस्तकालय में पाठक के वास्तविक प्रतिनिधि के रूप में आता है वह आवश्यकतानुसार निर्देशित जानकारी संदर्भ कर्मचारियों के सामने रखता है जो उसके सुझाव अथवा माँग की प्रकृति को निश्चित कर संबंधित सहायता प्रदान करता है।

(ग) **दूरभाष द्वारा माँग**–अपने व्यस्त कार्यक्रम के कारण अथवा पुस्तकालय से दूर होने के कारण कोई उपयोक्ता पुस्तकालय में आने में असमर्थ हो सकता है। ऐसी परिस्थिति में वह या उसका प्रतिनिधि सूचना प्राप्त करने हेतु टेलीफोन कर सकता है, यद्यपि आवश्यकताओं की स्पष्ट जानकारी हेतु लंबे समय तक बातचीत करना कठिन हो सकता है। इस स्थिति में, यदि अनुरोध का स्पष्टीकरण प्रथम बार में नहीं रहा हो तो पुनः स्पष्टीकरण की आवश्यकता हो सकती है।

(घ) **लिखित संचार**–सूचना की आवश्यकता के महत्त्व के अनुरूप कोई उपयोक्ता–पत्र, टेलीग्राम या टेलेक्स/फैक्स द्वारा संवाद भेज सकता है। नोट लिखकर किसी संदेशवाहक द्वारा भी अनुरोध किया जा सकता है। इन परिस्थितियों में उपयोक्ता तथा पुस्तकालय कर्मचारियों के मध्य किसी प्रकार की तत्काल बातचीत की संभावना नहीं है। यह संभव है कि टेलीफोन के द्वारा वह अपनी बातों का स्पष्ट नहीं कर पाए अथवा संबंधित स्थानों का टेलीफोन नंबर ही

मौजूद नहीं हो या टेलीफोन के माध्यम से सारी जानकारी न मिल पाए। ऐसी परिस्थिति में हमेशा द्रुतगति तथा सही सेवा के लिए लिखित एवं सही संचार का उपयोग किया जाता है। लिखित संचार का जवाब भी लिखित रूप से ही दिया जाता है। भविष्य में भी इस माध्यम का महत्त्व भूतकाल के समान ही रहेगा तथा यह हमेशा मौखिक से अधिक महत्त्वपूर्ण होगा। इन सभी पृच्छाओं या अनुरोधों में कुछ सामान्य विशेषताएँ होती हैं जिनके चलते संदर्भ कर्मचारियों तथा उपयोक्ताओं या उनके प्रतिनिधियों के बीच बातचीत संभव हो सकती है। उपयोक्ताओं एवं संदर्भ कर्मचारियों के बीच किसी प्रकार का व्यक्तिगत संवाद सही सूचनाओं को द्रुतगति से निपुणतापूर्वक प्रदान करने में निर्णायक सिद्ध हो सकता है। अक्सर जब किसी उपयोक्ता का प्रतिनिधि किसी पुस्तकालय से जवाब प्राप्त करने का उत्तरदायित्व लेता है तो वास्तविक आवश्यकता को नहीं समझने की स्थिति हो जाती है, जिसके फलस्वरूप अपर्याप्त या असंतुष्ट सूचना सेवा प्राप्त होती है।

संदर्भ पूछताछ और प्रश्न—पूछताछों के लिए मदद/सहायता या संदर्भ प्रश्न का संबंध निम्नलिखित से हो सकता है—

(क) **दिशा-निर्देश**—इसकी माँग प्रायः उन व्यक्तियों द्वारा की जाती है जो कभी-कभी पुस्तकालय आते हैं परंतु पुस्तकालय के प्रक्रियाओं से साधारणतया अवगत हो सकते हैं ऐसे व्यक्ति पत्रिकाओं के वर्तमान अंक के प्राप्ति-स्थान या कंप्यूटर प्रोग्रामिंग पर पुस्तकों के प्राप्ति-स्थान या पुस्तकालय द्वारा प्रदान की जाने वाली अन्य सेवाओं के संबंध में सहायता के इच्छुक हो सकते हैं। यद्यपि इन सेवाओं को सही अर्थ में संदर्भ सेवा नहीं माना जा सकता है, फिर भी कुछ विद्वानों के अनुसार संदर्भ कर्मचारियों द्वारा उपयोक्ताओं को इस प्रकार की वांछित सहायता दी जानी चाहिए। दिशा-निर्देश का दूसरा रूप है, विशेष रूप से नवांगतुक

पाठकों (उच्चतर माध्यमिक विद्यालयों, महाविद्यालयों और विश्वविद्यालयों के नव-नामांकित छात्रों) के लिए नियमित रूप से पुस्तकालय उपयोग या पुस्तकालय सेवाओं के परिचय के संबंध में कार्यक्रमों का आयोजन करना। कुछ नवागंतुकों के लिए ऐसे भी दीक्षा कार्यक्रम बनाए जा सकते हैं जो विद्यालय, महाविद्यालय, विश्वविद्यालय अथवा सार्वजनिक पुस्तकालयों से संबंधित उपयोक्ताओं के स्तरों की जानकारी के आधार पर उनके लिए सुयोग्य हो। इन सेवाओं को साधारणतया व्यक्तिगत रूप से नहीं बल्कि समूहों में दिया जाता है। यह कार्यक्रम लगभग एक घंटे का हो सकता है, इसमें पुस्तकालय का परिचय स्लाइडों के माध्यम से दिया जा सकता है तथा उसके बाद पुस्तकालय परिदर्शन का आयोजन किया जा सकता है। सामान्यत: ऐसे कार्यक्रमों के अंतर्विषय में इन पुस्तकों को सम्मिलित किया जाता है–

पुस्तकालय का उद्देश्य; पुस्तकालय के वरिष्ठ पदाधिकारियों का परिचय; पुस्तकालय की व्यवस्था एवं संरचना का परिचय; पुस्तकालय संग्रह का स्वरूप, प्रकार, भाषा, संगठन, प्रदर्शन; पुस्तकालय प्रसूची का उपयोग; संदर्भ संग्रह का स्थान; अध्ययन कक्ष; परिसंचरण प्रक्रिया; प्रलेखों को ऋण पर लेने का अधिकार; संदर्भ और सूचना सेवा; प्रतिलिपिकरण सेवा तथा पुस्तकालय के नियम एवं प्रक्रिया इत्यादि। पुस्तकालय के विभिन्न भागों जैसे हस्त प्रचालन कक्ष, धूम्रपान कक्ष, अथवा विश्राम कक्ष इत्यादि का नक्शा बनाकर प्रदर्शन।

(ख) **तत्काल संदर्भ सेवा**–इसमें प्राय: विशेष अध्ययन के लिए तथ्यात्मक संदर्भ-प्रश्नों का जवाब देने से संबंधित कुछ विशिष्ट प्रकार के प्रलेखों की पहचान सम्मिलित है। इस प्रकार की आवश्यकता से यह पूर्णरूपेण स्पष्ट है कि सटीक, स्पष्ट एवं सुगम रूप से संदर्भ प्रश्नों को समझना

अति आवश्यक है जिससे संदर्भ सेवा देने में किसी प्रकार की कठिनाई तथा अस्पष्टता न हो। इन सेवाओं के लिए अधिक समय की आवश्यकता नहीं होती अतः इन्हें तत्काल संदर्भ सेवा के नाम से जाना जाता है। संदर्भ कर्मचारियों को इस सेवा के अंतर्गत प्रश्नों का उत्तर देने के लिए अपने व्यक्तिगत ज्ञान की अपेक्षा संदर्भ स्रोतों को देखने की आवश्यकता अधिक होती है। यह सेवा केवल दिशा निर्देशन द्वारा उपलब्ध कराई जाती है। संदर्भ कर्मचारियों के लिए इस सेवा के सफल संचालन हेतु स्रोतों, उनके अंतर्विषय, उनके व्यवस्थापन, विषय-वस्तु, संगठन एवं प्रस्तुतीकरण के ज्ञान के अतिरिक्त सही उत्तर वाले संदर्भ स्रोतों से पृच्छाओं को मिलाने का व्यवसायिक ज्ञान भी आवश्यक है। तालिका 4.2 में कुछ विशिष्ट प्रश्नों के तथा उनके लिए यथासंभव उत्तर प्राप्त करने के स्रोतों के दृष्टांत युक्त उदाहरण प्रस्तुत किए गए हैं–

तालिका 4.2

संबंधित प्रश्न	संभावित संदर्भ स्रोत
शब्दों, वाक्यांशों के अर्थ तथा प्रयोग	भाषा शब्दकोश
समानार्थक एवं विपरीतार्थक शब्द इत्यादि	पर्यायकोश
विभिन्न विषयों के तकनीकी शब्द	तकनीकी शब्दकोश, विशिष्ट पारिभाषिक शब्दावली
साहित्यिक संदर्भ	ग्रंथसूचियाँ, अनुक्रमणी एवं सार
व्यक्ति	हूज हू, जीवनचरित कोश
स्थान	भौगोलिक शब्दकोश, गजेटियर्स, एटलस तथा मानचित्र
किसी भी देश के विषय में तथ्य, किसी विषय पर ऐतिहासिक सूचना	स्टेट्समैनस इयरबुक, इनसाइक्लोपीडिया

(ग) **दीर्घकालीन संदर्भ सेवा**–शोधस्तरीय ऐसे प्रश्न होते हैं जिन पर सूचना पाने हेतु कई घंटों, कई दिनों अथवा कुछ लगातार लंबे समय तक निरंतर खोज करने की आवश्यकता होती है। शोधकार्य के समय सूचनाओं की आपूर्ति हेतु प्रश्नों के जवाब देने के लिए कई तरह के संदर्भ स्रोतों में

खोजा जाता है जिसके कारण अधिक अवधि की आवश्यकता होती है अत: इस प्रकार की सेवा को दीर्घकालीन संदर्भ सेवा के नाम से भी जाना जाता है। द्वितीयक एवं प्राथमिक स्रोतों में से बृहद् रूप से सूचनाओं को खोजना उसकी विषय-वस्तु को लिखना अथवा उसकी व्याख्या करना, संदर्भ सेवा की सर्वोत्तम विशिष्ट सेवा कही जाएगी। इन परिस्थितियों में पाठक सक्रिय शोधकर्त्ता, प्रसिद्ध लेखक, प्रतिवेदन लेखक हो सकता है या एक महान् औद्योगिक हो सकता है जिसे अत्यंत जटिल विधि या विनियमों से संबंधित सामग्री की आवश्यकता हो सकती है। यह भी हो सकता है कि प्रश्नकर्त्ता अपने विषय से तथा संबंधित संदर्भों की पूरी जानकारी रखता हो। वह पुस्तकालय से केवल कुछ सहायता पाने का इच्छुक हो सकता है जैसे परियोजना के लिए टिप्पणियाँ तथा संदर्भ सामग्री। इस प्रकार के संदर्भ तथा सूचना सहायता को नि:संदेह उच्च कोटि का होना चाहिए।

दीर्घकालीन तथा लगातार संभावित संदर्भ तथा सूचना प्रश्नों का उत्तर देने के लिए प्रयोग में आने वाली सामग्री तथा प्रयोगों की, उनके उद्देश्यों के अनुरूप, समुचित जानकारी अति आवश्यक है। यह लाभदायक भी है एवं इससे उद्देश्य तक पहुँचना आसान होता है। इसके लिए निम्नलिखित क्रमबद्ध चरणों में कार्य किया जाता है–

(i) संदर्भ साक्षात्कार।
(ii) पृच्छा के विषय का सटीक एवं स्पष्ट निर्धारण।
(iii) प्राथमिक स्रोतों की पहचान करना जिनसे उत्तर पाना अपेक्षित हो एवं द्वितीयक तथा तृतीयक स्रोतों के माध्यम से सूचना प्राप्त करना।
(iv) विषय के उत्तर के लिए संभावित स्थानों को चिह्नित करना।
(v) सभी संदर्भों को उनकी टिप्पणी तथा व्याख्या के साथ सूचीबद्ध करना।

(vi) संकलित सूचना को उपयोक्ता को स्वीकार्य रूप में व्यवस्थित कर प्रस्तुत करना।

(vii) प्रतिपुष्टि (feedback) प्राप्त होने के पश्चात् कमियों को दूर करना ताकि संदर्भ एवं सूचना समर्थन की प्रक्रिया पूर्ण हो सके।

यहाँ सबसे महत्त्वपूर्ण कदम "शोध-साक्षात्कार" है जो पूर्ण सफलता के साथ अन्य सभी कार्यों को सम्पादित करने की प्रक्रिया को सुनिश्चित कर देता है। उपयोक्ता तथा संदर्भकर्मी के बीच तथ्यपूर्ण वार्तालाप को ही संदर्भ साक्षात्कार का नाम दिया गया है। यह तकनीक उपयोक्ता की वास्तविक आवश्यकता, उसकी मदद और शोध कार्य को सम्पादित करने हेतु उच्चस्तरीय संचार माध्यम तथा उसके कौशल को कलात्मक ढंग से जानने के लिए आवश्यक है। इससे शोधकर्त्ता की वास्तविक आवश्यकता की जानकारी मिलती है। वार्तालाप द्वारा लाभकारी विवरण का पता चलता है जो शोध कार्य के लिए आवश्यक उत्तर देने हेतु अति आवश्यक है। ऐसे विवरण हैं–

(i) साक्षात्कार के लिए चुने गए प्रश्नों का उद्देश्य तथा साक्षात्कार के समय उनका संशोधन।

(ii) व्यक्तिगत अभिलक्षण विशेषकर संबंधित व्यक्ति विशेष की सहयोगी मनोवृत्ति इत्यादि का पता चलता है।

(iii) वांछित विषय से संबंधित गहन जानकारी मिलती है तथा ज्ञान के स्रोत का पता चलता है जो शोध कार्य हेतु आवश्यक है।

(iv) पुस्तकालय में उपलब्ध विशेषज्ञता।

एक बार प्रारंभिक स्तर पर उपर्युक्त सभी कार्यों को पूर्ण कर लिया जाता है जिससे प्रश्न के अनुरूप सभी आवश्यक विवरण अच्छी तरह से सम्पादित हो एवं अगला कार्य बहुत कठिन नहीं हो। यह तभी संभव है जब संदर्भकर्मी सभी संदर्भ तथा ग्रंथात्मक सामग्रियों से परिचित हों तथा खोज की प्रक्रियाओं के जानकार हों।

(घ) **सामान्य सहायता**—फास्केट मानते हैं, इसका अर्थ है अभ्यागतों को सहृदयतापूर्वक सुविधा उपलब्ध कराना। इसे वे व्यवहार में मानवता मानते हैं। पुस्तकालय में आने वाले उपयोक्ता विविध अभिलक्षणों वाले होते हैं। इनमें कुछ उदासीन एवं बाधक प्रवृत्ति के भी होते हैं। ऐसी परिस्थिति में संदर्भकर्मी उनकी सहानुभूतिपूर्वक सहायता करते हैं तथा उनकी वास्तविक आवश्यकताओं से परिचित होकर प्रश्नों की खोज में लंबे समय तक यथोचित मदद भी करते हैं।

(2) **प्रत्याशित सेवाएँ**—प्रत्याशित संदर्भ और सूचना सेवाओं की सुविधा पुस्तकालयों में माँग की प्रत्याशा में उपलब्ध कराई जाती है। उपयोक्ताओं के लिए लेखक और विषय ग्रंथसूचियाँ तैयार रखी जाती हैं तथा माँग के समय उपयोक्ताओं को उपलब्ध कराई जाती हैं। माँग का अनुमान ही पाठकों की आवश्यकताओं का अग्रिम आधार होता है। इन सेवाओं के अंतर्गत आने वाली सेवाएँ हैं–

(क) विशिष्ट शीर्षक से संबंधित ग्रंथसूची बनाना,
(ख) सामयिक जागरूकता सेवा,
(ग) समाचार-पत्र कतरन सेवा,
(घ) सारकरण सेवा,
(ङ) परियोजना सूचना फाइल,
(च) उपयोक्ता शिक्षा कार्यक्रम

उपर्युक्त सभी सेवाएँ पुस्तकालयों द्वारा तब दी जा सकती हैं जब वहाँ मोनोग्राफ, पत्रिकाओं प्रतिवेदनों, अन्य अद्यतन प्रकाशनों से संबंधित अधिक सामग्री हो तथा ऐसी सामग्री नियमित रूप से प्राप्त होती हो। यह उल्लेखनीय है कि बहुत सारे विषयों पर राष्ट्रीय तथा अंतर्राष्ट्रीय सेवाएँ उपलब्ध हैं। स्थानीय सेवाएँ उपर्युक्त सेवाओं की पूरक तथा अनुपूरक होनी चाहिए न कि अतिव्यापक।

संदर्भ सेवा के विभिन्न पक्ष—संदर्भ सेवा के विभिन्न पक्ष इस प्रकार हैं–

(क) **ग्रंथपरक संकलन**—यह एक प्रकार की पारंपरिक सेवा है जो लंबे समय से बहुत से पुस्तकालयों द्वारा दी जाती है।

विश्वविद्यालयों तथा विशिष्ट पुस्तकालयों द्वारा अक्सर यह सेवा दी जाती है, क्योंकि उनके उपयोक्ताओं की सूचना आवश्यकता बहुत ही सुस्पष्ट होती है। इस संबंध में निम्नलिखित बातें ध्यान देने योग्य हैं–

(i) प्रयोजन एवं उद्देश्य,
(ii) विषयों का चयन,
(iii) विषय का क्षेत्र तथा उससे संबंधित सभी प्रशाखाएँ,
(iv) प्रलेख के प्रकारों के संबंध में विस्तार,
(v) संदर्भ की आयु के संबंध में विस्तार,
(vi) संलेखों के प्रस्तुतीकरण की रीति,
(vii) सहायक अनुक्रमणिकाएँ,
(viii) अद्यतन करने की प्रक्रियाएँ, यदि आवश्यक हो,
(ix) उत्पादन की रीति।

समय-समय पर, नवीन साहित्य को प्रकाश में लाने के लिए, सामयिक विषयों पर संक्षिप्त ग्रंथसूचियाँ तैयार की जानी चाहिए। गोष्ठियों, कार्यशालाओं तथा अन्य अवसरों पर इस प्रकार की सेवा उपलब्ध कराई जा सकती है।

(ख) **सामयिक जागरूकता सेवा**–सामयिक जागरूकता सेवा का अर्थ शोधकर्त्ताओं, उच्चस्तर के शिक्षकों इत्यादि को उनके कार्य क्षेत्रों में होने वाले वर्तमान विकास के अध्ययन तथा शोध इत्यादि में अद्यतन रखना है। स्पष्टतः अद्यतन सामग्रियों का उद्देश्य ही शोध-कार्यों के विकास के लिए तैयार किया गया प्रतिवेदन है जो संपूर्ण विश्व के बढ़ते हुए ज्ञान की विकास सामग्री है। सामयिक साहित्य के उपयोक्ता सामयिक जागरूकता बुलेटिन इत्यादि के लिए लालायित रहते हैं।

सामयिक जागरूकता बुलेटिन की संरचना एवं इसके उत्पादन में निम्नलिखित पक्षों का पूर्ण ध्यान रखना चाहिए–

(i) विषय विस्तार तथा व्यापकत्व
(ii) विभिन्न प्रकार के प्रलेखों का चयन

(iii) सूचना प्रस्तुतीकरण की रीति, पत्रिकाओं की अंतर्विषय सूची, वर्गीकृत सूची इत्यादि
(iv) भौतिक उत्पादन के साधन
(v) अनुक्रमणियों तथा उनके समुच्चयित रूप को समर्थन देना।

(ग) **समाचार-पत्र कतरन सेवा**–यह सेवा भी एक प्रकार की सामयिक जागरूकता सेवा है, जिसके अंतर्गत वर्तमान सामाजिक, राजनीतिक तथा तकनीकी एवं आर्थिक घटनाएँ एवं क्रियाकलाप आते हैं। इस सेवा की आवश्यकता शोध एवं विकास की सभी श्रेणी के शोधकर्त्ताओं तथा साधारण उपयोक्ताओं को होती है। यह विशेष समूह के लोगों की आवश्यकताओं से संबंधित होती है जिनके विषय भिन्न होते हैं, लेकिन वर्तमान परिस्थितियों से अपने को भिज्ञ रखना चाहते हैं जैसे शोध एवं विकास प्रबंध को शोधकर्त्ता इत्यादि। इस प्रकार, इस सेवा का सार तत्त्व यह है कि सामयिक घटनाओं तथा क्रियाकलापों के विषय में उपयोक्ताओं को जानकारी दे सके। इस सेवा को उपलब्ध कराने में निम्नलिखित आवश्यकताओं पर ध्यान देना चाहिए–

(i) विषय अथवा क्षेत्र का निर्धारण।
(ii) घटनाओं का चयन करना तथा उसके प्रति सरकार द्वारा लिखे गए निर्णयों का प्रतिवेदन उनसे संबंधित नीतियों का निर्धारण, अद्यतन शैक्षणिक शोध, आर्थिक सामाजिक एवं राजनीतिक समस्याओं पर सरकारी निर्णय एवं नीतियों से संबंधित घटनाओं का चयन करना।
(iii) जिन समाचार-पत्रों का अवलोकन करना है उनका निर्धारण।
(iv) कतरन फाइलें तथा उनका व्यवस्थापन।
(v) अनुक्रमणिका फाइल तथा संलेखों का व्यवस्थापन।
(vi) आवृत्ति।

(घ) **सारकरण सेवा**–इस सेवा द्वारा किसी चयनित विषय पर लेखों के उद्धरण एवं सामयिक पत्रिकाओं के प्रकाशित

अभिलेखों, प्रतिवेदन, गोष्ठीपत्र एवं कार्यवाही इत्यादि के संबंध में नवीन एवं पुरातन साहित्य को उनके सार सहित उपलब्ध कराया जाता है। सारकरण बुलेटिन को तैयार करते समय निम्नलिखित बातों पर ध्यान देना अत्यंत महत्त्वपूर्ण है–

(i) विषय निर्धारण
(ii) सम्मिलित करने वाली सामग्री का चयन
(iii) स्रोत
(iv) उद्धरण का व्यवहार
(v) सार बनाना या लेखक सार का उपयोग
(vi) संलेखों का प्रस्तुतीकरण
(vii) अनुक्रमणियाँ
(viii) आवृत्ति
(ix) भौतिक स्वरूप में।

(ङ) **परियोजना सूचना फाइल**–परियोजना सूचना फाइल्स का अर्थ है समर्थन जिसमें शोध संस्थान, विश्वविद्यालय के विभाग, सरकारी संस्थाओं इत्यादि द्वारा चलाई जाने वाली परियोजनाओं हेतु सूचना सहायता प्रदान करना है जिनके अंतर्गत विशेषज्ञों के विभिन्न समूह सहभागी होते हैं। इस कार्य के लिए नियमित रूप से विभिन्न प्रकार की सूचनाओं इत्यादि के तथ्यों और आँकड़ों, सांख्यिकीय तथ्यों, संदर्भो इत्यादि की पूर्व तथा अद्यतन सूचनाओं को व्यवस्थित करके फाइलों या कंप्यूटर आधारित फाइलों में रखा जाता है। इसे हमेशा अद्यतन रखा जाता है। आवश्यकता पड़ने पर नियमित अंतराल के बाद किसी विशेष क्षेत्र पर विस्तृत सूचना बुलेटिन की तैयारी एवं उत्पादन का कार्य किया जा सकता है। परियोजना की समाप्ति पर साधारणतया इस सेवा की समाप्ति कर दी जाती है। विभिन्न विषय क्षेत्रों पर आधारित परियोजना के अनुरूप फाइल्स के विषय क्षेत्र निश्चित किए जाते हैं। प्रविष्टियाँ उद्धरण सहित या बिना सार के भी हो सकती हैं।

(च) उपयोक्ता शिक्षा कार्यक्रम–यह एक प्रकार की सेवा है जो विभिन्न श्रेणी के उपयोक्ताओं की सहायता के लिए पुस्तकालय के संग्रहों का प्रभावकारी ढंग से उपयोग करने में सहायता प्रदान करने हेतु, अभिमुखी कार्यक्रम है। विद्यालय, महाविद्यालय एवं विश्वविद्यालय स्तर के विद्यार्थियों, विशेषकर शोध संस्थाओं में कनीय नवागंतुकों तथा किसी संस्था में नए नवागंतुकों को पुस्तकालय संग्रहों एवं सेवाओं की जानकारी हेतु इस प्रकार के कार्यक्रम चलाए जाते हैं। इन पाठ्यक्रमों को बनाते समय निम्नलिखित मुख्य बिंदुओं पर ध्यान देना आवश्यक है–

(i) सुपरिचितकरण पाठ्यक्रम देने के लिए निश्चित समूह का चयन
(ii) अवधि
(iii) पाठ्यक्रम का अंतर्विषय
(iv) पाठ्यक्रम सामग्री, सहायक मौखिक निर्देश
(v) दृश्य श्रव्य उपकरणों द्वारा संदर्भ सामग्रियों के उपयोग का प्रदर्शन
(vi) सुविज्ञ एवं प्रशिक्षित कर्मचारी
(vii) प्रयोगिक एवं स्व-अध्ययन अभ्यास
(viii) मूल्यांकन।

प्रश्न 3. संदर्भ सेवा उपलब्ध करने की प्रक्रिया को समझाइए।

उत्तर– पुस्तकालयी में संदर्भ पुस्तकालयी द्वारा पाठकों को व्यक्तिगत रूप से दी जाने वाली सेवा संदर्भ सेवा कहलाती है। संदर्भ सेवा उपलब्ध करने की एक सुव्यवस्थित प्रक्रिया होती है जिसमें पृथक्-पृथक् बिंदुओं पर विचार करना अनिवार्य होता है। संदर्भ सेवा की प्रक्रिया आयोजित करने में निम्न तीन चरण महत्त्वपूर्ण होते हैं वे निम्नांकित है–

संदर्भ सेवा उपलब्ध करने की तैयार तथा प्रस्तुतीकरण–
- किसी भी संदर्भ पुस्तकालयी को अपने समस्त संदर्भ पुस्तकों एवं संकलन से पुरी तरह अवगत होना चाहिए तथा सभी प्रकार

की रचनाओं की प्रकृति का उसे पूर्ण ज्ञान होना चाहिए। उसे नई संदर्भ रचनाओं तथा उनके नए संस्करणों का नियमित अवलोकन करते रहना चाहिए। साधारण एवं क्षणिक महत्त्व की साधारण सूचना एवं संदर्भ रचनाओं की संचिका प्रस्तुत करनी चाहिए। जैसे—पत्रिकाओं की कटिंग, समाचार-पत्रों की क्लिपिंग, पुस्तिकाएँ, पाठ्यक्रम एवं पाठ्यक्रम नियमावली आदि। सामाजिक प्रकरणों पर सामग्री प्रदान करने की दृष्टि से ये लाभदायक होती है और विशिष्ट पुस्तकालयों में इनका अधिक महत्त्व होता है।

- संदर्भ सेवा के प्रस्तुतीकरण में विषय के ज्ञान को अर्जित करना बहुत अनिवार्य प्रक्रिया है। सर्वप्रथम संदर्भ पुस्तकालय को पुस्तकालय के नियमित अध्येताओं की अभिरुचि तथा बौद्धिक एवं अन्वेषणात्मक क्रियाकलाप को निर्धारित कर लेना चाहिए। इसके लिए अध्येता सर्वेक्षण अति अनिवार्य है। अध्येताओं के कार्यक्षेत्र एवं अभिरुचि के विषय को निश्चित करने के बाद संदर्भ पुस्तकालयी को उन विषयों का साधारण ज्ञान अर्जित करना चाहिए। इस कार्य हेतु उसके लिए संबंधित विषयों के साहित्य का सर्वेक्षण और संबंधित विषय-क्षेत्र की प्रमाणिक एवं मानक रचनाओं का अध्ययन करना अनिवार्य होता है जिससे वह साहित्य का विशेषज्ञ बन सके। संदर्भ पुस्तकालयी को विषय विशेषज्ञ होने की अपेक्षा साहित्य विशेषज्ञ होना आवश्यक है जिससे उसे अनेक विषयों की सामग्रियों को प्राप्त किए जाने के स्रोतों का पूर्ण ज्ञान हो सके।

संदर्भ पुस्तकालयी माँग किए जाने की संभावना में अनेक स्रोतों में सूचना का संग्रह करता है। जिन प्रश्नों को संदर्भ विभाग से पूछा जाता है तथा जिनकी पूछे जाने की संभावना होती है उनमें संबंधित सामग्री की जानकारी के लिए संदर्भ पुस्तकालयी ग्रंथालय के साधनों का अध्ययन करता है और क्रमबद्ध रूप से सूचना का संकलन करता है जिससे उसे अध्येताओं को सफलतापूर्वक सुलभ किया जा सके। सूचना संकलन के लिए उसे कुछ विशिष्ट तरह के स्रोतों को वरीयता प्रदान करनी पड़ती है। नए संकलन से संदर्भ पुस्तकालयी को विभिन्न विषयों की प्रवृत्तियों

तथा विकास की जानकारी प्राप्त करने में सहयोग मिल सकता है। इसलिए इनका अवलोकन लगातार रूप से किया जाना चाहिए। सूचना के संग्रह एवं प्राप्ति के बाद उसको उपयुक्त विधि से अभिलेखबद्ध कर लेना चाहिए जिससे उसका उपयोग भविष्य में भी किया जा सके। क्रमबद्ध रूप से अभिलेखबद्ध करने से इसे पुन: खोजने में भी सहायता प्राप्त होती है।

सेवा उपलब्ध करना–अध्येता तरह-तरह के स्रोतों पर दृष्टिपात करने के बावजूद भी अपने इच्छित तथ्य प्राप्त नहीं कर सका है इस पर संदर्भ पुस्तकालयी उसे उपयुक्त स्रोतों पर दृष्टिपात करने का मार्ग-दर्शन प्रदान करता है जिससे अध्येताओं को उपयुक्त जानकारी मिलने से सुविधा होती है। अध्येता पत्राचार अथवा टेलीफोन से जानकारी करने का प्रयत्न करते हैं ऐसी स्थिति में उन्हें मार्ग-दर्शन प्रदान करने की अपेक्षा उपयुक्त जानकारी एवं तथ्य प्रदान किया जाता है अथवा वह सूचना कहाँ से और कैसे प्राप्त हो सकती है? इसका संकेत किया जाता है। अध्येताओं के स्तर एवं कार्यक्षेत्रों के अनुसार सेवा की मात्रा तथा विधि में भिन्नता होती है। अत: प्रश्नकर्त्ता के अनुसार सेवा की प्रकृति एवं सूचना की मात्रा में भी अंतर होता है। संदर्भ विभाग के उद्देश्यों का भी इस पर असर पड़ता है।

सेवा प्रदान करने के लिए तीन प्रकार की सेवाओं का प्रावधान किया जाना चाहिए, जो प्रश्नकर्त्ताओं की अनिवार्य की पूर्ति से सहायक सिद्ध होते हैं।

- **अनिवार्यताओं की व्याख्या तथा स्पष्ट निर्धारण**–अध्येताओं की अनिवार्यताओं को स्पष्ट रूप से निर्धारित करना आवश्यक है जब तक इसकी व्याख्या ज्ञात नहीं हो जाती और यह निश्चित नहीं हो जाता तब तक सूचना को खोजना संभव नहीं हो सकता है। प्रश्नों से संबंधित प्रत्येक विषय के पहलुओं को निश्चित कर लेना चाहिए। ऐसा करने से अध्येताओं के गहन प्रश्नों का समाधान किया जा सकता है।
- **प्रलेखों का अन्वेषण**–प्रलेखों की खोज के लिए उत्तम विधि मानसिक रूप से अध्येताओं द्वारा बताए गए विषयों के वर्णांक

की कल्पना करना होता है तथा वर्गीक की सहायता से प्रलेखों में विद्यमान सूचना की खोज करना आसान कार्य हो जाता है।

- **प्रलेखों को उपलब्ध करना**–अध्येताओं को प्रलेख अथवा सूचना प्रदान करना ही संदर्भ सेवा का मूल लक्ष्य होता है। यदि प्रलेख पुस्तकालय में उपलब्ध नहीं हो तो अंतर पुस्तकालय आदान-प्रदान के द्वारा उपलब्ध कराया जाता है। अन्य भाषा के प्रलेखों का अनुवाद भी उपलब्ध कराना पड़ता है। आलेखों के रूप में पत्रिकाओं में प्रकाशित सामग्री को माइक्रोफिल्म तथा फोटोप्रति के रूप में भी प्रदान किया जाता है।

आत्मसमर्पण करना–आत्मसमर्पण संदर्भ सेवा का एक महत्त्वपूर्ण पहलू होता है तथा जानकारी को ग्रहण करने की एक प्रक्रिया भी है। इसे तन्मयता भी कहते हैं। समर्पण करने में अनुभवों से सीखने में सहायता प्राप्त होती है और किसी कार्य के संपादन में अनुभव की भूमिका विशेष पुस्तक होती है, क्योंकि संदर्भ पुस्तकालयी को विभिन्न प्रकार के अध्येताओं के संपर्क में आने से अनुभव प्राप्त होता है अत: उसे खुले मस्तिष्क वाला होना चाहिए। उसमें जानकारी को ग्रहण करने की क्षमता होनी चाहिए और अनुभवों से सीख लेनी चाहिए। ज्ञान तथा सूचना को हमेशा ग्रहण करना चाहिए। कोई सूचना सामग्री कब अधिक महत्त्वपूर्ण हो सकती है इसका तुरंत आभास नहीं होता है। खोजी हुई सामग्रियाँ किसके लिए जानकारी सिद्ध हो सकती है इसका ध्यान रखना चाहिए।

आत्मसात्करण से संदर्भ पुस्तकालयी अपने अनुभवों के आधार पर जानकारी को ग्रहण करता है और उन्हें व्यवहार में लाता है इस तरह से जानकारी एवं सूचना सामग्री को आत्मसमर्पण करता है तथा संदर्भ सेवा को सफल एवं उपयोगी बनाता है।

प्रश्न 4. संदर्भ सेवा उपलब्ध करने की विधियों का वर्णन कीजिए।

अथवा

संदर्भ सेवा प्रदान करने संबंधी विभिन्न विधियों का वर्णन कीजिए। [दिसम्बर-2017, प्र.सं4.-3.2]

उत्तर– संदर्भ पुस्तक को उपयोगकर्त्ताओं के लिए न केवल माँग किए जाने पर ही संदर्भ सेवा प्रदान करनी चाहिए बल्कि माँग किए जाने

की संभावना भी यदि हो तो भी संदर्भ सेवा का आयोजन किया जाना चाहिए। सफल व योग्य संदर्भ पुस्तकालयी वही होता है जो उपयोगकर्त्ता में ज्ञान की पिपासा जाग्रत कर संदर्भ सेवा की आवश्यकता पर बीजारोपण करता है जिससे इसकी व्यवस्था का अधिक से अधिक प्रयोग किया जा सके। संदर्भ सेवा प्रदान करने की अनेक मुख्य विधियाँ हैं जो निम्नांकित हैं–

(1) माँग पर उपलब्ध संदर्भ सेवा–उपयोगकर्त्ताओं द्वारा माँग किए जाने पर ज्ञान-सामग्री अथवा उसके छायाचित्र (Photostat) को सुलभ कराया जाता है। जहाँ संदर्भ सेवा को महत्त्वपूर्ण माना जाता है वहाँ बहुमूल्य संदर्भ रचनाओं को भी उपयोग के लिए प्रदान कर दिया जाता है जिससे उनका उपयोग पुस्तकालय के बाहर भी किया जा सके। जहाँ ऐसा संभव नहीं हो पाता है वहाँ सामग्रियों के छायाचित्रों को सुलभ किया जाता है।

(2) दूसरे पुस्तकालयों से सामग्रियों को मँगाना–जब इच्छित ज्ञान–सामग्री संबंधित पुस्तकालय में उपलब्ध नहीं होती है तो दूसरे पुस्तक से मँगाकर उपलब्ध कराई जाती है इसे अंतर्ग्रन्थालय ऋण (Inter Library Loan) कहते हैं। इस योजना सामग्री के छायाचित्र भी मँगाए जाते हैं। जहाँ सूचना संप्रेषण के लिए टैलिक्स अथवा टेलीप्रिंटर की व्यवस्था होती है वहाँ इनके माध्यम से सूचना कर सूचना उपलब्ध कराई जाती है।

(3) माँग की आशा से उपलब्ध संदर्भ सेवा–विशिष्ट प्रकार के उत्तर पुस्तकालयों में माँग किए जाने की संभावना में अनेक प्रकार की ऐसी सूचना–सामग्री एवं उपकरण तैयार किए जाते हैं जिनसे अध्येताओं को विभिन्न प्रकार के सूचना स्रोतों की जानकारी प्राप्त होती है। वे सामग्रियाँ निम्नांकित हो सकती है–

(क) महत्त्वपूर्ण घटनाओं से संबंधित सामयिक जानकारी - जैसे नए वित्तीय वर्ष का बजट संसद में प्रस्तुत किए जाने पर अर्थशास्त्र विषय के अध्येता संबंधित पत्र–पत्रिकाओं की माँग अधिक करते हैं।

(ख) प्रसिद्ध व्यक्तियों तथा विषय विशेषज्ञों के निधन पर सामग्री की माँग।

अत: माँग की संभावना से सामयिक प्रकरणों पर सामग्रियों से संदर्भ पुस्तकालयी को पर्याप्त अवगत होना पड़ता है तथा सामग्री की वाङ्मय सूचियाँ भी तैयार करनी पड़ती हैं।

(4) **माँग के अभाव में संदर्भ सेवा**—विभिन्न पुस्तकालयों में सूचना प्रसारसेवा बिना किसी प्रकार की पूर्व माँग के भी आयोजित की जाती है। इसका मुख्य उद्देश्य अध्येताओं को पहले ही सुलभ अथवा आगामी साहित्य-सामग्री की जानकारी सुलभ कराना होता है जिससे आवश्यकता पड़ने पर उनकी आवश्यकता की पूर्ति की जा सके। इस तरह की जानकारी प्रदान करने के लिए अनेक प्रकार की विधियाँ अपनाई जाती हैं। जैसे—List of Recent Accessions, Special Documentation lists, Content Pages of Periodicals, Special Annotated Subject Lists आदि।

(क) **पाठकों तथा संस्था की प्रोफाइल रखना**—औद्योगिक संगठनों के पुस्तकालयों तथा विशिष्ट पुस्तकालयों जहाँ पाठकों की संख्या कम होती है उनके प्रोफाइल तैयार किए जाते हैं जिनमें उनके विषय क्षेत्र, अनुसंधान के प्रकरणों का उल्लेख किया जाता है तथा साथ ही विषय क्षेत्र, स्तर तथा जिस रूप में जानकारी की अनिवार्यता होती है उनका उल्लेख होता है। इस प्रक्रिया में विशेषज्ञों को नई सामग्रियाँ बिना किसी देर के प्राप्त हो जाती है।

(5) **माँग की स्थिति उत्पन्न करना**—प्रलेखों तथा जानकारी की माँग की स्थिति उत्पन्न किए जाने की पृष्ठभूमि तैयार करने के अनेक साधन तथा विधियाँ प्रचलित हैं।

(क) **प्रसार सेवा का आयोजन**—लोगों को पुस्तकालय के प्रति मोहित करने के लिए समय-समय पर विशिष्ट विषयों अथवा प्रकरणों पर पुस्तकों की प्रदर्शनी हायोजित करनी चाहिए जिससे लोग पुस्तकालय में आने के लिए म हो और जिससे पुस्तकालय का उपयोग करने की प्रवृत्ति विकसित हो सके।

(ख) **सेवा की प्रकृति**—पाठकों का आकर्षण संदर्भ सेवा की विशेषताओं एवं प्रकृति पर अधिक अधारित होता है।

जितनी उपयुक्त पूर्ण एवं व्यापक सूचना सुलभ की जाएगी उतने ही अधिक पाठक लाभ ले पाएँगे और उतने ही अधिक वे नवीन सूचना की प्राप्ति के लिए पुस्तकालय में आएँगे।

(ग) **सामग्रियों की विविधता**—माँग की जाने वाली सामग्रियों में केवल परंपरागत प्रलेखों की ही माँग हमेशा नहीं होती है इसके अलावा अन्य विविध प्रकार की सामग्री की माँग भी हो सकती है जैसे चित्रलेख, छायाचित्र, किसी वस्तु की डिजाइन, मानक, प्लान तथा नक्शे, ग्रोमाफोन रिकॉर्ड आदि की भी माँग हो सकती है अत: इन सामग्रियों का विवरण एवं इनके स्रोतों का ज्ञान अवश्य रखना चाहिए।

(घ) **प्रश्नों का क्रम**—संदर्भ के प्रश्नों को दो क्रम में रखा जा सकता है—(i) आमादा संदर्भ (Ready Reference), (ii) दीर्घकालीन संदर्भ (Long Range Reference)। त्वरित संदर्भ वे प्रश्न होते हैं जिन्हें शीघ्र ही त्वरित स्रोतों से बिना किसी श्रम के हल कर दिया जाता है। दीर्घकालीन संदर्भ वे प्रश्न होते हैं जिन्हें हल करने के लिए अनेक रचनाओं एवं स्रोतों को दृष्टिपात करना पड़ता है। अत: आवश्यक है कि इन प्रश्नों की एक फाइल संदर्भ विभाग में रखी जाए ताकि समय एवं श्रम नष्ट न हो।

(ङ) **प्रश्नों का महत्त्व**—किसी प्रश्न की जानकारी किस पाठक को कितनी महत्त्वपूर्ण है वह समयावधि अथवा स्रोतों की सीमा एवं प्रकार के आधार पर निश्चित करना संभव नहीं है। छोटी-से-छोटी सूचना का अंश काफी महत्त्वपूर्ण हो सकता है अत: अध्ययनकर्त्ताओं के उत्तर उनकी आवश्यकता के प्रसंग में मानकर शीघ्र प्रदान करने के लिए आमादा रहना चाहिए।

(च) **पुस्तकालयी का नजरिया**—उपयोगकर्त्ता के प्रश्नों के उत्तर तथा प्रदानकर्त्ता के दृष्टिकोण एवं प्रसार में अंतर में उत्पन्न हो जाता है। यह पुस्तकालय की प्रकृति पर भी

निर्भर करता है जैसे पुस्तकालय किसी मंत्रालय का है तो संबंधित मंत्री द्वारा संसद में उत्तर देने की सामग्री को महत्त्वपूर्ण मानकर उसे उपलब्ध कराने में अधिक ध्यान दिया जाता है इसके विपरीत छात्रों के प्रश्नों को अधिक महत्त्व नहीं दिया जाता है। अतः प्रत्येक संदर्भ पुस्तकालयों को प्रत्येक पाठक के साथ समान दृष्टिकोण अपनाना चाहिए।

(छ) **बातचीत की आवश्यक तथा महत्त्व**–प्रश्नों का उत्तर प्रदान करने के पूर्व संदर्भ पुस्तकालयी के लिए यह निश्चित करना आवश्यक है कि उसने पाठक की आवश्यकता तथा उसके प्रश्न का आशय पूरी तरह समझ लिया है। पाठक के अनेक प्रकार से ज्यों-ज्यों खोज की प्रक्रिया चलती रहती है प्रश्नों को स्पष्ट करने के लिए पूछताछ करते रहना चाहिए।

(ज) **संदर्भ सेवा पुस्तकालय सेवा का हृदय**–संदर्भ सेवा ही समस्त पुस्तकालय सेवा की एक ऐसी सेवा है जिससे पुस्तकालय को लोकप्रियता एवं श्रेष्ठता प्राप्त होती है। पुस्तकालय की कार्य कुशलता बढ़ाने से संदर्भ सेवा से ही सहायता प्राप्त होती है। इसीलिए संदर्भ सेवा को पुस्तकालय सेवा का हृदयस्थल कहा गया है।

(झ) **संदर्भ सेवा पुस्तकालय का आधार है?**–यदि संदर्भ पुस्तकालयी संदर्भ सेवा प्रदान नहीं करता है तो उसे वर्गीकरण तथा प्रसूचीकरण की कमी का ज्ञान नहीं हो सकता है जिससे पुस्तकों को उपयुक्त स्थान पर प्राप्त करना अथवा प्रसूची से उनकी जानकारी प्राप्त करना संभव नहीं हो सकता है। अन्यथा पुस्तकों की जानकारी एक कठिन कार्य हो जाता है।

इस प्रकार हम देखते हैं कि संदर्भ सेवा का आयोजन पुस्तकालय की उपयोगिता को बढ़ाने और पुस्तकालयों को राष्ट्रीय विकास में महत्त्वपूर्ण भूमिका निर्वाह करने की दृष्टि से बहुत अनिवार्य है।

प्रश्न 5. संदर्भ सेवा के नए आयामों पर प्रकाश डालिए।

उत्तर– वर्तमान पुस्तकालयों तथा उनके द्वारा उत्पादित सेवाओं के उद्देश्यों में काफी परिवर्तन हो चुका है। चूँकि जिस प्रकार 19वीं सदी में जन शिक्षा की मान्यता ने पुस्तकालय सेवा की विचारधारा में क्रांति पैदा कर दी थी उस प्रकार आज सामाजिक चिंतन एवं विचारधारा के क्षेत्र में कंप्यूटर नाम के यंत्र ने क्रांति पैदा कर दी है। कंप्यूटर को तकनीकी विशेषज्ञों ने भविष्य के लिए देवदूत की संज्ञा दी है। कंप्यूटर भावी परिवर्तन के लिए सशक्त एवं प्रभावशाली उपकरण माना जा रहा है। इसकी उपादेयता के कारण पुस्तकालय में इसके उपयोग करने के लिए पुस्तकालियों को बाध्य होना पड़ा है। कंप्यूटर के कारण पुरानी विचारधाराओं पर निर्भर परंपरा एवं विचारशीलता कार्यपद्धति, समस्याओं का निवारण आदि समस्त बदलाव एवं रूपांतरित हो गए हैं परिणामत: पुस्तकालय सेवा पद्धति एवं व्यवस्था में बदलाव लाने के लिए नए मूल्यों एवं पद्धतियों को अपनाया जा रहा है। ऐसी अवधारणाएँ जिनका अध्ययन एवं विश्लेषण विचाराधीन है, निम्नलिखित है–

- **संदर्भ पुस्तकालयी बनाम पुस्तक सूचीकार विशेषज्ञ**–संदर्भ पुस्तकालयी जिसका ज्ञान सभी प्रकार के स्रोतों के बारे में सीमित होता था अब उनका स्थान विशिष्ट संदर्भ पुस्तकालयी अर्थात् संदर्भ सेवा के विशेषज्ञों द्वारा ग्रहण किया जा रहा है जिन्हें पुस्तक सूची विशेषज्ञ (Bibliographic Expert) कहा जाता है। वैसे तो संदर्भ सेवा कार्य सामान्य रूप से कुछ स्तरों पर चलता रहेगा लेकिन अब इसका लक्ष्य नित्य प्रति के साधारण कार्य की अपेक्षा गहन सूचना सुलभ कराना हो गया है। इसमें सूचना सामग्रियों को प्रदान करने के लिए वास्तविक खोज विश्लेषण तथा उपयुक्त तरीके से संप्रेषण करने के कौशल की आवश्यकता पड़ती है। परिणामत: उच्च कोटि के सूचना विशेषज्ञ के माध्यम से ही इस कार्य को सफलतापूर्वक पूरा किया जा सकता है।

- **उत्तर सूचना का परिचायक**–छोटे-छोटे पुस्तकालय जहाँ अल्प स्तर की संदर्भ सेवा प्रदान की जाती रही है उनमें विस्तारशील संदर्भ सेवा का आयोजन संभव हो रहा है तथा सूचना केंद्र अथवा क्षेत्रीय पुस्तकालय जहाँ गहन संदर्भ सेवा

प्रदान की जाती रहती है वहाँ जानकारी सेवा का विकसित रूप लाया जा रहा है। इन केंद्रों में विशिष्ट क्षेत्रों में सेवा का आयोजन उत्तम हो रहा है जिसके लिए विशेष योग्यता एवं कल्पनाशील पुस्तकालयी चुने जा रहे हैं।

- **शक्ति चालित कार्य**—संदर्भ सेवा के क्षेत्र में यंत्रीकरण हो रहा है जिसके लिए पुस्तकालयों में वैज्ञानिक के अनुसार एक नई पद्धति को जन्म दिया जा रहा है जिसे अंग्रेजी में Procognitive System कहते हैं। इस विधि में उन उपकरणों एवं यंत्रों का प्रयोग किया जाता है जिनके द्वारा विशालतम एवं पर्याप्त विस्तृत सूचना सामग्रियों की जानकारी बड़ी तेजी के साथ प्राप्त की जा सकती है जो अब तक प्रयुक्त विधियों के माध्यम से संभव नहीं हो सकी थी। यह शक्ति कंप्यूटर है।

- **सूचना सामग्रियाँ**—संदर्भ स्रोत के परंपरागत प्रलेखों की तुलना में अब अनेक प्रकार के नए स्वरूपों में प्रकाशित तथा अप्रकाशित रूप में अनेक सूचना सामग्रियाँ संकलित की जाती हैं। ऐसी सामग्रियों को विश्व के कोने-कोने से कंप्यूटर के द्वारा संकलित एवं संग्रहीत किया जाता है और उपयोगकर्त्ताओं द्वारा माँग किए जाने पर जल्दी-से-जल्दी सुलभ कराया जाता है।

- **अध्ययन**—उपयोगकर्त्ता को संगृहीत संदर्भ पुस्तकों का स्वयं दृष्टिपात करना पड़ता था जिसमें उनका अमूल्य समय तथा साथ ही श्रम व्यय होता था लेकिन अब पाठक कंप्यूटर के माध्यम से टेपराइटर तथा टेलीविजन स्क्रीन के माध्यम से संगृहीत सामग्रियों की जानकारी वार्त्तालाप कर प्राप्त कर सकता है जिससे उसका अमूल्य समय नष्ट होने से तो बचता ही है साथ ही उसको इन सब बातों में श्रम भी नहीं करना पड़ता।

- **समय की बचत**—कंप्यूटर के माध्यम से ऑनलाइन सेवा, मैग्नेटिक डिस्क, मैग्नेटिक टेप आदि ऐसी श्रेणी एवं प्रकार के साधन हैं जो सूचना को पाठक को त्वरित सेवा प्रदान करते हैं। इसके अतिरिक्त अन्य साधनों के प्रयोग से दूर-दूर स्थानों से सूचना क्षणों में मँगाकर सुलभ कराई जा रही है। कंप्यूटर नेटवर्क पद्धति इस क्षेत्र में अध्येताओं के उपयोग की बहुत ही उपादेय एवं सुविधाजनक

पद्धति है। इसीलिए आज हर राष्ट्र के प्रत्येक क्षेत्र में राष्ट्रीय स्तर पर कंप्यूटर नेटवर्कों की स्थापना की जा रही है। इस क्षेत्र में अंतर्राष्ट्रीय स्तर पर भी नेटवर्कों की स्थापना की जा रही है।

अतीत का सिंहावलोकन तथा भविष्य की परिकल्पना करने से यह स्पष्ट होता है कि संदर्भ सेवा का कोई एक सार्वभौमिक दर्शन या सैद्धांतिक आधार नहीं हैं जो सर्वमान्य हो और एक दृष्टि से व्यवहार में सर्वत्र प्रचलित हो। तथापि इसे बहुत अनिवार्य एवं लाभदायक परिचार्य के रूप में आयोजित किए जाने को श्रेयष्कर माना गया है जो आजकल अनेक रूपों तथा पद्धतियों में आयोजित की जाती है।

प्रश्न 6. संदर्भ प्रश्न से आप क्या समझते हैं?

अथवा

संदर्भ पृच्छाओं के विभिन्न प्रकारों का उल्लेख कीजिए।
[जून-2018, प्र.सं.-4.1]

अथवा

संदर्भ पृच्छाओं के विभिन्न प्रकारों का उपयुक्त उदाहरणों के साथ वर्णन कीजिए।   [दिसम्बर-2018, प्र.सं.-4.1]

उत्तर– संदर्भ पृच्छा एक प्रश्न अथवा पूछताछ होती है जो संदर्भ कर्मचारियों के सामने उपयोगकर्त्ता द्वारा रखी जाती है जो कुछ उत्तर, सहायता या समर्थन की अपेक्षा करता है।

संदर्भ प्रश्नों के प्रकार निम्नलिखित है–

- दिशात्मक प्रश्न
- प्रक्रियात्मक प्रश्न
- बुनियादी संदर्भ प्रश्न
- शोध प्रश्न
- ग्रंथ सूची सत्यापन

संदर्भ कार्य की आवश्यकता संदर्भ प्रश्नों का उत्तर देने एवं उनसे जुड़े संदर्भ स्रोतों से जुड़ी होती है। पुस्तकालयों में पूछे गए अधिकतर प्रश्नों के लिए सूचना को खोजने में संदर्भ स्रोत सर्वाधिक तर्कसंगत आरंभिक बिंदु होते हैं। ज्यादातर संदर्भ कार्यों में संदर्भ ग्रंथों का ज्ञान तथा संबंधित स्रोतों से प्रश्न का मिलान करना शामिल होता है।

पुस्तकालयों में विभिन्न प्रकार के संदर्भ प्रश्न पूछे जाते हैं। इनका संबंध सामान्यतया निम्नलिखित बातों से होता है—

- लेखक/आख्या;
- निर्देशात्मक एवं प्रशासनिक जानकारी;
- तथ्यान्वेषण;
- सामग्री अन्वेषण; तथा
- अनुसंधान।

इन बातों से संबंधित सारे संदर्भ प्रश्नों का उत्तर देने के लिए प्रशिक्षित पुस्तकालय कर्मचारियों की आवश्यकता नहीं होती है। उदाहरण के लिए, निर्देशात्मक या प्रशासनिक जानकारियाँ पाने के लिए पुस्तकालय का कोई भी कर्मचारी पाठक को सूचना ढूँढ़ने हेतु निर्देश दे सकता है। लेखक तथा आख्या से संबंधित प्रश्नों के लिए ग्रंथसूचियों के अतिरिक्त पुस्तकालय प्रसूची या अनुक्रमणिकाओं को देखकर पाठक सही उत्तर पा सकते हैं। परंतु अन्य सभी प्रकार के संदर्भ प्रश्नों अर्थात् तथ्यान्वेषणपरक या शोध/अन्वेषण/अनुसंधानपरक संदर्भ प्रश्नों के लिए अधिक अनुभवी पुस्तकालय कर्मियों की सेवाओं की आवश्यकता होती है। इनमें ऐसे प्रश्न भी हो सकते हैं जिन्हें उनका उत्तर खोजने के दौरान, पाठक अपने प्रश्नों को बदल देता है। ऐसी स्थिति में खोजकर्त्ता को केवल कुछ अनुदेशीय सेवाएँ ही प्रदान की जाती हैं। कई बार कुछ अवशिष्ट या बचे-खुचे प्रश्न होते हैं जो कि पूर्व जानकारियों या प्रश्नों के अनुत्तरित अंश होते हैं जिनका उत्तर पुस्तकालय में उपलब्ध नहीं होता। ऐसी स्थिति में पाठकों को निराशा से बचाने के लिए किसी वरिष्ठ पुस्तकालय कर्मचारी द्वारा नम्रतापूर्वक स्पष्टीकरण दिया जा सकता है।

तालिका 4.3 में संदर्भ प्रश्नों के कुछ प्रकार तथा उनके उत्तर प्राप्त करने के लिए उपयुक्त कुछ संदर्भ स्रोतों के प्रकार का उल्लेख किया गया है—

तालिका 4.3

प्रश्नों के प्रकार	प्रश्नों के संबंधित उदाहरण	संदर्भ स्रोतों के प्रकार
सामयिक जागरूकता	रसायन विज्ञान विषय के क्षेत्र में प्रकाशित सभी नए आलेख मुझे कहाँ मिल सकते हैं?	उस विषय की अनुक्रमणीकरण/सारकरण पत्र-पत्रिकाएँ
भाषा	'unobtrusive' शब्द का अर्थ मुझे कहाँ मिल सकता है?	शब्दकोश
घटना	गतवर्ष के दौरान कंप्यूटर उद्योग में क्या प्रगति हुई है?	वार्षिकी/अब्दकोश
ग्रंथ	'सूचना प्रौद्योगिकी' विषय पर सारी पुस्तकों की सूची मुझे कहाँ मिल सकती है?	ग्रंथसूची/व्यापारिक ग्रंथसूची
पृष्ठभूमि	ऑस्ट्रेलिया या ओलम्पिक पर संक्षिप्त सूचना मुझे किस तरह प्राप्त हो सकती है?	विश्वकोश
संस्थाएँ/संगठन	कृपया मुझे भारत में इंजीनियरिंग महाविद्यालयों के नाम तथा पते दीजिए।	निर्देशिका/हैंडबुक (Handbook)
जीवनी	भारत के राष्ट्रपति के.आर. नारायणन का जीवनचरित	जीवनचरित कोश

Gullybaba.com

Simply Scan QR Codes to Jump at Our Latest Products

HELP BOOKS

TYPED ASSIGNMENTS

HAND WRITTEN ASSIGNMENTS

READYMADE PROJECTS

CUSTOMIZED PROJECTS

COMBOS OF BOOKS/ ASSIGNMENTS

Note: The above QR Codes can be scanned and open through QR Code Scanner Application/App of your smart mobile Phone.

अध्याय 5

जागरूकता सेवाएँ
(AWARENESS SERVICES)

भूमिका

जागरूकता से तात्पर्य है किसी क्षेत्र विशेष के नवीनतम घटनाक्रम की जानकारी का होना। इस जानकारी के अंतर्गत इस विषय से संबंधित नए सैद्धांतिक विचारों से लेकर नई समस्याओं के समाधान हेतु नई पद्धतियों एवं तकनीकों को शामिल किया जाता है।

पुस्तकालयों का भी यह प्राथमिक दायित्व है कि वे जागरूकता सेवाएँ प्रदान करें और अपने ग्राहकों को उनकी रुचि के क्षेत्र से संबंधित नवीनतम घटनाक्रमों की जानकारी प्रदान करें। इस दिशा में दी जाने वाली जानकारी कई प्रकार की हो सकती है जिसमें पहला प्रकार है–सामयिक (करंट) जागरूकता सेवाएँ। इसके अंतर्गत सामयिक जागरूकता बुलेटिन, नए प्रकाशनों की सूची, अंतर्वस्तु तालिका सूची, सेवाएँ, अंतर्वस्तु तालिका, चेतावनी, आवधिक प्रकाशनों के प्रेषण पत्रिकाओं के नवीनतम अंकों का प्रदर्शन ई–मेल चेतावनी सेवा, स्मृद्ध सामग्री स्थल का सार–संक्षेप (आर.एस.एस.), ब्लॉक, समाचार–पत्र कतरन (क्लिपिंग) सेवा, ग्रंथसूची सेवा आदि का समावेश किया जा सकता है। गैर–सामयिक जागरूकता सेवाओं के अंतर्गत थीम प्रदर्शनियों का आयोजन उत्सव प्रदर्शनियों (Celebration Exhibitions) तथा विशेष व्याख्यान आदि के आयोजन को समाविष्ट किया जा सकता है। इसी क्रम में निजी सूचना सेवाओं की व्यवस्था भी की जा सकती है जो प्रयोगता की विशिष्ट आवश्यकताओं की पूर्ति के लिए की जाती है।

प्रश्न 1. जागरूकता सेवाओं की अवधारण एवं अर्थ समझाइए।

उत्तर– जागरूकता का अर्थ है किसी विशेष क्षेत्र में हाल के घटनाक्रमों से परिचित होना। यह विशेष क्षेत्र या किसी व्यक्ति के पेशे, रोजगार, अनुसंधान या शिक्षण से संबंधित हो सकता है। इसमें नई समस्याओं के समाधान के लिए नए सैद्धांतिक विचारों, नई विधियों और तकनीकों का ज्ञान होना शामिल है। आम तौर पर इसमें हाल के प्रकाशनों की सामग्री का ज्ञान शामिल होता है क्योंकि वे हाल के घटनाक्रमों के बारे में जानकारी का एक महत्त्वपूर्ण स्रोत होते हैं। किसी क्षेत्र में काम करने वाले पेशेवरों को इस बात की जानकारी होनी चाहिए कि प्रतियोगियों या रोल मॉडल के रूप में दूसरों ने क्या देखा या क्या करने के लिए विचार कर रहे हैं। जागरूकता सेवाओं में वर्तमान जागरूकता सेवा के साथ-साथ गैर-वर्तमान जागरूकता सेवा शामिल है। अतीत में घटित घटनाओं का पाठकों को ज्ञान या परिचित होना भी महत्त्वपूर्ण है।

जागरूकता सेवाओं में निम्नलिखित सेवाएँ शामिल हैं–

- दस्तावेजों की समीक्षा या स्कैनिंग।
- इच्छित दर्शकों की आवश्यकताओं के साथ तुलना करके वस्तु का चयन।
- अपनी रुचि की वस्तु के इच्छित दर्शकों को सूचना भेजना।

प्रश्न 2. जागरूकता सेवाओं की आवश्यकताओं व उद्देश्य के बारे में चर्चा कीजिए।

उत्तर– पुस्तकालयों के पास जागरूकता सेवाएँ प्रदान करने और ग्राहकों को उनके हित के क्षेत्रों में नवीनतम विकास के बारे में अच्छी तरह से सुनिश्चित करने के लिए प्राथमिक जिम्मेदारी है। निम्नलिखित कारणों से पुस्तकालयों द्वारा सेवाएँ प्रदान की जाती हैं–

- **साहित्य की घातीय वृद्धि–**विभिन्न विषयों में पर्याप्त शोध के कारण, साहित्य में निरंतर वृद्धि हो रही है। साहित्य का क्षेत्र बहुत अधिक गति से बढ़ रहा है।
- **रुचि के विशेष क्षेत्रों की संख्या में वृद्धि–**अनुसंधान और विकास के कारण अध्ययन के कई विशेष क्षेत्रों का विकास हुआ है।

- **जिस गति से जानकारी की आवश्यकता होती है उस गति में वृद्धि करें**–इस प्रतिस्पर्धात्मक युग में समस्या को हल करने या निर्णय लेने के लिए तत्काल आधार पर जानकारी की आवश्यकता होती है।
- **कंप्यूटर की बढ़ती उपलब्धता**–ग्राहकों की आवश्यकताओं को ध्यान में रखते हुए सूचना और संचार प्रौद्योगिकियाँ उपलब्ध हैं।
- **पाठकों की बढ़ती अपेक्षाएँ**–पुस्तकालय और सूचना केंद्रों से उपयोगकर्त्ताओं की माँग और अपेक्षाएँ बढ़ रही हैं और जिन्हें पूरा करने की आवश्यकता है।
- **अतीत में हुई घटनाओं पर प्रकाश डालना**–उपयोगकर्त्ताओं को उन घटनाओं के बारे में जानना पड़ सकता है जो दूरस्थ अतीत में हुई थीं।

पुस्तकालय कर्मचारियों को ग्राहकों को प्रभावी जागरूकता सेवाएँ प्रदान करने के लिए निम्नलिखित कारकों को ध्यान में रखना चाहिए–

- ग्राहकों की मदद के लिए कर्मचारियों में उच्च स्तर का उत्साह और समर्पण होना चाहिए।
- जागरूकता सेवा नियमित और समय पर होनी चाहिए।
- साहित्य और संसाधनों के संदर्भ में सेवा व्यापक और संपूर्ण होनी चाहिए।
- सेवा ग्राहकों की जरूरतों के लिए प्रासंगिक होनी चाहिए। दस्तावेजों के सार को जागरूकता सूची/सेवा में भी प्रदान किया जाना चाहिए क्योंकि यह निश्चित रूप से सेवा में मूल्य जोड़ देगा।
- ग्राहकों को उनकी माँग पर पूर्ण-पाठ्य सामग्री उपलब्ध कराई जानी चाहिए।

हैमिल्टन (1995) ने एक प्रभावी जागरूकता सेवा प्रदान करने के लिए निम्नलिखित चार कारकों का सुझाव दिया है–

- यह जानना कि किन विषयों को कवर करना है।
- यह जानना कि कौन क्या चाहता है।

- नवीनतम जानकारी प्राप्त करने के लिए संसाधनों के बारे में जानना।
- जानकारी को नियमित रूप से, मजबूती से और उचित अवसरों पर देना।

प्रश्न 3. सामयिक जागरूकता सेवाओं के अभिलक्षणों की व्याख्या कीजिए। इनके प्रकारों की संक्षिप्त चर्चा कीजिए।

अथवा

सामयिक जागरूकता सेवाएँ क्या हैं? उपयुक्त उदाहरणों सहित चर्चा कीजिए। [जून-2018, प्र.सं.-4.-4.2]

उत्तर— सामयिक जागरूकता सेवाओं का अर्थ उन सभी सेवाओं से है जो उपयोक्ता को नित-प्रतिदिन होने वाली घटनाओं से अवगत कराती हैं। इससे व्यक्ति अपने सामान्य ज्ञान के साथ-साथ संसार की घटनाओं से अवगत रहता है। किसी उपयोक्ता की सूचना आवश्यकता सदैव ही सूचना खोज के उद्देश्य पर निर्भर करती है। उदाहरणस्वरूप, मान लीजिए कि कोई उपयोक्ता किसी दिए पदार्थ के गुणधर्म पर डेटा खोज रहा हो। उसका उद्देश्य प्रयोग या गणना करने में उस पदार्थ के गुणधर्म मूल्य (जैसे—क्वथनांक) का आकलन हो सकता है। सूचनाओं तक इस प्रकार की पहुँच को दैनिक सूचना अभिगम (Everyday Approach to Information) कहा गया है। इसके विपरीत हो सकता है कि एक उपयोक्ता किसी दिए गए प्रकरण पर सभी प्रकाशित सामग्री की सूचना देखना चाहता हो। जैसे—मूँगफली के कीड़ों के नियंत्रण हेतु संश्लेषणात्मक कीटनाशी का उपयोग। उसका उद्देश्य उपयोगी कीटनाशी का मूल्यांकन या संभावित शोध क्षेत्र की पहचान या एक शोध प्रस्ताव को प्रतिपादित करना हो सकता है। इस प्रकार की सूचनाओं के प्रति उपागम को व्यापक या विस्तृत सूचना उपागम (Comprehensive or Exhaustive Approach to Information) कहा गया है। सूचना के प्रति एक अन्य प्रकार के उपागम को नवीनतम उपागम (Current Approach) कहा जाता है। इसमें उपयोक्ता उसके विशिष्ट क्षेत्र तथा नजदीकी संबंधित क्षेत्र में प्रकाशित होने वाली सामग्रियों से अपने को अद्यतन रखना चाहता है। सूचना के लिए नवीनतम उपागम अवलोकन उपागम (Browsing Approach) है, अर्थात् उपयोक्ता नवीनतम सूचनाओं का अवलोकन करना चाहता है। इसके द्वारा वैज्ञानिक, इंजीनियर, प्रबंधक, शिक्षक इत्यादि अपनी रुचि के विषय की प्रगति या नए विकासों से

स्वयं को अद्यतन रख पाते हैं। उदाहरणस्वरूप, अपने विषय पर अद्यतन साहित्य की जानकारी रखने से ये नवीन विधियों, व्याख्याओं, सिद्धांतों, विकसित प्रतिरूपों, प्राप्त नवीन परिणामों तथा नए उत्पादों से परिचित हो जाते हैं जो उनके व्यावसायिक विकास के लिए उपयोगी है। सूचनाओं के प्रति अवलोकन उपागम ही आज का प्रचलित उपागम है, अर्थात् किसी भी व्यवसाय से जुड़े सक्रिय व्यक्ति का यह नियमित लक्षण है तथा जड़-पुरातनता एवं पुनरावृत्ति को दूर करने के लिए इसे आवश्यक समझा जाता है। सूचनाओं के प्रति एक अन्य उपागम को 'कैचिंग अप अथवा ब्रुशिंग अप' (Catching up or Brushing up) उपागम कहा जाता है। इस प्रकार के उपागम में कोई उपयोक्ता किसी ऐसे विषय का विहंगावलोकन करने के लिए इच्छुक हो सकता है, जिसमें उसकी रुचि नहीं रही हो, परंतु नवीन परियोजना या शोध कार्य में संलग्न होने के कारण या अपना कार्यक्षेत्र बदलने के कारण वह ऐसा कर सकता है।

सामयिक जागरूकता सेवा के मुख्य अभिलक्षण निम्नलिखित हैं—

- यह सेवा सामान्यत: प्रकाशन के रूप में प्रदान की जाती है तथा नवीन अथवा नवोत्पन्न सूचना को उपयोक्ताओं के ध्यान में लाती है।
- यह सेवा उपयोक्ता के किसी विशिष्ट प्रश्न का उत्तर नहीं देती है।
- यह सेवा सामान्यत: सुनिश्चित रूप से परिभाषित विषय-क्षेत्र या प्रकरण तक सीमित रहती है। फिर भी, इस सेवा में संबंधित विषय क्षेत्र या प्रकरण भी सम्मिलित होते हैं।
- यह सेवा कभी-कभी किसी दिए हुए साहित्य तक सीमित रहती है, जैसे पेटेंट या विभिन्न प्रकार का साहित्य।
- प्रकृति में यह सेवा ग्रंथात्मक हो सकती है जैसे संदर्भ प्रलेखों की सारकरण सहित या सारकरण रहित सूची। यह सेवा सामान्य भी हो सकती है, जैसे एक सूचनापत्र (newsletter) इस प्रकार की सामयिक जागरूकता सेवा सामान्यत: व्यावसायिकों द्वारा अद्यतन विकास या सूचना तथा विचारों के विनिमय की विशिष्टताओं की जानकारी देने के निमित्त संक्षिप्त सहायता प्रदान करती है।

- यह सेवा, जहाँ तक शीघ्र संभव हो अपने उपयोक्ताओं को अद्यतन विकास के प्रति चौकस (alert) करती है।
- यह सेवा उपयोक्ताओं को सुविधाजनक तथा आसानी से अवलोकन की सुविधा उपलब्ध कराने का प्रयास करती है।

यद्यपि प्रकाशित सामयिक जागरूकता सेवा का ही प्राधान्य है, तथापि वर्तमान समय में इस सेवा में इलेक्ट्रॉनिक माध्यमों का उपयोग भी किया जाता है। यह सामान्यत: कंप्यूटर पर आधारित तथा टर्मिनल के द्वारा उपयोक्ताओं के लिए इलेक्ट्रॉनिक बुलेटिन बोर्ड के रूप में होती है। उपयोक्ता जिस प्रकार प्रकाशनों का उपयोग करता है उसी प्रकार इलेक्ट्रॉनिक बोर्ड में विभिन्न विषयों का अवलोकन करता है।

सामयिक जागरूकता सेवा के प्रकार निम्नानुसार हैं—

- **पत्रिका अंतर्विषय सेवा (Contents-by Journal Service)**—इस प्रकार की सेवा में पुस्तकालय अथवा प्रलेखन केंद्र या व्यावसायिक प्रकाशक एक प्रकाशन वितरित करता है जिसमें व्यापक क्षेत्र की पत्रिकाओं के अंतर्विषयी पृष्ठों की प्रतियाँ रहती हैं, जैसे जीव-विज्ञान। पत्रिका अंतर्विषय सेवा के प्रकाशन का एक उत्तम उदाहरण अमेरिका के वैज्ञानिक सूचना संस्थान (Institute of Scientific Information; ISI) द्वारा प्रकाशित सामयिक अंतर्विषय की सूची है जिसका नाम 'करेंट कांटेंट्स' है। अगर कोई पुस्तकालय इस प्रकार की सेवा प्रदान करता है तो पुस्तकालय में प्राप्त पत्रिकाओं तक ही यह सेवा सीमित होती है।

  इस प्रकार की सेवा का औचित्य या युक्तियुक्तता यह है कि नई सूचनाओं के संप्रेषण हेतु पत्रिकाएँ प्रमुख माध्यम हैं। अगर उपयोक्ता को किसी व्यापक या गहन विषय क्षेत्र में प्रकाशित पत्रिकाओं के नवीन आलेखों के बारे में नियमित रूप से सूचित किया जा सके तो उन्हें उनके अद्यतन लेखों या निबंधों की जानकारी प्राप्त होगी। इसका सबसे आसान तरीका यह है कि पत्रिकाओं के अंकों के अंतर्विषय पृष्ठों की प्रतिलिपि बनाकर व्यक्तिगत रूप से या सम्मिलित रूप से उपयोक्ताओं को उपलब्ध कराया जाए।

- **प्रलेखन बुलेटिन या सामयिक जागरूकता सूची (Documentation Bulletins or Current Awareness Lists)**—सामयिक जागरूकता सेवा का यह

सबसे अधिक प्रसिद्ध रूप है जिसे पुस्तकालयों द्वारा प्रदान किया जाता है। इस प्रकार की सेवा में पुस्तकालय या प्रलेखन केंद्र उपयोक्ताओं की रुचि को तुष्ट करने वाले उपयोगी आलेखों की पहचान, पुस्तकालय के अंदर प्राप्त प्राथमिक पत्रिकाओं तथा अन्य अद्यतन सूचना स्रोतों से करता है तथा इस प्रकार के आलेखों का संग्रह तथा व्यापक या गहन समूहों में वर्गीकरण कर, ग्रंथात्मक विवरण बनाता है। समय-समय के अंतराल (अर्धमासिक, मासिक इत्यादि) पर संग्रह किए हुए ग्रंथात्मक संलेखों की सूची विभिन्न विषय शीर्षकों, वर्ग संख्याओं या समूहों के अंदर बनाई जाती है। इसके बाद इस सूची की प्रतिलिपि बनाकर उपयोक्ताओं को वितरित की जाती है।

सामान्यत: प्रलेखन बुलेटिन में संलेखों को इस प्रकार प्रस्तुत किया जाता है कि अवलोकन में सुविधा मिलती है। विषय शीर्षक या वर्गीकरण संख्याएँ या उपशीर्षक जिनके अंदर संलेखों की सूची बनाई जाती है, उपयोक्ता के लिए सूची का अवलोकन आसान कर देते हैं। एक प्रलेखन सूची में एक लेखक तथा एक विषय अनुक्रमणिका तथा एक अंतर्विषय पृष्ठ हो सकते हैं। यह तरीका उपयोक्ता के लिए बुलेटिन के उस अनुभाग तक पहुँचने में सहायक होता है जिसका अवलोकन उसे अपनी इच्छित सूचना की प्राप्ति के लिए करना चाहिए।

- **शोध प्रगति बुलेटिन (Research-in-Progress Bulletins)**—यह एक अन्य प्रकार की सामयिक जागरूकता सेवा है जो उपयोक्ताओं को नवीन शोध परियोजनाओं तथा शोध की सतत परियोजनाओं की प्रगति से सतर्क करती है। साधारणतया इस प्रकार की सामयिक जागरूकता सेवा के लिए एक से अधिक संस्थाओं, जो इस प्रकार के क्षेत्र में कार्यरत हों या शोध क्षेत्रों में घनिष्ठ रूप से संबंधित हों, के संयुक्त प्रयास की आवश्यकता होती है। एक मूल संगठन जो वित्त प्रदान करता है या शोध संस्थानों के समूह को नियंत्रित करता है (जैसे भारत में सी.एस.आई.आर. (CSIR) (आई.सी.ए.आर. (ICAR) इत्यादि)

द्वारा भी शोध प्रगति बुलेटिन को निकाला जा सकता है। इन संगठनों के अंतर्गत विभिन्न प्रयोगशालाओं या शोधकेंद्रों द्वारा इन बुलेटिन में इनपुट किए जा सकते हैं। इस प्रकार की सेवा का एक उदाहरण अमेरिका के कृषि विभाग (United States Department of Agriculture; USDA) द्वारा करेंट रिसर्च इंफॉर्मेशन सिस्टम (सी.आर.आई.एस.) (Current Research Information System; CRIS) है। यू.एस.डी.ए. (USDA) की समस्त प्रयोगशालाओं तथा इससे संलग्न शोध संस्थानों द्वारा सी.आर.आई.एस. को अपना इनपुट प्रदान किया जाता है। यह एक कंप्यूटर आधारित सेवा है जिसकी खोज किसी शोध परियोजना के लिए सूचना पुनर्प्राप्ति हेतु की जा सकती है। इसका उपयोग सामयिक जागरूकता उद्देश्य के लिए किया जाता है। शोध प्रगति सेवा का दूसरा उदाहरण फूड एंड एग्रीकल्चर ऑर्गेनाइजेशन (Food and Agriculture Organisation; FAO) का करेंट एग्रीकल्चरल इंफॉर्मेशन सिस्टम (Current Agricultural Information System; CARIS) है जिसका विषय-क्षेत्र अंतर्राष्ट्रीय है।

एक शोध प्रगति बुलेटिन में उस प्रयोगशाला की सूचनाएँ रहती हैं जहाँ परियोजना चल रही है। मुख्य तथा सहायक शोध कर्त्ताओं के नाम, वित्त के स्रोतों, परियोजना की अवधि तथा यदि कोई विशेष उपकरण उपयोग में हो तो उसका उल्लेख रहता है। इसके अतिरिक्त शोध परियोजना या आज तक हुई प्रगति का विस्तृत विवरण दिया जाता है।

- **समाचार-पत्र कतरन सेवा (Newspaper Clipping Service)**–समाचार-पत्र सामयिक जागरूकता के माध्यम हैं क्योंकि इनमें किसी देश या किसी भू-क्षेत्र से संबंधित अद्यतन राजनीतिक, सामाजिक तथा आर्थिक स्थिति के समाचार प्रकाशित होते हैं। समाचार-पत्र सभी के लिए, गृहणियों से लेकर कंपनी के शीर्ष प्रबंधकों तथा मंत्रियों तक को उपयोगी सूचनाएँ प्रदान करते हैं। पुनः, समाचार-पत्र कई प्रकार के होते हैं। उनमें से कुछ

जागरूकता सेवाएँ

प्रस्तुतीकरण तथा क्षेत्र विस्तार में स्थानीय या क्षेत्रीय तथा राष्ट्रीय या अंतर्राष्ट्रीय होते हैं। साथ ही, कुछ समाचार-पत्र आर्थिक या वित्तीय समाचारों में विशेषता रखते हैं तथा उद्योगों, व्यापारों, बैंकों तथा वाणिज्य इत्यादि का गहन विश्लेषण प्रस्तुत करते हैं।

समाचार-पत्रों की उपरोक्त विशेषताओं के परिप्रेक्ष्य में यह आश्चर्य नहीं है कि उन्हें महत्त्वपूर्ण सूचना स्रोत समझा जाए। अत: पुस्तकालय तथा प्रलेखन केंद्रों द्वारा समाचार-पत्रों पर आधारित सूचना सेवाएँ प्रदान की जाती हैं। इस प्रकार की एक सेवा समाचार-पत्र कतरन सेवा है।

समाचार-पत्र कतरन सेवा में सावधानी के साथ अपनी संस्था की रुचि के क्षेत्र में एक या अधिक दैनिक या साप्ताहिक पत्रों का, उपयोक्ता समूह की रुचि के अनुरूप किसी विषय का क्रमवीक्षण कर तथा कतर (काटना) कर किसी मोटे कागज या शीट या कार्ड पर चिपकाया जाता है। इन कतरनों का एक या अधिक विषय शीर्षक या समूह/वर्ग संकेत दिए जाते हैं। समय के अंतराल पर (जैसे–दैनिक, साप्ताहिक) कतरनों को विषय शीर्षक या समूह संकेत के साथ व्यवस्थित कर उपयोक्ताओं के बीच प्रसारित किया जाता है। छोटे संस्थानों में एक या अधिक उपयोक्ता के समूहों में कतरन के बैचों (batches) को परिचालित किया जाता है। बड़े संस्थानों में या जहाँ का परिचालन व्यापक है, समाचार के विषय के साथ बुलेटिन को, व्याख्या सहित या रहित परिचालित किया जा सकता है। कतरनों को भविष्य में संभावित उपयोग के लिए वर्टिकल या सस्पेंशन फाइल फोल्डर (vertical or suspension file folders) में रखा जाता है। उस प्रकार की कतरनें जो कम महत्त्व की समझी जाती हैं, उनका परित्याग कर दिया जाता है। समाचार-पत्र कतरन सेवा सरकारी विभागों के पुस्तकालयों, बैंकों तथा आर्थिक संस्थानों एवं औद्योगिक विकास एजेंसियों के लिए बहुत ही सामान्य कार्य है। जी.पी.एच. की पुस्तकों का मुख्य उद्देश्य ज्ञान के साथ-साथ अच्छे नम्बर दिलाना है।

प्रश्न 4. एस.डी.आई. (SDI) सेवा से क्या तात्पर्य है? एस.डी. आई. के कार्यात्मक घटकों की चर्चा कीजिए।

अथवा

एस.डी.आई. के संघटक पर संक्षिप्त टिप्पणी लिखिए।

[जून-2018, प्र.सं.-5 (c)]

अथवा

एस.डी.आई. सेवा से क्या अभिप्रायः है? इसके घटकों की चर्चा कीजिए।   [दिसम्बर-2018, प्र.सं.-4.2]

उत्तर– मानव जीवन में कंप्यूटर के आने के बाद पुस्तकालय तथा सूचना कार्यों के लिए इसके अनुप्रयोग हेतु प्रयास किए गए हैं। सामयिक जागरूकता सेवा को एक स्वचालित सेवा के रूप में चलाने का प्रयास किया जा रहा है। हैन्स पीटर लुह्न नामक एक कंप्यूटर वैज्ञानिक ने सन् 1961 ई. में सामयिक जागरूकता सेवा के लिए कंप्यूटर उपयोग विधि का प्रस्ताव रखा। उसने स्वचालित सामयिक जागरूकता सेवा की विधि का नामकरण चयनित सूचना प्रसारण या एस.डी.आई. (Selective Dissemination of Information; SDI) किया।

लुह्न ने एस.डी.आई. को इस प्रकार परिभाषित किया है–"चयनित सूचना प्रसारण सेवा किसी भी संस्था द्वारा प्रदत्त **मशीन-सहायित** वह सेवा है जो **नवीन सूचना** की इकाइयों को **किसी भी स्रोत** से प्राप्त कर, संस्था के उन भागों तक प्रवाहित करती हैं, जहाँ पर उसकी **वर्तमान कार्य या रुचि** के संदर्भ में **अत्यधिक उपयोगिता** की संभावनाएँ हैं।"

उपरोक्त परिभाषा में मोटे अक्षरों में मुद्रित शब्द महत्त्वपूर्ण हैं जिन्हें नीचे स्पष्ट किया गया है–

(1) मशीन-सहायित–एस.डी.आई. कंप्यूटरों का उपयोग करता है जिनका 1950 ई. में प्रादुर्भाव हुआ था और जो सूचनाओं के व्यवस्थापन हेतु उपयोगी हैं।

(2) नवीन सूचना–एस.डी.आई. नवीन सूचना या अद्यतन सूचना या उस प्रकार की सूचना जो सामयिक है, से संबंधित है। अतः एस.डी.आई. एक प्रकार से सामयिक जागरूकता सेवा है।

(3) किसी भी स्रोत–नवीन या सामयिक सूचना के स्रोत संस्थान के भीतर तथा बाहर दोनों प्रकार के हो सकते हैं। यह तथ्य है कि

प्रथमत: इस प्रकार की सेवा के लिए कई प्रकार के सूचना स्रोतों की आवश्यकता होती है।

(4) वर्तमान कार्य या रुचि—किसी दिए हुए उपयोक्ता के लिए उसके अद्यतन कार्य या रुचि की प्रकृति के अनुरूप सूचनाओं को प्रसारित या निर्देशित किया जाता है।

(5) अत्यधिक उपयोगिता—एस.डी.आई. का उद्देश्य नई सूचना को संस्थान के भीतर उन बिंदुओं तक निर्देशित या प्रसारित करना होना चाहिए जो अत्यधिक उपयोगिता को सुनिश्चित करते हैं।

एच.पी. लुह्न (HP Luhn) द्वारा परिभाषित मुख्य शब्दों को समझने के पश्चात् हम पाते हैं कि एस.डी.आई. एक सेवा है जो कंप्यूटर के उपयोग को उपयोक्ता की वर्तमान रुचि या कार्य में अद्यतन सूचना हेतु प्रसारित करने के लिए योग्य बनाता है।

कंप्यूटर से संबंधित उपयोक्ता के लिए सूचनाओं के प्रत्येक अंश के समुच्चय का चयन प्रसारण के लिए किया जाता है जो नई सूचनाओं के वे अंश हैं तथा किसी उपयोक्ता के कार्य की रुचि के अनुरूप बहुत ही प्रासंगिक हैं। अत: इस सेवा को चयनित सूचना प्रसारण (एस.डी.आई.) कहा जाता है।

एस.डी.आई. प्रणाली के घटक—एक एस.डी.आई. प्रणाली में निम्नलिखित घटक सम्मिलित हो सकते हैं—

(1) एक प्रलेख डेटाबेस—यह एक फाइल है जिसमें प्रलेख के वर्णन तथा विषय-वस्तु का प्रतिनिधित्व करने वाले शब्दों का विवरण रहता है। चूँकि एस.डी.आई. एक कंप्यूटर आधारित सेवा है इसलिए प्रलेख का डेटाबेस कंप्यूटर पठनीय रूप में रहता है। एस.डी.आई. में व्यवहृत प्रलेख डेटाबेस अद्यतन या सामयिक साहित्य के लिए हैं। प्रलेख के अंतर्विषय के वर्णन हेतु शब्दों का चयन साधारणत: पर्यायकोश की सहायता से किया जाता है।

(2) उपयोक्ता प्रोफाइल का एक सेट—यह एक फाइल है जिसमें एस.डी.आई. सेवा के उपयोक्ताओं या प्राप्तकर्त्ताओं का तथा उनकी रुचि के विषय का वर्णन रहता है। उपयोक्ता प्रोफाइल भी एक कंप्यूटर पठनीय फाइल है। उपयोक्ता प्रोफाइल का निर्माण एक महत्त्वपूर्ण

कार्य है जिसका विस्तृत विवरण नीचे दिया गया है। उपयोक्ता की रुचि के शब्दों को उसी शब्दावली (पर्यायकोश) सूची से लिया जाता है जिसे प्रलेख डेटाबेस की सामग्रियों की अनुक्रमणिका के लिए प्रयुक्त किया गया है। प्रलेख के अंतर्विषय का वर्णन करने के लिए उसी पारिभाषिक शब्दावली का उपयोग किया जाता है तथा उपयोक्ता की रुचि के साथ प्रलेख के अंतर्वस्तु का ठीक से मिलान करना उपयोक्ता की रुचि को सुनिश्चित करता है।

(3) प्रलेख के विवरण के साथ उपयोक्ता के विवरण को मिलाने का यांत्रिक स्वरूप–प्रलेख को उपयोक्ता के विवरण के साथ मिलाने का कार्य कंप्यूटर करता है। वास्तव में कंप्यूटर के अंदर कार्यरत प्रोग्राम द्वारा वह कार्य किया जाता है।

(4) उपयोक्ता-एस.डी.आई. प्रणाली इंटरफेस–एक इंटरफेस सामान्य सीमा है जो उपयोगी अंत:क्रिया या संप्रेषण की अनुमति प्रदान करता है। एस.डी.आई. सेवा इंटरफेस में निम्नलिखित कार्य सम्मिलित हैं–

(क) एस.डी.आई. सेवा के उपयोक्ता।

(ख) नवीन साहित्य की एस.डी.आई. अधिसूचना जो दिए गए उपयोक्ताओं की रुचियों से मिलती हो।

(ग) उपयोक्ताओं से उनको भेजी गई अधिसूचना के संबंध में प्रतिपुष्टि प्रदान करने का आग्रह किया जाता है। उपयोक्ता द्वारा प्राप्त प्रतिपुष्टि की उपयोगिता के संबंध में या उन्हें भेजे गए अधिसूचना के संबंध में उन्हें अवगत कराया जाता है।

(घ) एस.डी.आई. प्रणाली के संचालन में मध्यस्थ भी होते हैं। ये संस्थान के अंदर के सूचना वैज्ञानिक होते हैं जो उपयोक्ताओं से परस्पर संबंध स्थापित कर प्रलेख डेटाबेस एवं इसकी विशेषताओं का ज्ञान रखते हैं तथा उपयोक्ता प्रोफाइल का निर्माण करते हैं।

किसी एस.डी.आई. प्रणाली के चार कार्यात्मक पक्ष (मुख्य क्रियाकलाप) हैं–

(1) चयन पक्ष–चयन का अर्थ चुनना होता है। अर्थात् सर्वप्रथम विषय चुनना सबसे आवश्यक तत्त्व होता है। चयन क्रियाकलाप या पक्ष

में नवीन प्रलेखों के विषय तथा उनके अभिलक्षणों को उपयोक्ता की रुचि के विषयों के शब्दों तथा अन्य अभिलक्षणों का मिलान किया जाता है। उदाहरण के लिए एक वैज्ञानिक उपयोगी रसायन के उत्पादन के लिए कृषि की बेकार सामग्री के उपयोग पर कार्य कर रहा है।

उपर्युक्त कथन में हमारे सामने दो विषय हैं, कृषि की बेकार सामग्री या अवशेष तथा रसायन। वैज्ञानिक की रुचि केवल कृषि की बेकार सामग्री या रसायन में ही नहीं है बल्कि दोनों विषयों में परस्पर संबंध स्थापित करने में है। उसकी रुचि को वेन डायग्राम (Venn diagram) के रूप में निम्नलिखित प्रकार से चित्रित किया जा सकता है–

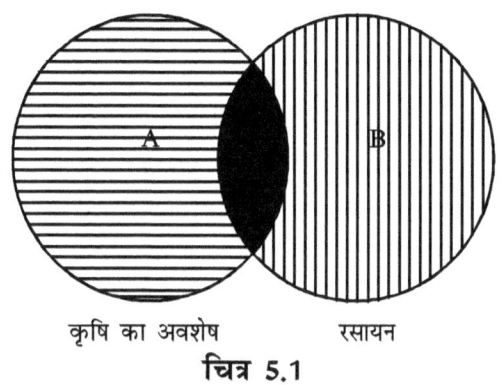

कृषि का अवशेष   रसायन

चित्र 5.1

वैज्ञानिक उपर्युक्त वेन डायग्राम के छायांकित क्षेत्र में रुचि रखता है, अर्थात् उस प्रकार के प्रलेख में जिसमें कृषि के अवशेष तथा रसायन, दोनों का वर्णन हो।

एस.डी.आई. के चयन पक्ष में डेटाबेस के अंदर कंप्यूटर प्रोग्राम द्वारा उपयोक्ता की रुचि के बताए गए विषय के अनुरूप नवीन प्रलेखों के मुख्य शब्दों का मिलान किया जाता है।

उपयोक्ता प्रोफाइल–उपयोक्ता की रुचि के विषय तथा विषयेतर शब्दों के संयोजन की अभिव्यक्ति को उपयोक्ता प्रोफाइल कहते हैं। उपयोक्ता प्रोफाइल के निर्माण का अर्थ है जो उपयोक्ता की रुचि तथा सूचना चाहने की उसकी आदत का सही प्रतिनिधित्व करता हो। सूचना प्राप्त करने की आदत ही एस.डी.आई. प्रणाली का मर्म है।

उपयोक्ता की आवश्यकता को उसकी अपनी भाषा में आमंत्रित कर एस.डी.आई. प्रणाली के द्वारा उपयोक्ता की आवश्यकता का प्रारंभिक

निर्माण किया जाता है। उसे अपनी आवश्यकताओं तथा संकल्पनाओं को विस्तृत रूप से परिभाषित करने को कहा जाता है। इस प्रकार की संकल्पनाओं की परिभाषाओं या व्याख्या से उपयोक्ता से संबंधित संकल्पनाओं के उद्देश्य तथा संदर्भ का मार्गदर्शन होता है। इसके पश्चात् उपयोक्ता से उसकी आवश्यकता से संबंधित प्रासंगिक शीर्षकों की सूची माँगी जाती है। उपयोक्ता द्वारा प्रदान किए गए शीर्षकों की सूची से उससे संबंधित रुचि क्षेत्र के लिए मार्गदर्शन मिलता है तथा उसके द्वारा इच्छित, सीमित और विस्तृत क्षेत्र का पता चलता है जो कि वास्तव में वह स्पष्ट रूप में नहीं बता पाता है।

उपयोक्ता द्वारा उसकी रुचि के विषयों तथा व्यक्तियों के नामों की सूचना प्राप्त करने के पश्चात् उससे यह भी पूछा जाता है कि क्या वह चाहता है कि उसका एस.डी.आई. व्यापक (जैसे विस्तृत, बहुत से विषयों की पुनर्प्राप्ति जिनमें से बहुत से पूर्णतया कम प्रासंगिक होंगे) या विशिष्ट (जैसे बहुत से विषयों की पुनर्प्राप्ति जिसमें बहुत से संभवतः अधिक प्रासंगिक होंगे) हो। ऐसा करना सूचना प्रोफाइल के निर्माण में उपयोगी होता है।

इस प्रकार, उपयोक्ता का प्रोफाइल न केवल उपयोक्ता की विषय-रुचि के प्रतिनिधित्व का प्रयास करता है बल्कि पूर्व में उसके द्वारा खोज के प्रतिरूप तथा अन्य दृष्टिकोण को भी इंगित करता है। इस परिप्रेक्ष्य में एस.डी.आई. अन्य प्रकार की सामयिक जागरूकता सेवा प्रदान करने के माध्यमों से भिन्न है।

उपयोक्ता द्वारा वर्तमान रुचि तथा कार्य की अभिव्यक्ति में सहायता के लिए उसे एक प्रश्नावली दी जाती है जिसे भरकर वापस करने की अपेक्षा उससे की जाती है।

एक बार जब उपयोक्ता से प्रश्नावली प्राप्त हो जाती है तब एस.डी. आई. प्रणाली के कर्मचारियों द्वारा उपयोक्ता प्रोफाइल विकसित करने का प्रयास किया जाता है। अगर आवश्यकता हुई तो उपयोक्ताओं के प्रोफाइल निर्माण के पूर्व स्पष्टीकरण या विस्तृत जानकारी के लिए उपयोक्ता से संबंध स्थापित किया जा सकता है। उपयोक्ता की रुचि का प्रतिनिधित्व करने वाले शब्दों का चयन उसी शब्दावली (जैसे–पर्यायकोश)

से किया जाता है जिसे, प्रलेख डेटाबेस में, प्रलेख की विषय सूची के लिए, अनुक्रमणी में व्यवहृत किया गया है।

उदाहरण के लिए मान लीजिए एक वैज्ञानिक की इच्छा कृषि के अवशेष से औद्योगिक रसायन का उत्पादन करने की है। इस उदाहरण में खोज के दो शब्द हैं–कृषि की बेकार सामग्रियाँ (Agricultural wastes) तथा रसायन (Chemicals)। इस काल्पनिक वैज्ञानिक द्वारा संभावित सूचना कर्मियों को संभावित तीन दृष्टिकोण अपनाने की सलाह दी जा सकती है जो निम्नलिखित हैं–

    (क) कृषि के अवशेष अथवा (OR) रसायन
    (ख) कृषि के अवशेष तथा (AND) रसायन
    (ग) कृषि के अवशेष न कि (NOT) रसायन

इन तीनों कथनों को सांकेतिक रूप में पुन: इस प्रकार लिखा जा सकता है–

A OR B (तर्कसंगत योग)
A AND B (तर्कसंगत गुणन)
A NOT B (तर्कसंगत अंतर)

उपर्युक्त कथन के तीन योजकों OR, AND तथा NOT को बूलियन ऑपरेटर तथा इन कथनों को प्राप्त करने वाली प्रक्रिया को बूलियन तर्क कहते हैं। चित्र 5.1 में तीन तार्किक प्रक्रियाओं के प्रतिफल का पुनर्लेखन इस प्रकार किया जा सकता है–

    (क) OR संक्रिया 'A तथा B' दोनों के संदर्भों का प्रतिनिधित्व प्रदर्शित करती है।
    (ख) AND क्रियाकलाप, दोनों संदर्भ शब्दों के प्रतिनिधित्व की प्रक्रिया को प्रदर्शित करता है, अर्थात् केवल चित्र में छायांकित क्षेत्र को ही।
    (ग) NOT केवल 'A न कि (NOT) B' के संदर्भों के प्रतिनिधित्व की प्रक्रिया को प्रदर्शित करता है।

वास्तव में हमारा वैज्ञानिक सभी संभावनाओं में AND प्रक्रिया के विषय में, जो उसकी आवश्यकता पूरी कर सके, के विषय में पूछेगा।

यदि उपयोक्ता की विषय रुचि या प्रोफाइल में बहुत से खोज शब्द हों तो सभी शब्दों को मिलाकर खोज अभिव्यक्ति का निर्माण योजकों

(AND, OR, NOT), जो उपयोक्ता के प्रोफाइल का प्रतिनिधित्व करता है, के द्वारा किया जाता है। इस प्रकार की खोज अभिव्यक्ति को बूलियन खोज अभिव्यक्ति भी कहा जाता है।

(2) अधिसूचना–चयन पक्ष में प्रलेख अभिलक्षण (अंतर्विषय) का उपयोक्ता से मिलान किया जाता है तथा केवल उन्हीं प्रलेखों को प्रसारण के लिए चयन किया जाता है जो दिए गए उपयोक्ता प्रोफाइल (खोज अभिव्यक्ति) को संतुष्ट करते हैं।

प्रसारण हेतु चयनित सामग्री अधिसूचित करना होता है। साधारणत: अधिसूचना सार सहित या सार रहित संदर्भ सूची के रूप में होती है। चूँकि एस.डी.आई. सेवा नवीन सूचनाओं के लिए है अत: यह महत्त्वपूर्ण है कि इस सेवा में होने वाले प्रलेख के बारे में पर्याप्त सूचना दी जाए। उपयोक्ता के लाभार्थ प्रलेख के अंतर्विषय के साथ विस्तृत सार प्रदान करना सर्वोत्तम तरीका है।

प्रत्येक प्रदत्त एस.डी.आई. सेवा में सम्मिलित सभी प्रलेखों के ग्रंथात्मक विवरण तथा सार का प्रलेख डेटाबेस में संग्रह किया जाता है। कंप्यूटर प्रोग्राम जो प्रलेख विवरण के साथ उपयोक्ता प्रोफाइल का मिलान करता है, यह भी सुनिश्चित करता है कि चयनित प्रलेखों को अधिसूचित करना है तथा सूची में लेना है।

(3) प्रतिपुष्टि–उपयोक्ताओं से यह अपेक्षा की जाती है कि वे एस.डी.आई. सेवा में सम्मिलित प्रत्येक मद के औचित्य पर अपनी प्रतिपुष्टि एस.डी.आई. कर्मियों को भेजेंगे। प्रतिपुष्टि देने के लिए एक समुचित प्रपत्रक (Form) एस.डी.आई. अधिसूचना के साथ भेजा जाता है। एक बार जब उपयोक्ता से प्रतिपुष्टि प्राप्त हो जाती है तो संप्रेषित सामग्री की विश्लेषणात्मक जाँच यह जानने के लिए की जाती है कि क्या संप्रेषित सामग्री उपयोक्ता के लिए उपयोगी है। अगर अधिक सामग्री उपयोगी पाई जाती है तब यह निष्कर्ष निकाला जा सकता है कि उपयोक्ता प्रोफाइल ठीक से बनाई गई है। इसके विपरीत, अधिकतर सामग्री के उपयोगी नहीं पाए जाने की स्थिति में यह निष्कर्ष निकाला जा सकता है कि उपयोक्ता प्रोफाइल में उपयोक्ता की रुचि का सही प्रतिनिधित्व नहीं हुआ है, अत: इसे अवश्य ही संशोधित किया जाना चाहिए।

(4) **संशोधन**–प्रोफाइल के संशोधन को सार्थक बनाने हेतु उपयोक्ता तथा एस.डी.आई. प्रणाली के बीच अंत:क्रिया तब प्रारंभ होती है जब उपयोक्ता को एस.डी.आई. अधिसूचना, अर्थात् उसकी प्रोफाइल से मिलते हुए प्रलेखों के उद्धरण तथा सार प्रदान कर दिए जाते हैं। प्रसारित या संप्रेषित प्रलेखों की उपयोगिता के विषय में प्रतिपुष्टि का प्रावधान उपयोक्ता की आवश्यकता को अच्छी तरह समझने में सहायक होता है। जब उपयोक्ता यह इंगित करता है कि प्रतिपुष्टि के पश्चात् भी प्रतिफल (प्रसारित सामग्री) उपयोगी नहीं थी तो एस.डी.आई. प्रणाली के संचालक उसकी प्रोफाइल का संशोधन प्रारंभ करते हैं। एस.डी.आई. प्रणाली के कर्मचारी अनुपयोगी प्रसारण-सामग्री के कारणों का विश्लेषण करते हैं। परिणामस्वरूप उपयोक्ता प्रोफाइल या उपयोक्ता की खोज अभिव्यक्ति का संशोधन या परिष्कार किया जाता है। संशोधित प्रोफाइलों के कार्यों को मॉनीटर यह सुनिश्चित करने के लिए किया जाता है कि यह पूर्व के प्रोफाइल से बेहतर है।

तथापि, प्रोफाइल के संशोधन हेतु कभी-कभी उपयोक्ता द्वारा पहल की जा सकती है। ऐसा तब होता है जब वह एस.डी.आई. कर्मचारियों को अपनी रुचि के बदलाव की सूचना देता है। उदाहरण के लिए, अगर उपयोक्ता द्वारा एक नई शोध परियोजना ली जाती है तब उसकी रुचि बदल सकती है तथा अपने प्रोफाइल में उपयुक्त तरीके से संशोधन के लिए वह एस.डी.आई. प्रणाली के कर्मचारियों को सूचित कर सकता है।

प्रतिपुष्टि प्राप्त करना तथा उपयोक्ता प्रोफाइल में संशोधन करना – ये दो महत्त्वपूर्ण कारक हैं जो मूल रूप से एस.डी.आई. को सामयिक जागरूकता सेवाओं के अन्य माध्यमों से भिन्न बनाते हैं। उपयोक्ता के लिए सेवा का वैयक्तिकरण, सेवा में सम्मिलित चयनात्मकता का पक्ष तथा सेवा के प्रापक और प्रदायक दोनों के बीच अंत:क्रिया के फलस्वरूप प्रलेखीय स्रोतों का अधिक प्रभावकारी उपयोग होता है। किसी भी अन्य सेवा की तुलना में एस.डी.आई. सेवाएँ प्रलेखों के लिए अधिक माँग को प्रोत्साहित करती हैं। एस.डी.आई. के द्वारा उपयोक्ताओं

की आवश्यकताओं तथा सूचना विशेषज्ञों के बीच परस्पर संबंध स्थापित होता है जिससे उपयोक्ताओं को अच्छी तरह समझा जा सकता है। इससे अच्छे प्रलेखों की प्राप्ति तथा सूचीकरण एवं सारकरण सेवाओं को बेहतर बनाने में मदद मिलती है। जी.पी.एच. की पुस्तकों का मुख्य उद्देश्य ज्ञान के साथ-साथ अच्छे नम्बर दिलाना है।

अध्याय 6

उपयोक्ता अभिमुखीकरण (USER ORIENTATION)

भूमिका

प्रयोक्ता उन्मुखीकरण (अभिमुखीकरण) से तात्पर्य प्रयोक्ता को प्रदान किए जाने वाले उन अनुदेशों से है जिनकी सहायता से वह पुस्तकालय का सर्वोत्तम उपयोग कर सके। इसके अंतर्गत वे सभी गतिविधियाँ सम्मिलित हैं जो विद्यार्थियों, शोधकर्त्ताओं, अध्यापकों आदि की सहायता करने के लिए संपन्न की जाती हैं ताकि वे सूचना के निपुण प्रयोक्ता बन सकें। शिक्षा का प्रयोग शिक्षा को सामयिक प्रवृत्तियों की जानकारी प्रदान करने, अपने विषय की अंतरिक तथा अन्य संबंधित बाह्य विषयों की जानकारी प्रदान करने, ऑनलाइन स्रोतों की उपलब्धता पुस्तकालय द्वारा प्रदान की जाने वाली विविध (यथा- फोटोकॉपी, संदर्भ, इन्टरनेट ब्राउजिंग अन्य पुस्तकालयों की संस्थागत सदस्याता आदि) की जानकारी प्रदान करने के लिए किया जा सकता है। यहाँ यह ध्यान रखे जाने की आवश्यकता है कि प्रयोक्ता उन्मुखीकरण कार्यक्रम ऐसे समय आयोजित किए जाएँ जिससे प्रयोक्ता अधिकाधिक प्रेरित एवं प्रोत्साहित हो सकें। प्रयोक्ता को शिक्षित करने के लिए समूह-चर्चा, निजी अनुदेश, समूह सह निजी अनुदेश को अपनाया जा सकता है जो मूलतः पुस्तकालय के मूल संस्थान की प्रकृति पर निर्भर करेगा।

प्रश्न 1. उपयोक्ता शिक्षा से आप क्या समझते हैं? इसके लक्ष्यों और उद्देश्यों की चर्चा कीजिए।

अथवा

उपयोक्ता शिक्षा के उद्देश्यों का उल्लेख करते हुए उनकी व्याख्या कीजिए।

उत्तर– शिक्षा एक जीवनपर्यंत प्रक्रिया है तथापि औपचारिक शिक्षा प्रारंभिक विद्यालय स्तर पर शुरू होती है। पुस्तकालय के उपयोक्ताओं के लिए शैक्षिक कार्यक्रमों को आयोजित करने हेतु यह जरूरी होता है कि आयोजित किए जा रहे पाठ्यक्रमों के लिए मुख्य लक्ष्यों तथा विशिष्ट उद्देश्यों को परिभाषित कर लिया जाए। दूसरे शब्दों में, पाठ्यक्रम में शामिल विषयों और विभिन्न अवस्थाओं की अवधि, अध्ययन की विधियों और प्रयोग में लिए जाने वाले माध्यमों को पहले से निश्चित कर लेना चाहिए। इस आयोजन के परिणाम एक व्यावहारिक स्थिति में जाँच लिए जाते हैं ताकि कार्यक्रम के प्रभाव का निर्धारण किया जा सके। शिक्षा के पाठ्यक्रम के विकास से संबंधित विभिन्न कदमों को चित्रात्मक रूप में चित्र 6.1 में दर्शाया गया है–

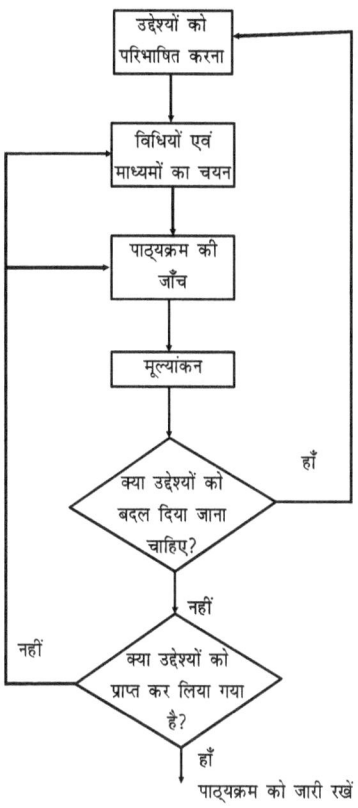

चित्र 6.1: शिक्षा पाठ्यक्रम के विकास की प्रक्रिया

शिक्षा प्रक्रिया के परिणामों के आधार पर अपेक्षित परिवर्तनों को स्पष्ट रूप से परिभाषित या इंगित कर लेने और आवश्यक हो तो उनके आधार पर उद्देश्यों एवं लक्ष्यों को पुनर्परिभाषित करने से पाठ्यक्रम में शामिल विषयों, माध्यमों और इस सामग्री को प्रस्तुत करने की विधियों तथा साथ ही विभिन्न भागों के समय के चयन का कार्य सुगम हो जाता है।

उपयोक्ता शिक्षा के लक्ष्य तथा उद्देश्य (Goals and Objective of User Education)—सुगमता की दृष्टि से लक्ष्यों और उद्देश्यों को तीन मुख्य वर्गों में रखा जा सकता है—संज्ञानात्मक, भावात्मक तथा मन:चालित। पुस्तकालय उपयोक्ता शिक्षा के उद्देश्यों को, खासतौर पर संज्ञानात्मक और भावात्मक क्षेत्रों में ढूँढ़ना चाहिए।

संज्ञानात्मक लक्ष्यों तथा उद्देश्यों का संबंध विभिन्न अवधारणाओं को

समझने से होता है। संज्ञानात्मक क्षेत्र के अंतर्गत लक्ष्यों और उद्देश्यों को जटिलता की अवस्था के अनुसार, यथा जटिल से सरल और अमूर्त से मूर्त कोटियों के अंतर्गत व्यवस्थित किया जा सकता है।

भावात्मक लक्ष्यों और उद्देश्यों का संबंध भावनाओं तथा अनुभूतियों से होता है, जैसे छात्र शैक्षिक रूप से वांछनीय व्यवहार करना चाहता है, परंतु वह करता है या नहीं तथा सूचना प्राप्त करने के लिए पुस्तकालय संसाधनों का प्रयोग करने में आनंद की अनुभूति करता है या नहीं।

मन:चालित लक्ष्यों और उद्देश्यों का संबंध समन्वित भौतिक क्रियाकलापों से होता है, जैसे कम्प्यूटर टर्मिनल (Computer Terminal) का उपयोग करना। सामान्यतया, संज्ञानात्मक और भावात्मक उद्देश्यों में निकट संबंध होता है। अत: उपयोक्ता अनुदेश के संज्ञानात्मक क्षेत्र में पुस्तकालय उपयोक्ता को पुस्तकालय के विशिष्ट उपकरणों, जैसे प्रसूची और सार का उपयोग करना आना चाहिए। भावात्मक क्षेत्र में छात्र सूचना संबंधी अपनी आवश्यकताओं के लिए उपयुक्त पुस्तकालय संसाधनों का प्रयोग करने में आश्वस्त महसूस करेगा। शैक्षिक लक्ष्यों और उद्देश्यों के बारे में निर्णय लेने की प्रक्रिया में छात्रों को शामिल करना श्रेयस्कर होता है।

उल्लेखनीय है कि पुस्तकालय उपयोक्ता शिक्षा के कार्यक्रम के लिए लक्ष्यों और उद्देश्यों को विश्वविद्यालय पुस्तकालय के सामान्य लक्ष्यों के अनुरूप होना चाहिए और इन्हें उच्च शिक्षा के लक्ष्यों और उद्देश्यों से भी संबंधित होना चाहिए। जैसे–

- वर्तमान तथा भावी सूचना आवश्यकताओं को पूरा करने के लिए आवश्यक मुद्रित और गैर-मुद्रित सामग्री को प्राप्त करके, अध्यापन, अधिगम और अनुसंधान के संबंध में विश्वविद्यालय के लक्ष्यों को हासिल करने में योगदान देना;
- प्राप्त की गई सामग्री को पंजी में इस प्रकार लिखना और संग्रह करना जिससे न केवल इस सामग्री का उपयोग हो सके बल्कि सक्रिय रूप से उसका उपयोग करने की भावना उद्दीप्त हो सके;
- इन सूचना संसाधनों को विश्वविद्यालय तथा समाज की बदलती हुई जरूरतों के अनुसार अपनाना; तथा

- विश्वविद्यालय के भीतर राष्ट्रीय तथा अंतर्राष्ट्रीय दोनों प्रकार के सूचना संसाधनों को समेकित करने में योग देना।

अमेरिका में ए.सी.आर.एल. और यूनाइटेड किंगडम में एसलिब जैसी संस्थाओं ने पुस्तकालय उपयोक्ता शिक्षा के लक्ष्यों और उद्देश्यों को निर्धारित करने के संबंध में अपने प्रस्तावों और निर्देशों को स्वयं विकसित करने का प्रयास किया है। सूचना व्यवसायियों, जैसे हट्टन, स्क्रिवेनर और हर्ट्ज (Hutton, Scrivener and Hartz) ने भी इस विषय पर अपने विचार दिए हैं। स्क्रिवेनर ने विश्वविद्यालय पुस्तकालय उपयोक्ता शिक्षा कार्यक्रमों के लिए सामान्य लक्ष्यों की विवेचना करते हुए निम्नलिखित तथ्यों को सारांश रूप में बताया है जो हर कार्यक्रम का लक्ष्य होना चाहिए – यद्यपि विभिन्न स्थितियों में तफसीलों में अनिवार्यत: भिन्नता होगी परंतु अध्यापन द्वारा निम्नलिखित परंपरागत कौशलों की स्थापना तथा उन्नयन करना चाहिए जिनके बिना कोई भी छात्र किसी पुस्तकालय का पर्याप्त उपयोग नहीं कर सकता है–(1) पुस्तकालय की भौतिक, ग्रंथात्मक और वैचारिक व्यवस्थाओं की जानकारी, (2) प्रत्येक स्थिति के लिए उपयुक्त साधनों/स्रोतों की जानकारी, (3) स्वयं अपनी जरूरतों को समझने की योग्यता जिससे कि उपयुक्त प्रश्नों की अभिकल्पना हो सके, और (4) खोज करने की तकनीकों की जानकारी जिनमें सेवा के योग्य कार्यों की योजना बनाने की योग्यता और अंतत: छात्र को अपने स्रोतों का मूल्यांकन करने और अपनी सामग्री को प्रस्तुत करने की कला में निपुणता की जरूरत होती है। स्वीडन की चामर्स यूनिवर्सिटी ऑफ टेक्नोलॉजी की लाइब्रेरी में उपयोक्ता शिक्षा कार्यक्रम के लिए निर्धारित किए गए मुख्य लक्ष्यों को निम्नलिखित रूप में सूत्रबद्ध किया गया है–

- सूचना पुन:प्राप्ति की समस्याओं के निराकरण के लिए वैज्ञानिक संचार के सिद्धांतों को प्रयोग में लेने की योग्यता; और
- पुस्तकालय में उपलब्ध विभिन्न उपकरणों को उपयोग में लेने की योग्यता जिससे कि, जब भी आवश्यकता हो, अध्ययन और बाद में किए जाने वाले शोधकार्य के संबंध में उपयोगी सूचना प्राप्त की जा सके।

एक बार जब कार्यक्रम के व्यापक लक्ष्यों की स्थापना कर ली जाती है तो इस व्यापक ढाँचे के दायरे में कई विशिष्ट उद्देश्यों को तय किया जा सकता है। पुस्तकालय उन्मुखीकरण तथा पुस्तकालय अनुदेशन के बीच का अंतर समझ लेना सदा ही अत्यंत उपयोगी होता है। यहाँ इस बात पर बल दिया जा सकता है कि पुस्तकालय उन्मुखीकरण का संबंध छात्र की पुस्तकालय सेवाओं की उपलब्धता की जानकारी से होता है जिससे पुस्तकालय के सामान्य उपयोग के बारे में सीखने हेतु छात्र को सहायता मिलती है, जबकि पुस्तकालय अनुदेशन का संबंध, छात्र को पुस्तकालय में उपलब्ध संसाधनों और सामग्री का पूरी तरह से उपयोग कर विशिष्ट उद्देश्य के लिए जरूरी सूचना प्राप्त करने योग्य बनाने से है और यह सूचना पुन:प्राप्ति की समस्याओं से भी संबंधित है।

प्रश्न 2. उपयोक्ता शिक्षा पर सूचना प्रौद्योगिकी के प्रभाव का विवेचन कीजिए।

अथवा

उपयोक्ता शिक्षा कार्यक्रमों पर सूचना एवं संचार प्रौद्योगिकी के प्रभाव का वर्णन कीजिए।

उत्तर— उपयोक्ता शिक्षा व उपयोक्ता अध्ययन में कम्प्यूटरों का प्रयोग बढ़ता जा रहा है। इसके परिणामस्वरूप कम्प्यूटर-आधारित सूचना पुन:प्राप्ति प्रणालियों में वृद्धि हुई है। अनेक संगठनों ने अनेक डाटाबेस (Database) और कम्प्यूटर भंडारित सूचना फाइलों (Computer Stored Information Files) का निर्माण किया है, जैसे—अमेरिकन केमिकल सोसाइटी (American Chemical Society), द्वारा केमिकल एब्स्ट्रेक्ट्स (Chemical Abstracts), और यू.एस. नेशनल लाइब्रेरी ऑफ मेडिसिन (US National Library of Medicine) द्वारा इंडेक्स मेडिकस (Index Medicus), इत्यादि। ये डाटाबेस अब ऐसे स्थानीय टर्मिनलों (Terminals) से सूचना ढूँढ़ने के लिए व्यापक रूप में उपलब्ध हैं जो दूरसंचार नेटवर्क के माध्यम से केंद्रीय कम्प्यूटर से जुड़े हुए होते हैं। ऐसे प्रयासों के कारण अनेक ऑनलाइन सूचना पुन:प्राप्ति प्रणालियों को विकसित कर लिया गया है।

ऑनलाइन शिक्षा में संलग्न समूह (Groups Involved in Online Education)– ऑनलाइन (Online) पुस्तकालय उन्मुखीकरण, प्रशिक्षण तथा शिक्षा में अनेक समूह संलग्न हैं। ये हैं–

- डाटाबेस उत्पादक,
- प्रणाली के चालक,
- टर्मिनल क्रियाएँ संपादित करने वाली संस्थाएँ जैसे–पुस्तकालय अथवा सूचना केंद्र,
- पुस्तकालय विज्ञान विद्यापीठ,
- मध्यग, तथा
- अंत्य उपयोक्ता।

इन समूहों में से प्रत्येक के लिए भिन्न-भिन्न अभिप्रेरक होते हैं। सामान्यत: ऐसे प्रशिक्षण कार्यक्रमों में भाग लेने के लिए अभिप्रेरक तत्त्व वित्तीय होता है, जैसे–विशिष्ट उत्पाद (जैसे–डाटाबेस) अथवा सूचना प्रणाली की बिक्री। सुगमता की दृष्टि से ऑनलाइन शिक्षा कार्यक्रम के दो घटक माने जाते हैं–उन्मुखीकरण और अनुदेशन। उन्मुखीकरण का संबंध उपयोक्ता को कम्प्यूटर-आधारित सूचना की पुन:प्राप्ति तथा इससे संबंधित सेवाओं के अस्तित्व के बारे में सीखने का अवसर देने से होता है। दूसरी ओर अनुदेशन का संबंध उपयोक्ता को विस्तार से यह सिखाने का अवसर देने से है कि सूचना की कम्प्यूटर आधारित पुन:प्राप्ति कैसे की जाए। ऑनलाइन उपयोक्ता शिक्षा के लक्ष्यों और उद्देश्यों को उपरिलिखित में से दो प्रमुख समूहों अंत्य उपयोक्ता तथा मध्यगों के आधार पर दो मुख्य समूहों में वर्णित किया जा सकता है।

मुख्य लक्ष्य (Main Goals)–

- अंत्य उपयोक्ता को स्वयं अथवा किसी मध्यग की मदद से उसके अपने विषय-क्षेत्र के ऊपर, जब भी आवश्यकता पड़े, ऑनलाइन सूचना खोज करने के अवसर देना।
- मध्यगों को विभिन्न विषय क्षेत्रों के ऊपर विभिन्न सूचना पुन:प्राप्ति प्रणालियों द्वारा उपलब्ध डाटाबेसों से अंत्य उपयोक्ताओं द्वारा चाही गई सूचना को ढूँढ़ने के अवसर देना।

विधियाँ (Methods)–ऑनलाइन सूचना पुन:प्राप्ति कार्य को प्रदर्शित करने के लिए आवश्यक है कि कम्प्यूटर खोज के दौरान प्राप्त चलित-बिंबों

को प्रदर्शित किया जाए जिससे कि वास्तविकता महसूस की जा सके। ऑनलाइन अनुदेशन का अंतिम लक्ष्य, अंत्य उपयोक्ताओं और मध्यगों दोनों को ऑनलाइन सूचना खोज के कार्य में समर्थ बनाना है। इसलिए वास्तविक प्रणाली पर व्यावहारिक कार्य करना अनिवार्य होता है। यह 'करके सीखो' विचारधारा है जो पुस्तकालय उपयोक्ता शिक्षा की अन्य किस्मों के लिए भी महत्त्वपूर्ण है। प्रणाली चालकों ने ऑनलाइन अनुदेशन की जरूरत को स्वीकार किया है और अध्यापन के विभिन्न कम्प्यूटर आधारित सहायक उपकरणों की व्यवस्था की है। उदाहरण के लिए, मेडलाइन (MEDLINE) प्रणाली में उपयोक्ता खोज के आरंभ में ही अनुदेशों के लिए और खोज के दौरान सहायता के लिए अंत:क्रियात्मक रूप से पूछताछ कर सकता है। प्रणाली द्वारा प्रत्येक पूछताछ का उत्तर अनुदेशों के एक अंश के अनुसार दिया जाता है। सिस्टम डेवलपमेंट कॉर्पोरेशन (System Development Corporation; SDC) ने अनेक डाटाबेसों पर ऑनलाइन डाटाबेस डी.बी.आई.: डाटाबेस इंडेक्स (Database Index; DBI) के नाम से तैयार किया है जहाँ उपयोक्ता अपनी रुचि के विषय-क्षेत्र से संबंधित जानकारी प्राप्त करने के लिए अपना प्रश्न टंकित (Type) करता है और शेष-कार्य अर्थात् विभिन्न डाटाबेसों से सूचना ढूँढ़ने का कार्य कम्प्यूटर प्रणाली द्वारा किया जाता है।

मध्यगों के लिए प्रशिक्षण देने के सबसे सामान्य तरीकों में से एक तरीका यह है कि उन्हें एक प्रशिक्षित खोजकर्त्ता का प्रेक्षण करने और उसके साथ काम करने का अवसर दिया जाए। इसे मध्यगों के प्रशिक्षण का अनिवार्य भाग माना जाता है।

ऑनलाइन खोज करने में वास्तव में कार्य करते हुए प्रशिक्षण देना, कम्प्यूटरीकृत सूचना पुन:प्राप्ति में अंत्य उपयोक्ता की शिक्षा का महत्त्वपूर्ण तत्त्व है। इससे छात्रों/उपयोक्ताओं को अभिप्रेरित किया जा सकेगा और वे सीखने की प्रक्रिया में स्वयं को सक्रिय रूप से लगा सकेंगे।

प्रश्न 3. उपयोक्ता शिक्षा प्रदान करने के लिए उपलब्ध विभिन्न विधियों तथा माध्यमों की संक्षिप्त चर्चा कीजिए।

अथवा

विश्वविद्यालय पुस्तकालय में उपयोक्ता शिक्षा चलाने के लिए आप जिन विधियों एवं तकनीकों को अपनाएँगे उनकी चर्चा कीजिए।

अथवा

उपयोक्ता शिक्षा कार्यक्रम की विधियों पर संक्षिप्त टिप्पणी लिखिए।

उत्तर– पुस्तकालय उपयोक्ता शिक्षा के लिए उपयोग में लाई जाने वाली विभिन्न विधियों और माध्यमों में व्याख्यान, संगोष्ठियाँ, शिक्षकीय कक्षाएँ तथा प्रदर्शन, निर्देशित पुस्तकालय-दर्शन वीडियो टेप अनुदेशन आदि शामिल हैं। शिक्षा की परिभाषा एक ऐसी प्रक्रिया के रूप में दी गई है जो सीखने वालों को बदल देती है। यह प्रक्रिया विभिन्न प्रकार के कारकों द्वारा प्रभावित होती है। चार ऐसे बुनियादी कारक हैं जो व्यावहारिक स्थितियों में सीखने को प्रभावित करते हैं। ये हैं–अभिप्रेरणा, क्रियाकलाप, समझ और प्रतिपुष्टि। इन कारकों पर पुस्तकालय उपयोक्ता शिक्षा कार्यक्रम के संदर्भ में विचार किया जा सकता है। किन अध्यापन विधियों और माध्यमों का वरण किया जाए, यह सीखने/अध्यापन संबंधी स्थितियों पर, विषय से संबंधित सामग्री पर तथा छात्रों और अध्यापकों पर निर्भर करता है। सारी स्थितियों के लिए कोई एक विधि उपयुक्त नहीं होती तथापि अध्यापन विधियों को मोटे तौर पर उन वर्गों में बाँटा जा सकता है जो समूह में शिक्षा के लिए उपयुक्त होते हैं, जो व्यक्तिगत रूप से सिखाने के लिए उपयुक्त होते हैं और जो इन दोनों कार्यों के लिए उपयुक्त होते हैं। इन विधियों को चित्र 6.2 में प्रस्तुत किया गया है।

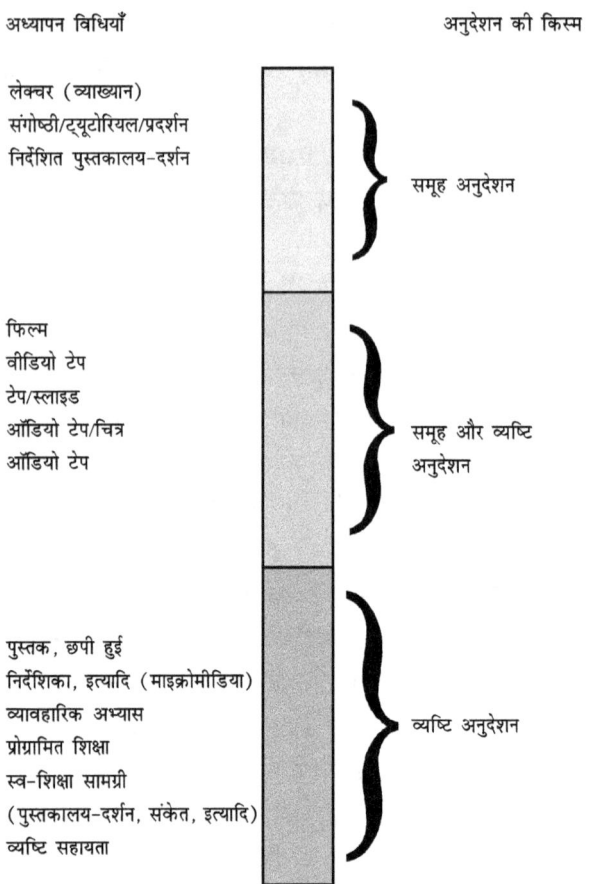

चित्र 6.2 : समूह और व्यष्टि शिक्षा के लिए अध्यापन विधियाँ

अध्यापन विधियों में दृश्य या श्रव्य या दोनों के सम्मिलित रूप का प्रयोग किया जा सकता है। यह कहा जाता है कि जो विधियाँ संवेदी निवेशों के संयोजन का प्रयोग करती हैं वे उन विधियों की अपेक्षा ज्यादा प्रभावी होती हैं जो केवल एक संचार-माध्यम पर विश्वास करती हैं। वास्तव में सीखने/अध्यापन की क्रिया में रुचि रखने वाले व्यक्तियों के बीच अन्योन्य क्रिया भी सीखने की प्रक्रिया को प्रभावित करती है। अन्योन्य क्रिया को अध्यापक-छात्र अन्योन्य क्रिया और छात्र-अध्यापक अन्योन्य क्रिया में वर्गीकृत किया जा सकता है। **रेविल (Revill)** की राय है कि कार्यक्रम आधारित अनुदेशन में छात्र एक पृथक् सत्ता के रूप

में कार्य करते हैं। इसलिए इसमें अन्य छात्रों के साथ अथवा अध्यापक के साथ कोई अन्योन्य क्रिया नहीं होती। ऐसी स्थिति अंतर्मुखी छात्रों के लिए लाभप्रद हो सकती है। परंतु बहिर्मुखी छात्र, जो कक्षा में सहयोगी और प्रतियोगी रूप में काम करना पसंद करते हैं, इसे पसंद नहीं करेंगे। पुस्तकालय उपयोक्ता शिक्षा की विभिन्न अध्यापन विधियों का विवरण नीचे दिया जा रहा है। इससे यह भी स्पष्ट होगा कि सीखने की प्रक्रिया को प्रभावित करने वाले कारक कौन से हैं और उपयोग में लिए गए संवेदी निवेशों तथा छात्र-अध्यापक और अध्यापक-छात्र अन्योन्य क्रिया का स्वरूप क्या होता है। इस वर्णन से यह स्पष्ट होता है कि सीखने/अध्यापन संबंधी सभी स्थितियों अथवा सभी व्यक्तियों के लिए केवल एक ही विधि उपयुक्त नहीं होती। वस्तुत: विभिन्न विधियों और माध्यमों को शिक्षा संबंधी किसी भी कार्यक्रम में एक-दूसरे के पूरक के रूप में प्रयोग में लेना चाहिए। फिर भी परंपरागत पुस्तकालय अनुदेश में बड़े समूहों के लिए व्याख्यान की विधि, छोटे समूहों के लिए निर्देशित पुस्तकालय-दर्शन विधि और उनके लिए व्यक्तिगत सहायता, जो इसे सूचना डेस्क (Information Desk) पर माँगते हैं, को काफी प्रयोग में लिया जाता है।

व्याख्यान—व्याख्यान (Lecture) अनुदेशन की सबसे सामान्य विधि है। इनका प्रयोग छात्रों के बड़े समूहों को पढ़ाने के लिए किया जाता है। अध्यापन की व्याख्यान विधि में श्रव्य और साथ ही दृश्य संवेदी निवेशों, श्याम पट्ट तथा ओवरहेड प्रोजेक्टर (Overhead Projector) दोनों विधियों का प्रयोग किया जाता है। शिक्षा में संप्रेषण की एक किस्म के रूप में व्याख्यान की बहुत अधिक आलोचना की गई है। इस विधि में एक बहुत बड़ी कमी यह है कि सूचना देने की गति को प्राप्तकर्त्ता द्वारा नियंत्रित नहीं किया जा सकता और मुद्रित रूप में उपलब्ध व्याख्यानों के बिना व्याख्यान में निहित सूचना एवं ज्ञान को पुन: या एक से अधिक बार सुना या समझा नहीं जा सकता। फिर भी, व्याख्यान में व्यक्तिगत अंतर्क्रिया के अवसर मिलते हैं तथा छात्रों से प्रतिपुष्टि भी प्राप्त होती है। ग्रंथात्मक आँकड़ों के बारे में सूचना देने में व्याख्यान एक अनुपयुक्त विधि है। यह केवल संबंधित पाठ्यक्रम में सामान्य विषय-प्रवेश के लिए ही उपयुक्त

है। व्याख्यान आरंभिक छात्रों की अपेक्षा अपने विषय के परिपक्व-समूह के श्रोताओं के लिए अधिक लाभप्रद हो सकता है।

संगोष्ठियाँ, शिक्षकीय कक्षाएँ तथा प्रदर्शन—संगोष्ठियों, शिक्षकीय कक्षाओं तथा प्रदर्शन (Seminars, Tutorials and Demonstrations) का आयोजन छात्रों/उपयोक्ताओं के छोटे समूहों के लिए किया जाता है। व्याख्यान विधि की तुलना में संगोष्ठियाँ, शिक्षकीय कक्षाएँ और प्रदर्शन ऐसी विधियाँ हैं जो अध्यापकों और छात्रों के बीच अपेक्षाकृत अधिक अन्योन्य क्रिया को सुनिश्चित करती हैं और सीखने की प्रक्रिया में उपयोक्ताओं को सक्रिय रूप से भाग लेने का अवसर प्रदान करती हैं। अध्यापक और अध्येता के बीच एकीकरण के लिए संगोष्ठियों में वातावरण अपेक्षाकृत कम औपचारिक और अधिक अनुकूल होता है। इनके द्वारा छात्रों को अभिप्रेरित करना और यह देखना संभव है कि छात्र प्रायोगिक अभ्यासों में सक्रिय रूप से संलग्न हैं या नहीं। प्रायोगिक सत्रों में छात्रों को उनकी प्रगति के बारे में प्रतिपुष्टि प्राप्त करने के अवसर उपलब्ध होते हैं।

निर्देशित पुस्तकालय-दर्शन—निर्देशित पुस्तकालय-दर्शन एक परंपरागत पद्धति है जिसे सामान्यत: नए छात्रों को पुस्तकालय के उपयोग के बारे में सुपरिचित करने के लिए अपनाया जाता है। उन्मुखीकरण का कार्य बहुधा उन छात्रों के लिए किया जाता है जो पुस्तकालय का उपयोग करने के लिए पूरी तरह अभिप्रेरित न हुए हों। पुस्तकालय प्रशासन की दृष्टि से पुस्तकालय के निर्देशित दर्शन द्वारा उन्मुखीकरण का कार्य पुस्तकालय कर्मचारियों का काफी समय लेता है।

"पुस्तकालय उन्मुखीकरण का लघु कार्यक्रम तब और भी बेहतर होता है जब वह मुद्रित या श्रव्य रूप में हो और उसके बाद उसमें उपयुक्त अभ्यास कराया जाए। इस विधि के अंतर्गत पुस्तकालय उपयोक्ताओं को वास्तव में पुस्तकालय भवन में ले जाया जाता है। जहाँ वे सामग्री के स्थान का पता लगाने, प्रलेखों की प्रतिलिपि तैयार करने, प्रसूची का उपयोग करने तथा अन्य सामान्य कार्यों से संबंधित व्यावहारिक कार्य करते हैं। स्व-निर्देशित पुस्तकालय-दर्शन का अनेक पुस्तकालयों में सफलतापूर्वक उपयोग किया गया है।"

दृश्य-श्रव्य विधियाँ—हाल के वर्षों में अध्यापन और सीखने की प्रक्रिया में दृश्य-श्रव्य विधियाँ अथवा ए-वी एड्स (Audio-Visual Aids) को प्रयोग में लेने में सामान्य रूप से और पुस्तकालय उपयोक्ता शिक्षा में विशेष रूप से रुचि बढ़ी है। दृश्य-श्रव्य (A/V) माध्यमों की एक प्रसूची और सी.ए.आई. सॉफ्टवेयर (CAI Software) सन् 1982 में उपयोक्ता शिक्षा तथा पुस्तकालय व्यवसाय के लिए बनाए गए थे। इसमें इस विषय-क्षेत्र के बारे में उपयोगी सूचनाएँ दी गई हैं। पुस्तकालय शिक्षा के कुछ क्षेत्र ऐसे हैं जिनमें चलचित्रों का उपयोग करना आवश्यक होता है। इनके द्वारा सूचना को इकाइयों की एक शृंखला में प्रस्तुत किया जा सकता है, जैसे—स्लाइडों (Slides), पारदर्शी-चित्रों अथवा मुद्रित चित्रों द्वारा। टेप/स्लाइड (Tape/Slide) माध्यम अथवा मुद्रित सामग्री के साथ-साथ श्रव्य टेपों का प्रयोग पुस्तकालय उपयोक्ता शिक्षा के लिए अधिक उपयुक्त है। टेप/स्लाइड उत्पादों के लाभ हैं—सुनम्यता, स्थायी उपलब्धता, प्रदर्शित करने की गति, और सुस्पष्टता।

वीडियो टेप—फिल्मों की तरह वीडियो टेप (Video Tapes) भी गति और कुछ मामलों में रंग, दोनों को प्रदर्शित करने के लिए प्रयोग में लिए जा सकते हैं। टेप को बार-बार प्रयोग में लिया जा सकता है तथा इन्हें तैयार करना और अद्यतन करना, कम खर्चीला है। तथापि वीडियो टेपों को अद्यतन बनाना समय-साध्य कार्य है। दृश्य अभिलेखन (Video Recording) द्वारा अभिलेखित सामग्री के भंडारण के लिए टेपों, फिल्मों या डिस्कों का उपयोग किया जाता है। दृश्य सामग्री के उपयोग में पुस्तकालयों के सामने आने वाली समस्याओं में से एक है, विभिन्न प्रणालियों के बीच मानकीकरण का अभाव। ऐसा प्रतीत होता है कि पुस्तकालय अनुदेशन के संदर्भ में कैसेटस् (Cassettes) अधिक उपयुक्त होते हैं। इस समय दो प्रकार की टी.वी. (TV) कैसेटस् प्रणालियाँ या रीतियाँ उपलब्ध हैं—एक में केवल प्लेबैक (Playback) हो सकता है और दूसरी में रिकॉर्डिंग तथा प्लेबैक (Recording and Playback) दोनों कार्य किए जा सकते हैं। परंतु मुख्य समस्या विभिन्न पद्धतियों के बीच संगतता का अभाव है।

अभिक्रमित अनुदेशन—अभिक्रमित अनुदेशन (Programmed Instruction) का कार्य विभिन्न माध्यमों के द्वारा किया जा सकता है,

जैसे—मुद्रित पुस्तकों, स्लाइडों के स्वचालित रूप में प्रदर्शित करने अथवा कम्प्यूटर की सहायता से अनुदेशन (Computer-Aided Instruction; CAI) देना आदि। अभिक्रमित अनुदेशन का संबंध पुस्तकालय अनुदेशन के अनेक लाभों से है। कम्प्यूटर की सहायता से अनुदेशन देना अमेरिका के शिक्षण कार्यक्रमों में मुख्य रूप से विकसित किया गया है।

संकेत तथा सूचनात्मक लेखाचित्र कला—संकेत तथा सूचनात्मक लेखाचित्र कला (Signs and Informational Graphics), पुस्तकालय उन्मुखीकरण के लिए उपलब्ध सर्वाधिक बुनियादी विधियों में से एक है। रॉयल कॉलेज ऑफ आर्ट (Royal College of Art) के ग्राफिक इन्फॉर्मेशन रिसर्च यूनिट (Graphic Information Research Unit) द्वारा आयोजित ब्रिटिश पुस्तकालयों के अध्ययन ने यह स्पष्ट किया कि लेखाचित्र कला का सामान्य स्तर कमजोर था तथा ये खासतौर से संकेत, अभिकल्प और रचना में भिन्न थे। तथापि, अमेरिका में इधर कुछ वर्षों में उपयोक्ता शिक्षा के इस महत्त्वपूर्ण पहलू की दिशा में स्पष्ट प्रगति हुई है और इस क्षेत्र में अनेक पुस्तिकाएँ और संदर्शिकाएँ तैयार की गई हैं।

"पुस्तकालयों में प्रणाली उपागम (Systems Approach) का उपयोग प्रारंभ किया गया जिसमें विभिन्न कार्यों को बताने के लिए विभिन्न किस्म के संकेतों का प्रयोग किया जाता है, जैसे—उन्मुखीकरण, दिशा-निर्देश पहचान, अनुदेशन, निषेध, नियमन अथवा सामयिक जागरूकता। इन कार्यों को दो मुख्य प्रकारों के अंतर्गत रखा जा सकता है—दिशा पता लगाने से संबंधित संकेत और पुस्तकालय संसाधनों के उपयोग से संबंधित संकेत। यदि संकेतों को उपयोक्ता उन्मुखीकरण के लिए प्रभावी बनाना है तो उन्हें स्थिति, विषयवस्तु और प्रस्तुतीकरण की दृष्टि से ध्यानपूर्वक आयोजित किया जाना चाहिए।"

संदर्भ डेस्क पर व्यष्टि या व्यक्तिगत अनुदेशन—ऐसा माना जाता है कि संदर्भ डेस्क पर व्यक्तिगत रूप से प्रदान की गई सेवा पुस्तकालय अनुदेश का सर्वोत्तम प्रकार है। कारण यह है कि कोई उपयोक्ता पुस्तकालय के किसी भाग के उपयोग के बारे में प्रश्न तभी करता है जब उसे उस पहलू के संबंध में सीखने के लिए अभिप्रेरित किया जाता है। तब छात्र/उपयोक्ता सीखने की प्रक्रिया से सक्रिय रूप में

जुड़ जाता है और उसे एक विशेषज्ञ से शिक्षा मिल जाती है। इस प्रकार की व्यक्तिगत सहायता से संबंधित कठिनाई यह है कि इससे छात्र/उपयोक्ता को तात्कालिक सहायता तो मिल जाती है, परंतु अनिवार्यत: उतनी समझ और बुनियादी जानकारी प्राप्त नहीं हो पाती जिससे छात्र/उपयोक्ता के सामने भविष्य में यदि इसी प्रकार की स्थिति पुन: आए तो वह उसका समाधान कर सके।

प्रश्न 4. उपयोक्ता शिक्षा के विभिन्न घटकों का वर्णन कीजिए।

उत्तर– आदर्श रूप में 'उपयोक्ता शिक्षा' एक सतत् या अनवरत प्रक्रिया होनी चाहिए जिसके दो संघटक हैं–उन्मुखीकरण और अनुदेशन (Orientation and Instruction)। उपयोक्ता की आवश्यकता के अनुसार इन दोनों घटकों की मिली-जुली शिक्षा दी जा सकती है।

उन्मुखीकरण का मूलत: संबंध पुस्तकालय उपयोग और उपलब्ध सेवाओं की सामान्य विधियों, और साथ ही पुस्तकालय के संगठन, विन्यास और सुविधाओं को भिज्ञ कराने के तरीकों से होता है। इसका संबंध दो प्रकार के उद्देश्यों से है–संज्ञानात्मक (अर्थात् ज्ञान-प्राप्ति या समझना) तथा प्रभावी (अर्थात् अनुभूति तथा मनोवृत्ति)। उन्मुखीकरण की क्रिया में उपयोक्ता और पुस्तकालय कर्मचारियों के बीच प्रभावी संप्रेषण के लिए सही वातावरण तैयार करने और पुस्तकालय की छवि को एक सुखद, मित्रतापूर्ण और सहायता करने वाली संस्था के रूप में प्रस्तुत करने की कोशिश करनी चाहिए। उन्मुखीकरण के परिणामस्वरूप उपयोक्ता को इस बात का भरोसा होना चाहिए कि पुस्तकालय के कर्मचारी समर्थ हैं और सदा मदद करने के लिए इच्छुक रहते हैं।

उपयोक्ता शिक्षा के दूसरे घटक, अर्थात् अनुदेशन, का संबंध पुस्तकालय विशेष में उपलब्ध सूचना संसाधनों के उपयोग के बारे में सिखाने से है। इसे 'ग्रंथात्मक अनुदेश' भी कहते हैं। इसका संबंध सूचना की पुन:प्राप्ति से संबंधित समस्याओं और सूचना स्रोतों के अधिकाधिक उपयोग को सुनिश्चित करने से है। ग्रंथात्मक अनुदेश दो चरणों में दिया जा सकता है–आरंभिक पाठ्यक्रम के रूप में, और उपयोक्ताओं के स्तर पर आधारित उन्नत पाठ्यक्रम के रूप में।

व्यावहारिक स्तर पर 'उपयोक्ता शिक्षा' का संबंध पाठ्यक्रम के समय की व्यवस्था करने, समय सारणी बनाने, समूह के आकार को निश्चित करने, पाठ्यक्रम की इष्टतम अवधि तय करने, इत्यादि और साथ ही पाठ्यक्रम के संदर्भ से है। साथ ही, व्यावहारिक कठिनाई के रूप में शब्दजाल के प्रचलन के अतिरिक्त 'पुस्तकालयों में मार्गदर्शन के अभाव' का उल्लेख किया जाता है जो न केवल पुस्तकालय विज्ञान की गूढ़ता को बनाए रखते हैं, बल्कि पुस्तकालयाध्यक्ष की अच्छी छवि के सृजन में बाधक होते हैं। पुस्तकालयाध्यक्ष द्वारा पुस्तकालय का उपयोग करने के लिए छात्रों को अभिप्रेरित करना ही पर्याप्त नहीं होता। अध्यापकों द्वारा भी छात्रों को पुस्तकालय के बारे में अपने अनुभव बताने चाहिए जिससे उन्हें विश्वास हो जाए कि पुस्तकालय का उपयोग करना शिक्षा का अनिवार्य तथा लाभप्रद हिस्सा होता है। दूसरे शब्दों में, इस समस्या का प्रभावी रूप से निराकरण करने के लिए उपयोक्ता शिक्षा कार्यक्रम को शैक्षिक अध्ययन कार्यक्रम के साथ समेकित कर देना चाहिए जिसमें पुस्तकालयाध्यक्ष और अध्यापकों के बीच निकट का सहयोग स्थापित हो सके। ऐसे सहयोग के परिणामस्वरूप उपयुक्त प्रायोगिक कार्य को उपयोक्ता शिक्षा कार्यक्रमों में शामिल किया जा सकता है।

'पाठ्यक्रम समाकलित' उपयोक्ता शिक्षा की संकल्पना में पुस्तकालय और शैक्षिक कार्यक्रमों के बीच निकट संबंध निहित है। उपयोक्ता शिक्षा कार्यक्रमों के भिन्न-भिन्न रूपों का सुझाव दिया गया है और इनमें पुस्तकालयाध्यक्ष तथा प्राध्यापकों के बीच आदर्श सहयोग-संबंध को आवश्यक माना जाता है। इस संदर्भ में पुस्तकालय महाविद्यालय (Library College) की संकल्पना का उल्लेख किया जा सकता है जिसमें छात्रों द्वारा निम्नलिखित विधियों से ज्ञान-प्राप्ति पर बल दिया जाता है–पुस्तकालय में स्वतंत्र रूप से अध्ययन, ग्रंथसूची द्वारा मार्गदर्शन, बौद्धिक रूप से जागृत होना, और अध्यापकों द्वारा आत्मिक विलोपन आदि।

प्रश्न 5. उपयोक्ता शिक्षा के ऐतिहासिक विकास की व्याख्या कीजिए।

उत्तर– उपयोक्ता शिक्षा के विकास का इतिहास अच्छी तरह से लिखित रूप में उपलब्ध है। उदाहरण के लिए, बौन (Bonn) की

पुस्तक ट्रेनिंग लेमेन इन द यूज ऑफ द लाइब्रेरी (Training Laymen in the Use of the Library) में 1958 तक की अवधि के दौरान उपयोक्ता शिक्षा के संपूर्ण क्षेत्र का सर्वेक्षण प्रस्तुत किया गया है। इसे मिर्विस (Mirwis) के प्रयासों द्वारा अद्यतन बना दिया गया जिसमें 1960 से 1970 की अवधि के लिए अमेरिका में शैक्षिक अनुदेश की ग्रंथसूची को भी शामिल कर लिया गया था। लॉकवुड (Lockwood), (1979) द्वारा प्रकाशित पुस्तकालय अनुदेश की ग्रंथसूची में 934 मदों को तीन खंडों में व्यवस्थित किया गया है–(1) सामान्य, (2) पुस्तकालयों की किस्में, (3) अध्यापन विधियाँ और आरूप। इन प्रयासों के अलावा टिन्डमार्श (Tindmarsh) ने यूनाइटेड किंगडम के शैक्षिक पुस्तकालयों में उपयोक्ता शिक्षा के सिद्धांत और व्यवहार में विकास का वर्णन किया है।

इन सुलिखित अभिलेखों के अतिरिक्त उपयोक्ता शिक्षा की संकल्पना स्वयंमेव विकसित हुई है और कुछ महान् व्यक्तियों द्वारा प्रारंभ किए गए और व्यवस्थित कार्य के कारण इसे व्यापक रूप में स्वीकार किया गया है।

(1) **पथ-प्रदर्शक प्रयास**—उपयोक्ता शिक्षा की संकल्पना के उपयोग को सुव्यवस्थित रूप में शुरू करने का श्रेय पैट्रीशिया बी. नैप (Patricia B. Knapp) और उसके 1964 के प्रतिवेदन को जाता है जिसका मुख्य उद्देश्य "पुस्तकालय और महाविद्यालय अध्यापन के बीच अधिक सजीव संबंध विकसित करने की विधि" की खोज करना था। इस परियोजना का प्रायोजन वेन स्टेट यूनिवर्सिटी मॉन्टीथ कॉलेज (Wayne State University Monteith College) ने किया था। अर्लहैम कॉलेज (Earlham College) ने भी न्यूनाधिक इन्हीं पद्धतियों पर उपयोक्ता शिक्षा प्रदान करने का प्रयत्न किया था। इसी अवधि के दौरान उपयोक्ता शिक्षा को ग्रंथसूची संबंधी अनुदेश और पाठ्यक्रम संबंधी पुस्तकालय अनुदेश के साथ उसकी स्वयं की प्रणाली के साथ जोड़ा गया। ग्रंथसूची संबंधी अनुदेश के दो घटक हैं, एक का संबंध ज्ञान प्रदान करने के स्रोतों से है, और दूसरे का संबंध ग्रंथसूची संबंधी अनुदेश को ग्रहण करने के लिए आवश्यक कौशल के विकास से है जिसके निम्नलिखित पहलू हैं–(क) सामान्य कोटि के संदर्भ ग्रंथ, (ख) पत्रिकाओं की अनुक्रमणी बनाना और सार निकालना, (ग) पुस्तकालय

की प्रसूची, (घ) ज्ञान को व्यवस्थित करने के सिद्धांत, (ङ) खोज की पद्धति, और (च) विषय विश्लेषण।

उच्च शिक्षा में पुस्तकालय की भूमिका लंबे अरसे से वाद-विवाद का विषय रही है। सन् 1934 में लुईस शोर्स (Louis Shores) ने 'लाइब्रेरी आर्ट्स कॉलेज' (Library Arts College) की संकल्पना या विचारधारा का प्रतिपादन किया था। यह संकल्पना धीरे-धीरे 'लाइब्रेरी कॉलेज' (Library College) में बदल गई। 'लाइब्रेरी कॉलेज' का उद्देश्य छात्र के सीखने की प्रभाविता को, विशेष रूप से ग्रंथात्मक विशेषज्ञ की सहायता से, पुस्तकालय केंद्रित स्वतंत्र अध्ययन के प्रयोग के द्वारा बढ़ाना है। 'लाइब्रेरी कॉलेज' का संबंध अनुदेशन की बदलती हुई रीति से है जिसमें सहायक एजेंसी के रूप में पुस्तकालय में, अनुसंधान कक्ष में, अथवा कमरे में अध्ययन/सीखने की प्रक्रिया की व्यवस्था करना शामिल है, जो व्यक्ति पर और छात्र के स्व-प्रयास पर निर्भर करती है। इस दिशा में पथ-प्रदर्शक कार्य करने वाले अर्थात् लुईस शोर्स, पैट्रीशिया बी. नैप और थॉमस जी. किर्क (Louis Shores, Patricia B. Knapp, Thomas G. Kirk) अनिवार्यत: एकाकी कार्य कर रहे थे, परंतु उन्हें इस दिशा में अपने प्रयोग के लिए कुछ सांस्थानिक सहायता मिली थी।

(2) **उपयोक्ता शिक्षा का संस्थायन**—उपयोक्ता शिक्षा के संस्थायन (Institutionalisation of User Education) की दिशा में अमेरिका की काउंसिल ऑफ लाइब्रेरी रिसोर्सेज (Council of Library Resources) तथा एसोसिएशन ऑफ कॉलेज एंड रिसर्च लाइब्रेरीज (Association of College and Research Libraries) ने पहल की। वास्तव में ब्रिटिश लाइब्रेरी रिसर्च एंड डेवलपमेंट डिपार्टमेंट (British Library Research and Development Department) और सेंटर फॉर रिसर्च ऑन यूजर स्टडीज (Centre for Research on User Studies; CRUS) ने यू.के. में उपयोक्ता शिक्षा कार्यक्रमों के विकास की प्रेरणा दी। इन कार्यक्रमों को सांस्थानिक संरक्षण मिलने के बाद उपयोक्ता अध्ययन की अनेक महत्त्वपूर्ण परियोजनाएँ चलाई गईं।

(3) **यूनिसिस्ट कार्यक्रम**—उपयोक्ता शिक्षा कार्यक्रमों का मूल केंद्र-बिंदु शैक्षिक संस्थाओं का निर्देशन करना रहा है, जिनमें अमेरिकी

क्रियाकलाप स्नातक-पूर्व छात्रों के प्रति संकेंद्रित और ब्रिटिश कार्यक्रम स्नातकोत्तर तथा शोध छात्रों पर केंद्रित रहे हैं। कम विकसित देशों में उपयोक्ता कार्यक्रमों को विकासगत प्रक्रियाओं के प्रति मोड़ना होगा। यूनेस्को ने यूनिसिस्ट (UNISIST) कार्यक्रमों के अंतर्गत कम विकसित देशों में उपयोक्ता शिक्षा कार्यक्रमों को शुरू करने का प्रयत्न किया। यूनिसिस्ट ने यूनेस्को जनरल इन्फॉर्मेशन प्रोग्राम को सन् 1975 में प्रवर्तित किया था। इससे संबंधित यूनिसिस्ट के दस्तावेज में कहा गया है कि "मौजूदा सूचना स्रोतों के उपयोग में प्रशिक्षण, सूचना संबंधी आवश्यकताओं या अध्ययनों के परिणामों पर उपयोक्ताओं से प्रतिपुष्टि प्राप्त करना, और किसी नई प्रायोगिक सेवा में जहाँ तक संभव हो व्यापक रूप से उपयोक्ता को शामिल करना आवश्यक है।" बैंकॉक और रोम में 1976 में यूनिसिस्ट द्वारा आयोजित संगोष्ठियों में उपयोक्ता शिक्षा को किसी भी देश की राष्ट्रीय सूचना नीति के एक महत्त्वपूर्ण कारक के रूप में माना गया है। रोम में आयोजित संगोष्ठी में यह सिफारिश की गई थी कि उपयोक्ता शिक्षा पर राष्ट्रीय नीति का निरूपण राष्ट्रीय नीति के अभिन्न अंग के रूप में और राष्ट्रीय शिक्षा नीति के साथ सहसंबंध रखते हुए करना चाहिए।

उपयोक्ता शिक्षा के विषय पर अंतर्राष्ट्रीय एवं राष्ट्रीय दोनों स्तरों पर अनेक सम्मेलनों और संगोष्ठियों का आयोजन किया गया। इस विषय पर सबसे पहले के सम्मेलनों में से एक सन् 1970 में यू.के. के लोगबरो (Loughborough) में इंटरनेशनल ऑफ एसोसिएशन टेक्नोलॉजिकल यूनिवर्सिटी लाइब्रेरीज (International Association of Technological University Libraries; IATUL) की चतुर्थ त्रिवर्षीय बैठक के रूप में आयोजित किया गया था। इस बैठक का विषय था, पुस्तकालय उपयोक्ता को शिक्षित करना (Educating the Library User)। पुस्तकालय उपयोक्ता शिक्षा पर प्रथम अंतर्राष्ट्रीय सम्मेलन सन् 1979 में केंब्रिज में हुआ था जिसका विषय था–पुस्तकालय उपयोक्ता शिक्षा: क्या नई पद्धतियों की आवश्यकता है? (Library User Education: Are New Approaches Needed?)। इसके बाद दूसरा सम्मेलन सन् 1981 में ऑक्सफोर्ड में आयोजित किया गया था। इस सम्मेलन में

विभिन्न प्रकार के पुस्तकालयों में उपयोक्ता शिक्षा पर चर्चा की गई। उपयोक्ता शिक्षा के विभिन्न पहलुओं पर अंतर्राष्ट्रीय संगोष्ठियों के अन्य उदाहरण हैं–गोथेनबर्ग, स्वीडन में सन् 1976 में आयोजित पुस्तकालय उपयोक्ता शिक्षा पर एंग्लो-स्केंडिनेवियन संगोष्ठी (Anglo-Scandinavian Seminar on Library User Education); सन् 1981 में फेडरल रिपब्लिक ऑफ जर्मनी के एसेन (Essen) में हुई कार्यशाला, ऑस्ट्रेलिया के मेलबोर्न शहर में सन् 1981 में क्रेनफील्ड इंस्टीट्यूट ऑफ टेक्नोलॉजी (Cranfield Institute of Technology) में हुई कार्यशाला, तथा सन् 1982 में गोथेनबर्ग में आयोजित यूजर एजुकेशन इन ऑनलाइन एज (User Education in Online Age) पर संगोष्ठी।

उपयोक्ता शिक्षा का प्रारंभिक विकास अधिकतर अंग्रेजी भाषा-भाषाई देशों - मुख्यतया ब्रिटेन, अमेरिका, ऑस्ट्रेलिया और कनाडा में हुआ। तथापि पिछले कुछ दशकों में स्कैंडिनेवियन में उपयोक्ता शिक्षा कार्यक्रमों में तेजी से वृद्धि हुई। लगभग पिछले दो दशकों में यूरोपीय देशों में भी उपयोक्ता शिक्षा के विकास के प्रति रुझान हुआ है और वे इस दिशा में उत्तरोत्तर ध्यान दे रहे हैं। उपयोक्ता शिक्षा आंदोलन में जापान सक्रिय रूप से कार्य कर रहा है और चीन में उपयोक्ता प्रशिक्षण का कार्य गतिशील रूप से सफल रहा है।

भारतीय परिदृश्य–जहाँ तक उपयोक्ता शिक्षा का प्रश्न है, भारत में भी उपयोक्ता शिक्षा के विकास के लिए कुछ गतिविधियाँ चलाई जा रही हैं। उदाहरण के लिए इंसडॉक, नई दिल्ली और डी.आर.टी.सी. (DRTC), बैंगलोर ने उपयोक्ता शिक्षा को बढ़ाने के लिए संगोष्ठियाँ और कार्यशालाएँ आयोजित की हैं। आइएसलिक (IASLIC), कोलकाता ने 1981 में उपयोक्ता शिक्षा पर वाल्टेयर (आंध्र प्रदेश) में एक राष्ट्रीय सम्मेलन का आयोजन किया था और इस विषय पर लेखों की एक पुस्तक का प्रकाशन भी किया था। आई.ए.आर.आई. (IARI), नई दिल्ली ने लाइब्रेरी यूज, रेफरेंस कंपाइलेशन, साइंटिफिक पेपर राइटिंग एंड प्रूफ करेक्शन (Library Use, Reference Compilation, Scientific Paper Writing and Proof Correction) विषय पर

एक विशेष पाठ्यक्रम का आयोजन किया था जिसमें पुस्तकालय उपयोग, संदर्भ संकलन, वैज्ञानिक शोध लेखों के लेखन, और प्रूफ संशोधन पर चर्चा की गई थी। यह पाठ्यक्रम यूनिसिस्ट निर्देशों (UNISIST Guidelines) जैसे किसी भी मानक निर्देश पर आधारित नहीं है। छिट-पुट आधार पर कुछ स्वैच्छिक प्रयत्नों के अलावा भारत में उपयोक्ता शिक्षा के संस्थायन के लिए सुसंबद्ध प्रयास नहीं किए गए हैं।

यह उल्लेखनीय है कि उपयोक्ता शिक्षा की संकल्पना ने विश्वभर में पुस्तकालयाध्यक्षों और सूचना व्यवसायियों का ध्यान आकर्षित किया है। जहाँ तक उपयोक्ता शिक्षा का संबंध है, अनुभव की तीन धाराएँ रही हैं। ऐतिहासिक रूप से कहा जाए तो अमेरिकी अनुभव प्रवर्तक रहा है क्योंकि इसने अन्य के आधार निर्माण हेतु शिलान्यास का कार्य किया है। लुईस शोर्स, पैट्रीशिया बी. नैप और थॉमस किर्क को इस कार्य में अग्रणी भूमिका निभाने वाले व्यक्तियों के रूप में याद किया जाएगा। इनकी पहल और नेतृत्व के जरिए उपयोक्ता शिक्षा को अमेरिका में व्यापक रूप से स्वीकार किया गया। इसके विकास का अगला कदम ईस्टर्न मिशिगन विश्वविद्यालय (Eastern Michigan University) के विभिन्न क्रियाकलापों के जरिए प्रवर्तित सांस्थानिक ढाँचा प्रस्तुत करना था। इस दिशा में एक और बड़ा कदम था एसोसिएशन ऑफ कॉलेज एंड रिसर्च लाइब्रेरीज (Association of College and Research Libraries) द्वारा उद्देश्यों का उल्लेख करना, जिसमें उपयोक्ता शिक्षा की ओर पूरा ध्यान दिया गया था। उपयोक्ता शिक्षा के संस्थायन की इस प्रक्रिया में निजी प्रतिष्ठानों द्वारा धन आबंटन से बढ़ोतरी हुई।

उपयोक्ता अध्ययन के संबंध में यू.के. का अनुभव कुछ भिन्न रहा। यहाँ उपयोक्ता शिक्षा कार्यक्रम, लाइब्रेरी रिसर्च एंड डेवलपमेंट डिपार्टमेंट (Library Research and Development Department) जैसी केंद्रीय संस्था द्वारा शुरू किए गए।

संयुक्त राज्य अमेरिका में उपयोक्ता शिक्षा का कार्य अधिकतर विकेंद्रीकृत था तथा यू.के. में उपयोक्ता शिक्षा का केंद्रीकृत स्वरूप था। केंद्रीकरण का लाभ यह है कि इससे समन्वय हो पाता है और योजनाबद्ध विकास में योग मिलता है। यहाँ इस बात पर बल दिया जा

सकता है कि जहाँ वैचारिक या संकल्पनात्मक स्तर पर उपयोक्ता शिक्षा के लिए विश्वभर में समुदाय उपलब्ध हैं, वहीं विभिन्न देशों में, उनकी विशेष जरूरतों और अनन्य अनुभवों के अनुरूप यह भिन्न स्वरूप धारण कर सकती है।

प्रश्न 6. उपयोक्ता शिक्षा कार्यक्रम का मूल्यांकन अपने शब्दों में प्रस्तुत कीजिए।

अथवा

मूल्यांकन से क्या तात्पर्य है? इसकी विभिन्न विधियों का वर्णन कीजिए।

अथवा

पुस्तकालयों में उपयोक्ता शिक्षा के मूल्यांकन की आवश्यकता क्यों होती है? चर्चा कीजिए।

उत्तर— "मूल्यांकन से तात्पर्य है, शैक्षिक विभव, शैक्षिक प्रक्रिया को प्रभावित करने वाले परिवर्तों, और अंत्य उत्पाद अथवा परिणाम के लिए किए जाने वाले निवेश के बारे में सूचना एकत्रित और विश्लेषित करना। मूल्यांकन को शैक्षिक पाठ्यक्रम अथवा कार्यक्रम के विभिन्न पहलुओं की ओर निर्देशित किया जा सकता है।" मूल्यांकन का आधारभूत उद्देश्य ऐसी सूचना का संग्रह और विश्लेषण करना है जिसका निर्णय लेने में तार्किक उपयोग किया जा सके। पुस्तकालय उपयोक्ता शिक्षा के संदर्भ में मूल्यांकन का संबंध विशिष्ट पुस्तकालयों और सूचना प्रणालियों के सामान्य रूप में आर्थिक उपयोग करने से भी है। पुस्तकालय उपयोक्ता शिक्षा के सफल कार्यक्रम के लक्ष्यों और उद्देश्यों को छात्रों, अध्यापकों और पुस्तकालयाध्यक्षों की जरूरतों के संश्लेषण पर आधारित होना चाहिए। पूर्व निर्धारित लक्ष्यों और उद्देश्यों को पूरा करने के साथ-साथ मूल्यांकन को बहुआयामी भी होना चाहिए और इसे पुस्तकालय उपयोग तथा सूचना कौशलों, पुस्तकालयोन्मुख मनोवृत्ति की अभिवृत्तियों, विभिन्न अनुदेशपरक कार्यक्रमों के प्रभावों और उपलब्ध पुस्तकालयों अथवा सूचना संसाधनों के उपयोग से भी संबंधित होना चाहिए।

मूल्यांकन का विस्तार-क्षेत्र—"मूल्यांकन का विस्तार-क्षेत्र अध्ययन की तफसीलों, जैसे–उपलब्ध अध्यापन विधियों अथवा माध्यमों के उपयोग का विवरण देने से लेकर विशिष्ट पाठ्यक्रमों के प्रभावों, संपूर्ण पुस्तकालय अनुदेशन कार्यक्रमों तथा सामान्य शैक्षिक प्रणालियों तक हो सकता है।"

मूल्यांकन की विधियाँ—मूल्यांकन के लिए सामान्यत: तीन विधियों का उपयोग किया जाता है। ये हैं–(1) मनोमितीय, (2) समाजशास्त्रीय अथवा प्रबंधन, और (3) प्रबोधक अथवा अनुक्रियाशील।

मनोमितीय मूल्यांकन इस धारणा पर आधारित होता है कि जब अन्य सभी परिवर्त नियंत्रित हों तो प्रायोगिक तथा नियंत्रण समूहों को भिन्न-भिन्न रूप में उपचारित करना संभव है और मनोमितीय परीक्षणों के जरिए परिवर्तनों को मापने के लिए उपलब्ध परीक्षणों अथवा मनोवृत्तियों का प्रयोग करना संभव है। अत: प्रायोगिक समूह को नए किस्म के पाठ्यक्रम से गुजारा जा सकता है, जबकि नियंत्रण समूह परंपरागत पाठ्यक्रम का अनुसरण करता है। अन्य सभी दृष्टियों से ये दोनों समूह यथार्थत: तुलनीय हैं। दोनों समूहों को पहले दिए जाने वाले परीक्षणों और बाद में दिए जाने वाले परीक्षणों से गुजारा जाता है और उनके विश्लेषण का संबंध इन दोनों समूहों के निष्पादन में सार्थक भिन्नताएँ स्थापित करने से होता है। मूल्यांकन की यह प्रक्रिया पूर्व निर्धारित लक्ष्यों के परिणामों को मापने से संबंधित होती है और अप्रत्याशित प्रभावों की ओर कोई ध्यान नहीं दिया जाता है।

समाजशास्त्रीय मूल्यांकन विधि का प्रयोग संगठन की संरचना में परिवर्तनों के अध्ययन हेतु किया जाता है। इस प्रकार के मूल्यांकन में साक्षात्कारों और प्रश्नावलियों का उपयोग किया जाता है तथा किसी अन्य नियंत्रक समूह की तुलना में परिवर्तनशील संगठन पर अधिक ध्यान केंद्रित किया जाता है।

तीसरे किस्म के मूल्यांकन को पार्लेट और हैमिल्टन (Parlett and Hamilton) ने प्रबोधक मूल्यांकन कहा है। यह लक्ष्यों के प्रारंभिक निरूपण द्वारा सीमित नहीं होता बल्कि अप्रत्याशित परिणामों को व्यक्त करने की अनुमति देता है। किसी नवीन प्रक्रिया या नव-प्रवर्तन का वास्तविक कार्यान्वयन, अध्ययन का सबसे महत्त्वपूर्ण भाग माना जाता है।

इस प्रकार का मूल्यांकन शैक्षिक कार्यक्रम के परीक्षण से अधिक संबंधित नहीं होता बल्कि उन दशाओं का वर्णन करने और समझने से संबंधित होता है जिसमें कार्यक्रम चल रहा है और इससे भी अधिक यह कि इसमें भाग लेने वालों पर इसका क्या प्रभाव होता है। सूचना प्राप्ति के लिए प्रेक्षणमूलक अध्ययन और गवेषणात्मक साक्षात्कार प्रयोग में लिए जाते हैं।

पुस्तकालय उपयोक्ता शिक्षा के मूल्यांकन की आवश्यकता—हाल में पुस्तकालय व्यवसायी, पुस्तकालय अनुदेशन के मूल्यांकन कार्यक्रमों के संबंध में अधिक सावधानी बरत रहे हैं। सन् 1976 में ब्रेवर और हिल्स (Brewer and Hills) ने कहा था कि "पुस्तकालयाध्यक्षों को मूल्यांकन का कार्य गंभीरता से करना चाहिए और अपनी शैक्षिक वचनबद्धता के बारे में अधिक व्यावसायिक दृष्टि से सोचना चाहिए।" उपयोक्ता शिक्षा पर उपलब्ध ग्रंथसूचियों और पुस्तिकाओं के परीक्षण से यह पता चलता है कि अन्य पहलुओं की तुलना में मूल्यांकन के ऊपर अच्छा साहित्य उपलब्ध नहीं है। यह उल्लेखनीय है कि पुस्तकालय उपयोक्ता शिक्षा कार्यक्रमों में मूल्यांकन के महत्त्व के बारे में जागरूकता बढ़ रही है, फिर भी पुस्तकालय उपयोक्ता शिक्षा कार्यक्रमों के व्यवस्थित मूल्यांकन के बहुत थोड़े से उदाहरण ही उपलब्ध हैं।

इस संबंध में उद्धृत किए जाने वाले उदाहरणों में से एक चामर्स यूनिवर्सिटी ऑफ टेक्नोलॉजी (Chalmers University of Technology) के पुस्तकालय के लिए किया गया मूल्यांकन अध्ययन है। पुस्तकालय उपयोक्ता शिक्षा कार्यक्रम के मूल्यांकन पर की गई कार्य समीक्षा पर विचार करने से पता चलता है कि ऐसे कार्यक्रमों के मूल्य का अध्ययन और ऐसे कार्यक्रमों में भाग लेने वालों पर इनके प्रभावों को मापने के प्रयत्न कई भिन्न तरीकों से किए गए हैं। यह जोर देकर कहा जा सकता है कि मूल्यांकन और इस प्रक्रिया के दौरान प्राप्त सुझावों से ऐसे कार्यक्रमों में सुधार होगा।

प्रश्न 7. सूचना साक्षरता क्या है? इसकी अवधारणा को समझाइए।

अथवा

सूचना साक्षरता पर संक्षिप्त टिप्पणी लिखिए।

[दिसम्बर-2017, प्र.सं.-5 (घ)]

उत्तर— सूचना साक्षरता, सूचना की अवस्थिति का निर्धारण, मूल्यांकन एवं उपयोग करके किसी व्यक्ति को जीवनपर्यंत बिना किसी अन्य व्यक्ति

पर निर्भर हुए ज्ञान प्राप्त करने के योग्य बनाती है। साधारणतया, साक्षरता द्वारा कोई व्यक्ति किसी एक विशेष क्षेत्र में ज्ञानार्जन करता है। जबकि, सूचना साक्षरता किसी व्यक्ति को उसकी व्यक्तिगत एवं व्यावसायिक सूचना आवश्यकता के लिए कौशल हासिल करने में सशक्तीकृत करती है। नई सदी में सूचना साक्षरता स्वावलंबन, स्वाध्याय, स्वमार्गदर्शन, जीवनपर्यंत सीखने तथा एक साक्षर समाज की नींव रखने में मुख्य भूमिका निभाएगी। यह एक ऐसा कौशल है जिससे सूचना की स्थिति का ज्ञान, उसकी पुर्नप्राप्ति, विश्लेषण एवं उसका उपयोग किया जा सकता है। एक सूचना साक्षर व्यक्ति सूचना को विभिन्न स्रोतों से अभिगमित करके तथा उसको मूल्यांकित करके उसका समुचित उपयोग करता है। अमेरिकन लाइब्रेरी एसोसिएशन ने सूचना साक्षरता को इस प्रकार परिभाषित किया है–'सूचना साक्षरता वैयक्तिक सशक्तीकरण का एक माध्यम है। यह लोगों को किसी विशेष अभिप्राय, मत या दृष्टिकोण की यथार्थता की परख करके स्वतंत्र रूप से सत्य का अनुसरण कराती है।' चार्टर्ड इंस्टीट्यूट ऑफ लाइब्रेरी एंड इन्फॉर्मेशन प्रोफेशनल के अनुसार, "कब एवं क्यों सूचना की आवश्यकता होती है, इसे कहाँ से प्राप्त किया जा सकता है, किस प्रकार इसके गुण-दोष का मूल्यांकन करके इसका उपयोग या संचार किया जाता है, आदि के ज्ञान को सूचना साक्षरता कहते हैं।" अमेरिकन लाइब्रेरी एसोसिएशन प्रेसीडेंशियल कमेटी ऑन इन्फॉर्मेशन लिटरेसी के अनुसार "यथार्थ रूप से वे ही व्यक्ति सूचना साक्षर होते हैं जिन्होंने यह सीखा है कि सीखा कैसे जाता है। उन्हें इस प्रकार का ज्ञान होता है कि सूचना को किस प्रकार व्यवस्थित किया गया है जिससे कि अभीष्ट सूचना को प्राप्त किया जा सके।" सारांश में, सूचना साक्षरता योग्यताओं का एक ऐसा समुच्चय है जो किसी नागरिक के लिए सूचना समाज में बुद्धिमत्तापूर्ण एवं क्रियात्मक रूप से भागीदारी करने के लिए नितांत आवश्यक है। उपरोक्त परिभाषाओं के मद्देनजर हम किसी व्यक्ति के सूचना साक्षर होने पर उसकी कुशलता का इस प्रकार आकलन कर सकते हैं। एक सूचना साक्षर व्यक्ति वह होता है जिसमें निम्न गुण हों–

- जिसे इस बात का ज्ञान होता है कि किसी बुद्धिमत्तापूर्ण निर्णय लेने का आधार सही एवं संपूर्ण सूचना ही होती है।

- जो सूचना की आवश्यकता को भली-भाँति जानता हो।
- जिसे अभीष्ट सूचना की अवस्थिति के निर्धारण का समुचित ज्ञान हो।
- जो सूचना स्रोत की ठीक प्रकार से पहचान कर सके।
- सूचना की आवश्यकता के अनुसार प्रश्नों को सूत्रबद्ध कर सके।
- सफलतापूर्वक खोज-विधि को विकसित कर सके।
- कम्प्यूटर आधारित या प्रकाशित सूचना स्रोतों को अभिगमित कर सके।
- अभिगमित सूचना का मूल्यांकन करके उसकी गुणवत्ता की परख कर सके।
- सूचना को प्रयोगात्मक दृष्टिकोण से व्यवस्थित कर सके।
- नव-सूचना को अपने ज्ञान के साथ समाकलित कर सके।
- सूचना को अपने विवेक से कानूनी एवं नैतिक दृष्टि से एवं प्रभावी ढंग से उपयोग कर सके।

क्रिस्टाइन बूस ने सूचना साक्षरता को निम्न सात श्रेणियों में विभाजित किया है–

- सूचना पुन:प्राप्ति एवं संचार के लिए सूचना प्रौद्योगिकी का प्रयोग करना।
- विभिन्न स्रोतों से निहित सूचना को प्राप्त करना।
- सूचना की पुन:प्राप्ति एवं उपयोग के लिए प्रक्रिया को निष्पादित करना।
- सूचना की सुगमतापूर्वक पुन:प्राप्ति के लिए उसे नियंत्रित करके संगृहीत करना।
- नए क्षेत्र में व्यक्तिगत ज्ञान-आधार का नव-निर्माण करना।
- ज्ञान एवं व्यक्तिगत परिप्रेक्ष्य द्वारा नव-अंत:करण के लिए कार्य करना।
- सूचना को बुद्धिमत्तापूर्वक प्रयोग करके दूसरों के हितार्थ हेतु कार्य करना।

सारांश रूप से, सूचना साक्षरता के निम्न तीन चरण होते हैं–
- अभीष्ट सूचना की खोज करना।

- उसे प्रतिपादित करना, तथा
- उसके आधार पर नव-विचारों का सृजन करना।

प्रश्न 8. सूचना साक्षरता की आवश्यकता की विवेचना कीजिए।

उत्तर– मानव के पास असीम सूचना स्रोत एवं संसाधन विद्यमान हैं जिनका उपयोग केवल वही कर सकता है जिसे इसकी जानकारी है। सूचना साक्षर व्यक्ति ही समस्या-निवारण के लिए सूचना का उपयोग कर सकते हैं। अन्य लोग सूचना के सही समय पर उपलब्ध न होने के कारण उसके सही उपयोग से वंचित हो जाते हैं, जिसका सीधा प्रभाव व्यक्तिगत एवं सामाजिक विकास पर पड़ता है। अतएव सूचना साक्षरता ही विकास का प्रथम सोपान है। जब सूचना अधिक मात्रा में उपलब्ध होती है तब उसका प्रयोग आसान नहीं होता है, क्योंकि–

- यह तेजी से बढ़ रही है, इसलिए यह मुश्किल है कि मौजूदा सूचना/जानकारी का प्रयोग सभी तक पहुँचा है या नहीं।
- इंटरनेट पर कोई भी सूचना को प्रकाशित कर सकता है, इसलिए उपयोगकर्त्ता के लिए प्रामाणिकता और जानकारी की वैधता की पुष्टि करना मुश्किल है।
- हमारे पास सूचना के बहुत सारे स्रोत हैं, इसलिए इनके नियंत्रण में कठिनाई होती है।
- सूचना विभिन्न प्रारूपों में उपलब्ध होती है, इसलिए उपयोगकर्त्ता को इसे संभालने में निपुण होना चाहिए।
- कार्यों में सूचना के प्रयोग के लिए विश्लेषण और संश्लेषण के कौशल का होना आवश्यक है।

प्रश्न 9. सूचना साक्षरता के विभिन्न मानकों पर चर्चा कीजिए।

अथवा

सूचना साक्षरता में ए.सी.आर.एल. का योगदान पर संक्षिप्त टिप्पणी लिखिए।

उत्तर– एसोसिएशन ऑफ कॉलेज एंड रिसर्च लाइब्रेरीज (ए.सी. आर.एल.), 2000 ने उच्च शिक्षा के लिए सूचना साक्षरता के मानक

निर्धारित किए हैं, जो शैक्षिक संस्थान के लिए सूचना साक्षरता पाठ्यक्रम को विकसित करने में सहायता प्रदान करते हैं। ये मानक निष्पादन संकेतक (PI) तथा प्रत्येक मानक के लिए परिणामों को भी प्रस्तुत करते हैं; जो कि निम्नानुसार हैं–

सूचना साक्षरता के मानक–एक सूचना साक्षर विद्यार्थी–

- आवश्यक सूचना की प्रकृति एवं सीमा निर्धारित करता है;
- प्रभावी ढंग से एवं कुशलतापूर्वक आवश्यक सूचना तक पहुँचता है;
- समालोचनात्मक ढंग से सूचनाओं एवं उनके स्रोतों का मूल्यांकन करता है तथा चयनित सूचनाओं को अपने ज्ञान के आधार तथा मूल्यांकन प्रणाली में सम्मिलित करता है;
- व्यक्तिगत रूप से या समूह के सदस्य के रूप में एक निर्धारित उद्देश्य की पूर्ति के लिए प्रभावी ढंग से सूचनाओं का प्रयोग करता है; तथा
- सूचना के प्रयोग में आने वाले कई आर्थिक, वैधानिक एवं सामाजिक मुद्दों को समझता है तथा सैद्धांतिक एवं वैधानिक रूप से सूचनाओं तक पहुँचता है एवं उनका प्रयोग करता है।

सूचना साक्षरता मानक-1–सूचना साक्षर विद्यार्थी वांछित सूचना की प्रकृति एवं सीमा निर्धारित करता है।

निष्पादन-संकेतक–सूचना साक्षर विद्यार्थी–

- सूचना की आवश्यकता को परिभाषित कर, उन्हें स्पष्ट रूप से व्यक्त करता है।
- सूचना के संभावित स्रोतों के विभिन्न प्रकारों एवं प्रारूपों की पहचान करता है।
- आवश्यक सूचनाओं को प्राप्त करने की लागत एवं लाभों पर विचार करता है।
- सूचनाओं की आवश्यकता की प्रकृति एवं सीमा का पुनः मूल्यांकन करता है।

परिणाम 1

- सूचना साक्षर विद्यार्थी अपने साथियों के साथ एवं कक्षा में, सूचनाओं की आवश्यकता निर्धारित करने या अनुसंधान के विषय को निर्धारित करने के लिए चर्चा करता है।

- वह विषय के बारे में जानकारी प्राप्त करने के लिए सूचना के स्रोतों को खोजता है तथा और अधिक ध्यान केंद्रित करने के लिए आवश्यकता को संशोधित करता है।
- वह आवश्यकता को पहचानने वाली प्रमुख अवधारणाओं को समझता है।
- वह सूचनाओं को निर्मित, व्यवस्थित एवं उनका विस्तार करने की विधि जानता है।
- वह विभिन्न प्रकार के प्रारूपों में स्रोतों के अंतर को पहचानता है।
- वह प्राथमिक, द्वितीयक एवं तृतीयक स्रोतों के बीच अंतर करता है।
- वह पहचानता है कि प्राथमिक स्रोतों से प्राप्त होने वाले अपक्व (raw) डाटा से सूचनाओं का निर्माण किया जा सकता है।
- वह स्थानीय संसाधनों की उपलब्धता निर्धारित करता है तथा स्थानीय संसाधनों से परे अपनी खोज को विस्तृत करने का निर्णय लेते हुए अंत:पुस्तकालय ऋण प्राप्त करता है।
- आवश्यक सूचना प्राप्त करने के लिए वह वास्तविक समय-सीमा निर्धारित करता है।

सूचना साक्षरता मानक-2—सूचना साक्षर विद्यार्थी आवश्यक सूचनाओं तक प्रभावी ढंग से एवं कुशलतापूर्वक पहुँचता है।

निष्पादन-संकेतक—सूचना साक्षर विद्यार्थी—
- आवश्यक सूचनाओं तक पहुँचने के लिए सर्वाधिक उपयुक्त सूचना पुन:प्राप्ति (IR) प्रणाली का चयन करता है;
- खोज रणनीति की प्रभावी ढंग से रचना एवं उसे क्रियान्वित करता है;
- विभिन्न विधियों का प्रयोग करके ऑनलाइन या स्वयं (व्यक्तिगत रूप से) सूचनाओं को पुन:प्राप्त करता है;
- आवश्यक होने पर खोज रणनीति को संशोधित करता है; तथा
- सूचनाओं एवं उसके स्रोतों का सार प्राप्त कर, उन्हें रिकॉर्ड एवं व्यवस्थित करता है।

परिणाम 2

- सूचनाओं को खोजने के लिए उचित जाँच संबंधी विधियों को निर्धारित करता है।
- वह विभिन्न विधियों के अनुकूल-प्रतिकूल दोनों ही पहलुओं पर विचार करता है।
- वह सूचनाओं को खोजने के लिए कुशल एवं प्रभावी विधियों का चयन करता है।
- वह जाँचमूलक विधि के लिए समुचित अनुसंधान योजना विकसित करता है।
- सूचनाओं की खोज के लिए वह प्रमुख शब्दों एवं संबंधित शब्दों की पहचान करता है।
- वह सूचनाओं की पुन:प्राप्ति के लिए नियंत्रित शब्दावली का चयन करता है।
- उचित आदेशों (कमांड) का प्रयोग करते हुए वह एक खोज रणनीति का निर्माण करता है।
- निर्धारित विषय के लिए वह समुचित प्रोटोकॉल्स का प्रयोग करके खोज को क्रियान्वित करता है।
- विभिन्न प्रारूपों में सूचनाओं को पुन:प्राप्त करने के लिए वह विविध प्रकार की खोज प्रणालियों का प्रयोग करता है।
- पुस्तकालय में भौतिक स्रोतों का पता लगाने के लिए वह श्रेणी (क्लास) संख्याओं का प्रयोग करता है।
- सूचनाओं को पुन:प्राप्त करने के लिए वह ऑनलाइन या व्यक्तिगत सेवा का प्रयोग करता है।
- यह निर्धारित करने के लिए कि क्या सूचनाओं की पुन:प्राप्ति के लिए वैकल्पिक प्रणालियों का प्रयोग किया जाना है या नहीं, वह खोज के परिणामों की गुणवत्ता का मूल्यांकन करता है।
- वह जाँचता है कि क्या खोज की रणनीति में परिवर्तन करने की आवश्यकता है।
- संशोधित अनुसंधान रणनीति का प्रयोग करके वह दोबारा खोज करता है।

- सूचना प्राप्त करने के लिए वह एक समुचित सूचना एवं संचार प्रौद्योगिकी (ICT) का चयन करता है।
- सूचनाओं को व्यवस्थित करने के लिए वह एक प्रणाली बनाता है।
- भविष्य के संदर्भ के लिए वह उपयुक्त अवतरणों को रिकॉर्ड करता है।

सूचना साक्षरता मानक-3—सूचना साक्षर विद्यार्थी सूचनाओं एवं उनके स्रोतों का आलोचनात्मक ढंग से मूल्यांकन करता है तथा चयनित सूचनाओं को अपने ज्ञान-कोश एवं मूल्यांकन प्रणाली में सम्मिलित कर लेता है।

निष्पादन-संकेतक—सूचना साक्षर विद्यार्थी—
- एकत्र की गई सूचनाओं से लिए गए मुख्य विचारों का संक्षेपण करता है;
- सूचनाओं एवं उसके स्रोत दोनों का मूल्यांकन करने के लिए प्राथमिक मानदंड को स्पष्ट एवं लागू करता है;
- नई अवधारणाओं की रचना के लिए प्रमुख विचारों का संश्लेषण करता है;
- सूचनाओं की मूल्य-वृद्धि, विरोधाभासों या अन्य विशिष्ट विशेषताओं को निर्धारित करने के लिए नई जानकारी तथा पूर्व-जानकारी की तुलना करता है;
- वह निर्धारित करता है कि क्या नई जानकारी का व्यक्ति की नीति पर कोई प्रभाव पड़ता है तथा अंतर को दूर करने के लिए वह ठोस कदम उठाता है।
- व्यक्तियों से बातचीत करके सूचनाओं की समझ तथा प्रस्तुतीकरण को प्रमाणित करता है; तथा
- यह तय करता है कि क्या प्राथमिक शंका में संशोधन किया जाना चाहिए।

परिणाम 3
- वह विषय को पढ़ता है; मुख्य विचारों का चयन करता है तथा उन्हें अपने शब्दों में प्रस्तुत करता है।

- वह विश्वसनीयता, यथार्थता, वैधता एवं दृष्टिकोण या पूर्वाग्रह के संबंध में सूचनाओं का मूल्यांकन करता है।
- वह पक्षपात, धोखा-धड़ी या छल-कपट को पहचानता है।
- वह अवधारणाओं के बीच संबंधों को पहचानता है तथा उन्हें उपयोगी प्राथमिक कथन में सम्मिलित करता है।
- सूचनाओं के विश्लेषण एवं प्रस्तुतीकरण के लिए वह सूचना एवं संचार प्रौद्योगिकी (ICT) का प्रयोग करता है।
- वह निर्धारित करता है कि क्या सूचनाएँ अनुसंधान या सूचना की आवश्यकताओं को पूरा करती हैं।
- एकत्र की गई सूचनाओं के आधार पर वह निष्कर्ष निकालता है।
- वह नई सूचनाओं को पिछली सूचनाओं के साथ एकीकृत करता है।
- यह प्रमाणित करने के लिए कि क्या सूचनाओं की आवश्यकताएँ पूरी हो गई हैं, वह चर्चाओं में भाग लेता है।
- वह अनुसंधान रणनीति तथा सूचना पुन:प्राप्ति के स्रोतों की समीक्षा करता है तथा आवश्यकता पड़ने पर उसका विस्तार करता है।

सूचना साक्षरता मानक-4—एक सूचना साक्षर विद्यार्थी व्यक्तिगत रूप से या समूह के सदस्य के रूप में एक निर्धारित उद्देश्य की पूर्ति के लिए प्रभावी ढंग से सूचनाओं का प्रयोग करता है।

निष्पादन-संकेतक—सूचना साक्षर विद्यार्थी—
- नई एवं पूर्व सूचनाओं को नए उत्पाद में या निष्पादन की योजना बनाने तथा निर्माण करने में प्रयोग करता है;
- उत्पाद या निष्पादन के लिए विकास-प्रक्रिया में संशोधन करता है।
- अन्य लोगों के साथ उत्पाद या निष्पादन के बारे में प्रभावी ढंग से संप्रेषण करता है।

परिणाम 4
- वह विषय-वस्तु को इस प्रकार से व्यवस्थित करता है कि उससे उत्पाद या निष्पादन के उद्देश्य तथा प्रारूप में सहायता मिलती है।

- वह नए उत्पाद की योजना बनाने तथा उसके निर्माण के लिए पूर्व अनुभवों से प्राप्त ज्ञान एवं कौशल को व्यक्त करता है।
- वह सूचनाओं की खोज, मूल्यांकन एवं संचार से संबंधित गतिविधियों की लॉगबुक रखता है।
- वह पिछली सफलताओं, असफलताओं तथा वैकल्पिक रणनीतियों को दर्शाता है।
- वह एक ऐसे माध्यम का चयन करता है, जो उत्पाद या निष्पादन को सर्वोत्तम सहायता प्रदान करता है।
- वह विचारों की इस प्रकार से रचना करता है जो सर्वोत्तम ढंग से उन्हें व्यक्त कर सके।

सूचना साक्षरता मानक-5–सूचना साक्षर विद्यार्थी सूचनाओं के प्रयोग में आड़े आने वाली आर्थिक, वैधानिक एवं सामाजिक समस्याओं को समझता है तथा सैद्धांतिक एवं वैधानिक ढंग से सूचनाओं तक पहुँचता है तथा उन्हें प्रयोग करता है।

निष्पादन-संकेतक–सूचना साक्षर विद्यार्थी–

- सूचनाओं एवं सूचना-प्रौद्योगिकी से संबंधित सैद्धांतिक, वैधानिक एवं कई सामाजिक-आर्थिक समस्याओं को समझता है।
- सूचना संसाधनों तक पहुँच एवं उनके प्रयोग से संबंधित नियमों, अधिनियमों, संस्थागत नीतियों एवं शिष्टाचार का पालन करता है।
- उत्पाद या निष्पादन के संप्रेषण में सूचना स्रोतों के प्रयोग को स्वीकार करता है।

परिणाम 5

- वह प्रिंट एवं इलेक्ट्रॉनिक पर्यावरण में गोपनीय तथा सुरक्षा से संबंधित समस्याओं को पहचानता है तथा उस पर चर्चा करता है।
- वह निःशुल्क बनाम शुल्क-आधारित सूचनाओं तक पहुँच से संबंधित समस्याओं को पहचानता है तथा उन पर चर्चा करता है।
- वह आई.पी.आर., कॉपीराइट एवं सुरक्षित अधिकारों वाली (कॉपीराइटेड) सामग्री के समुचित प्रयोग की समझ को दर्शाता है।

- वह नेटीकेट अर्थात् नेटवर्क शिष्टाचार (नेटवर्क एटीकेट) का पालन करते हुए इलेक्ट्रॉनिक चर्चाओं में भाग लेता है।
- सूचनाओं तक पहुँचने के लिए वह स्वीकृत पासवर्ड तथा पासवर्ड के अन्य रूपों का प्रयोग करता है।
- वह सूचनाओं के स्रोतों तक पहुँचने के लिए संस्थागत नीतियों का पालन करता है।
- वह साहित्यिक चोरी के प्रति समझ को दर्शाता है तथा दृढ़तापूर्वक उसका अभ्यास करता है।
- वह दस्तावेजीकरण की समुचित शैली का चयन करता है तथा निरंतर उसका पालन करता है।

प्रश्न 10. सूचना साक्षरता के विविध मॉडलों का वर्णन कीजिए।

उत्तर– सूचना साक्षरता मॉडल, पुस्तकालय एवं सूचना विज्ञान (LIS) व्यवसायियों एवं संकाय विभाग की सूचना साक्षरता कार्यक्रमों को बनाने में मदद करता है। सूचना तलाशने व लिखने एवं सूचना उत्पाद के मूल्यांकन पर आधारित सूचना साक्षरता प्रोग्राम को विकसित करने के लिए यह एक ढाँचा प्रदान करता है। ये मॉडल यह विश्वास दिलाते हैं कि अधिगम एक सक्रिय और रचनात्मक प्रक्रिया है जो कि गहन सोच को बढ़ावा देती है। सूचना साक्षरता मॉडलों के कुछ उदाहरण निम्नलिखित हैं–

(1) **SCONUL का मॉडल–**महाविद्यालयी, राष्ट्रीय एवं विश्वविद्यालयी पुस्तकालयों के समाज के मॉडल (SCONUL) ने सूचना साक्षरता मॉडल, 1999 का विकास किया जिसे सूचना कौशल मॉडल भी कहा जाता है। इस मॉडल में सात कौशलों का अनुग्रह किया गया है, जिन्हें "सूचना साक्षरता के सात खंभे" (The Seven Pillars of Information Literacy) कहा जाता है। इन कौशलों में निम्नलिखित योग्यताएँ हैं–

(क) सूचना/जानकारी की जरूरत की पहचान करना;
(ख) उन तरीकों को पहचानना जिनसे सूचना के अंतराल का पता लगाया जा सके;

(ग) सूचना के स्थापन के लिए रणनीतियों का निर्माण करना;
(घ) सूचना का स्थापन और अभिगम;
(ङ) विभिन्न स्रोतों से प्राप्त सूचनाओं की तुलना करना और उनका मूल्यांकन करना;
(च) स्थिति के अनुकूल सूचना को उचित तरीके से संगठित करना, लागू करना और उसका संचार करना;
(छ) नए ज्ञान के निर्माण के लिए मौजूदा सूचना का निर्माण व संश्लेषण करना।

(2) **कल्थाऊ का मॉडल**—उपयोगकर्त्ता को जानकारी प्रदान करने के लिए अध्ययन की एक शृंखला का आयोजन करने का श्रेय कल्थाऊ को दिया जाता है। विभिन्न विधियों, जैसे—साक्षात्कार, केस अध्ययन आदि का प्रयोग करते हुए उसने विद्यार्थियों की प्रतिक्रियाओं का निरीक्षण किया। कल्थाऊ ने उनकी प्रतिक्रियाओं पर आधारित 'सूचना खोज प्रक्रिया' को प्रस्तावित किया। पुस्तकालय कौशल को प्रतिपादित करने हेतु उसने तीन मॉडलों को प्रस्तावित किया—

(क) संकेंद्रण के रूप में स्रोत या पुस्तकालय,
(ख) पथखोजी या खोज रणनीति पद्धति,
(ग) प्रक्रिया मॉडल पद्धति।

पहले दो मॉडलों में पुस्तकालय और सूचना संसाधन केंद्र में रखे गए हैं, जो स्रोत को खोजने और उस तक पहुँचने में उपयोगकर्त्ता की मदद करते हैं जबकि तीसरा मॉडल सूचना खोज की प्रक्रिया और उसके प्रयोग पर जोर देता है। यह उपयोगकर्त्ता-केंद्रित मॉडल है।

(3) **इर्विंग का मॉडल**—इर्विंग ने नौ चरणों वाला सूचना कौशल मॉडल प्रतिपादित किया, जो विद्यार्थियों को उनके शैक्षणिक मूल्यांकन-पत्रों (Academic assignments) को पूरा करने के लिए दिशा-निर्देश देता है। उसने यह महसूस किया कि सूचना साक्षरता कौशल का उपयोग शिक्षण के अलावा अन्य गतिविधियों में भी होता है। उसने अवलोकन किया कि सूचना साक्षरता कार्यस्थल के साथ-साथ व्यक्तिगत जीवन में भी मदद करती है।

प्रश्न 11. सूचना साक्षरता प्रदान करने वाले विभिन्न उपागमों की विवेचना कीजिए।

उत्तर– सूचना-साक्षरता कौशल प्रदान करने में विभिन्न प्रकार के कार्यक्रम सहायता करते हैं। इनमें पृथक्-पृथक् कार्यक्रमों से लेकर कोर्स संबंधी एवं कोर्स एकीकृत कार्यक्रम तक सम्मिलित होते हैं। एक सामान्य सूचना साक्षरता कार्यक्रम सूचना के स्रोतों, उनके क्षेत्र एवं खोज की तकनीकों जिनकी खोज डाटाबेसिस एवं अन्य स्रोतों के द्वारा अनुसरित की जाती हों, पर भी विस्तृत सूचना प्रदान कर सकता है। कोर्स संबंधी कार्यक्रम विभिन्न विषयों एवं क्षेत्रों में सूचना साक्षरता कौशलों पर ध्यान केंद्रित करते हैं। कोर्स एकीकृत कार्यक्रम भी किसी विशेष विषय/क्षेत्र के लिए ही होते हैं। एक कोर्स संबंधी कार्यक्रम तथा एक कोर्स एकीकृत कार्यक्रम के बीच अंतर इस तथ्य में निहित है कि पहले वाला अर्थात् कोर्स संबंधी कार्यक्रम सूचना साक्षरता पर एक पृथक् कार्यक्रम होता है, जबकि बाद वाला अर्थात् कोर्स एकीकृत कार्यक्रम कोर्स में ही इस प्रकार समाहित होता है कि वह कार्यक्रम का अभिन्न अंग बन जाता है।

सूचना साक्षरता कार्यक्रम श्रेय-रहित या श्रेय के लिए हो सकता है। ऐसा एक मत है कि अन्य गैर-विषय कार्यक्रमों की भाँति सूचना साक्षरता कार्यक्रम श्रेय-रहित होने चाहिए। किंतु श्रेय-रहित कार्यक्रम की कमी यह है कि इसे गंभीरता से नहीं लिया जाता है। अधिगमकर्त्ता इसे गंभीर रूप से न लेकर इसके महत्त्व को कम समझ सकते हैं। यदि इसे उत्तीर्ण करने के लिए कोई शर्त भी रखी जाती है, तो अधिगमकर्त्ताओं की गंभीरता केवल इसे उत्तीर्ण करने तक ही सीमित हो सकती है। कोर्स एकीकृत सूचना साक्षरता कार्यक्रमों का एक लाभ यह होता है कि अधिगमकर्त्ता उन्हें दरकिनार करने के योग्य नहीं होता है। स्मिथ (2003) ने विज्ञान के लिए एक सूचना साक्षरता पाठ्यक्रम प्रस्तावित किया था जो कि एकीकृत सूचना साक्षरता कार्यक्रम है।

इसे चार भागों में विस्तारित किया गया है, जो निम्न हैं–

- **पूर्वस्नातकः प्रारंभिक/सामान्य (Undergraduate: Beginning/General)**–इसमें भिन्न-भिन्न प्रकार के संसाधनों

(प्राथमिक, माध्यमिक एवं तृतीयक) का परिचय, किसी विषय में मूलभूत संसाधन, विज्ञान में मूल अनुसंधान प्रक्रिया, मूल खोजकारी कौशल तथा डाटाबेस के लिए उसका प्रयोग करना, संसाधन का मूल्यांकन तथा कार्य का उल्लेख आदि सम्मिलित होते हैं।

- **पूर्वस्नातक/विकसित (Undergraduate/Advanced)** – इसमें सूचना की भूमिका, अनुसंधान की प्रक्रिया, संसाधनों के प्रकारों का गहन परिचय, मूलभूत सूचना संसाधन (प्रिंट एवं इलेक्ट्रॉनिक), अधिक जटिल खोजकारी रणनीतियों का परिचय एवं प्रयोज्यता, ऑनलाइन संसाधनों की खोज, वेब पर विज्ञान संबंधी जानकारी, पोर्टल्स, खोजना एवं मूल्यांकन करना, विज्ञान संबंधी जानकारी एवं सहकर्मी द्वारा की गई समीक्षा, विज्ञान संबंधी पत्रक का मूल्यांकन, सूचनाओं एवं महत्त्वपूर्ण विचारों का मूल्यांकन आदि सम्मिलित होता है।

- **स्नातक विद्यार्थी (Graduate Students)** – इसमें विज्ञान संबंधी अनुसंधान प्रक्रिया तथा प्रत्येक स्तर पर सूचनाओं के स्रोत, अभ्यासरत वैज्ञानिकों के लिए सूचना के उपकरण, वैज्ञानिक प्रकाशक के दृष्टिकोण से गहन वैज्ञानिक प्रकाशन प्रक्रिया, संबंधित विषय में प्रमुख स्रोत एवं डाटाबेस, सूचना प्रबंधन (ग्रंथसूची प्रबंधन सॉफ्टवेयर, सहकर्मी समीक्षा प्रक्रिया के प्रयोग सहित), विज्ञान संबंधी सूचनाओं एवं दैनिक-पत्रिकाओं के लेखों का मूल्यांकन, दैनिक-पत्रिकाओं के उल्लेख की रिपोर्ट (JCR), विज्ञान संबंधी संचार एवं सूचना संसाधनों के लिए इंटरनेट आदि सम्मिलित हैं।

- **व्यावसायिक वैज्ञानिक: पोस्ट डॉक्टरेट तथा स्वतंत्र अनुसंधानकर्त्ता (Professional Scientists: Post-Doctoral and Independent Researcher)** – इसमें ज्ञात संसाधनों की नई विशेषताओं पर अद्यतन एवं नए संसाधनों का परिचय, विषय-वस्तु की तालिका (TOC) सेवा के द्वारा नए साहित्य के साथ बने रहना, ब्राउजिंग, अलर्ट/सूचनाओं का

चयनात्मक विस्तार (SDI), किसी विषय में मूलभूत दैनिक-पत्रिकाओं की पहचान, उल्लेखों की गणना एवं जे.सी.आर., उल्लेखों की गणना की सीमाएँ एवं प्रभावकारी घटक, आई.एस.आई. डाटाबेस की खोज, प्रमुख विषय-विशिष्ट संसाधनों की अग्रिम खोज, ग्रंथसूची संबंधी एवं डाटा स्रोत, ई-जर्नल्स का प्रकाशन एवं अभिगम्यता, व्यक्तिगत संसाधन संग्रह का प्रबंधन, पूर्व-स्नातक एवं स्नातक कोर्सों में सूचना कौशल एवं अनुदेशन, प्रशिक्षण एवं मार्गदर्शन आदि सम्मिलित हैं।

परड्यू यूनिवर्सिटी लाइब्रेरी, इलिनॉइस छह लक्ष्यों के साथ सूचना साक्षरता पाठ्यक्रम प्रदान करती है, अर्थात् उपयोगकर्त्ता को निम्न क्षमताएँ प्रदान करती है–

(http://www.lib.purdue.edu/rguides/instructionalservices/infolitcurriculum)

- आधुनिक समाज में सूचना की भूमिका, महत्त्व एवं शक्ति को समझना।
- सूचना के लिए अपनी विशिष्ट आवश्यकताओं को समझना एवं संप्रेषण करने के योग्य बनना।
- यह समझना कि अपने संगठन, विषय-वस्तु एवं प्रारूप में सूचना का रूप अलग-अलग होता है।
- विभिन्न प्रकार की प्रणालियों से एवं विभिन्न प्रारूपों में सूचनाओं को पुनःप्राप्त करना।
- सूचना के स्रोतों का मूल्यांकन करना।
- सूचनाओं को प्रभावी ढंग से संगठित करने की विधि समझना।

इन लक्ष्यों को पुनः उद्देश्यों में उप-विभाजित किया गया है तथा ये उद्देश्य कोर्स के प्रारूप निर्माण में सहायता करते हैं। न्याम्बोगा (Nyamboga) (2004) सूचना साक्षरता में भारतीय विश्वविद्यालयों के पुस्तकालयों के प्रयासों का वर्णन करते हैं। उन्होंने बैंगलोर विश्वविद्यालय; विज्ञान एवं प्रौद्योगिकी विश्वविद्यालय, कोचीन; गुलबर्गा विश्वविद्यालय; हैदराबाद विश्वविद्यालय; कुवेम्पू विश्वविद्यालय एवं मंगलौर विश्वविद्यालय आदि के स्वचालित संसाधनों का संक्षिप्त विवरण दिया है। वर्तमान में पुस्तकालयों से यह अपेक्षा की जाती है कि उन्हें कम से कम सूचना

साक्षरता कौशल हेतु प्रशिक्षण प्रदान करने में स्वचालित होना चाहिए। दिल्ली विश्वविद्यालय की पुस्तकालय प्रणाली जो ई-संसाधनों के प्रयोग को सुविधाजनक बनाने वाली सूचनाएँ प्रदान करती है, भारत में सबसे आगे है। यह प्रतिवर्ष अपने अनुसंधानकर्त्ताओं के लिए सूचना साक्षरता सत्रों की भी व्यवस्था करती है जिसमें उन्हें ई-संसाधनों का प्रयोग तथा अनुसंधान के बारे में रिपोर्ट करते समय संदर्भों का उल्लेख करना सिखाया जाता है। सूचना साक्षरता कार्यक्रमों की व्यवस्था स्नातकोत्तर विभागों, संकायों के कॉलेजों तथा विद्यार्थियों के लिए भी की जाती है। अन्य विश्वविद्यालय ई-संसाधनों एवं उनकी प्रयोग-विधि के बारे में सूचनाएँ अपनी-अपनी वेबसाइट पर प्रदान करते हैं।

निम्न सूची में कौशलों के प्रकारों एवं लिबरल आर्ट्स के पाठ्यक्रम में एकीकृत सूचना साक्षरता को सम्मिलित करते हुए एंड्रयू डब्ल्यू. मैलन के अनुदान से मिली सहायता द्वारा निर्मित या संशोधित किए जा रहे कोर्सों में सिखाई जा सकने वाली क्षमताओं के उदाहरण देखने को मिलते हैं।

मूलभूत सूचना साक्षरता कौशल निम्न को सम्मिलित करता है–

- यह समझना कि शैक्षणिक पुस्तकालयों में सामग्रियों का वर्गीकरण विषय के द्वारा किया जाता है (प्रतीकात्मक माध्यमिक स्कूलों के पुस्तकालयों की भाँति काल्पनिकता या जीवनी के खंडों को शामिल नहीं किया जाना चाहिए) तथा किसी निर्देश संख्या (Call Number) का अर्थ समझने में सक्षम होना चाहिए।
- ग्रंथसूची संबंधी रिकॉर्ड के भागों को पहचानने में सक्षम होना चाहिए।
- संदर्भ के साधनों जैसे–शब्दकोशों, एन्साइक्लोपीडिया, हैंडबुक्स, पंचांग तथा सांख्यिकीय स्रोतों का प्रयोग करने में सक्षम होना चाहिए ताकि प्रबंधन योग्य अनुसंधान के केंद्र-बिंदु को प्राप्त किया जा सके।
- भिन्न-भिन्न प्रारूपों में शुद्ध दस्तावेजी सूचना स्रोतों के लिए शैलीगत नियमावली का प्रयोग करने में सक्षम होना।
- विषय-खोज एवं शब्द-खोज के बीच अंतर समझना चाहिए।
- ऑनलाइन प्रसूची (बुलियन, ट्रंकेशन, एडजेसेंसी आदि) के संकेतों को समझना चाहिए।

- एक अनुसंधान रणनीति को प्रतिपादित करने में सक्षम होना चाहिए तथा उस प्रक्रिया को समझने में भी सक्षम होना चाहिए जिसके द्वारा प्रश्नों को परिशोधित किया जाता है तथा अनुसंधान के कोर्स में पुन: परिभाषित किया जाता है।
- प्राथमिक एवं द्वितीयक संसाधनों के बीच अंतर करने में सक्षम होना चाहिए; इन दोनों प्रकार के संसाधनों के प्रयोग का समुचित समय एवं कारण (अर्थात् इनका प्रयोग क्यों किया जाए) निर्धारित करने में भी सक्षम होना चाहिए।
- सामयिक साहित्य की प्रकृति तथा उसकी उपयोगिता के कारण एवं समय को समझना।
- उपयोगिता, पूर्वाग्रह, व्यापकता तथा प्रभाव (इंटरनेट संसाधनों सहित) के लिए सूचनाओं का समालोचनात्मक मूल्यांकन करने में सक्षम होना।
- साहित्यिक चोरी एवं बौद्धिक संपदा के मुद्दे, उद्धरणों, व्याख्याओं एवं भाव-विचार आदि की समझ होना; इनका सही उपयोग क्या है?

अग्रिम सूचना साक्षरता कौशलों में निम्नलिखित तथ्य सम्मिलित हैं–

- अपने विषय में विषय-विशिष्ट साधनों (अनुक्रमणी, सार, इलेक्ट्रॉनिक विषय तथा अन्य विशेषीकृत संसाधन) से परिचित होना।
- इस बात को समझना कि विद्वान एवं कार्यकुशल व्यवसायी अपने विषयों में किस प्रकार सूचनाओं (प्रकाशित/अप्रकाशित स्रोत, इलेक्ट्रॉनिक एवं व्यक्तिगत संचार आदि) को उत्पन्न करते हैं, नियंत्रित करते हैं तथा उनका प्रयोग करते हैं।
- थीसिस का प्रतिपादन करने तथा विभिन्न स्रोतों का प्रयोग करते हुए खोज संबंधी रणनीति बनाने के साथ-साथ प्रभावी अनुसंधान के लिए आवश्यक चरणों को समझना एवं प्रभावशाली ढंग से संप्रेषित करना।
- अपनी स्वयं की शोध-प्रक्रिया की समीक्षा करने की क्षमता को विकसित करना।

प्रश्न 12. 'सूचना साक्षरता और उपयोक्ता शिक्षा' पर संक्षिप्त विवरण दीजिए।

उत्तर– समय एवं सूचना पर्यावरण में परिवर्तन होने के साथ-साथ पुस्तकालय-शिक्षा कार्यक्रमों का विकास हुआ है। उपयोगकर्त्ताओं की भिन्न-भिन्न आवश्यकताओं को पूरा करने के लिए भिन्न-भिन्न प्रकार के कार्यक्रमों की रचना की गई है। पुस्तकालय का उपयोग करने वालों की भिन्न-भिन्न आवश्यकताओं को पूरा करने के लिए पुस्तकालय मूलक, ग्रंथसूची संबंधी शिक्षण तथा उपयोगकर्त्ता-शिक्षा कार्यक्रमों की रचना की गई है। सूचना के विस्फोट, बढ़ते हुए महत्त्व एवं सूचना के बढ़ते हुए अंकीकरण (डिजिटाइजेशन) के परिणामस्वरूप सूचना साक्षरता का उद्भव हुआ। हालाँकि, इसे अन्य सभी कार्यक्रमों की श्रेणी में नहीं रखा जा सकता। इसका क्षेत्र एवं उद्देश्य व्यापक है, क्योंकि यह पुस्तकालय संसाधनों एवं कार्यक्रमों तक ही सीमित नहीं है। इसका उद्देश्य सूचना स्रोतों की विषय-वस्तु को जानने एवं उनका प्रयोग करने, उनकी खोज करने एवं उनमें से सूचनाओं का प्रयोग करने तक ही सीमित नहीं है। सूचना साक्षरता का उद्देश्य अपने ज्ञान के क्षेत्र में सैद्धांतिक एवं वैधानिक रूप से प्रासंगिक एवं समुचित सूचनाओं का प्रयोग करते हुए स्वयं को अद्यतन रखने के लिए व्यक्तियों में क्षमताओं का विकास करना है। परिणामस्वरूप, उन्हें इस ज्ञान को अपने अध्ययन, अनुसंधान, अध्यापन एवं कार्य में लागू करने में सक्षम होना चाहिए। इस क्षमता को प्राप्त करने के लिए उन्हें तार्किक क्षमता, आलोचनात्मक सोच, विश्लेषणात्मक एवं संश्लेषणात्मक कौशल का विकास करने की आवश्यकता है। सूचना साक्षरता व्यक्ति में चीजों को प्रासंगिक बनाने एवं उन्हें बृहत्तर सार्थक संदर्भ में देखने के लिए क्षमता प्रदान करती है। सूचना साक्षरता आजीवन अधिगम की योग्यता प्रदान करती है। जी.पी.एच. की पुस्तकों का मुख्य उद्देश्य ज्ञान के साथ-साथ अच्छे नम्बर दिलाना है।

प्रश्न 13. 'उपयोक्ता अध्ययनों' की महत्ता का विवेचन कीजिए। विभिन्न प्रकार के उपयोक्ताओं तथा उनके अभिलक्षणों का वर्णन कीजिए।

उत्तर– उपयोक्ता सभी स्तरों पर समस्त सूचनाओं का केंद्र-बिंदु होता है। उपयोक्ता एक व्यापक संकल्पना है जिसमें सूचना के उत्पादक

और ग्राहक दोनों ही सम्मिलित हैं। पुस्तकालय एवं सूचना विज्ञान के साहित्य में 'उपयोक्ता' पद के लिए अनेक शब्दों का प्रयोग किया गया है। ये न्यूनाधिक पर्यायवाची जैसे हैं। उदाहरण के लिए, उपयोक्ता की संकल्पना को संबोधित करने के लिए संरक्षक (Patron), मुवक्किल (Client), सदस्य (Member), ग्राहक (Customer), इत्यादि शब्दों का प्रयोग किया जाता है। व्हिटेकर (Whiteker) द्वारा दी गई उपभोक्ता (User) की परिभाषा में कहा गया है कि उपयोक्ता वह व्यक्ति है जो पुस्तकालय द्वारा प्रदत्त एक अथवा अनेक सेवाओं का उपयोग करता है। दूसरी ओर गिनचैट (Guinchat) की राय है कि उपयोक्ता को दो मानदंडों के आधार पर परिभाषित किया जा सकता है, यथा–(1) उद्देश्यपरक मानदंड के आधार पर, जैसे सामाजिक-व्यावसायिक श्रेणी, विशेषज्ञता का क्षेत्र, उन क्रियाकलापों का स्वरूप जिनके लिए सूचना प्राप्त की जा रही है, सूचना प्रणाली के उपयोग का कारण; और (2) सामाजिक तथा मनोवैज्ञानिक मानदंड के आधार पर, जैसे सामान्य रूप से सूचना के प्रति उपयोक्ता का दृष्टिकोण, उसकी सूचना संबंधी आस्था तथा विशेष रूप से सूचना प्रणाली अथवा सूचना एकक से उसका संबंध। गिनचैट ने उपयोक्ताओं को तीन मुख्य वर्गों में विभाजित किया है–(1) वे उपयोक्ता जो सक्रिय जीवन में अभी संलग्न नहीं हुए हैं, जैसे छात्र; (2) वे उपयोक्ता जो किसी आजीविका में संलग्न हैं और जिनकी सूचना संबंधी आवश्यकताएँ उनके काम या नौकरी से संबंधित हैं: ये अपने मुख्य क्रियाकलापों (प्रबंधन, अनुसंधान, विकास, उत्पादन, सेवाएँ, इत्यादि) के आधार पर वर्गीकृत किए जाते हैं जैसे–(क) क्रियाकलाप की शाखा और/अथवा विशेषज्ञता का क्षेत्र (सिविल सेवा, कृषि, उद्योग, इत्यादि); (ख) शिक्षा तथा उत्तरदायित्व का स्तर (व्यावसायिक कर्मचारी, तकनीकी कर्मचारी); और (3) सामान्य नागरिक, जिन्हें सामान्य सूचना की आवश्यकता होती है।

प्रो. जे.डी. बर्नाल (Professor J.D. Bernal) ने वैज्ञानिक तकनीकी सूचनाओं के उपयोक्ताओं को, उनके लिए आवश्यक विविध प्रकार की सूचना सेवाओं के आधार पर वर्गीकृत किया है। इस वर्गीकरण का एक मुख्य पहलू है, अभियन्ताओं, वास्तुकारों, चिकित्सकों तथा कृषकों को प्रौद्योगिकीविदों के वर्ग में रखना। साथ ही, प्रबंधकों (व्यापारिक एवं

औद्योगिक दोनों) को सूचना उपयोक्ताओं के विशिष्ट वर्ग के अंतर्गत रखा जा सकता है। इस विभाजन को स्पष्ट करने के लिए चित्र 6.3 तथा 6.4 दिए गए हैं–

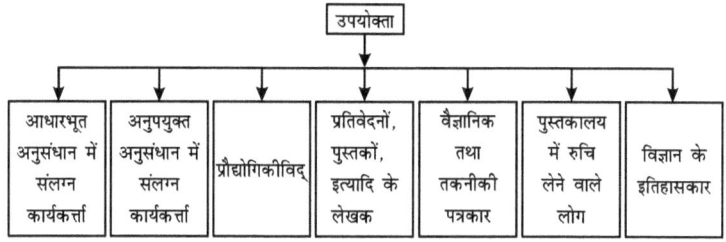

चित्र 6.3: उपयोक्ताओं का कार्य आधारित विभाजन

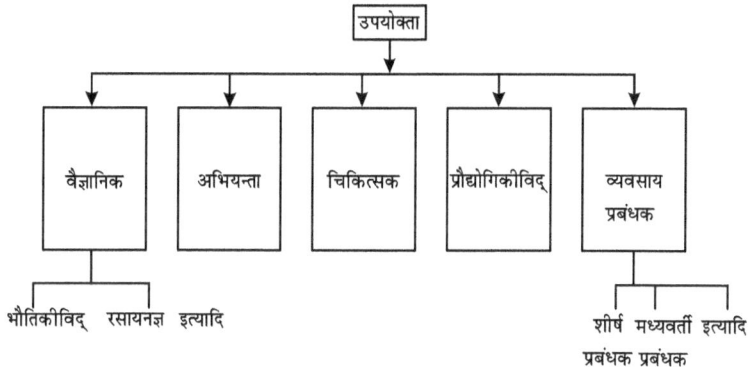

चित्र 6.4: उपयोक्ताओं का व्यवसाय आधारित विभाजन

उपयोक्ताओं को वर्गीकृत करने की एक और विधि सूचना के प्रति उनके उपागम पर आधारित है। इन्हें इस प्रकार वर्गीकृत किया जा सकता है–

- **संभावित उपयोक्ता**–वह व्यक्ति जिसको ऐसी सूचना की आवश्यकता है जो विशिष्ट सेवाओं द्वारा प्रदान की जा सकती है;
- **अपेक्षित या प्रत्याशित उपयोक्ता**–वह व्यक्ति जिसकी इच्छा खास सूचना सेवाओं के उपयोग में होती है;
- **लाभान्वित उपयोक्ता**–वह व्यक्ति जो सूचना सेवाओं से परिमेय (मापने योग्य) लाभ उठाता है; और

- **वास्तविक उपयोक्ता**—वह व्यक्ति जिसने सूचना सेवा का वास्तव में उपयोग किया है चाहे उस सेवा से लाभान्वित हुआ हो या नहीं।

डॉ. एस.आर. रंगनाथन (Dr. S.R. Ranganathan) ने सूचना सेवाओं के प्रकारों का प्रतिपादन किया है तथा उन सेवाओं के आधार पर उपयोक्ताओं को निम्नलिखित श्रेणियों में वर्गीकृत किया है—नवागंतुक, सामान्य पूछताछ करने वाला, विशेष पूछताछ करने वाला, और सामान्य पाठक।

यहाँ यह भी उल्लेखनीय है कि एक विवेकी प्रणाली अभिकल्पक इस बात को समझता है कि सूचनाओं के उपयोक्ता को प्रणाली में सक्रिय रूप से भाग लेने वाला होना चाहिए और प्रणाली की अभिकल्पना भी उसकी आवश्यकताओं से निर्देशित होनी चाहिए। इसलिए सूचना सेवा को उसके उपयोक्ता की जरूरतों का अनुमान लगा लेना चाहिए तथा वह उसके अनुकूल होनी चाहिए। विशेष स्थितियों में ऐसा हो सकता है कि उपयोक्ता को किसी खास प्रणाली अथवा सेवा से होने वाले विविध लाभों की पूरी जानकारी न हो। इन स्थितियों में प्रणाली अभिकल्पक को संबंधित पहलुओं के बारे में उसका मार्गदर्शन कर उसे उसकी आवश्यकतानुसार सेवा उपलब्ध करानी चाहिए।

सामान्यत: वैज्ञानिक तथा तकनीकी सूचना प्रणाली के उपयोक्ताओं को उनके क्रियाकलाप की किस्म के आधार पर तीन महत्त्वपूर्ण वर्गों में रखा जा सकता है। ये हैं—

- अनुसंधानकर्त्ता,
- प्रौद्योगिकी के विभिन्न क्षेत्रों में विकासीय और/अथवा संक्रियात्मक क्रियाकलापों में संलग्न व्यवसायी और तकनीकी विशेषज्ञ, और
- प्रबंधक, नियोजक तथा अन्य निर्णय लेने वाले व्यक्ति जो स्थानीय, राष्ट्रीय अथवा अंतर्राष्ट्रीय स्तरों पर विकासीय क्रियाकलापों के समन्वयन में संलग्न हैं।

उपयोक्ताओं के अभिलक्षण—चूँकि किसी भी उपयोक्ता अध्ययन का मुख्य उद्देश्य ऐसी सूचना को एकत्रित करना होता है जो विशिष्ट उपयोक्ताओं के लिए विशिष्ट सूचना उत्पादों अथवा सेवाओं को

अभिकल्पित करने, उपलब्ध करने और उनके मूल्यांकन में उपयोगी हो, अत: उपयोक्ताओं के अभिलक्षणों को पूरी तरह से समझना आवश्यक हो जाता है। उपयोक्ताओं के अभिलक्षणों का अध्ययन निम्नलिखित वर्गों के अंतर्गत किया जा सकता है–

व्यक्तिगत अभिलक्षण–उपयोक्ताओं के व्यक्तिगत अभिलक्षण का संबंध सूचना के उपयोक्ताओं में सन्निहित ऐसे तत्त्वों से है जो निम्नलिखित तथ्यों को प्रभावित करते हैं–(क) समस्या के बारे में उनका प्रत्यक्षण, संबंधित समस्या की उनकी परिभाषा तथा अपेक्षित सूचना का उनके द्वारा विवरण, तथा (ख) उनके द्वारा सूचना के उपयोग का विशेष तरीका तथा किसी विशेष प्रकार की सूचना के उपयोग की उनकी क्षमता।

सूचना विसरण की अवस्थाएँ–इस पहलू का संबंध इस बात से है कि उपयोक्ताओं को किसी विशिष्ट विचार अथवा नवप्रवर्तन के बारे में कितनी जानकारी है। विभिन्न अवस्थाओं में सूचना की आवश्यकताएँ भिन्न होती हैं, अत: सूचना उत्पादों और सेवाओं को प्रत्येक अवस्था की आवश्यकता के अनुसार उपयुक्त बनाना होता है। यह तभी संभव हो सकता है जब उपयोक्ता की क्षमताओं का स्पष्ट प्रत्यक्षण कर लिया जाए।

परिवेश संबंधी अथवा सामाजिक अभिलक्षण–परिवेश संबंधी या सामाजिक अभिलक्षणों के अंतर्गत सामाजिक प्रणाली के उन कारकों (जैसे–मानदंड, स्थिति, संदर्भ वर्ग, इत्यादि) को रखा जा सकता है जो व्यक्ति के व्यवहार और संप्रेषण को महत्त्वपूर्ण रूप से प्रभावित करते हैं। इन कारकों के बारे में जानकारी होने से प्रणाली के अभिकल्पक को उपयोक्ता की सूचना संबंधी आवश्यकताओं को सुनिश्चित रूप से स्पष्ट करने में सहायता मिलती है।

संप्रेषण संबंधी अभिलक्षण–सूचना के उपयोग तथा विसरण या प्रसार से संबंधित तत्त्वों द्वारा संप्रेषण संबंधी अभिलक्षणों की रचना होती है। इनमें से कुछ हैं–सूचना स्रोत, सूचना-संरचनाएँ, संप्रेषण चैनल (Channel) और सूचना प्रणालियाँ।

इन पहलुओं को अन्य अभिलक्षणों से सहसंबंधित करने की आवश्यकता है। समुचित और सुनियोजित उपयोक्ता अध्ययन का लक्ष्य है, उपयोक्ताओं से संबंधित सभी संगत आँकड़ों को इकट्ठा करना,

ताकि एक फलोत्पादक सूचना प्रणाली का निर्माण किया जा सके। ऐसे आँकड़े उपयोक्ताओं और सूचना प्रणाली के अभिकल्पकों के बीच निकट संबंध स्थापित करने में सहयोग देते हैं।

प्रश्न 14. उपयोक्ता अध्ययन की सीमाओं तथा आलोचनाओं का वर्णन कीजिए।

उत्तर– यद्यपि वैज्ञानिकों, अभियन्ताओं और प्रौद्योगिकीविदों की सूचना संबंधी जरूरतों को निर्धारित करने के लिए अनेक अध्ययन किए गए हैं, फिर भी सूचना संबंधी आवश्यकताएँ अत्यंत जटिल और वैविध्यपूर्ण सिद्ध हुई हैं। परिणामस्वरूप इनमें से अधिकांश अध्ययन सूचना प्रयोक्ताओं के यथार्थ स्वरूप और आवश्यकताओं को पूरी तरह प्रकट करने में अपर्याप्त सिद्ध हुए हैं। इन अध्ययनों से इस समस्या का केवल प्राथमिक उपागम ही भली-भाँति उपलब्ध होता है और इस दिशा में अभी भी काफी कुछ करने की आवश्यकता है।

उपयोक्ता अध्ययनों/सर्वेक्षणों में प्रयुक्त विधियों और तकनीकों की भी आलोचनाएँ होती रही हैं। किंतु उपयोक्ता अध्ययन में प्रतिचयन के ऊपर काफी काम करना बाकी है। दूसरे शब्दों में, नमूने के चयन में यादृच्छिक प्रतिचयन की सुपरिष्कृत तकनीकों को प्रयोग में नहीं लिया गया है। बहुत सारे शोधकर्त्ता-जो रुचि से या विधिपूर्वक सर्वेक्षण कार्य करते हैं और प्रश्नावलियों और दैनिकी को लौटाने में सहयोगी रुख अपनाते हैं – भी नमूने लेने में सदा ही सामान्य त्रुटि कर जाते हैं। इस त्रुटि से बचना चाहिए। यही नहीं, मात्र नमूने का आकार महत्त्वपूर्ण नहीं होता बल्कि उस नमूने का संघटन भी महत्त्वपूर्ण होता है जिसमें भाग लेने वाले के परिवेश पर भी विचार किया गया है। आलोचकों में से एक ने लगभग सात विभिन्न परिवेशों का सुझाव दिया है, जो इस प्रकार हैं–(1) शिक्षा संस्थाएँ, (2) अनुसंधान संगठन, (3) उद्योग, (4) सरकार, (5) व्यावसायिक संगठन, (6) श्रमिक संघ और राजनीतिक दल, तथा (7) प्रेस (Press) और प्रसारण। इसी प्रकार, उपयोक्ताओं को भी कार्य के अनुसार विभिन्न श्रेणियों में बाँटा जा सकता है जैसे–(1) अनुसंधान, (2) अध्यापन और प्रशिक्षण, (3) प्रबंधन, (4) सामाजिक कार्य तथा प्रशासन, (5) सूचना तथा प्रसारण, (6) राजनीति, तथा (7) अध्ययन एवं ज्ञान-प्राप्ति। व्यक्ति की

सूचना संबंधी आवश्यकताओं और व्यवहार को ये सभी प्रभावित कर सकते हैं। उपर्युक्त के अतिरिक्त कुछ अन्य परिवर्ती भी हैं।

ये जनसांख्यिकीय (जैसे–आयु, शिक्षा, अनुसंधान के अनुभव की अवधि) और मनोवैज्ञानिक (जैसे–अभिप्रेरण, बुद्धि) परिवर्ती होते हैं जिनका संबंध सूचना संबंधी अपेक्षाओं, आवश्यकताओं और उपयोक्ताओं से हो सकता है। अतः यह माना जाता है कि उपयोक्ता के मनोविज्ञान को भी ध्यान में रखना चाहिए। उपयोक्ता मनोविज्ञान के जिन पहलुओं पर विचार करना चाहिए उनमें ये शामिल हैं–खोज की सहनीय या संतोषजनक अवधि, असंगत सामग्री की सहनीय या संतोषजनक मात्रा, खोज के उत्पाद का वांछनीय स्वरूप, उपयोक्ता की निवेश करने की क्षमता, कार्य करने की आदतें, शब्दावली की सनकें, संदर्भ उपकरणों और सूचना प्रणाली की पूर्व जानकारी और सूचना प्रणाली के भौतिक पहलुओं की सुविधापूर्णता के बारे में उपयोक्ता का निर्णय।

सूचना इकट्ठा करने और सूचना का पता लगाने से संबंधित व्यवहारों के अध्ययन हेतु व्यक्तिगत परिवर्तों को शामिल करने के महत्त्व पर भी कुछ विशेषज्ञों ने जोर दिया है। समय-समय पर उद्धत किए जाने वाले कुछ व्यक्तिगत परिवर्ती निम्नलिखित हैं–

(1) आयु,

(2) कार्य विशेष में अनुसंधान का अनुभव,

(3) पृष्ठभूमि योग्यताएँ,

(4) एकल कार्यकर्त्ता अथवा समूह में काम करने वाला व्यक्ति,

(5) सततता और पूर्णता, तथा

(6) अभिप्रेरणा इत्यादि।

कुछ आलोचकों का यह मानना है कि उपयोक्ता अध्ययनों में उपर्युक्त पहलुओं में से कुछ को उचित रूप से शामिल कर त्रुटियों को कम किया जा सकता है और परिणामों को विधि मान्य और व्यापक रूप से प्रयोज्य बनाया जा सकता है।

प्रश्न 15. पुस्तकालय उपयोक्ताओं की प्रकृति एवं आवश्यकताओं को समझने में उपयोक्ता अध्ययनों को किस प्रकार नियोजित किया जा सकता है? व्याख्या कीजिए।

अथवा

उपयोक्ता अध्ययन करने की आवश्यकता क्यों पड़ती है? उपयोक्ता अध्ययन की योजना बनाने में सन्निहित विभिन्न चरणों की संक्षिप्त व्याख्या कीजिए।

अथवा

पुस्तकालय अभिमुखीकरण पर संक्षिप्त टिप्पणी लिखिए।

[जून-2018, प्र.सं.-5 (d)]

उत्तर- पुस्तकालय एवं सूचना विज्ञान के साहित्य में इस संबंध में सबसे पहला संदर्भ हमें 1930 के दशक के परवर्ती भाग में एल.आर. विल्सन (L.R.Wilson) द्वारा किए गए उपयोक्ता अध्ययन का मिलता है। यद्यपि यह अमेरिका में पुस्तकालयों के विवरण और स्थिति की खोज करने का प्रयास था, इसका लक्ष्य पुस्तकालय के उपयोग अथवा उपयोक्ताओं से संबंधित सूचनाओं का एकत्रण नहीं था।

उपयोक्ताओं और उनकी सूचना संबंधी आवश्यकताओं की संकल्पना के बारे में रॉयल सोसाइटी (Royal Society) के लंदन में हुए प्रथम सम्मेलन में कुछ विचार व्यक्त किए गए थे। सन् 1958 में वॉशिंगटन में वैज्ञानिक सूचना पर प्रायोजित अंतर्राष्ट्रीय सम्मेलन में भी इस विषय पर चर्चा की गई। इस सम्मेलन में प्रो. जे.डी. बर्नाल के शोध-लेख 'द ट्रांसमिशन ऑफ साइंटिफिक इन्फॉर्मेशन : ए यूजर्स एनालिसिस (The Transmission of Scientific Information : A Users' Analysis)' की ओर लोगों का ध्यान अत्यधिक आकृष्ट हुआ।

वैज्ञानिकों द्वारा वैज्ञानिक साहित्य के उपयोग पर एक प्रारंभिक अध्ययन नेशनल साइंस फाउंडेशन (National Science Foundation) की ओर से 1956 में आर.आर. शॉ (R.R.Shaw) द्वारा किया गया था। शॉ के इस अध्ययन को उपयोक्ता अध्ययनों की दिशा में किए गए पथ-प्रदर्शक प्रयासों में से एक माना जाता है। तभी से इस विषय पर अनेक विस्तृत अध्ययन किए जाने लगे। उदाहरण के लिए डेविस और बेल (Davis and Bail) ने बहुत पहले, अर्थात् सन् 1964 में ऐसे 438 अध्ययनों की एक ग्रंथसूची संकलित की थी। इस बात के लिखित प्रमाण उपलब्ध हैं कि 1977 तक उपयोक्ता अध्ययनों के विषय पर 1000 से भी अधिक महत्त्वपूर्ण अध्ययन किए जा चुके थे। अतः विज्ञान और

प्रौद्योगिकी के विकास और वैज्ञानिक सूचना के उपयोग को दिए जाने वाले महत्त्व ने उपयोक्ता अध्ययनों के ऐसे प्रयासों को प्रचुर मात्रा में बढ़ाया है।

शेफिल्ड विश्वविद्यालय (Sheffield University) में ब्रिटिश लाइब्रेरी (British Library) द्वारा सन् 1975 में उपयोक्ता अध्ययनों पर अनुसंधान केंद्र (Centre for Research on User Studies; CRUS) की स्थापना करना उपयोक्ता अध्ययनों के इतिहास में महत्त्व की घटना मानी जाती है। इस केंद्र का मुख्य उद्देश्य एक राष्ट्रीय केंद्र का सृजन करना था जो उपयोक्ता अध्ययनों के लिए अनुसंधान केंद्र के रूप में कार्य कर सके।

उपयोक्ता अध्ययन की आवश्यकता—सूचना के आवश्यकता संबंधी सर्वेक्षणों या उपयोक्ता अध्ययनों ने आवश्यक सूचना सेवाओं की किस्म और विद्यमान सेवाओं की किस्म के बीच के अंतराल को पाटने में सशक्त भूमिका निभाई है। सूचना प्रणाली कैसी भी हो, उसके लिए उपयोक्ता की आवश्यकताओं का निर्धारण करना निश्चित रूप से जरूरी होता है। तथापि इस विचार के संबंध में कुछ शंकाएँ उठती रही हैं कि क्या उपयोक्ता अध्ययनों अथवा सर्वेक्षणों के जरिए वास्तव में सूचना आवश्यकताओं का निर्धारण किया जा सकता है। उदाहरण के लिए, यह कहा जाता है कि सूचना आवश्यकताओं का निर्धारण सार्वजनिक राय जानने के लिए किए जाने वाले मतदान जैसे सर्वेक्षणों से नहीं हो सकता। साथ ही यह भी उल्लेख किया जाता है कि सूचना सेवा एक प्रकार की व्यावसायिक सेवा (जैसे–चिकित्सा) है और यह उपभोक्ता सेवा (जैसे–नाश्ता पैक करना) से भिन्न है। इसलिए सूचना सेवा के उपयोक्ता सूचना प्रणाली को अभिकल्पना में सही दिशा-निर्देश प्रदान नहीं कर सकते।

इस स्थिति ने उपयोक्ता अध्ययनों के संचालन के लिए विश्वसनीय विधियों के विकास के प्रयासों को गति दी है और प्रभावी तथा फलोत्पादक सूचना प्रणालियों, सेवाओं, उत्पादों की अभिकल्पना और संचालन के लिए उपयोक्ता अध्ययन की आवश्यकता पर बल दिया है।

उपयोक्ता अध्ययन का नियोजन—उपयोक्ता अध्ययन के नियोजन अथवा इसकी योजना बनाने का कार्य प्रारंभ से लेकर अंत तक ध्यानपूर्वक करना अत्यंत महत्त्वपूर्ण है। इस संबंध में पहले से ही प्रत्येक चरण की विस्तृत योजना का खाका तैयार करना आवश्यक होता है। कार्य की विभिन्न अवस्थाओं को भी अध्ययन के सामान्य उद्देश्य के

साथ इंगित करना चाहिए। दूसरे शब्दों में, ये विभिन्न अवस्थाएँ हैं–उद्देश्य तथा कुछ प्रश्नों व उनके समाधान के लिए उपयुक्त साधनों की पहचान करना, उत्तर प्राप्त करने के लिए उपयुक्त तकनीक का वरण; प्रेक्ष्य उपयोक्ता या जिस उपयोक्ता समुदाय का अध्ययन किया जाना है, के नमूने का चयन; विभिन्न स्रोतों एवं व्यक्तियों से आवश्यक सहयोग प्राप्त करने की योजना, तकनीकों को पहले से जाँच लेना; आँकड़ों का विश्लेषण और अंतिम प्रतिवेदन तैयार करना। कार्य की प्रत्येक अवस्था में कुछ निर्णय लेने आवश्यक होते हैं।

योजना से संबंधित विभिन्न चरण–उपयोक्ता अध्ययन के संचालन की प्रत्येक योजना के निम्नलिखित चरण होने चाहिए–

(1) **पिछले अध्ययनों** और साहित्य का सामान्य सर्वेक्षण करना और उपयोक्ता अध्ययनों के सभी पहलुओं के बारे में जानकारी प्राप्त करना;

(2) अध्ययन के **उद्देश्यों** को स्पष्ट रूप से व्यक्त करना;

(3) उन **परिवर्तों** का निर्धारण करना जिनका अध्ययन करना है और उस विशिष्ट प्रतिमान का निर्धारण करना जिसका अनुसरण करना है;

(4) नमूने की **समष्टि** का चयन जिसका अध्ययन करना है;

(5) प्रेक्षण के लिए **आँकड़ों को इकट्ठा** करने की विधि निध ारित करना;

(6) **आँकड़ों अथवा प्रेक्षणों के विश्लेषण** की विधि निर्धारित करना; तथा

(7) आँकड़ों के प्रस्तुतीकरण के तरीकों का निर्धारण और परिणामों अथवा निष्कर्षों का उपयोग, जिसमें इन परिणामों का प्रसारण भी शामिल है।

उपयोक्ता अध्ययनों की विभिन्न श्रेणियाँ–सूचना के उपयोग संबंधी अध्ययनों अथवा सूचना आवश्यकता संबंधी अध्ययनों में अनेक चीजें शामिल होती हैं। ऐसे अध्ययनों को मोटे तौर पर चार श्रेणियों में वर्गीकृत किया जा सकता है, जैसे–

(1) पहली श्रेणी में वे अध्ययन शामिल हैं जिनका संचालन उपयोक्ताओं के समुदाय और संचार प्रणाली के साथ उनकी अंत:क्रिया

के समग्र ढाँचे को ज्ञात करने के लिए किया जाता है, उन्हें संचार व्यवहार अध्ययन कहा जाता है।

(2) दूसरी श्रेणी में उन अध्ययनों को रखा जाता है जो किसी संचार माध्यम का उपयोग ज्ञात करने के लिए संचालित किए जाते हैं, जैसे—प्राथमिक पत्रिकाएँ, द्वितीयक पत्रिकाएँ, इत्यादि। इन्हें उपयोक्ता अध्ययन कहा जाता है।

(3) तीसरी श्रेणी में वे अध्ययन आते हैं जिनका संचालन समग्र रूप से विज्ञान-संचार प्रणाली में सूचना के प्रवाह के ढाँचे को ज्ञात करने के लिए किया जाता है। ये सूचना के प्रवाह में किए गए अध्ययन कहलाते हैं।

(4) चौथी श्रेणी में वे अध्ययन/सर्वेक्षण शामिल किए जाते हैं जिनका संचालन पुस्तकालय अथवा सूचना केंद्र के सीमित संदर्भ में, मुख्यत: प्रणाली अथवा सेवाओं को सुधारने के अंतिम उद्देश्य के साथ किसी एजेंसी द्वारा प्रदान की गई सेवाओं और सुविधाओं के उपयोग का विस्तार ज्ञात करने के लिए किया जाता है।

प्रश्न 16. उपयोक्ता अध्ययनों के संचालन के लिए विधियों तथा तकनीकों का विवेचन कीजिए।

उत्तर— उपयोक्ता अध्ययनों के संचालन की आवश्यकता को निर्धारित करने और अध्ययनों के संगत पहलुओं (परिवर्तों) का निश्चय करने के बाद अगला तर्कसंगत कदम उपयोक्ता अध्ययन के संचालन के लिए उपयुक्त विधियों का चयन है।

इस विषय पर उपलब्ध प्रचुर साहित्य से यह प्रमाणित होता है कि अधिकांश सामान्य सर्वेक्षणों जैसे—साक्षात्कार, प्रश्नावली, दैनिकी इत्यादि का सूचना उपयोग के अध्ययन के क्षेत्र में शोध कार्य करने वालों द्वारा व्यापक रूप से प्रयोग किया गया है। इस कार्य में अभी तक जिन विधियों का प्रयोग किया गया है उन्हें निम्नलिखित रूप में वर्गीकृत किया जा सकता है—

(1) सामान्य अथवा परंपरागत विधियाँ—
 (क) प्रश्नावली,

(ख) साक्षात्कार,
(ग) दैनिकी,
(घ) स्वयं द्वारा किया गया प्रेक्षण, तथा
(ङ) ऑपरेशन्स रिसर्च अध्ययन।
(2) सूचना उपयोग के संदर्भ में परोक्ष विधियाँ–
(क) पुस्तकालय के अभिलेखों का विश्लेषण, तथा
(ख) उद्धरण विश्लेषण।
(3) विशिष्ट तथा गैर परंपरागत विधियाँ–
(क) कम्प्यूटर प्रतिपुष्टि, तथा
(ख) गैर-परंपरागत विधियाँ।

उपर्युक्त उपयोक्ता अध्ययन की विधियों के चयन में तीन महत्त्वपूर्ण पहलुओं को ध्यान में रखना चाहिए–

(1) उपयोक्ता समुदाय के नमूने का चयन;

(2) नमूनों अथवा उनके बारे में आँकड़ों को एकत्रित करने के लिए प्रविधियों का निर्धारण; तथा

(3) निष्कर्ष पाने या निकालने के लिए संकलित आँकड़ों के विश्लेषण हेतु अपनाई जाने वाली प्रक्रिया का निर्धारण।

जहाँ तक उपयोक्ता समुदाय के नमूने के प्रतिचयन का प्रश्न है, इस कार्य के लिए अनेक विधियाँ उपलब्ध हैं। इस संबंध में सर्वाधिक सामान्य विधियाँ निम्नलिखित हैं–

(1) स्तरित प्रतिचयन–इसमें समष्टि को उपविभाजित कर उपवर्गों में बाँटना और फिर यादृच्छिक रूप से अध्ययन के लिए उपयोक्ताओं को चुन लेना शामिल है।

(2) प्रतिनिधिक प्रतिचयन–इसमें अध्ययन विषय के रूप में कुछ समान विशेषताओं वाले व्यक्तियों, व्यक्ति युग्मों अथवा छोटे वर्गों को अध्ययन प्रारंभ करने से पहले ही तय कर लेना शामिल होता है।

(3) सुविधात्मक प्रतिचयन–अर्थात् पहले 25-30 ऐसे उपयोक्ताओं को लेना जो अध्ययन के विषय से संबंधित दिखाई दें।

(4) यादृच्छिक प्रतिचयन–इसमें समष्टि या उपयोक्ता समुदाय में से अध्ययन के लिए कुछ उपयोक्ताओं को यादृच्छिक रूप से चुन लिया जाता है।

इसी प्रकार, आँकड़ों को एकत्रित करने की अनेक विधियाँ उपलब्ध हैं। सामान्यत: प्रयुक्त की जाने वाली कुछ विधियाँ निम्नलिखित हैं—

(1) **अभिलेखों का विश्लेषण**—इस विधि में पिछले संचार (जैसे—लिखित संचार, पत्र-व्यवहार, सांख्यिकी) के अभिलेखों का विश्लेषण करना और इन अभिलेखों से उपयोक्ताओं के बारे में निष्कर्ष निकालना शामिल है।

(2) **प्रयोग या परीक्षण**—इस विधि में एक तयशुदा वर्ग को एक विशेष वातावरण प्रदान कर उसके ऊपर उस वातावरण के पड़ने वाले प्रभाव का अध्ययन किया जाता है और साथ ही अन्य वर्गों जो उस वातावरण से प्रभावित नहीं हैं - और प्रभावित वर्ग का तुलनात्मक अध्ययन किया जाता है।

(3) **प्रेक्षण**—इसमें दी हुई परिस्थितियों, पद्धतियों और काल-विधियों इत्यादि में उपयोक्ताओं के संप्रेषण व्यवहार का प्रत्यक्ष प्रेक्षण किया जाता है।

(4) **सर्वेक्षण**—इसमें उपयोक्ता से प्रश्न करना और सीधे ही उपयोक्ताओं से उनके व्यवहार, लक्षणों, मूल्यों, परिस्थितियों और/अथवा वरीयताओं के बारे में उत्तर प्राप्त करना शामिल है। यह उपयोक्ता अध्ययनों की सबसे अधिक प्रयुक्त विधि है। इससे कुछ-कुछ अभिनत अथवा पूर्वाग्रह ग्रसित परिणाम निकलते हैं।

अगला कदम आँकड़ों के विश्लेषण की कुछ विधियों की पहचान करना है। प्रत्येक विश्लेषण अनौपचारिक होता है क्योंकि इसके द्वारा इस बात का आभास मिलता है कि आँकड़े क्या संकेत देते हैं या किस दिशा की ओर संकेत कर रहे हैं। औपचारिक विश्लेषण के लिए सबसे अधिक प्रयोग में ली जाने वाली विधियाँ निम्नलिखित हैं—

(1) **मन:सामाजिक विश्लेषण**—इसमें वैचारिक, तार्किक अथवा प्रतिनिधिक रूप से अभिव्यक्त आँकड़ों को वर्गीकृत तथा वर्णित करने के लिए मनोवैज्ञानिक, समाजशास्त्रीय तथा नृविज्ञानीय तकनीकों का उपयोग किया जाता है।

(2) **आर्थिक विश्लेषण**—इसमें उपर्युक्त सभी रूपों में अभिव्यक्त आँकड़ों से अर्थशास्त्रीय निष्कर्ष निकालने के लिए मैक्रो (Macro)

अर्थशास्त्रीय तथा माइक्रो (Micro) अर्थशास्त्रीय तकनीकों का उपयोग किया जाता है।

(3) सांख्यिकीय विश्लेषण–इसमें, आंकिक (अंकों के) रूप में अभिव्यक्त महत्त्वपूर्ण आँकड़ों को जाँचने, तुलना करने तथा उनके आधार पर निष्कर्ष निकालने के लिए मानक सांख्यिकीय तकनीकों का उपयोग किया जाता है।

(4) अर्थविषयक विश्लेषण–इसमें शाब्दिक (शब्दों के) रूप में अभिव्यक्त आँकड़ों को जाँचने, तुलना करने तथा उनके आधार पर निष्कर्ष निकालने के लिए अर्थविषयक तकनीकों का उपयोग किया जाता है।

प्रश्न 17. "विज्ञान में संचार की समस्याओं और उपयोक्ता अंतरापृष्ठ की ओर पिछले तीन दशकों से हमारे देश में थोड़ा ध्यान दिया गया है।" टिप्पणी कीजिए।

उत्तर– "विज्ञान में संचार की समस्याओं और उपयोक्ता अंतरापृष्ठ की ओर पिछले तीन दशकों से हमारे देश में थोड़ा ध्यान दिया गया है।" उदाहरण के लिए इंसडॉक (INSDOC) द्वारा बहुत पहले, 1964 में, अपनी सामयिक जागरूकता सेवा, जिसका शीर्षक *इंसडॉक लिस्ट ऑफ करेंट साइंटिफिक लिटरेचर (INSDOC List of Current Scientific Literature)* था, से संबंधित उपयोग सर्वेक्षण किया गया था। इस सर्वेक्षण से प्राप्त निष्कर्षों के फलस्वरूप इंसडॉक को इस सामयिक जागरूकता सेवा को बंद करना पड़ा और इंडियन साइंस एब्स्ट्रेक्ट्स (Indian Science Abstracts) का संकलन शुरू करना पड़ा। इस दिशा में एक और महत्त्वपूर्ण प्रयास, दिल्ली विश्वविद्यालय पुस्तकालय के उपयोग के संबंध में 1965 में कार्ल एम. व्हाइट (Carl M. White) द्वारा किया गया अध्ययन है। इसी वर्ष (अर्थात् 1965 में) इंडियन एसोसिएशन ऑफ स्पेशल लाइब्रेरीज एंड इन्फॉर्मेशन सेंटर्स (Indian Association of Special Libraries and Information Centres; IASLIC) ने 'उपयोक्ताओं और पुस्तकालय तथा सूचना सेवाओं' (Users and Library and Information Services) पर एक संगोष्ठी

का आयोजन किया। यद्यपि इस संगोष्ठी में किसी उल्लेखनीय अध्ययन/सर्वेक्षण की चर्चा नहीं की गई, फिर भी इसने विशिष्ट पुस्तकालयों और सूचना केंद्रों के अधिकारियों का ध्यान इन समस्याओं की ओर आकृष्ट करने में सहायता की।

सन् 1967 में इंसडॉक ने इलेक्ट्रॉनिक्स (Electronics) के क्षेत्र में कार्यरत शोधकर्त्ताओं की सूचना शक्यता और सूचना संबंधी आवश्यकताओं का निर्धारण करने के लिए एक आरंभिक सर्वेक्षण किया। यह सर्वेक्षण इलेक्ट्रॉनिक्स इन्फॉर्मेशन ग्रिड (Electronics Information Grid) के निर्माण के संबंध में किया गया था। इस अध्ययन में साक्षात्कार तकनीक और प्रश्नावली विधि का इस्तेमाल किया गया था। इसके निष्कर्षों को, जो अनिवार्यत: आनुभविक किस्म के थे, एक प्रतिवेदन के रूप में प्रकाशित किया गया है। इस दिशा में एक अन्य लाभप्रद प्रयास दिल्ली विश्वविद्यालय में प्रो. कृष्ण कुमार द्वारा किया गया सर्वेक्षण था जिसे विश्वविद्यालय के रसायन विभाग के अध्यापकों और अनुसंधान छात्रों की सूचना-संबंधी आवश्यकताओं और सूचना इकट्ठा करने की प्रवृत्ति का पता लगाने के लिए किया गया था। यह सर्वेक्षण एक प्रश्नावली और साक्षात्कार के माध्यम से संचालित किया गया था। इस सर्वेक्षण के निष्कर्ष अन्य देशों में किए गए इसी प्रकार के अन्य अध्ययनों के निष्कर्षों से मिलते-जुलते हैं।

यद्यपि पुस्तकालय, उपयोक्ताओं के लिए ही होते हैं परंतु भारतीय पुस्तकालय व्यवसाय में होने वाले अनुसंधानों में इस प्रणाली के 'उपयोक्ता' घटक को गंभीरता से नहीं लिया गया है। हाल के कुछ वर्षों में ही उपयोक्ता संबंधी विस्तृत तथा गहन अध्ययनों के विवरण देखने को मिले हैं।

इस दिशा में एम.एस. श्रीधर (M.S. Sridhar) द्वारा किया गया एक प्रयास उल्लेखनीय है। पीएच.डी. (Ph.D) की उपाधि के लिए उनके द्वारा प्रस्तुत किए गए शोधकार्य का विषय था–इन्फॉर्मेशन सीकिंग बिहेवियर ऑफ दी इंडियन स्पेस टेक्नोलॉजिस्ट्स ऑफ इसरो सैटेलाइट सेंटर, बैंगलोर (Information Seeking Behaviour (ISB) of the Indian Space Technologists (IST) of ISRO Satellite Centre

(ISAC), Banglore)। इस अध्ययन के परिणामों को इन्फॉर्मेशन बिहेवियर ऑफ साइंटिस्ट्स एंड इंजीनियर्स (Information Behaviour of Scientists and Engineers) आख्या के अंतर्गत प्रकाशित किया गया है। इस अध्ययन का उपयोक्ता अध्ययनों में महत्त्वपूर्ण योगदान है तथा इसे एक केस अध्ययन के रूप में माना जाना चाहिए।

प्रश्न 18. सूचना के उपयोग संबंधी अध्ययन की आवश्यकता पर प्रकाश डालिए।

उत्तर– सूचना के उपयोग संबंधी अध्ययन की आवश्यकता–

प्रबंध-नीति–रिकॉर्ड की गई सूचना के प्रबंध में लाखों रुपए की लागत आती है। यदि यह पाया जाता है कि प्राप्त की गई सूचना का पर्याप्त रूप से उपयोग नहीं किया जा रहा है, तो यह माना जा सकता है कि धन का वह भाग व्यर्थ जा रहा है। 'रॉय एवं पॉल' का अध्ययन यह दर्शाता है कि 'एक शोध पुस्तकालय की लगभग 50 प्रतिशत पुस्तकों का कभी प्रयोग नहीं किया जाता है।' ये आँकड़े स्पष्ट रूप से दर्शाते हैं कि पुस्तकों के प्रबंध में कोई कमी रही है। पुस्तकालयों में पुस्तकें आमतौर पर खरीद, आदान-प्रदान तथा उपहारों के माध्यम से प्राप्त होती हैं। पुस्तकालय में वे चाहे जिस तरह से भी आती हों, किंतु उनके उपयोग न किए जाने का तात्पर्य धन की बर्बादी से है। ऐसा प्रतीत हो सकता है कि उपहारस्वरूप प्राप्त हुई पुस्तकों में कोई लागत ही नहीं लगती, क्योंकि पुस्तकालय की तरफ से दान करने वाले को इन पुस्तकों के लिए कोई धन अदा नहीं करना पड़ता है। फिर भी उनके लाने-ले जाने, प्रोसेसिंग तथा रख-रखाव आदि में तो धन खर्च किया ही जाता है। इसके अतिरिक्त, उपयोग में न आने वाली ये पुस्तकें पुस्तकालय का बहुमूल्य स्थान भी घेरती हैं।

पुस्तकों का उपयोग न होने के कई कारण हैं। प्रचलन में न होना या पुरानी हो जाना इनमें सबसे महत्त्वपूर्ण कारण हैं। जिस समय कोई पुस्तक खरीदी जाती है, उस समय वह प्रयोग में या प्रचलन में हो सकती है। समय बीतने के साथ-साथ पुस्तक की विषय-वस्तु पुरानी होने के कारण अप्रचलित हो जाती है तथा प्रयोग में नहीं आती है।

अरुचिकर विषय-वस्तु वाली पुस्तकें भी पाठकों की बड़ी संख्या को आकर्षित नहीं कर पाती हैं। किसी संस्थान के अनुसंधान क्षेत्र के लिए अनुपयोगी पुस्तकें भी उपयोग से बाहर रह सकती हैं।

उपयोग संबंधी अध्ययन से कई बहुमूल्य संकेतक प्राप्त हो सकते हैं। रॉय एवं पॉल का अध्ययन भी यह दर्शाता है कि पुस्तकालय में अधिकतम धनराशि भौतिक रसायन एवं धातु-विज्ञान संबंधी पुस्तकों की खरीद पर व्यय की जाती है, जबकि वास्तविकता यह है कि उनका उपयोग बहुत कम होता है। दूसरी तरफ अजैव रसायन-शास्त्र की पुस्तकों पर बहुत कम राशि खर्च की जाती है, जबकि उनकी माँग बहुत अधिक है। उपयोग का अध्ययन ऐसे कई रोचक तथ्य स्पष्ट करता है, जो सही प्रबंध नीति का निर्माण करने के लिए बहुत उपयोगी हो सकते हैं।

इलेक्ट्रॉनिक मीडिया के प्रति स्विचिंग—जैसे-जैसे पुस्तकालय में प्रतिवर्ष नई पुस्तकें जुड़ती जाती हैं; एक सक्रिय पुस्तकालय का आकार निरंतर बढ़ता जाता है। इस वृद्धि से और अधिक स्थान की आवश्यकता पड़ती है। इसके दो उपाय हैं; या तो नए कमरे या नई इमारत बनाकर पुस्तकालय का विस्तार किया जाए या उपयोग में न आने वाली पुस्तकें हटाकर स्थान बनाया जाए। मुख्यतया केवल उपयोग का अध्ययन करके ही उपयोग में न आने वाली पुस्तकों की पहचान की जा सकती है तथा उन्हें अलमारियों से हटाकर स्थान बनाया जा सकता है। अनुसंधान पुस्तकालय में पत्रिकाओं की बहुत अधिक माँग रहती है। वर्ष दर वर्ष वे विशाल मात्रा में स्थान घेरती रहती हैं। यदि पिछले संस्करणों सहित इन पत्रिकाओं के ऑनलाइन संस्करण उपलब्ध कराए जाएँ, तो शीघ्र ही बड़ी मात्रा में स्थान की समस्या हल हो जाएगी।

सूचनाओं के उपयोग में बाधाएँ—कई प्रकार की बाधाओं के कारण सूचनाओं का उपयोग बहुत अधिक बाधित होता है। जिन स्थानों पर वातानुकूलन की व्यवस्था नहीं है या बार-बार विद्युत-प्रवाह बाधित होता है, भीषण (उमसदार) गर्मी में या अत्यधिक शीत में उन पुस्तकालयों का बहुत कम उपयोग होता है। संक्षेप में यह कहा जा सकता है कि उपयोग संबंधी अध्ययन प्रबंध-नीति में कमियाँ दर्शाता है, प्रयोग में न आने वाली पुस्तकों एवं पत्रिकाओं के पिछले संस्करणों की

पहचान कराता है एवं उन बाधाओं पर प्रकाश डालता है जिनके कारण पुस्तकों, पत्रिकाओं एवं अन्य दस्तावेजों का कम प्रयोग होता है।

प्रश्न 19. सूचना उपयोग अध्ययन के विभिन्न प्रकारों का उल्लेख कीजिए।

उत्तर– सूचना के उपयोग संबंधी अध्ययन में आमतौर पर उन स्रोतों का अध्ययन किया जाता है जिनसे लोग सूचनाएँ एकत्र करते हैं। सूचना के उपयोग संबंधी अध्ययन को निम्न श्रेणियों में बाँटा जा सकता है–

(1) उपयोगकर्त्ता-आधारित सूचना का उपयोग संबंधी अध्ययन– इस श्रेणी के अंतर्गत यह जानने के लिए अध्ययन किया जाता है कि सामान्य लोग, बच्चे, विद्यार्थी, शिक्षाविद्, विद्वान, संकाय के सदस्य तथा कई अन्य लोग किस प्रकार विभिन्न प्रकार की सूचनाओं का उपयोग करते हैं। चौखंडे तथा कुमार ने अमरावती विश्वविद्यालय के संकाय के सदस्यों तथा अनुसंधानकर्त्ता विद्वानों के द्वारा प्रयोग की जाने वाली सूचना के उपयोग की पद्धति का अध्ययन किया। एक अन्य अध्ययन में गोपाल कृष्णन् तथा रमेश बाबू ने भारतीय NIFT केंद्रों के शिक्षाविदों द्वारा प्रयोग की जाने वाली सूचना के उपयोग की पद्धति का अध्ययन किया।

(2) व्यवसाय-आधारित सूचना का उपयोग संबंधी अध्ययन– डॉक्टर, अभियन्ता, वैज्ञानिक, अध्यापक, विषय-विशेषज्ञ आदि सभी व्यवसायी होते हैं। अलग-अलग प्रकार के व्यवसायों में सूचना के उपयोग में भी विविधता होती है। वैज्ञानिक अधिकांशत: प्राथमिक सूचनाओं के उपयोग को प्राथमिकता दे सकता है। दूसरी तरफ, एक पुस्तकालयाध्यक्ष प्राथमिक, द्वितीयक तथा तृतीयक सूचनाओं का उपयोग कर सकता है। पुजार तथा संगम ने अर्थशास्त्रियों द्वारा प्रयोग की जाने वाली सूचना के उपयोग की पद्धति का अध्ययन किया। इस अध्ययन से स्पष्ट हुआ कि अर्थशास्त्री इलेक्ट्रॉनिक तथा गैर-इलेक्ट्रॉनिक दोनों ही स्रोतों का प्रयोग करते हैं। गैर-इलेक्ट्रॉनिक स्रोतों में चित्रों की पुस्तकें, नियमावलियाँ, संदर्भ पुस्तकें, अनुसंधान रिपोर्टें, सम्मेलन-पत्रक, शोध-पत्रिकाएँ,

मैगजीन, समाचार-पत्र, सरकारी प्रकाशन, रि-प्रिंट, प्री-प्रिंट, चर्चा-उत्पादित/आकस्मिक /कार्य-पत्रक, पत्रिकाओं का सारांशन एवं सूचीयन तथा सूचियों का उल्लेख आदि आते हैं। इलेक्ट्रॉनिक स्रोतों में CD-ROM डाटाबेस, ई-जर्नल्स तथा कम्प्यूटर कार्यक्रम आते हैं।

(3) विषय-आधारित सूचना का उपयोग संबंधी अध्ययन–विभिन्न विषयों के अनुसार सूचना के उपयोग का अध्ययन संभव होता है। इस प्रकार के अध्ययनों में इलेक्ट्रॉनिक तथा गैर-इलेक्ट्रॉनिक दोनों ही स्रोत सम्मिलित होते हैं। विषय-आधारित सूचना के उपयोग संबंधी अध्ययन के कुछ उदाहरण यहाँ प्रस्तुत किए जा रहे हैं। बिरादर ने शिमोगा, भारत में कृषि कॉलेज पुस्तकालय में सूचनाओं के उपयोग का अध्ययन किया। निर्मल सिंह ने पंजाब में एजुकेशन कॉलेज के पुस्तकालयों में सूचना के स्रोतों के उपयोग का अध्ययन किया। पुष्पलता एवं मलैय्या ने मंगलौर विश्वविद्यालय के पुस्तकालय में रसायन-शास्त्र में सूचना के संसाधनों के उपयोग का अध्ययन किया।

(4) गैर-इलेक्ट्रॉनिक स्रोत पर आधारित सूचनाओं का उपयोग संबंधी अध्ययन–गैर-इलेक्ट्रॉनिक स्रोतों में हस्त-लिखित दस्तावेज जैसे कि हस्त-लिपियाँ तथा पत्र, टाइप किए गए या मिमोग्राफ किए गए दस्तावेज जैसे कि शोध-प्रबंध तथा सर्कुलर एवं मुद्रित दस्तावेज जैसे कि पुस्तकें एवं पत्रिकाएँ आते हैं। इस मामले में एकल दस्तावेज, विशेष प्रकार के दस्तावेज, सूचना के स्रोतों की विशेष श्रेणी या सूचना के सामान्य स्रोतों के उपयोग का अध्ययन संभव है।

(क) एकल दस्तावेज–*'साइंस साइटेशन इंडेक्स'* इसका एक उदाहरण है, जिसके उपयोग का अध्ययन ब्राह्मी ने किया है।

(ख) विशेष प्रकार के दस्तावेज–पाठ्य-पुस्तकें, प्रबंध, एन्साइक्लोपीडिया, डायरेक्ट्री आदि विशेष प्रकार के दस्तावेज हैं। इस प्रकार के दस्तावेजों के उपयोग का भी अध्ययन किया जाता है। उदाहरणार्थ, स्कूलों एवं सार्वजनिक पुस्तकालयों में एन्साइक्लोपीडिया के उपयोग का अध्ययन कैंपेलो, ETAL के द्वारा किया गया। अर्नेस्ट ने एक शैक्षणिक पुस्तकालय में टेलीफोन डायरेक्ट्री के उपयोग का अध्ययन

किया। रॉय तथा पॉल ने एक शोध पुस्तकालय में होने वाले पुस्तकों के उपयोग का अध्ययन किया। ग्रंथसूची के उपयोग का अध्ययन वायाब्लिकोवा द्वारा किया गया।

(ग) **दस्तावेजों की श्रेणी**—दस्तावेजों को प्राथमिक, द्वितीयक एवं तृतीयक स्रोतों के रूप में वर्गीकृत किया जाता है। उपयोग का अध्ययन सभी श्रेणियों के दस्तावेजों के लिए संभव है। कुछ श्रेणियों के उदाहरण यहाँ दिए जा रहे हैं। संदर्भ पुस्तकें माध्यमिक स्रोतों से संबंधित होती हैं। आदित्य कुमारी एवं तलवार ने कर्नाटक विश्वविद्यालय के पुस्तकालयों में संदर्भ-स्रोतों के उपयोग का अध्ययन किया। सरकारी प्रकाशनों में सभी श्रेणियाँ शामिल होती हैं, क्योंकि भिन्न-भिन्न सरकारों द्वारा सभी श्रेणियों के प्रकाशन किए जाते हैं। फोला एडियो ने नाइजीरिया में शैक्षणिक पुस्तकालयों में सरकारी प्रकाशनों के उपयोग का अध्ययन किया। शेमेकबीर भी सामान्यतया सरकारी प्रकाशनों के उपयोग का अध्ययन करता था।

(घ) **सामान्य रूप में सूचना के स्रोत**—इसका तात्पर्य है कि सभी प्रकार के सूचनाओं के स्रोत एक साथ लिए जाते हैं। इस प्रकार के अध्ययनों के कुछ उदाहरण यहाँ प्रस्तुत किए जा रहे हैं। बिरादर और अन्य ने एक सार्वजनिक पुस्तकालय में सूचनाओं के स्रोतों के उपयोग का सर्वेक्षण किया। पर्वथम्मा तथा शंकर रेड्डी ने भी कर्नाटक राज्य के बिदार जिले में स्थित सार्वजनिक पुस्तकालयों में सूचनाओं के स्रोतों के उपयोग का अध्ययन किया। तदासद एवं तालिकोटि ने गुलबर्गा स्थित सिटी सेंट्रल लाइब्रेरी के स्रोतों के उपयोग की जाँच की। वर्मा ने भारत में ग्वालियर स्थित संस्थान में उपलब्ध संग्रह के उपयोग का अध्ययन किया। गुरुदेव सिंह ने दिल्ली के कॉलेज के पुस्तकालयों में सूचना संबंधी स्रोतों के उपयोग का अध्ययन किया।

(5) **इलेक्ट्रॉनिक स्रोत-आधारित सूचनाओं का उपयोग संबंधी अध्ययन**—इन अध्ययनों में सामान्यतया ई-स्रोत, CDs, ऑनलाइन डाटाबेस, वेब, कंसोर्शिया आदि सम्मिलित हैं। इन स्रोतों के उपयोग का

अध्ययन उपयोगकर्त्ता, व्यवसाय, विषय, दस्तावेजों की श्रेणी आदि के अनुसार भी संभव है। इस श्रेणी के कुछ अध्ययन निम्न हैं–

(क) **ई-संसाधन**–इनमें ऑनलाइन ग्रंथसूची संबंधी डाटाबेस, वेब, कंसोर्शिया, ई-जर्नल्स, ई-बुक्स, ई-जाइन्स आदि सम्मिलित हैं। ये संसाधन CD-आधारित, वेब-आधारित, ऑनलाइन डाटाबेस आदि पर आधारित होते हैं।

ई-संसाधनों पर किए गए अध्ययनों के कुछ उदाहरण निम्नानुसार हैं–

अनिल कुमार तथा अशोक ने एक डिजिटल लाइब्रेरी के ऑनलाइन संसाधनों का विश्लेषण किया। बंसोड तथा पुजार ने शिवाजी विश्वविद्यालय में अनुसंधान विद्वानों द्वारा प्रस्तुत वेब-आधारित संसाधनों के उपयोग का अध्ययन किया। बावेकुट्टी तथा हनीफा ने केरल के विशेष पुस्तकालयों में उन घटकों का अध्ययन किया जो ऑनलाइन सूचना संसाधनों के उपयोग को प्रोत्साहन देते हैं या बाधित करते हैं। जोतीन सिंह ने मणिपुर विश्वविद्यालय में इंटरनेट-आधारित ई-संसाधनों के उपयोग का सर्वेक्षण किया। मोहम्मद हनीफा ने केरल के विशेष पुस्तकालयों में अनुसंधान विद्वानों द्वारा ई-संसाधनों के उपयोग की जाँच की। झेंग ने भी वेब-आधारित इलेक्ट्रॉनिक संसाधनों के विद्वत्तापूर्ण उपयोग का परीक्षण किया। इब्राहिम, नटराजन और अन्य तथा पाटिल एवं परमेश्वर ने यूनाइटेड अरब एमिरेट्स विश्वविद्यालय में ई-संसाधनों के उपयोग का अध्ययन किया। अन्नामलाई विश्वविद्यालय तथा गुलबर्गा विश्वविद्यालय ने क्रमश: तथा वशिष्ठ ने इलेक्ट्रॉनिक संसाधनों के उपयोग में आने वाली बाधाओं को स्पष्ट किया।

(ख) **कंसोर्शिया के माध्यम से ई-संसाधन**–परमेश्वर तथा कुंबर गौडर, वीणापाणि और अन्य एवं वाल्मीकि और अन्य ने क्रमश: गुलबर्गा विश्वविद्यालय के रसायन-शास्त्र विभाग के अनुसंधान विद्वानों, मणिपुर विश्वविद्यालय तथा

कर्नाटक राज्य विश्वविद्यालयों के अनुसंधानकर्त्ताओं द्वारा निर्मित यू.जी.सी. इन्फोनेट कंसोर्शियम के माध्यम से ई-संसाधनों के उपयोग का अध्ययन किया।

(ग) **विषय-आधारित ई-संसाधन**—बहुत से विषय-विशेषज्ञ वेब संसाधनों का प्रयोग करने के लिए इंटरनेट पर खोज करते हैं। बिरादर एवं संपत कुमार ने कर्नाटक विश्वविद्यालय के भौतिकशास्त्रियों द्वारा किए गए वेब संसाधनों के प्रयोग का अध्ययन किया। एक अन्य अध्ययन में सुजाता एवं मुधल ने भारत में मंगलौर के कॉलेज ऑफ फिशरीज में इलेक्ट्रॉनिक सूचना संसाधनों के उपयोग की जाँच की। काउर ने गुरु नानक देव विश्वविद्यालय में विज्ञान एवं अभियांत्रिकी तथा प्रौद्योगिकी संकायों के अध्यापकों तथा अनुसंधानकर्त्ताओं द्वारा किए जा रहे ई-संसाधनों के प्रयोग का अध्ययन किया।

(घ) **ई-जर्नल्स**—इलेक्ट्रॉनिक पत्रिकाओं के उपयोग पर बहुत से अध्ययन किए गए हैं, इसलिए इन्हें ई-जर्नल्स के नाम से भी जाना जाता है। ये पत्रिकाएँ इलेक्ट्रॉनिक स्वरूप में होती हैं तथा ऑनलाइन भी उपलब्ध होती हैं। अनुसंधानकर्त्ता इन पत्रिकाओं के उपयोग को प्राथमिकता देते हैं क्योंकि मुद्रित संस्करण की तुलना में ये पत्रिकाएँ अधिक शीघ्रता से उपलब्ध हो जाती हैं। मैसूर विश्वविद्यालय में खैसर निकम तथा प्रमोदिनी ने शैक्षणिक समुदाय द्वारा ई-जर्नल्स के प्रयोग का अध्ययन किया। इसी प्रकार, सिंह ने जामिया मिलिया इस्लामिया पुस्तकालय में ऑनलाइन पत्रिकाओं के किए जा रहे उपयोग की जाँच की। गुनासेखरन और अन्य ने बन्नारी अम्मान इंस्टीट्यूट ऑफ टेक्नोलॉजी के विद्यार्थियों तथा फैकल्टी (संकाय) के सदस्यों द्वारा कंसोर्शिया के माध्यम से इलेक्ट्रॉनिक पत्रिकाओं के उपयोग का अध्ययन किया। इसी प्रकार का एक अध्ययन नमूने के तौर पर कर्नाटक विश्वविद्यालय, धारवाड़ की फैकल्टी तथा अनुसंधानकर्त्ता विद्वानों के ऊपर कुंबर तथा हैंडागली द्वारा किया गया। मुहम्मद तथा श्री लता एवं राजा तथा उपाध्याय

ने क्रमशः कालीकट विश्वविद्यालय से डॉक्टर की उपाधि कर रहे विद्यार्थियों एवं अलीगढ़ मुस्लिम विश्वविद्यालय के अनुसंधानकर्त्ताओं द्वारा किए जा रहे ई-जर्नल्स के उपयोग का परीक्षण किया।

(ङ) **विषय-आधारित ई-जर्नल्स**–भाट तथा सम्पत कुमार ने वेब पर उपलब्ध पुस्तकालय एवं सूचना विज्ञान से संबंधित विद्वत्तापूर्ण पत्रिकाओं के प्रयोग का अध्ययन किया।

(च) **CD-आधारित स्रोत**–इस समय बहुत से डाटाबेस CD, विशेष रूप से CD-ROMs में उपलब्ध हैं। अली ने ईरान में ऑप्टिकल डिस्क डाटाबेसेज के उपयोग का सर्वेक्षण किया। गुप्ता ने भारतीय कृषि अनुसंधान संस्थान पुस्तकालय में CD-ROM डाटाबेसेज के उपयोग का अध्ययन किया।

(छ) **इंटरनेट-आधारित अध्ययन**–कई अनुसंधानकर्त्ताओं ने अध्यापकों, अनुसंधान विद्वानों, कॉलेजों एवं स्कूलों के विद्यार्थियों द्वारा विभिन्न विषयों के संबंध में किए जा रहे इंटरनेट के प्रयोग का अध्ययन किया। ऐसा ही एक अध्ययन कनन्गो ने इग्नू के समाज-वैज्ञानिकों के द्वारा विद्वत्तापूर्ण संचार में किए जा रहे इंटरनेट के प्रयोग पर किया। इस अध्ययन के निष्कर्षों ने समाज-वैज्ञानिकों द्वारा इंटरनेट के प्रयोग के उद्देश्यों तथा इसके बार-बार के प्रयोग एवं इंटरनेट पर सूचनाओं का पता लगाने, उन्हें प्राप्त करने एवं उनके प्रयोग की विधियों पर प्रकाश डाला।

(6) मौखिक सूचनाओं के प्रयोग का अध्ययन–मनुष्य प्रतिदिन अधिक से अधिक मात्रा में मौखिक रूप से सूचनाओं का विस्तार करते हैं। मौखिक रूप से सूचनाओं के विस्तार के कुछ उदाहरण निम्नानुसार हैं–

(क) बहुत समय पहले जब ब्रिटिश इंडिया में चाय का उत्पादन प्रारंभ हुआ, तो फेरी वाले साप्ताहिक बाजारों में गाँव-गाँव जाया करते थे, चाय बनाने की विधि चाय बनाकर समझाया करते थे तथा प्रत्येक दर्शक को चाय का एक कप चखने के लिए दिया करते थे, उसकी उपयोगिता तथा

बाजार में जिस दुकान पर वह उपलब्ध होती थी उस दुकान का नाम बताया करते थे। इस प्रकार दी गई सूचना का काफी हद तक प्रयोग किया जाता था।

(ख) एक ग्रामीण स्तर का कर्मचारी अच्छी पैदावार देने वाली चावल की किस्म के बारे में गाँव के किसानों को सूचना देता है, उन्हें उस किस्म की उत्पादकता के बारे में बताता है, पैदा करने की विधि, खाद तथा सिंचाई की आवश्यकता, बीज की उपलब्धता आदि के बारे में बताता है। अब एक वर्ष या उसके पश्चात् अध्ययन किया जा सकता है कि कितने किसानों ने नई किस्म की फसल का उत्पादन किया है। यदि परिणाम उत्साहजनक है तो अनुमान लगाया जा सकता है कि उस सूचना का उपयोग किया गया है।

(ग) एक साप्ताहिक बाजार में किसी बैंक के कर्मचारी ढोल पीट-पीटकर अपनी बैंक की शाखा के खुलने का एलान करते हैं जहाँ से लोग गायें एवं बैल खरीदने के लिए, मकान बनाने के लिए तथा बच्चों की शिक्षा आदि के लिए ऋण ले सकते हैं। जल्दी ही, अपने खाते खोलने तथा भिन्न-भिन्न उद्देश्यों के लिए ऋण लेने हेतु बैंक में लोगों की भीड़ लगने लगी। इससे स्पष्ट संकेत मिलता है कि दी गई सूचना का प्रयोग किया गया।

(घ) जब कभी कोई गाँव वाला कहीं आस-पास एक माँसाहारी जानवर को देखता है, तो वह मिनटों में ही यह सूचना पूरे गाँव में फैला देता है तथा लोग सुरक्षित स्थान पर पहुँच जाते हैं। इससे भी यह पता चलता है कि दी गई सूचना का पूरा-पूरा उपयोग किया गया है। मौखिक सूचनाओं का प्रयोग कई बार अपना प्रत्यक्ष प्रभाव दर्शाता है।

प्रश्न 20. पुस्तकालयों में इलेक्ट्रॉनिक एवं गैर-इलेक्ट्रॉनिक संसाधनों के लिए सूचना उपयोक्ता अध्ययन को किस प्रकार संचालित किया जाता है? विस्तारपूर्वक चर्चा कीजिए।

अथवा

सूचना उपयोग अध्ययन के आयोजन हेतु विभिन्न विधियाँ कौन-सी हैं।

उत्तर– उपयोगकर्त्ताओं के संबंध में पर्याप्त ज्ञान, उनकी अध्ययन अभिरुचियों और माँगों की जानकारी होना प्रभावशाली पुस्तकालय और सूचना सेवा के लिए नितांत आवश्यक है। पुस्तकालयों में, सूचना उपयोग अध्ययन के विभिन्न दस्तावेजों और इलेक्ट्रॉनिक संसाधनों के उपयोग की जाँच आयोजित की जाती है।

(1) गैर-इलेक्ट्रॉनिक सूचना स्रोत (Non-Electronic Information Sources)– गैर-इलेक्ट्रॉनिक सूचना स्रोतों में पाठ्य-पुस्तकें, मोनोग्राफ, निबंध, नियमावलियाँ, विवरणिकाएँ, शब्दकोश, एन्साइक्लोपीडिया, वार्षिक पुस्तकें, गैजेटियर, निर्देशिकाएँ, सेमिनारों की पत्रिकाएँ ग्रंथसूचियाँ, प्रश्न-पत्र, प्रोस्पेक्टस, सामान्य पत्रिकाएँ, सूची पत्रिकाएँ, सारांश-पत्रिकाएँ, पत्रिकाएँ, समाचार-पत्र, पेटेंट, रिपोर्टें, थीसिस, पांडुलिपियाँ, नक्शे, एटलस, ग्लोब, प्लेटें, ऑडियो/विजुअल सामग्री, माइक्रोफॉर्म, ऑडियो/विजुअल कैसेट, फिल्म की रीलें आदि आते हैं। उपयोग का अध्ययन किसी भी एक विधा जैसे कि पत्रिकाओं के साथ अथवा विधाओं के समूह, जैसे कि संदर्भ स्रोत, सरकारी प्रकाशन या सभी विधाओं के साथ किया जा सकता है। उपयोग का अध्ययन अपने आप में पूरा-पूरा अध्ययन है या यह किसी बड़े अध्ययन का एक भाग बन सकता है, जैसे कि पुस्तकालय के उपयोग का अध्ययन।

(2) इलेक्ट्रॉनिक संसाधन (Electronic Resources)– इन स्रोतों में कॉम्पैक्ट डिस्क (CDs), डिजिटल वीडियो डिस्क (DVDs), CD-आधारित डाटाबेसेज, वेब-आधारित डाटाबेसेज, ऑनलाइन सूची-पत्र, कंसोर्शिया के साथ उपलब्ध डाटाबेस आदि सम्मिलित हैं।

(3) विधियाँ (Methods)– दस्तावेजों के उपयोग का पता लगाने की कई विधियाँ हैं। कुछ विधियाँ बिल्कुल आसान तथा मानवीय संचालन की दृष्टि से उपयुक्त होती हैं। ऐसी अन्य विधियाँ भी हैं जिनमें प्रश्नावली, साक्षात्कार, डाटा विश्लेषण आदि के लिए कम्प्यूटर की सहायता की आवश्यकता पड़ती है। ये विधियाँ निम्नानुसार हैं–

(क) डॉट-ऑन-द-स्पाइन विधि (Dot-on-the-Spine Methods)– यह एक सामान्य मानवीय विधि है। जब भी

कोई पुस्तक जारी की जाती है, तो उसकी स्पाइन पर डॉट लगा दी जाती है। पुस्तकों को छाँटने तथा हटाने के लिए यह अत्यधिक उपयोगी विधि होती है। कहा जा सकता है कि यह विधि 10 वर्ष से संचालन में है। पूरी अलमारी में/पर ब्राउजिंग करते समय ऐसी पुस्तकों को बड़ी आसानी से पहचाना जा सकता है जिनका एक बार भी प्रयोग नहीं किया गया है। इन पुस्तकों को अलमारियों से हटाकर अधिकृत कमेटी के सामने यह निर्णय करने के लिए रखा जा सकता है कि उनमें से कौन सी पुस्तकों को बाहर निकालना है। कई पुस्तकालय प्रयोग में न आने वाली पुस्तकों को किसी अन्य स्थान पर क्रमिक विधि से एकत्रित कर लेते हैं। इस उद्देश्य के लिए भी यह विधि उपयोगी है। यह विधि छोटे एवं मध्यम आकार के पुस्तकालयों के लिए उपयोगी है। लाखों की संख्या में पुस्तकों का विशाल संग्रह रखने वाले पुस्तकालयों के लिए यह विधि काफी जटिल एवं समय लगाने वाली होगी।

यह विधि इश्यू नहीं की गई पुस्तकों पर लागू नहीं हो सकती है, जैसे कि संदर्भ पुस्तकें। इसके अतिरिक्त बहुत सी पुस्तकें तो स्वयं पुस्तकालय के अंदर ही प्रयोग की जाती हैं। उनका भी उपयोग अज्ञात ही रहता है। वास्तव में ऐसी पुस्तकों को बाहर निकालने का सवाल सामान्यतया तब तक नहीं उठता जब तक कि वे पूरी तरह से नष्ट न हो जाएँ।

(ख) **पुस्तकालय के रिकॉर्ड को चेक करना (Checking of Library Records)**—कई पुस्तकालय जारी की गई पुस्तकों का रिकॉर्ड रखते हैं। उन रिकॉर्डों को चेक करके भी पुस्तकों के प्रयोग को निर्धारित किया जा सकता है। यह विधि भी जारी न की गई पुस्तकों तथा पुस्तकालय के अंदर ही प्रयोग की जाने वाली पुस्तकों के उपयोग को निर्धारित नहीं करती है।

(ग) **उल्लेख का विश्लेषण (Citation Analysis)**—उच्च शैक्षणिक संस्थानों, अनुसंधान संस्थानों आदि के उपयोगकर्त्ता लेख, शोध-पत्र, थीसिस, प्रोजेक्ट रिपोर्ट, मोनोग्राफ तथा पाठ्यपुस्तकें आदि लिखते हैं। इन सभी में वे पुस्तकों, पत्रिकाओं तथा अन्य विभिन्न दस्तावेजों का उल्लेख करते हैं, जिनका उन्होंने पत्र आदि लिखने के लिए प्रयोग किया है। उपयोग का अध्ययन करने के लिए पिछले पाँच वर्षों के दौरान विद्यार्थियों एवं संकाय के सदस्यों द्वारा लिखे गए शोध-प्रबंधों, अनुसंधान पत्रों, मोनोग्राफ्स, पाठ्य-पुस्तकों आदि की बहुत अधिक खोज की जाती है। उन सभी प्रकाशनों में दिखाई देने वाले सभी उल्लेखों के लिए हस्तलिखित या कम्प्यूटर का प्रयोग करके प्रविष्टियाँ तैयार की जा सकती हैं। प्रविष्टियाँ तैयार हो जाने के बाद उन्हें पत्रिकाओं के क्रम में तथा पुस्तकों आदि के क्रम में व्यवस्थित किया जाता है। यह देखा गया है कि पत्रिकाओं के अनुसार व्यवस्थित करने में बहुत सी प्रविष्टियों में से न के बराबर प्रविष्टियाँ ही पत्रिकाओं से संबंधित होती हैं।

(घ) **निरीक्षण पद्धति (Observation Method)**—यह पद्धति विशेष रूप से पुस्तकालय के अंदर प्रयोग की जाने वाली पुस्तकों तथा अन्य दस्तावेजों के लिए उपयोगी है। जारी की गई पुस्तकों के रिकॉर्ड तथा डॉट-ऑन-द-स्पाइन पद्धति में पुस्तकालय के अंदर प्रयोग किए जाने वाले दस्तावेजों का पता नहीं चलता है। निरीक्षण पद्धति में निरीक्षणकर्त्ता पुस्तकालय के अंदर शांतिपूर्ण निरीक्षण करता है तथा पाठकों द्वारा प्रयोग की जाने वाली पुस्तकों, पत्रिकाओं तथा अन्य दस्तावेजों के नाम लिखता है। इस काम को वह पाठकों से दिन में प्रयोग की गई पुस्तकों या दस्तावेजों को अलमारी में न रखने के लिए कहकर भी कर सकता है। इस प्रकार प्रयोग की गई सभी पुस्तकें तथा दस्तावेज पढ़ने वाली मेज पर ही रहती हैं।

(ङ) **साक्षात्कार पद्धति (Interview Method)**—इस पद्धति में जाँचकर्त्ता पुस्तकालय में आने वाले पाठकों से उनके द्वारा प्रयोग किए गए दस्तावेजों के बारे में पूछता है। इसके लिए साक्षात्कार हेतु प्रश्नों की सूची बनाकर, उपयोगकर्त्ता के साथ बैठकर उससे उपयोग की गई पुस्तकों आदि के बारे में पूछताछ करता है तथा उसके द्वारा दिए उत्तरों को उसी समय रिकॉर्ड करता है।

(च) **प्रश्नावली पद्धति (Questionnaire Method)**—यह पद्धति अत्यधिक व्यापक रूप से प्रयोग की जाती है तथा भिन्न-भिन्न स्थानों तक फैले हुए उपयोगकर्त्ताओं के लिए भी प्रयोग की जा सकती है। आवश्यकता के अनुसार इस प्रकार प्रश्नावली तैयार की जाती है कि कोई भी पुस्तक या दस्तावेज छूटना नहीं चाहिए।

विवरण (Details)—उपयोग संबंधी अध्ययन में यह विशेष घटक सर्वाधिक महत्त्वपूर्ण भूमिका निभाता है। मान लीजिए कि पुस्तकालय के पाठकों द्वारा पत्रिकाओं के उपयोग का अध्ययन किया जा रहा है। यदि प्रश्न-सूची में उपयोग की गई सामग्री के स्थान पर केवल 'पत्रिकाएँ' लिखा हुआ है, तो यह ज्ञात नहीं हो सकेगा कि कौन सी पत्रिकाओं का सर्वाधिक प्रयोग किया गया है, कौन सी ठीक-ठीक तथा कौन सी कम प्रयोग की गई हैं। इसके लिए प्रश्नों की सूची में सभी पत्रिकाओं के नाम लिखने चाहिए।

सैम्पल (Sample)—इस पद्धति में सैम्पल का चयन एक महत्त्वपूर्ण घटक है, क्योंकि सर्वेक्षण का परिणाम काफी हद तक सैम्पल पर निर्भर करता है। अधिकांश मामलों में उपयोग संबंधी अध्ययन पुस्तकालय-आधारित अध्ययन होते हैं। पुस्तकालय एक स्वतंत्र इकाई के रूप में भी हो सकता है या किसी संगठन से भी संबद्ध हो सकता है। इस प्रकार, सैम्पल का चयन बहुत कठिन नहीं होता है।

(4) प्रश्नावली के साथ अध्ययन (Study with a Questionnaire)—मान लीजिए कि कोई पुस्तकालय के उपयोग का अध्ययन करना चाहता है तथा उसके पुस्तकालय द्वारा सूचना विज्ञान की

पत्रिकाएँ प्राप्त की जा रही हैं। उसके पुस्तकालय द्वारा प्राप्त की जा रही पत्रिकाएँ निम्नानुसार हैं–

(क) अमेरिकन लाइब्रेरीज, शिकागो।
(ख) एनल्स ऑफ लाइब्रेरी एंड इन्फॉर्मेशन स्टडीज, एन.आई.एस.सी.ए.आई.आर., नई दिल्ली।
(ग) कैलकटा यूनिवर्सिटी जर्नल ऑफ इन्फॉर्मेशन स्टडीज, कोलकाता।
(घ) डी.ई.एस.आई.डी.ओ.सी. जर्नल ऑफ लाइब्रेरी एंड इन्फॉर्मेशन टेक्नोलॉजी, दिल्ली।
(ङ) डी.एल.आई.बी.सी.ओ.एम., अहमदाबाद।
(च) ग्रंथागार, कोलकाता।
(छ) आई.ए.एस.एल.आई.सी. बुलेटिन, कोलकाता।
(ज) आई.एल.ए. बुलेटिन, दिल्ली।
(झ) इंडियन जर्नल ऑफ लाइब्रेरी एंड इन्फॉर्मेशन साइंस, दिल्ली।
(ञ) इन्फॉर्मेशन प्रोसेसिंग एंड मैनेजमेंट, यू.एस.ए.।
(ट) इन्फॉर्मेशन स्टडीज, बैंगलोर।
(ठ) जर्नल ऑफ डॉक्यूमेंटेशन, यू.के.।
(ड) जर्नल ऑफ इन्फॉर्मेशन मैनेजमेंट एंड साइंटोमीट्रिक्स, अलीगढ़।
(ढ) जर्नल ऑफ लाइब्रेरी एंड इन्फॉर्मेशन साइंस, दिल्ली।
(ण) जर्नल ऑफ द अमेरिकन सोसाइटी ऑफ इन्फॉर्मेशन साइंस एंड टेक्नोलॉजी, न्यूयॉर्क।
(त) केल्प्रो बुलेटिन, तिरुवनंतपुरम्।
(थ) लाइब्रेरी हैराल्ड, दिल्ली।
(द) लिब्री, जर्मनी।
(ध) मलेशियन जर्नल ऑफ लाइब्रेरी एंड इन्फॉर्मेशन साइंस, कुआलालुंपुर।
(न) आर.बी.यू. जर्नल ऑफ लाइब्रेरी एंड इन्फॉर्मेशन साइंस, कोलकाता।
(प) साइंटोमीट्रिक्स, बुडापेस्ट।

(फ) एस.आर.ई.एल.एस. जर्नल ऑफ इन्फॉर्मेशन मैनेजमेंट, बैंगलोर।

पत्रिकाओं की संख्या बहुत अधिक नहीं होती है, अतः प्रश्नावली में सभी पत्रिकाओं के नाम दिए जा सकते हैं तथा दिए गए मानकों के अनुसार प्रत्येक पत्रिका के प्रयोग किए जाने का विवरण इस प्रकार प्रस्तुत किया जा सकता है–दैनिक प्रयोग-5, सप्ताह में कुछ बार प्रयोग-4, सप्ताह में एक या दो बार प्रयोग-3, सप्ताह में एक बार से भी कम प्रयोग-2, नगण्य प्रयोग-1 तथा बिल्कुल प्रयोग नहीं-0

पत्रिकाओं का प्रयोग करने वालों में विद्यार्थी, अनुसंधानकर्त्ता विद्वान तथा एल.आई.एस. पाठ्यक्रम के संकाय के सदस्य तथा अन्य सम्मिलित हैं।

(5) परिणामों का प्रस्तुतीकरण (Presentation of Results)–उपयोग संबंधी अध्ययन आमतौर पर बिब्लिओमीट्रिक अध्ययन ही होते हैं। अतः इस प्रकार के अध्ययन के परिणाम तालिकाओं तथा चित्रों के रूप में प्रस्तुत किए जाते हैं, जैसा कि बिब्लिओमीट्रिक पेपर में किया जाता है, जिससे परिणाम, रूझान आदि बिना किसी कठिनाई के स्पष्ट हो जाते हैं। आदर्श प्रश्नावली (sample questionnaire) में दिए गए आँकड़े तालिकाओं, दंड आरेखों आदि के रूप में भी प्रस्तुत किए जा सकते हैं एवं उनका विश्लेषण किया जा सकता है।

प्रश्न पत्र

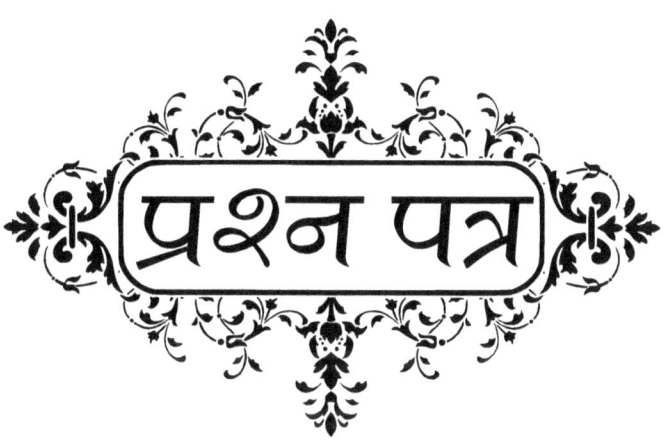

सूचना स्रोत एवं पुस्तकालय सेवाएँ : बी.एल.आई.आई.-013
दिसम्बर, 2017

नोट: सभी प्रश्नों के उत्तर दीजिए। सभी प्रश्नों के अंक समान हैं। अपने उत्तरों की पुष्टि के लिए उपयुक्त उदाहरण देते हुए आवश्यकतानुसार रेखांचित्रों का भी प्रयोग कीजिए। उत्तर लिखने से पूर्व संबंधित प्रश्न संख्या अवश्य लिखिए।

1.1 सूचना के प्राथमिक स्रोतों का उपयुक्त उदाहरणों के साथ वर्णन कीजिए।

Describe primary sources of information with suitable examples.

उत्तर– देखें अध्याय-1, प्रश्न सं.-2 (पेज नं.-4)

अथवा

1.2 सूचना के ग्रंथेतर स्रोतों की उपयुक्त उदाहरणों के साथ विस्तार से चर्चा कीजिए।

Discuss in detail, non-documentary sources of information with suitable examples.

उत्तर– देखें अध्याय-1, प्रश्न सं.-3 (पेज नं.-25)

2.1 जीवनचरित सूचना स्रोतों विभिन्न प्रकार की सोदाहरण चर्चा कीजिए।

Discuss with examples, the different types of biographical information sources.

उत्तर– देखें अध्याय-2, प्रश्न सं.-10 (पेज नं.-66)

अथवा

2.2 शब्दकोशों के विभिन्न प्रकारों की सूची बनाइए और प्रत्येक प्रकार के शब्दकोश के उपयोग का वर्णन कीजिए।

List the different types of dictionaries and describe the uses of each type.

उत्तर— देखें अध्याय-2, प्रश्न सं.-6 (पेज नं.-43)

3.1 देय-आदेय (परिचालन) सेवाओं से आप क्या समझते हैं? देय-आदेय (परिचालन) अनुभाग की नियंत्रण प्रक्रियाओं का वर्णन कीजिए।

What do you understand by circulation services? Describe the controlling processes of the circulation section.

उत्तर— देखें अध्याय-3, प्रश्न सं.-3, 6 (पेज नं.-106, 118)

अथवा

3.2 संदर्भ सेवा प्रदान करने संबंधी विभिन्न विधियों का वर्णन कीजिए।

Describe the different modes of providing reference service.

उत्तर— देखें अध्याय-4, प्रश्न सं.-4 (पेज नं.-156)

4.1 जागरूकता सेवाओं से आप क्या समझते हैं? पुस्तकालयों में इस प्रकार की सेवाओं की आवश्यकता और उद्देश्य की चर्चा कीजिए।

What do you understand by awareness services? Discuss the need and purpose of such services in libraries.

उत्तर— देखें अध्याय-5, प्रश्न सं.-1, 2 (पेज नं.-168)

अथवा

4.2 उपभोक्ता अभिमुखीकरण को परिभाषित कीजिए। पुस्तकालयों में उपभोक्ता अभिमुखीकरण की आवश्यकता की चर्चा कीजिए।

Define User Orientation. Discuss the need of user orientation in libraries.

उत्तर— देखें अध्याय-6, प्रश्न सं.-13, 15 (पेज नं.-225, 231)

5.0 निम्नलिखित में से किन्हीं दो पर संक्षिप्त टिप्पणियाँ लिखिए (प्रत्येक लगभग 250 शब्दों में):

Write short notes on any two of the following (in about 250 words each):

(क) सार पत्रिकाएँ
Abstracting Periodicals
उत्तर– देखें अध्याय-2, प्रश्न सं.-3 (पेज नं.-38)

(ख) सामयिक सूचना स्रोत
Current Information Sources
उत्तर– देखें अध्याय-2, प्रश्न सं.-12 (पेज नं.-77)

(ग) अंतर-पुस्तकालय ऋण (ILL)
Interlibrary Loan (ILL)
उत्तर– देखें अध्याय-3, प्रश्न सं.-6 (पेज नं.-118)

(घ) सूचना साक्षरता
Information Literacy
उत्तर– देखें अध्याय-6, प्रश्न सं.-7 (पेज नं.-208)

❏❏❏

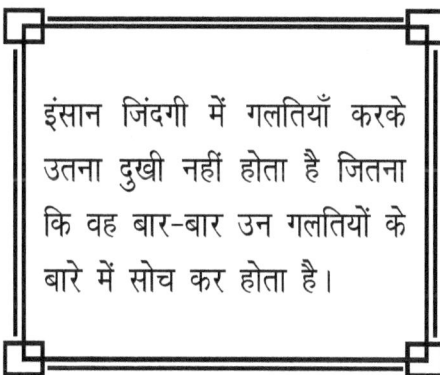

इंसान जिंदगी में गलतियाँ करके उतना दुखी नहीं होता है जितना कि वह बार-बार उन गलतियों के बारे में सोच कर होता है।

सूचना स्रोत एवं पुस्तकालय सेवाएँ: बी.एल.आई.आई.-013
जून, 2018

नोट: सभी प्रश्नों के उत्तर दीजिए। सभी प्रश्नों के अंक समान हैं। अपने उत्तरों की पुष्टि के लिए उपयुक्त उदाहरण देते हुए आवश्यकतानुसार रेखांचित्रों का भी प्रयोग कीजिए। उत्तर लिखने से पूर्व संबंधित प्रश्न संख्या अवश्य लिखिए।

1.1 सूचना के द्वितीयक स्रोतों के विभिन्न प्रकारों के अभिलक्षणों का वर्णन कीजिए। उनमें से प्रत्येक प्रकार के स्रोत के उदाहरण भी दीजिए।

Describe the characteristics of different types of secondary sources of information with suitable examples of each type.

उत्तर– देखें अध्याय-1, प्रश्न सं.-2 (पेज नं.-4) फिर, देखें अध्याय-2, प्रश्न सं.-13 (पेज नं.-93)

अथवा

1.2 विश्वकोशों के विभिन्न प्रकारों और उनके उपयोगों की चर्चा कीजिए।

Discuss different types of encyclopaedias along with their uses.

उत्तर– देखें अध्याय-2, प्रश्न सं.-7 (पेज नं.-50)

2.1 निर्देशिका से आप क्या समझते हैं? इसके प्रकारों का वर्णन कीजिए।

What do you understand by a directory? Describe its types.

उत्तर– देखें अध्याय-2, प्रश्न सं.-8 (पेज नं.-54)

अथवा

2.2 सूचना के इलेक्ट्रॉनिक स्रोतों से क्या अभिप्राय है? उनके लाभ और सीमाओं की चर्चा कीजिए।

What do you mean by electronic sources of information? Discuss their advantages and limitations.

उत्तर– देखें अध्याय-2, प्रश्न सं.-15 (पेज नं.-98)

3.1 देय-आदेय अनुभाग के विभिन्न कार्यों की विस्तार से व्याख्या कीजिए।

Explain in detail various functions of a circulation section.

उत्तर– देखें अध्याय-3, प्रश्न सं.-3 (पेज नं.-106)

अथवा

3.2 संदर्भ सेवा की अवधारणा का वर्णन कीजिए। इसकी आवश्यकता और उद्देश्य की व्याख्या कीजिए।

Describe the concept of reference service. Explain its need and purpose.

उत्तर– देखें अध्याय-4, प्रश्न सं.-1 (पेज नं.-136)

4.1 संदर्भ पृच्छाओं के विभिन्न प्रकारों की चर्चा कीजिए।

Discuss the different types of reference queries.

उत्तर– देखें अध्याय-4, प्रश्न सं.-6 (पेज नं.-163)

अथवा

4.2 सामयिक जागरूकता सेवाएँ क्या हैं? उपयुक्त उदाहरणों सहित चर्चा कीजिए।

What are current awareness services? Discuss with suitable examples.

उत्तर– देखें अध्याय-5, प्रश्न सं.-3 (पेज नं.-170)

5.0 निम्नलिखित में से किन्हीं दो पर संक्षिप्त टिप्पणियाँ लिखिए (प्रत्येक लगभग 250 शब्दों में):

Write short notes on any two of the following: (in about 250 words each):

(a) तृतीयक स्रोत
Tertiary sources
उत्तर– देखें अध्याय-1, प्रश्न सं.-2 (पेज नं.-4)

(b) जनसंचार माध्यम
Mass media
उत्तर– देखें अध्याय-1, प्रश्न सं.-4 (पेज नं.-27)

(c) एस.डी.आई. (SDI)
SDI
उत्तर– देखें अध्याय-5, प्रश्न सं.-4 (पेज नं.-176)

(d) पुस्तकालय अभिमुखीकरण
Library orientation
उत्तर– देखें अध्याय-6, प्रश्न सं.-15 (पेज नं.-231)

❑❑❑

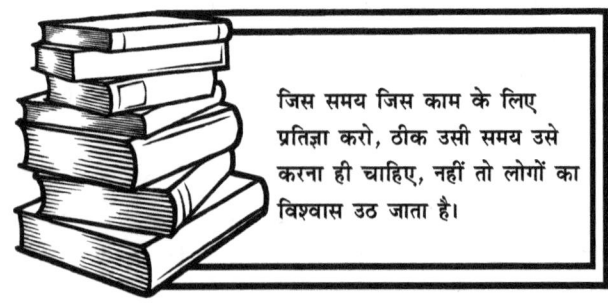

जिस समय जिस काम के लिए प्रतिज्ञा करो, ठीक उसी समय उसे करना ही चाहिए, नहीं तो लोगों का विश्वास उठ जाता है।

सूचना स्रोत एवं पुस्तकालय सेवाएँ: बी.एल.आई.आई.-013
दिसम्बर, 2018

नोटः सभी प्रश्नों के उत्तर दीजिए। सभी प्रश्नों के अंक समान हैं। अपने उत्तरों की पुष्टि के लिए उपयुक्त उदाहरण देते हुए आवश्यकतानुसार रेखांचित्रों का भी प्रयोग कीजिए। उत्तर लिखने से पूर्व संबंधित प्रश्न संख्या अवश्य लिखिए।

1.1 सूचना के द्वितीयक स्रोतों का उपयुक्त उदाहरण के साथ वर्णन कीजिए।

Describe secondary sources of information with suitable examples.

उत्तर– देखें अध्याय-1, प्रश्न सं.-2 (पेज नं.-4) फिर, देखे अध्याय-2, प्रश्न सं.-13 (पेज नं.-93)

अथवा

1.2 'सामयिक पत्रिका' से क्या समझते हैं? इसके विभिन्न प्रकारों की उपयुक्त उदाहरणों के साथ चर्चा कीजिए।

What do you understand by a 'periodical'? Discuss its different types with suitable examples.

उत्तर– देखें अध्याय-2, प्रश्न सं.-1 (पेज नं.-32)

2.1 निर्देशिकाओं के विभिन्न प्रकारों की उपयुक्त उदाहरणों के साथ चर्चा कीजिए।

Discuss different types of directories with suitable examples.

उत्तर– देखें अध्याय-2, प्रश्न सं.-8 (पेज नं.-54)

अथवा

2.2 भौगोलिक सूचना स्रोतों के विभिन्न प्रकारों की सोदाहरण चर्चा कीजिए।

Discuss the different types of geographical information sources with examples.

उत्तर– देखें अध्याय-2, प्रश्न सं.-9 (पेज नं.-60)

3.1 देय-आदेय अनुभाग के कार्यों का वर्णन कीजिए।
Describe the Functions of a circulation section.

उत्तर– देखें अध्याय-3, प्रश्न सं.-3 (पेज नं.-106)

अथवा

3.2 संदर्भ सेवा क्या है? पुस्तकालयों में संदर्भ सेवा उपलब्ध कराने से संबंधित विभिन्न गतिविधियों का वर्णन कीजिए।
What is reference service? Describe the different activities involved in providing reference service in libraries.

उत्तर– देखें अध्याय-4, प्रश्न सं.-1, 4 (पेज नं.-136, 156)

4.1 संदर्भ पृच्छाओं के विभिन्न प्रकारों का उपयुक्त उदाहरणों के साथ वर्णन कीजिए।
Describe different types of reference queries by giving suitable examples.

उत्तर– देखें अध्याय-4, प्रश्न सं.-6 (पेज नं.-163)

अथवा

4.2 एस.डी.आई. सेवा से क्या अभिप्राय: है? इसके घटकों की चर्चा कीजिए।
What is meant by SDI service? Discuss its components.

उत्तर– देखें अध्याय-5, प्रश्न सं.-4 (पेज नं.-176)

5.0 निम्नलिखित में से किन्हीं दो पर संक्षिप्त टिप्पणियाँ लिखिए (प्रत्येक लगभग 250 शब्दों में):
Write short notes on any two of the following (in about 250 words each):

(a) मानक
Standards

उत्तर— मानक एक प्रलेख है जिसमें आवश्यकताओं, विनिर्दिष्टियों, मार्ग दर्शिकाओं अथवा विशेषताओं, जोकि सामग्री, उत्पादों, प्रक्रियाओं एवं सेवाओं में आवश्यक उद्देश्य को पूरा करती हो, संगत रीति से प्रयुक्त होती हों, का उल्लेख होता है। मानक को इस प्रकार परिभाषित किया जा सकता है कि "यह किसी उत्पाद प्रक्रिया या सेवा में निर्धारित गुणवत्ता नियमों के समुच्चय को सुनिश्चित करने के रूप में मान्य नियम है।" मानक मूल रूप से दो प्रकार के होते हैं:

(i) बुनियादी मानक एवं
(ii) तकनीकी मानक

आधारभूत मानक लंबाई, घनत्व, समय, तापमान, विभिन्न प्रकार की ऊर्जाएँ, बल अथवा अन्य प्रकार की परिमाणात्मक आधारभूत स्थितियाँ जोकि सभी वैज्ञानिक और तकनीकी व्यवहारों से संबंधित हैं, आदि को सुनिश्चित करने के मामले में अथवा मूल्यांकित करने में उपयोगी होते हैं।

तकनीकी मानक उत्पादन, प्रक्रिया, सामग्री अथवा सेवा से संबंधित हैं। सभी मानक सूचना के प्राथमिक स्रोत हैं।

मानक सुनिश्चित करते हैं कि उत्पाद अथवा सेवाएँ सुरक्षित हैं, विश्वसनीय एवं उच्चतम स्तर की हैं। मानक व्यवसाय के अनुकूल उत्पादन को विकसित करने में सहायता प्रदान करते हैं जिससे यह विश्व में स्वीकार्य हो एवं इन्हें अपनाया जा सके। यह अंतर्राष्ट्रीय व्यवसाय को बढ़ावा देता है। मानक, प्रतियोगी उत्पादन को आसानी से समझने और तुलना करने में भी सहायक होते हैं।

उदाहरण: आई.एस.ओ. 2709 : स्टैंडर्ड फॉर बिब्लियोग्राफिक रिकार्ड फॉरमेट्स

(b) ग्रंथ सूचियाँ
Bibliographics
उत्तर— देखें अध्याय-2, प्रश्न सं.-4 (पेज नं.-41)

(c) तृतीयक स्रोत
Tertiary sources
उत्तर— देखें अध्याय-1, प्रश्न सं.-2 (पेज नं.-4) फिर, देखें अध्याय-2, प्रश्न सं.-14 (पेज नं.-98)

(d) स्वाचालित देय-आदेय प्रणाली
Automated circulation system

उत्तर– एक स्वचालित देय-आदेय प्रणाली में, संचालन की मैनुअल प्रणाली को कंप्यूटर आधारित संचालन प्रणाली के साथ बदल दिया जाता है। इस प्रणाली में, पुस्तकालय में वेब आधारित कैटलॉग होता है जो संग्रह को दर्शाता है जैसे पुस्तकों, पत्रिकाओं की पुस्तकालय में उपलब्धता; पुस्तकालय के पंजीकृत उपयोगकर्त्ताओं के रिकॉर्ड आदि। यह सब एकीकृत पुस्तकालय प्रबंधन सॉफ्टवेयर के माध्यम से बनाया जाता है। स्वचालित संचलन प्रणाली का उपयोग करने के कई फायदे हैं। कैटलॉग में दिखाया जाता है कि लाइब्रेरी में क्या है और उपयोगकर्त्ता इसे कहीं से भी देख सकते हैं। उपयोगकर्त्ता आसानी से अपने "खातों" की जाँच कर सकते हैं ताकि यह पता लगाया जा सके कि उन्हें कौन सी पुस्तकें जारी की गई हैं।

स्वचालित संचलन प्रणाली में, उधारकर्त्ता के कार्ड या टिकट जारी करने और बनाए रखने के लिए पुस्तकालय की आवश्यकता नहीं होती है। प्रत्येक सदस्य को एक विशिष्ट पहचान संख्या (जैसे पुस्तकालय सदस्यता संख्या) के साथ एकल कार्ड की आवश्यकता होती है, जिसका उपयोग सदस्य डेटाबेस तक पहुँचने के लिए सॉफ्टवेय द्वारा किया जाता है। संचलन प्रणाली की निम्नलिखित गतिविधियाँ हैं–

- उधार, वापसी, नवीकरण का हिसाब रखना, अनुस्मारक भेजने की गतिविधियाँ
- स्वाचालित संचालन प्रणाली निम्नलिखित को नियंत्रित करती हैं- संचलन प्रकार, स्थान और स्थिति, उपयोगकर्त्ता डेटाबेस, प्रोफाइल, विशेषाधिकार, गणना और अतिदेय जुर्माना, खोए हुए प्रकाशन, आदि का भुगतान।
- डेटाबेस, इंवेंट्री के लिए आयात, निर्यात, बैकअप और पुनर्स्थापना कार्यों जैसी अतिरिक्त विशेषताएँ हैं जो विभिन्न प्रकार की रिपोर्टें उत्पन्न करती हैं।
- इन प्रणालियों में पहचान कोड और बार कोड प्रिंट करने का भी विकल्प है।

❑❑❑

सूचना स्रोत एवं पुस्तकालय सेवाएँ: बी.एल.आई.आई.-013

जून, 2019

नोटः सभी प्रश्नों के उत्तर दीजिए। सभी प्रश्नों के अंक समान हैं। अपने उत्तरों की पुष्टि के लिए उपयुक्त उदाहरण देते हुए आवश्यकतानुसार रेखांचित्रों का भी प्रयोग कीजिए। उत्तर लिखने से पूर्व संबंधित प्रश्न संख्या अवश्य लिखिए।

1.1 प्रलेखीय स्रोतों का, उनके रूप के आधार पर, श्रेणीकरण का विस्तार से वर्णन कीजिए।

अथवा

1.2 'विश्वकोश' से आप क्या समझते हैं? इसके प्रकारों की उपयुक्त उदाहरणों के साथ चर्चा कीजिए।

2.1 'त्वरित संदर्भ स्रोत' से आप क्या समझते हैं? त्वरित संदर्भ स्रोत के रूप में वार्षिकी और पंचांगों का मूल्यांकन कीजिए।

अथवा

2.2 सांख्यिकीय सूचना स्रोतों की उपयुक्त उदाहरणों के साथ विस्तार से चर्चा कीजिए।

3.1 देय-आदेय सेवा से आप क्या समझते हैं? इसके उद्देश्य और विषय-क्षेत्र की चर्चा कीजिए।

अथवा

3.2 संदर्भ सेवा से क्या अभिप्राय है? इसकी आवश्यकता, उद्देश्य और घटकों की चर्चा कीजिए।

4.1 सामयिक जागरूकता सेवाओं की संक्षेप में चर्चा कीजिए।

अथवा

4.2 उपयोक्ता अभिमुखीकरण को परिभाषित कीजिए। विद्यालय पुस्तकालयों में उपयोक्ता अभिमुखीकरण क्यों अनिवार्य है? चर्चा कीजिए।

5.0 निम्नलिखित में से *किन्हीं दो* पर संक्षिप्त टिप्पणियाँ लिखिए (प्रत्येक लगभग 250 शब्दों में):

(a) विद्वतापूर्ण सामयिक पत्रिकाएँ

(b) सामयिक सूचना स्रोत

(c) अंतर-पुस्तकालय ऋण (आई.एल.एल.)

(d) डिजिटल युग में संदर्भ सेवा की प्रासंगिकता

❑❑❑

सूचना स्रोत एवं पुस्तकालय सेवाएँ: बी.एल.आई.आई.-013
दिसम्बर, 2019

नोट: सभी प्रश्नों के उत्तर दीजिए। सभी प्रश्नों के अंक समान हैं। अपने उत्तरों की पुष्टि के लिए उपयुक्त उदाहरण देते हुए आवश्यकतानुसार रेखाचित्रों का भी प्रयोग कीजिए। उत्तर लिखने से पूर्व संबंधित प्रश्न संख्या अवश्य लिखिए।

1.1 सूचना के द्वितीयक स्रोत कौन-से हैं? आप उन्हें किस प्रकार श्रेणीकृत करेंगे? प्रत्येक श्रेणी के उपयुक्त उदाहरण दीजिए।

अथवा

1.2 पत्रिकाओं के विभिन्न प्रकारों को वर्णित कीजिए। प्रत्येक प्रकार के उदाहरण दीजिए।

2.1 सामान्य विश्वकोश और उसकी विभिन्न श्रेणियों की चर्चा कीजिए। प्रत्येक श्रेणी का उदाहरण भी दीजिए।

अथवा

2.2 सूचना के इलेक्ट्रॉनिक स्रोत कौन-से हैं? उनके लाभों और सीमाओं की सूची तैयार कीजिए।

3.1 पुस्तकालय के संदर्भ अनुभाग के द्वारा प्राप्त होने वाली संदर्भ पृच्छाओं के विभिन्न प्रकारों का वर्णन कीजिए।

अथवा

3.2 एस.डी.आई. सेवा से आप क्या समझते हैं? इसके विभिन्न घटकों का वर्णन कीजिए।

4.1 पुस्तकालयों द्वारा उपलब्ध कराई जानेवाली सामयिक जागरूकता सेवाओं के विभिन्न प्रकारों की सूची तैयार कीजिए। उनमें से किन्हीं दो का विस्तार से वर्णन कीजिए।

अथवा

4.2 पुस्तकालयों में उपयोक्ता अभिमुखीकरण के लिए प्रयुक्त विभिन्न विधियों और माध्यमों की चर्चा कीजिए। आप इस प्रकार के कार्यक्रम को किस प्रकार से आयोजित करेंगे? व्याख्या कीजिए।

5.0 निम्नलिखित में से *किन्हीं दो* पर संक्षिप्त टिप्पणियाँ लिखिए (प्रत्येक पर लगभग 250 शब्दों में):

(क) जनसंचार माध्यम
(ख) सांख्यिकीय सूचना स्रोत
(ग) आर.एफ.आई.डी. प्रौद्योगिकी
(घ) ई-पत्रिकाएँ

सूचना स्रोत एवं पुस्तकालय सेवाएँ: बी.एल.आई.आई.-013
जून, 2020

नोट: सभी प्रश्न अनिवार्य हैं। प्रत्येक प्रश्न 1 अंक का हैं।

प्रश्न 1. निम्नलिखित में से कौन-कौन-से सूचना के अप्रलेखीय स्रोत हैं?
(1) पुस्तकें   (2) मानव
(3) आकस्मिक पत्र   (4) प्रतिवेदन

प्रश्न 2. निर्देशपरक (रेफरल) सेवा का अर्थ हैं?
(1) पाठकों को संदर्भ अनुभाग की ओर निर्देशित करना
(2) पाठक को सही स्रोत की ओर निर्देशित करना
(3) दीर्घकालीन संदर्भ सेवा प्रदान करना
(4) उपर्युक्त में से कोई नहीं

प्रश्न 3. "वर्ल्ड ऑफ लर्निंग" क्या है?
(1) निर्देशिका   (2) न्यूज डाइजेस्ट
(3) शब्दकोश   (4) वार्षिकी

प्रश्न 4. "एशियन रिकार्डर" क्या है?
(1) न्यूज डाइजेस्ट   (2) सामयिक जागरूकता बुलेटिन
(3) अभिलेख रक्षण (4) इनमें से कोई नहीं

प्रश्न 5. सारकरण पत्रिकाओं में आप निम्नलिखित में से किस प्रकार की सूचना प्राप्त करेंगे?
(1) ग्रंथसूची   (2) पदानुक्रमणिका
(3) ग्रंथसूची एवं सार (4) इनमें से कोई नहीं

प्रश्न 6. निम्नलिखित में से किस संगठन द्वारा "केमिकल एब्सट्रेक्ट सर्विस" प्रदान की जाती थी?
(1) इण्डियन केमिकल सोसायटी (2) अमेरिकन केमिकल सोसायटी
(3) केमिकल इंजीनियरिंग सोसायटी (4) ब्यूरो ऑफ इण्डियन स्टैंडर्ड्स

प्रश्न 7. निम्नलिखित में से कौन सूचना का प्राथमिक स्रोत नहीं है?
(1) भाषण (2) निर्देशिकाएँ
(3) छवि चित्र (फोटोग्राफ) (4) इनमें से कोई नहीं

प्रश्न 8. निम्नलिखित में से कौन "स्टेट्समैन ईयरबुक" प्रकाशित करता है?
(1) वायले (2) मैकमिलन
(3) ऑक्सफोर्ड (4) इनमें से कोई नहीं

प्रश्न 9. इण्डिया : ए रेफरेन्स मैनुअल किसका एक उदाहरण है?
(1) पंचांग (2) संदर्भ ग्रंथ
(3) वार्षिकी (4) इनमें से कोई नहीं

प्रश्न 10. निम्नलिखित में से कौन सूचना का द्वितीयक स्रोत है?
(1) दैनन्दिनी (डायरी) (2) सार
(3) शासकीय प्रतिवेदन (4) ये सभी

प्रश्न 11. शब्दावली विशेषत: किसके तकनीकी पदों की व्याख्या करती है?
(1) देश (2) व्यक्ति
(3) भाषा (4) विषय

प्रश्न 12. एनसाइक्लोपीडिया ब्रिटैनिका में..........मैक्रोपीडिया की अनुक्रमणिका के रूप में कार्य करती है।
(1) ग्रंथसूची (2) प्रस्तावना अंश
(3) प्रोपीडिया (4) माइक्रोपीडिया

प्रश्न 13. गजेटियर किसके बारे में सूचना प्रदान करता है?
(1) व्यक्तियों (2) संस्थानों
(3) स्थानों (4) पशुओं

प्रश्न 14. "फेमस फर्स्ट फैक्ट्स" किसका उदाहरण है?
(1) हस्तपुस्तिका (2) विश्वकोश
(3) वार्षिकी (4) निर्देशिका

प्रश्न 15. एक वार्षिक प्रकाशन जिसमें बहुधा खगोलीय आँकड़े युक्त कैलेंडर होता है, को कहा जाता है:

(1) वार्षिकी (2) पंचांग
(3) निर्देशिका (4) गजेटियर

प्रश्न 16. विश्वकोशों को सामान्यतः पुस्तकालय के किस हिस्से में अवस्थित किया जाता है?
(1) परिचालन अनुभाग (2) संदर्भ अनुभाग
(3) तकनीकी अनुभाग (4) सीमित अभिगम का विशेष संकलन

प्रश्न 17. "गजेटियर ऑफ इण्डिया : द इण्डियन यूनियन" कितने खण्डों में प्रकाशित होता है?
(1) तीन (2) चार
(3) दो (4) पाँच

प्रश्न 18. समाचार-पत्र कतरन सेवा किस प्रकार की सूचना सेवा है?
(1) पूर्वकालिक (2) अनुक्रियाशील
(3) माँग पर (4) पूर्वापेक्षी

प्रश्न 19. निम्नलिखित में से कौन तृतीयक प्रलेख है?
(1) शोधपत्र (2) शोध प्रबंध
(3) सारकरण सेवाओं की सूची (4) सारकरण पत्रिका

प्रश्न 20. एनसाइक्लोपीडिया ब्रिटैनिका के किस संस्करण को "न्यू एनसाइक्लोपीडिया ब्रिटैनिका" कहा जाता है?
(1) 11वें (2) 13वें
(3) 15वें (4) 18वें

प्रश्न 21. निम्नलिखित में से कौन सूचना का द्वितीयक स्रोत नहीं है?
(1) अनुक्रमणीकरण पत्रिका (2) सारकरण पत्रिका
(3) ग्रंथसूची (4) ग्रंथसूचियों की ग्रंथसूची

प्रश्न 22. "वर्ल्ड डायरेक्टरी ऑफ सोर्सेज ऑफ पेटेन्ट्स" का प्रकाशन किसके द्वारा किया जाता है?
(1) बाउकर-सौर, संयुक्त राज्य अमेरिका
(2) डब्ल्यू.आई.पी.ओ.
(3) पेटेन्ट इंफार्मेशन सिस्टम, इण्डिया
(4) डर्वेन्ट, लंदन

प्रश्न 23. वार्षिकी एवं पंचांग............स्रोत हैं।
(1) प्राथमिक (2) त्वरित संदर्भ
(3) तृतीयक (4) ग्रंथसूचीय

प्रश्न 24. किसी पाठक का व्यक्तिगत सामान कहाँ रखा जाता है?
(1) क्लोक रूम (अमानती सामान कक्ष)
(2) संपत्ति पटल
(3) द्वार पटल
(4) संग्रह कक्ष

प्रश्न 25. "एशियन रिकार्डर" एक............प्रकाशन है।
(1) मासिक (2) द्विमासिक
(3) वार्षिक (4) साप्ताहिक

प्रश्न 26. सामयिक जागरूकता सेवा (सी.ए.एस.) एवं सूचना का चयनात्मक प्रसार (एस.डी.आई.) के मध्य क्या संबंध है?
(1) एस.डी.आई., सी.ए.एस. का एक रूप है
(2) सी.ए.एस., एस.डी.आई. का एक रूप है
(3) दोनों सटीकतः एक ही हैं
(4) दोनों में कोई संबंध नहीं है

प्रश्न 27. त्वरित संदर्भ स्रोत किसलिए सुविधाजनक साधन हैं?
(1) सभी प्रश्नों के उत्तर के लिए
(2) तथ्यात्मक प्रश्नों के उत्तर के लिए
(3) आसान सूचना पुनःप्राप्ति साधन हेतु
(4) उपर्युक्त में से कोई नहीं

प्रश्न 28. "इण्डियन बुक्स इन प्रिंट" किस ग्रंथसूची का उदाहरण है?
(1) व्यापार (2) राष्ट्रीय
(3) सार्वभौमिक (4) विषय

प्रश्न 29. "यूनिवर्सिटीज हैण्डबुक" क्या है?
(1) हस्तपुस्तिका (2) निर्देशिका
(3) वार्षिकी (4) ग्रंथसूची

प्रश्न 30. वे प्रलेख जो किसी उत्पाद की तकनीकी आवश्यकताओं का वर्णन करते हैं:
(1) विशिष्ट विवरण (2) स्वत्वाधिकार
(3) मानक (4) प्रतिवेदन

प्रश्न 31. किस संदर्भ स्रोत को "पुस्तकालयों की संदर्भ सेवा की मेरुदण्ड" के रूप में विनिर्देशित किया जाता है?
(1) शब्दकोश (2) विश्वकोश
(3) जीवनियाँ (4) ग्रंथसूचियाँ

प्रश्न 32. निम्नलिखित में से कौन सूचना का द्वितीयक स्रोत नहीं है?
(1) इण्डिया : ए रेफरेन्स मैनुअल (2) पुस्तकालयों की हस्तपुस्तिका
(3) स्वत्वाधिकार (4) सारकरण पत्रिका

प्रश्न 33. मुख्यतः मुद्रित रूप में उपलब्ध स्रोत किस नाम से जाने जाते हैं?
(1) संदर्भ स्रोत (2) प्रलेखीय स्रोत
(3) सूचना स्रोत (4) अप्रलेखीय स्रोत

प्रश्न 34. "गिनीज बुक ऑफ वर्ल्ड रिकार्ड्स" कहाँ से प्रकाशित होती है?
(1) पेरिस (2) न्यूयॉर्क
(3) लंदन (4) वाशिंगटन डी.सी.

प्रश्न 35. "द बुक्स इन प्रिंट" को कौन प्रकाशित करता है?
(1) एच.डब्ल्यू. विल्सन (2) मैकग्रा हिल
(3) जॉन वायले (4) आर.आर. बाउकर

प्रश्न 36. अनुवादों को किसके अंतर्गत श्रेणीबद्ध किया जाता है?
(1) प्राथमिक स्रोत (2) द्वितीयक स्रोत
(3) तृतीयक स्रोत (4) अप्रलेखीय स्रोत

37. "द वाल्फोर्ड गाइड टू रेफरेन्स मैटेरियल्स" कितने खण्डों में प्रकाशित होती है?
(1) 3 (2) 4 (3) 2 (4) 5

प्रश्न 38. संदर्भ सेवाओं के दो प्रकार कौन-से हैं?

(1) लघु अवधि एवं दीर्घावधि सेवाएँ
(2) व्यापक एवं प्रतिदिन सेवाएँ
(3) सामयिक एवं प्रतिदिन सेवाएँ
(4) सामयिक एवं पूर्वापेक्षी सेवाएँ

प्रश्न 39. "केमिकल एब्स्ट्रेक्ट" प्रकाशित होता था?
(1) पाक्षिक   (2) वार्षिक
(3) मासिक   (4) साप्ताहिक

प्रश्न 40. "एनसाइक्लोपीडिया अमेरिकाना" कहाँ से प्रकाशित होता था?
(1) लंदन   (2) शिकागो
(3) न्यूयॉर्क   (4) वाशिंगटन डी.सी.

प्रश्न 41. "येलो पेजेस" किस प्रकार की निर्देशिका के उदाहरण हैं?
(1) दूरभाष निर्देशिका   (2) संगठनात्मक निर्देशिका
(3) व्यवसाय/व्यापार निर्देशिका(4) इनमें से कोई नहीं

प्रश्न 42. "गाइड टू लिटरेचर" किसके अंतर्गत आती है?
(1) ग्रंथात्मक स्रोत   (2) प्राथमिक स्रोत
(3) द्वितीयक स्रोत   (4) तृतीयक स्रोत

प्रश्न 43. उपयोक्ता शिक्षा का अर्थ है?
(1) उपयोक्ता को विश्वकोश का उपयोग निर्देशित करना
(2) उपयोक्ता को पुस्तकालय के उपयोग के बारे में शिक्षित करना
(3) उपयोक्ता को सामग्री की आपूर्ति करना
(4) इनमें से कोई नहीं

प्रश्न 44. "मेरियम वेब्स्टर्स इण्टरमीडिएट डिक्शनरी" किसका एक उदाहरण है?
(1) सामान्य भाषा शब्दकोश (2) विषय विशिष्ट शब्दकोश
(3) बहुभाषी शब्दकोश   (4) इनमें से कोई नहीं

प्रश्न 45. किसी शहर की जनांकिकीय विवरणिका (प्रोफाइल) की परिवर्तनशील प्रवृत्तियों के अध्ययन के लिए आप किन संदर्भ स्रोतों का उपयोग करेंगे?

(1) पंचांग (2) विश्वकोश
(3) यात्रा संदर्शिका (4) सांख्यिकीय हस्तपुस्तिका

प्रश्न 46. एल.आई.एस.ए. का पूर्ण रूप है?
(1) लाइब्रेरी साइंस एब्स्ट्रेक्ट
(2) लिटरेचर सर्च एकेडमी
(3) लाइब्रेरी एण्ड इंफार्मेशन साइंस एब्स्ट्रेक्ट्स
(4) लाइब्रेरी एण्ड इंफार्मेशन साइंस एकेडमी

प्रश्न 47. सर्वाधिक प्रामाणिक व मौलिक सामग्रियाँ, जो सामान्यतः शोधपत्रिका लेख, प्रतिवेदन या स्वत्वाधिकार के रूप में होती हैं, को कहा जाता है:
(1) प्राथमिक स्रोत (2) द्वितीयक स्रोत
(3) तृतीयक स्रोत (4) ग्रंथसूची

प्रश्न 48. पुस्तकालय द्वारा अनुस्मारक किसलिए भेजे जाते हैं?
(1) निर्गत की गई पुस्तकें जिन्हें अभी तक वापस प्राप्त नहीं किया गया है
(2) अप्रचलित पुस्तकें जिनकी माँग नहीं है
(3) बहुत पुरानी पुस्तकें
(4) कम छूट वाली पुस्तकें

प्रश्न 49. ओपैक का पूर्ण रूप है:
(1) ऑनलाइन पब्लिक एसेसिबल कैटलॉग
(2) ऑनलाइन पब्लिक एवेलेबल कैटलॉग
(3) ऑनलाइन पब्लिक एक्सेस कैटलॉग
(4) ऑनलाइन पब्लिकली एसेस्ड कैटलॉग

प्रश्न 50. पुस्तकालय के संदर्भ में प्रत्यावाहन से आप क्या समझते हैं?
(1) निर्गत प्रलेखों की वापसी
(2) स्मृति से किसी वस्तु का प्रत्यावाहन करना
(3) किसी वस्तु का पुनःनामकरण करना
(4) उपयोक्ताओं का पंजीकरण करना

सूचना स्रोत एवं पुस्तकालय सेवाएँ: बी.एल.आई.आई.-013
दिसम्बर, 2020

नोट: सभी प्रश्न अनिवार्य हैं। प्रत्येक प्रश्न 1 अंक का हैं।

प्रश्न 1. मानव को सूचना का .... स्रोत माना जाता है।
(1) प्रलेखीय   (2) अप्रलेखीय
(3) ग्रंथसूचीपरक   (4) सांख्यिकीय

प्रश्न 2. 'करेंट साइंस' पत्रिका .... पत्रिका का एक उदाहरण है।
(1) प्राथमिक   (2) द्वितीयक
(3) तृतीयक   (4) इनमें से कोई नहीं

प्रश्न 3. किस प्रलेख को 'प्रारूप मानक' माना जा सकता है?
(1) पेटेंट   (2) राजपत्र
(3) विनिर्देश   (4) रिपोर्ट

प्रश्न 4. मानक प्राय: निम्नलिखित में से किस प्रकार के होते हैं?
(1) आधारभूत और तकनीकी   (2) प्राथमिक और सामान्य
(3) तकनीकी और शुद्ध   (4) आधारभूत और विशेष

प्रश्न 5. 'इंडेक्स' शब्द की व्युत्पत्ति लैटिन के किस शब्द से हुई है?
(1) इंडीकेयर   (2) इंडीक्यर
(3) इंडीक्सियर   (4) इंडीक्सी

प्रश्न 6. ग्रंथसूची सूचना का .... स्रोत होती है।
(1) द्वितीयक   (2) प्राथमिक
(3) अप्रलेखीय   (4) तृतीयक

प्रश्न 7. प्रथम प्रकाशित पत्रिका का क्या नाम था?
(1) Le Journal des Scavans (2) Journal de Scavans
(3) Le Journal des   (4) Scavans de Journal

प्रश्न 8. 'फिलोसॉफिकल ट्रांजैक्शंस' का पहला अंक कब प्रकाशित हुआ था?
(1) मार्च, 1665   (2) अप्रैल, 1675
(3) मार्च, 1775   (4) अप्रैल, 1685

प्रश्न 9. पत्थरों और गुफाओं की दीवारों पर चित्रकारी और रेखांकन को क्या कहा जाता है?
(1) ब्लॉक पेंटिंग   (2) गुफा लेखन
(3) चित्रात्मक लेखन   (4) दीवार लेखन

प्रश्न 10. 'कैमिकल न्यूज' .... रूप से प्रकाशित होती है।
(1) साप्ताहिक   (2) मासिक
(3) पाक्षिक   (4) वार्षिक

प्रश्न 11. 'साइंस रिपोर्टर' कहाँ से प्रकाशित होती है?
(1) निस्केयर   (2) डी.आर.डी.ओ.
(3) आई.आई.एस.सी.   (4) यू.जी.सी.

प्रश्न 12. किसी देश के नगरों, शहरों और क्षेत्रों की निर्देशिकाएँ क्या कहलाती हैं?
(1) व्यापार और वाणिज्यिक निर्देशिकाएँ
(2) स्थलाकृतिक निर्देशिका
(3) संगठनात्मक निर्देशिका
(4) दूरभाष निर्देशिका

प्रश्न 13. केवल .... में ही पूरी पृथ्वी का सही चित्र मिल सकता है।
(1) मानचित्र   (2) एटलस
(3) ग्लोब   (4) इनमें से कोई नहीं

प्रश्न 14. निम्नलिखित में से कौन-सा मानचित्र पृथ्वी की सतह पर किसी विशिष्ट विशेषता का वितरण दर्शाता है?
(1) विषयगत मानचित्र   (2) सामान्य मानचित्र
(3) संदर्भ मानचित्र   (4) इनमें से कोई नहीं

प्रश्न 15. एन.एस.एस.ओ. का पूर्ण रूप क्या है?
(1) नेशनल स्टैटिस्टिकल सैम्पल ऑफिस
(2) नेशनल सैम्पल सर्वे ऑफिस
(3) नेशनल स्टैटिस्टिकल सर्वे ऑफिस
(4) नेशनल सर्वे सैम्पल ऑफिस

प्रश्न 16. मैग्रा-हिल डिक्शनरी ऑफ साइंटिफिक एण्ड टेक्नीकल टर्म्स किसका उदाहरण है?
(1) सामान्य भाषा शब्दकोश
(2) विषय विशेष शब्दकोश
(3) बहुभाषी शब्दकोश
(4) इनमें से कोई नहीं

प्रश्न 17. निम्नलिखित में से कौन-सा सूचना का द्वितीयक स्रोत है?
(1) पेटेंट
(2) मानक
(3) वार्षिकी
(4) डायरी

प्रश्न 18. संकलित जीवनी वाली पुस्तक .... कहलाती है।
(1) जीवनीपरक शब्दकोश
(2) Who's Who
(3) Who Was Who
(4) इनमें से कोई नहीं

प्रश्न 19. वॉल्फोर्ड गाइड टू रेकरेंस मैटिरियल .... स्रोत है।
(1) प्राथमिक
(2) द्वितीयक
(3) तृतीयक
(4) इनमें से कोई नहीं

प्रश्न 20. किसी देश में, किसी देश के बारे में या किसी देश की भाषा में प्रकाशित पुस्तकों या अन्य कृतियों की सूची .... कहलाती है।
(1) राष्ट्रीय ग्रंथसूची
(2) व्यापार ग्रंथसूची
(3) अंतर्राष्ट्रीय ग्रंथसूची
(4) विषयपरक ग्रंथसूची

प्रश्न 21. किसी प्रलेख की उधार अवधि बढ़ाने को क्या कहा जाता है?
(1) वापसी
(2) नवीकरण
(3) आरक्षण
(4) देय

प्रश्न 22. यह सेवा व्यक्तिगत सेवाओं के माध्यम से किसी प्रयोक्ता/पाठक और प्रलेख/पुस्तक के बीच संबंध या संपर्क स्थापित करने में लिंक या संपर्क स्थापित करती है:

(1) सारकरण सेवा (2) अनुक्रमणीकरण सेवा
(3) परिचालन सेवा (4) संदर्भ सेवा

प्रश्न 23. निम्नलिखित में से कौन-सा स्रोत सूचना का गैर-प्रलेखीय स्रोत नहीं है?
(1) मानव (2) संगठन
(3) पुस्तक (4) साइबर मीडिया

प्रश्न 24. निम्नलिखित में से कौन-से स्रोत संदर्भ स्रोत श्रेणी में आते हैंब
(1) निर्देशिका (2) ग्रंथ
(3) विश्वकोश (4) ग्रंथसूची

प्रश्न 25. यथावस्तस्थिति प्रतिवेदन किस प्रकार के प्रकाशन होते हैं?
(1) अनुक्रमण (2) समीक्षा
(3) सामान्य (4) इनमें से कोई नहीं

प्रश्न 26. 'गिनीज बुक ऑफ वर्ल्ड रिकॉर्ड' है?
(1) गाइडबुक (2) वार्षिकी
(3) निर्देशिका (4) हैंडबुक

प्रश्न 27. सूचना के सभी अभिलेखित स्रोतों को क्या कहा जाता है?
(1) प्रलेखीय स्रोत (2) गैर-प्रलेखीय स्रोत
(3) तृतीयक स्रोत (4) इनमें से कोई नहीं

प्रश्न 28. तकनीकी रिपोर्टें निम्नलिखित में से किसके अंतर्गत आती हैं?
(1) प्राथमिक स्रोत (2) द्वितीयक स्रोत
(3) तृतीयक स्रोत (4) इनमें से कोई नहीं

प्रश्न 29. सम्मेलनों में प्रस्तुत किए गए पत्रों को.................के रूप में प्रकाशित किया जाता है।
(1) रिपोर्टों (2) बुलेटिन
(3) सम्मेलन कार्यवाही प्रलेख (4) इनमें से कोई नहीं

प्रश्न 30. विद्वत पत्रिकाएँ प्राय: .... होती हैं।
(1) द्वितीयक (2) संदर्भ

(3) लोकप्रिय (4) इनमें से कोई नहीं

प्रश्न 31. इंडेक्स मेडिकस कहाँ से प्रकाशित होती थी?
(1) नेशनल लाइब्रेरी ऑफ मेडिसिन (2) लाइब्रेरी ऑफ कांग्रेस
(3) एच.डब्ल्यू. विल्सन (4) सेज

प्रश्न 32. इंडियन साइंस अबस्ट्रैक्टस कहाँ से प्रकाशित होता है?
(1) डी.आर.डी.ओ. (2) यू.जी.सी.
(3) ए.एल.ए. (4) निस्केयर

प्रश्न 33. ब्राउन सिस्टम किसने दिया?
(1) नीना ई. ब्राउन (2) चार्ल्स ब्राउन
(3) जॉन ब्राउन (4) लाइब्रेरी ऑफ कांग्रेस

प्रश्न 34. आर.एस.एस. का पूर्ण रूप क्या है?
(1) रेलिवेन्ट साइट समरी (2) रिलेटिड साइट समरी
(3) रिच साइट समरी (4) राइट साइट समरी

प्रश्न 35. .... का प्रयोग केवल परामर्श के लिए किया जाता है न कि निरंतर पाठन के लिए।
(1) संदर्भ पुस्तकों (2) पाठ्य पुस्तकों
(3) ग्रंथ (4) एकल पुस्तक (मोनोग्राफ)

प्रश्न 36. यूनिवर्सिटिज हैंडबुक को कौन प्रकाशित करता है?
(1) अमेरिकन लाइब्रेरी एसोसिएशन
(2) एसोसिएशन ऑफ इंडियन यूनिवर्सिटिज
(3) एसोसिएशन ऑफ इंटरनेशनल यूनिवर्सिटिज
(4) उपर्युक्त में से कोई नहीं

प्रश्न 37. फोडॉर्स इण्डिया क्या है?
(1) ट्रैवल गाइड (2) निर्देशिका
(3) वार्षिकी (4) विश्वकोश

प्रश्न 38. किसने कहा था कि "संदर्भ सेवा किसी पाठक और उसके प्रलेख के मध्य निजी रूप से संबंध स्थापित करने की प्रक्रिया है।"

(1) विलियम काटज (2) मार्गेरेट हचिन्स
(3) नह वेबस्टर (4) एस.आर. रंगनाथन

प्रश्न 39. 'द स्टेटसमैन ईयरबुक' का प्रकाशक कौन है?
(1) मैकमिलन (2) यूरोपा
(3) सेज (4) आर.आर. बॉकर

प्रश्न 40. ओ.ई.डी. का पूर्ण रूप क्या है?
(1) ऑक्सफोर्ड एलिमेन्ट्री डिक्शनरी (2) ऑक्सफोर्ड एक्सक्लूसिव डिक्शनरी
(3) ऑक्सफोर्ड इंग्लिश डिक्शनरी (4) इनमें से कोई नहीं

प्रश्न 41. वेबस्टर की ज्योग्राफिकल डिक्शनरी क्या है?
(1) शब्दकोश (2) विश्वकोश
(3) निर्देशिका (4) अंतर्राष्ट्रीय गजेटियर

प्रश्न 42. त्वरित संदर्भ सेवा से क्या तात्पर्य है?
(1) बहुत कम समय में प्रदान की जाने वाली संदर्भ सेवा
(2) बहुत अधिक समय में प्रदान की जाने वाली संदर्भ सेवा
(3) संदर्भ सेवा की तैयारी
(4) उपर्युक्त में से कोई नहीं

प्रश्न 43. पाठन सामग्री के भण्डारण के लिए पुस्तकालय के स्थान का क्या नाम होता है?
(1) भण्डार कक्ष (2) स्टैक कक्ष
(3) संसाधन कक्ष (4) पुस्तक कक्ष

प्रश्न 44. किसी पुस्तक की देय तिथि दर्शाने के लिए चिपकायी जाने वाली पर्ची को क्या कहा जाता है?
(1) पाठक पर्ची (2) अनुस्मारक पर्ची
(3) तिथि पर्ची (4) ये सभी

प्रश्न 45. 'वर्ल्ड ऑफ लर्निंग' कौन प्रकाशित करता है?
(1) यूरोपा (2) बॉकर
(3) ऑक्सफोर्ड यूनिवर्सिटी प्रेस (4) मैकमिलन

प्रश्न 46. कोठारी इंडस्ट्रियल डायरेक्ट्री क्या है?
(1) दूरभाष निर्देशिका (2) स्थलाकृति संबंधी निर्देशिका
(3) पेशेवर शब्दकोश (4) व्यापार और वाणिज्य शब्दकोश

प्रश्न 47. मानचित्र कौन बनाता है?
(1) वर्गीकरणकर्ता (2) मानचित्रकार
(3) कोशकार (4) ये सभी

प्रश्न 48. आई.एम.बी. कब शुरू हुआ था?
(1) 1957 (2) 1958 (3) 1964 (4) 1947

प्रश्न 49. Who's Who में क्या जानकारी मिलती है?
(1) मृत लोगों की (2) अतीतात्मक
(3) जीवित (4) अजीवित

प्रश्न 50. निम्नलिखित में से कौन-सा इलेक्ट्रॉनिक स्वरूप में तृतीयक सूचना स्रोत है?
(1) ऑपेक (2) ई-जर्नल
(3) ब्रिटानिका ऑनलाइन (4) ग्रोलियर ऑनलाइन

❏❏❏

सूचना स्रोत एवं पुस्तकालय सेवाएँ: बी.एल.आई.आई.-013
जून, 2021

नोट: सभी प्रश्न अनिवार्य हैं। प्रत्येक प्रश्न 1 अंक का हैं।

प्रश्न 1. वर्ल्ड ऑफ लर्निंग कहाँ से प्रकाशित किया जाता है?
(1) ऑक्सफोर्ड   (2) लंदन
(3) कैम्ब्रिज   (4) यॉर्कशायर

प्रश्न 2. निम्नलिखित में से किसे पहली मुद्रित पुस्तक के रूप में जाना जाता है?
(1) डायमंड सूत्र   (2) मेन सूत्र
(3) गोल्डन सूत्र   (4) प्लैटिनम सूत्र

प्रश्न 3. भारतीय पेटेंट सूचना कहाँ प्रकाशित की जाती है?
(1) पेटेंट रिपोर्ट   (2) भारत का राजपत्र
(3) पेटेंट पत्रिका   (4) इनमें से कोई नहीं

प्रश्न 4. बी.आई.एस. का क्या अर्थ है?
(1) ब्यूरो ऑफ इंफार्मेशन स्टैंडर्ड्स
(2) ब्यूरो ऑफ इंपॉर्टेंट स्टैंडर्ड्स
(3) ब्यूरो ऑफ इंटरनेशनल स्टैंडर्ड्स
(4) ब्यूरो ऑफ इण्डियन स्टैंडर्ड्स

प्रश्न 5. ऑप्टिकल मीडिया में लिखने के लिए क्या प्रयोग किया जाता है?
(1) मैग्नेट   (2) स्लाइड
(3) लेजर   (4) इनमें से कोई नहीं

प्रश्न 6. 'विज्ञान प्रगति' नामक पत्रिका कहाँ से प्रकाशित होती है?
(1) सी.एस.आई.आर.   (2) निस्केयर
(3) डी.आर.डी.ओ.   (4) यू.जी.सी.

प्रश्न 7. ऑक्सफोर्ड डिक्शनरी ऑफ एस्ट्रोनॉमी क्या है?

(1) विशेष शब्दकोश (2) सामान्य शब्दकोश
(3) द्विभाषी शब्दकोश (4) उपर्युक्त में से कोई नहीं

प्रश्न 8. एनसाइक्लोपीडिया शब्द की व्युत्पत्ति किस भाषा से हुई है?
(1) लैटिन (2) ग्रीक (3) जर्मन (4) इंग्लिश

प्रश्न 9. वर्ल्ड अल्मानक एण्ड बुक ऑफ फैक्ट्स कहाँ से प्रकाशित होती है?
(1) यू.के. (2) यू.एस.ए. (3) भारत (4) फ्रांस

प्रश्न 10. 'इंटरनेशनल हूज हू (International Who's Who)' पुस्तक कौन प्रकाशित करता है?
(1) यूरोपा (2) मैकमिलन
(3) बाओकर (4) ब्लैकवेल

प्रश्न 11. MOSPI से क्या तात्पर्य है?
(1) मिनिस्ट्री ऑफ स्टैटिस्टिकल पब्लिकेशन एण्ड इंफार्मेशन
(2) मिनिस्ट्री ऑफ साइंस पब्लिकेशन एण्ड इंफार्मेशन
(3) मिनिस्ट्री ऑफ स्टैटिस्टिक्स एण्ड प्रोग्राम इंप्लीमेंटेशन
(4) उपर्युक्त में से कोई नहीं

प्रश्न 12. प्रगति (Advances) को कहाँ से संकलित किया जाता है?
(1) द्वितीयक स्रोत से (2) तृतीयक स्रोत से
(3) प्राथमिक स्रोत से (4) उपर्युक्त सभी

प्रश्न 13. विभिन्न स्थानों के बारे में जानकारी प्रदान करने वाले किसी स्रोत को क्या कहा जाता है?
(1) गजेटियर (2) निर्देशिका
(3) शब्दकोश (4) उपर्युक्त में से कोई नहीं

प्रश्न 14. वार्षिकी किस श्रेणी के प्रलेखों के अंतर्गत आती है?
(1) प्राथमिक (2) द्वितीयक
(3) तृतीयक (4) उपर्युक्त सभी

प्रश्न 15. श्रीलंका के राष्ट्रपति का नाम निम्न में से किसमें मिलेगा?

(1) इंटरनेशनल हूज हू (International Who's Who)

(2) स्टेट्समैन ईयरबुक

(3) हूज हू इन द वर्ल्ड (Who's Who in the World)

(4) विल्सन बायोग्राफिज

प्रश्न 16. एन.ए.टी.एम.ओ. (NATMO) का क्या अर्थ है?

(1) नेशनल एटलस एण्ड थियोरिटिकल ऑर्गेनाइजेशन ऑफ इण्डिया

(2) नेशनल एटलस एण्ड थिमेटिक मैपिंग ऑर्गेनाइजेशन ऑफ इण्डिया

(3) नेशनल एटलस एण्ड थियोलॉजिकल ऑर्गेनाइजेशन ऑफ इण्डिया

(4) उपर्युक्त में से कोई नहीं

प्रश्न 17. विभिन्न देशों, राज्यों, महाद्वीपों और अन्य इकाइयों की सीमाओं पर विशेष ध्यान देने वाले मानचित्रों को क्या कहा जाता है?

(1) राजनीतिक मानचित्रावली (2) भू-भाग मानचित्रावली

(3) विषयगत मानचित्रावली (4) उपर्युक्त सभी

प्रश्न 18. .... सुविधा से तात्पर्य पुस्तकालय से उधार लिए जा सकने वाले प्रलेखों की संख्या और उधार अवधि से है।

(1) परिचालन (2) देय/आदेय

(3) पुस्तक उधार लेना (4) इनमें से कोई नहीं

प्रश्न 19. निम्नलिखित में से किसने संदर्भ सेवा की अवधारणा को प्रस्तुत किया?

(1) मार्गरेट हचिन्स (2) एस.आर. रंगनाथन

(3) विलियम काट्ज (4) सैम्यूअल ग्रीन

प्रश्न 20. यदि आप पुस्तकालय और सूचना विज्ञान में ओपन एक्सेस जर्नल के बारे में जानना चाहते हैं, तो आप निम्नलिखित में से किस स्रोत को देखेंगे?

(1) डी.ओ.ए.आर. (2) डी.ओ.ए.जे.

(3) आई.एन.बी. (4) बी.एन.बी.

प्रश्न 21. विषय-सूची सेवा क्या है?

(1) जागरूकता सेवा (2) विषय-वस्तु विश्लेषण सेवा

(3) अनुवाद सेवा (4) उपर्युक्त में से कोई नहीं

प्रश्न 22. .... वेबलॉग का एक लोकप्रिय रूप है।
(1) डायरी (2) वेबसाइट
(3) ब्लॉग (4) उपर्युक्त सभी

प्रश्न 23. जे-गेट क्या है?
(1) वेबसाइट (2) अनुक्रमणीकरण पत्रिका
(3) सारकरण पत्रिका (4) ग्रंथपरक डाटाबेस

प्रश्न 24. एस.डी.आई. सेवा की अवधारणा को किसके द्वारा प्रस्तुत किया गया था?
(1) एच.पी. लुहन (2) एस.आर. रंगनाथन
(3) एस.एस. ग्रीन (4) विलियम काट्ज

प्रश्न 25. इण्डियन बुक्स इन प्रिंट निम्नलिखित में से किसका उदाहरण है?
(1) ट्रेड ग्रंथसूची (2) राष्ट्रीय ग्रंथसूची
(3) विषय ग्रंथसूची (4) उपर्युक्त में से कोई नहीं

प्रश्न 26. निम्नलिखित में से कौन-सा सूचना का द्वितीयक स्रोत नहीं है?
(1) निर्देशिका (2) वार्षिकी
(3) विश्वकोश (4) शासकीय प्रतिवेदन

प्रश्न 27. किसी विशेष विषय की तकनीकी शब्दावली की व्याख्या करने वाले स्रोत को क्या कहा जाता है?
(1) भौगोलिक शब्दकोश (2) शब्दावली (ग्लॉसरी)
(3) सामान्य शब्दकोश (4) जीवनचरित शब्दकोश

प्रश्न 28. इण्डिया : ए रेफरेंस एनुअल क्या है?
(1) निर्देशिका (2) शासकीय प्रतिवेदन
(3) वार्षिकी (4) हैंडबुक

प्रश्न 29. निम्नलिखित में से किस ग्रंथ में ग्रहणों और ग्रहों की चाल आदि की जानकारी के साथ महीनों का कैलेंडर मूलतः दिया जाता है?
(1) निर्देशिका (2) पंचांग
(3) हैंडबुक (4) मैनुअल

प्रश्न 30. कीसिंग्स रिकॉर्ड ऑफ वर्ल्ड इवेंट्स क्या है?
(1) न्यूज डाइजेस्ट (2) न्यूज बुलेटिन
(3) वार्षिकी (4) उपर्युक्त सभी

प्रश्न 31. ग्रंथसूचियों की ग्रंथसूची किस श्रेणी के अंतर्गत आती है?
(1) इलेक्ट्रॉनिक स्रोत (2) प्राथमिक स्रोत
(3) द्वितीयक स्रोत (4) तृतीयक स्रोत

प्रश्न 32. निम्नलिखित में से किसने प्रिंटिंग प्रेस का चल रूप आविष्कृत किया था?
(1) गुटेनबर्ग (2) कोईनिग
(3) ब्लैकबेल (4) उपर्युक्त में से कोई नहीं

प्रश्न 33. नामों, विषयों, टॉपिक आदि की वर्णक्रमानुसार व्यवस्था के साथ उसके सटीक स्थान के बारे में जानकारी को क्या कहा जाता है?
(1) ग्रंथसूची (2) सार
(3) अनुक्रमणिका (4) उपर्युक्त सभी

प्रश्न 34. पत्रिका साहित्य की पाठक संदर्शिका क्या होती है?
(1) सार पत्रिका (2) अनुक्रमणीकरण पत्रिका
(3) ग्रंथसूची (4) निर्देशिका

प्रश्न 35. अनुक्रमणीकरण और सारकरण पत्रिकाएँ किस श्रेणी में आती हैं?
(1) विद्वतजनों की पत्रिकाएँ (2) प्राथमिक पत्रिकाएँ
(3) द्वितीयक पत्रिकाएँ (4) तृतीयक पत्रिकाएँ

प्रश्न 36. यदि आप माउंट एवरेस्ट की ऊँचाई के बारे में जानना चाहते हैं, तो आपको निम्नलिखित में से कौन-सा स्रोत देखना होगा?
(1) जीवनचरित स्रोत (2) शब्दकोश
(3) निर्देशिका (4) भौगोलिक स्रोत

प्रश्न 37. इनमें से किसका संबंध कौन, क्या, कहाँ, कब, कैसे और क्यों जैसे प्रश्नों से होता है?
(1) सार (2) अनुक्रमणिका
(3) विश्वकोश (4) उद्धरण

प्रश्न 38. एनसाइक्लोपीडिया ब्रिटानिका क्या है?
(1) सामान्य विश्वकोश
(2) विशेष विश्वकोश
(3) विषय विश्वकोश
(4) उपर्युक्त में से कोई नहीं

प्रश्न 39. किसी मशीन को चलाने के लिए निर्देश देने वाली पुस्तिका को क्या कहा जाता है?
(1) हैंडबुक
(2) मैनुअल
(3) गाइड बुक
(4) निर्देशिका

प्रश्न 40. विद्यार्थियों को सूचना की आवश्यकता की पहचान करने के बारे में सिखाने की प्रक्रिया को क्या कहा जाता है?
(1) संदर्भ सेवा
(2) सूचना सेवा
(3) सूचना साक्षरता
(4) परामर्श सेवा

प्रश्न 41. किसी 'पुस्तकालयाध्यक्ष से पूछें' कौन-सी सेवा कहलाती है?
(1) संदर्भ सेवा
(2) सारक्रमण सेवा
(3) अनुक्रमणीकरण सेवा
(4) परिचालन सेवा

प्रश्न 42. 'भारत की जनगणना' कौन-सा स्रोत है?
(1) भौगोलिक स्रोत
(2) ग्रंथसूची स्रोत
(3) सांख्यिकी स्रोत
(4) जीवनचरित स्रोत

प्रश्न 43. Virtu क्या है?
(1) पुस्तकालय प्रबंधन सॉफ्टवेयर
(2) संदर्भ सेवा
(3) डाटाबेस
(4) ई-जर्नल

प्रश्न 44. RFID रीडर किसमें संग्रहित किए गए डाटा को पढ़ सकता है?
(1) वर्क-स्टेशन
(2) कार्ड
(3) बार कोड
(4) टैग

प्रश्न 45. WIPO कहाँ स्थित है?
(1) न्यूयॉर्क
(2) लंदन
(3) जेनेवा
(4) पेरिस

प्रश्न 46. पैमाने और प्रक्षेपण (Projection) के बारे में सूचना कहाँ मिल सकती है?
(1) विश्वकोश
(2) मैनुअल

(3) भौगोलिक स्रोत (4) निर्देशिका

प्रश्न 47. इण्डियन नेशनल बिब्लियोग्राफी की प्रकाशन अवधि क्या है?
(1) त्रैमासिक (2) अर्धवार्षिक
(3) मासिक (4) द्विमासिक

प्रश्न 48. मेडलाइन निम्नलिखित में से किसका ऑनलाइन संस्करण है?
(1) साइंस डायरेक्ट (2) मेडलार्स
(3) पबमेड (4) एम्बेस

प्रश्न 49. यदि आप जापान की मुद्रा के बारे में जानकारी प्राप्त करना चाहते हैं, तो आप निम्नलिखित में से कौन-सा स्रोत देखेंगे?
(1) शब्दकोश (2) निर्देशिका
(3) ग्रंथसूची (4) वार्षिकी

प्रश्न 50. निम्नलिखित में से किसका संबंध उपयोक्ताओं को पुस्तकालय के बारे में जानकारी देने से है?
(1) अभिमुखीकरण (2) सत्यापन
(3) पंजीकरण (4) उपर्युक्त में से कोई नहीं

□□□

www.ingramcontent.com/pod-product-compliance
Lightning Source LLC
LaVergne TN
LVHW021801060526
838201LV00058B/3191
* 9 7 8 9 3 8 9 6 0 1 0 2 2 *